RECLAM-BIBLIOTHEK

Die Sportphilosophie thematisiert die Körperlichkeit als neue Machtform und sie analysiert das Phänomen Sport in seiner quasi-religiösen Funktion für unsere säkularisierte Gesellschaft. Im 20. Jahrhundert ist der Sport zu einer identitätsstiftenden Lebensform geworden. Der mit ihm verbundene Wert der »Sportlichkeit« ist zu einem »Leitwert« moderner Kultur avanciert. Andererseits ist der Sport durch Dopingskandale, Kinderausbeutung, Vermarktung und durch den praktizierten Antidemokratismus des IOC in eine Legitimitätskrise geraten. Nicht nur die Rede davon, daß Sport Mord sei, sondern auch die vom »Tod des Sports« ist unüberhörbar. Wie bisher kann man nicht weitermachen, was aber könnte anders gemacht werden? Fest steht nur: Die Zeit der theoretischen und praktischen Naivität, der unreflektiert-technischen Umsetzung sportwissenschaftlicher und sportmedizinischer Erkenntnisse ist vorbei. »Der Sport ist in einer verzweifelten Lage hinsichtlich seiner Glaubwürdigkeit« (Hans Lenk). Er wird konstruktive Kritik verkraften müssen.

Sportphilosophie

Herausgegeben von Volker Caysa

RECLAM VERLAG LEIPZIG

ISBN 3-379-01578-4

Quellennachweis am Schluß des Bandes

Reclam-Bibliothek Band 1578
1. Auflage, 1997
Reihengestaltung: Hans Peter Willberg
Umschlaggestaltung: Oberberg + Puder, Leipzig
Satz: abg satz und bild gmbh, Altenburg
Gesetzt aus Meridien
Druck und Bindung: Ebner Ulm
Printed in Germany

Inhalt

Vorwort 7

I Von der Restbarbarei zur Zivilisierung – Die Entstehung des modernen Sports

Thorstein Veblen: Sport als Restbarbarei in der Moderne. . 14

Max Scheler: Resublimierung und Sport 29

Karl Jaspers: Masse und Sport 32

Alfred Vierkandt: Moderner Lebensstil und Sport 35

Ernst Bloch: Übung des Leibs, Tout va bien. 38

Theodor W. Adorno: Das Reich der Unfreiheit und der Sport 42

Eduard Spranger: Ernstleben und Sport 44

Helmuth Plessner: Die Funktion des Sports in der industriellen Gesellschaft 46

Norbert Elias: Der Sport und das Problem der sozial zulässigen Gewalt 68

Pierre Bourdieu: Historische und soziale Voraussetzungen modernen Sports 101

Volker Caysa: Zivilisierung durch Sport und historische Gewaltapriori 128

II Von der Eigenleistung zur High-Tech-Leistung – Die Ethik des Sports

Hans Lenk: Eigenleistung sportlich – athletisch 142

Volker Gerhardt: Die Moral des Sports 172

Elk Franke: Sportliche High-Tech-Leistungen und das Verantwortungsbewußtsein eines Steinewerfers 203

III Von der Mechanisierung des Körpers zur Mythenmaschine – Der Sport als kultureller Kitt

Niklas Luhmann: Der Körper als Fluchtpunkt der Sinnlosigkeit 226
Wolfgang Kaschuba: Sportivität: Die Karriere eines neuen Leitwertes. *Anmerkungen zur »Versportlichung« unserer Alltagskultur* 229
Volker Caysa: Körpertechnik als Grund der Selbstmächtigkeit im Sport 257
Gunter Gebauer: Von der Körpertechnologisierung zur Körpershow 275
Gunter Gebauer: Die Mythen-Maschine 290
Kurt Weis: Die Priester der Muskelkraft. *Über die Olympischen Spiele als Religionsersatz* 318

Auswahlbibliographie 327
Quellenverzeichnis 334

Vorwort

Die Sportphilosophie ist eine philosophische Teildisziplin, die sich, begünstigt durch den Aufstieg des modernen Sports zu einer selbständigen Kultur- und Wirtschaftsform und durch die technologische Revolutionierung des Umgangs mit unserem Körper, langsam und kaum beachtet im 20. Jahrhundert herausgebildet hat. Insofern wird hier nicht willkürlich eine neue Philosophie »erfunden«, sondern für eine breitere Öffentlichkeit soll nur vorgestellt werden, was sich neu in der Philosophie entwickelt hat.

Die Institutionalisierung der Sportphilosophie als selbständige philosophische Disziplin steckt noch in den Anfängen. Dies zeigt sich in der vorliegenden Textsammlung nicht nur darin, daß verschiedenste philosophische Ansätze, den Sport zu analysieren, pluralistisch nebeneinander stehen, sondern ebenfalls darin, daß auch im weiteren Sinne sportsoziologische (und damit verbundene anthropologische) Ansätze vorgestellt werden.

Daß die Sportphilosophie noch eine junge Wissenschaftsdisziplin ist, heißt nicht, daß sie keine Ergebnisse vorzuweisen hätte. Der Band vereint daher sowohl die Anfänge sportphilosophischen Nachdenkens im 20. Jahrhundert wie auch die wichtigsten Erträge der sportphilosophischen Forschung der letzten dreißig Jahre vor allem in der BRD.[1] Vollständigkeit konnte da nicht angestrebt werden, wohl aber sollten doch die thematischen Schwer-

1 Einen thematisch geordneten Überblick zu deren Schwerpunkten geben: H. Lenk/E. Franke/G. Gebauer: Sport in philosophischer Sicht. In: H. Baitsch u.a. (Hg.): Sport im Blickpunkt der Wissenschaften. Berlin [u.a.] 1972; E. Franke: Sportphilosophie II. In: H. Haag/O. Grupe/A. Kirsch (Hg.): Sport Science in Ger-

punkte aufgezeigt sein. Solche übergreifenden Themenschwerpunkte der Sportphilosophie wie Sport und Ethik[2], Sport und Ästhetik[3] sowie die Philosophie des Olympismus[4] bedürfen im Grunde gesonderter Sammelbände, um den erreichten Diskussionsstand in der nötigen Differenziertheit zu dokumentieren.

many. Berlin [u.a.] 1991; H. Haag: Sportphilosophie. Frankfurt am Main 1995, sowie H. Haag (Hg.): Sportphilosophie. Ein Handbuch. Schorndorf 1996. Die Entwicklung der Themenschwerpunkte dokumentieren außerdem folgende Sammelbände: H. Lenk/S. Moser/E. Beyer (Hg.): Philosophie des Sports. Schorndorf 1973; H. Lenk (Hg.): Aktuelle Probleme der Sportphilosophie. Schorndorf 1983; G. Gebauer (Hg.): Die Aktualität der Sportphilosophie. Sankt Augustin 1993.

2 Siehe dazu H. Lenk/G. A. Pilz: Das Prinzip Fairneß. Osnabrück/Zürich 1989; E. Franke (Hg.): Ethische Aspekte des Leistungssports. Clausthal-Zellerfeld 1988; E. Meinberg: Die Moral im Sport: Bausteine einer neuen Sportethik. Aachen 1991; V. Gerhardt/M. Lämmer (Hg.): Fairneß und Fair Play. Sankt Augustin 1993. Dieser Themenschwerpunkt ist natürlich nicht von der philosophischen Analyse der Dopingproblematik zu trennen. Vgl. dazu auch: K.-H. Bette/U. Schimank: Doping im Hochleistungssport. Frankfurt am Main 1995; J. Hoberman: Sterbliche Maschinen. Doping und die Unmenschlichkeit des Hochleistungssports. Aachen 1994. K.-H. Bette (Hg.): Doping im Hochleistungssport – sozialwissenschaftlich betrachtet. Stuttgart 1994.

3 Siehe dazu H. Lenk: Die achte Kunst. Leistungssport – Breitensport. Osnabrück/Zürich 1985; G. Hortleder/G. Gebauer (Hg.): Sport – Eros – Tod. Frankfurt am Main 1986; G. Gebauer (Hg.): Körper- und Einbildungskraft. Inszenierungen des Helden im Sport. Berlin 1988; V. Gerhardt/B. Wirkus (Hg.): Sport und Ästhetik. Sankt Augustin 1995.

4 Siehe dazu H. Lenk: Werte, Ziele, Wirklichkeit der modernen Olympischen Spiele. Schorndorf 1964 (^{2}1972); Th. Alkemeyer: Körper, Kult und Politik. Von der »Muskelreligion« Pierre de Coubertins zur Inszenierung von Macht in den Olympischen Spielen von 1936. Frankfurt am Main/New York 1996; G. Gebauer (Hg.): Olympische Spiele – die andere Utopie der Moderne. Olympia zwischen Kult und Droge. Frankfurt am Main 1996.

Im 20. Jahrhundert ist der Sport durch eine nichtvorhersehbare Verklammerung von Wirtschaft, Moral, Politik, Medien und Mode für Millionen zu einer identitätsstiftenden Lebensform geworden. Der mit ihm verbundene Wert der »Sportlichkeit« ist zu einem »Leitwert« in unserer modernen Kultur avanciert. Wenn etwas überhaupt noch allgemeine Geltung beanspruchen kann, dann gehören dazu die mit dem Sport verbundenen Werte der (Erfolgs-)Leistung und der gestylten Körperlichkeit. Fair und fit wollen alle sein und dabei auch noch fun haben. Diese drei »F«, Fairneß, Fitneß und Fun, bestimmen unsere Lebenswelt. Die Sportkultur ist eine Spaßkultur und umgekehrt. Fairneß und Fitneß werden selbstverständlich vorausgesetzt.

Andererseits ist der moderne Sport durch Dopingskandale, Kinderausbeutung, Vermarktung per Fernsehen und durch den praktizierten Antidemokratismus des IOC in eine tiefe Legitimitätskrise geraten. Nicht nur die Rede davon, daß Sport Mord sei, sondern auch die vom »Tod des Sports« ist unüberhörbar[5]. Ist der Sport aber wirklich tot, oder entsprechen unsere bisherigen Vorstellungen vom Sporttreiben nicht mehr seiner rasanten Entwicklung? Vielleicht ist der Tod des modernen Sports überhaupt Voraussetzung seiner Neugeburt?

Sportpolitiker und Sportjournalisten wie auch Sportler und Sportwissenschaftler stehen der moralischen Legitimationskrise vor allem des Hochleistungssports ratlos gegenüber. Wie bisher kann man nicht mehr weitermachen, was aber könnte realistischerweise anders gemacht werden? Endgültige Antworten hat da niemand parat – auch nicht die Sportphilosophie.

Fest steht nur: Das Zeitalter der theoretischen und praktischen Naivität, der unreflektiert-technischen Umsetzung sportwissenschaftlicher und sportmedizinischer Erkenntnisse ist vorbei. In dieser Situation gewinnt die Sportphilo-

5 Vgl. V. Caysa (Hg.): Sport ist Mord. Texte zur Abwehr körperlicher Betätigung. Leipzig 1996.

sophie vor allem an Bedeutung als ethische Metainstanz, als Regulativ für die industrialisierte Sportpraxis.

Der erfolgreich funktionierende Showsport braucht Mythen. Zu diesen gehört aber die Erfahrung, daß zuviel Reflexion einen Erfolg auch verhindern kann und daß demzufolge zuviel Sportphilosophie nicht nur die andere Seite des Sports problematisieren, sondern den Sport auch »kaputtmachen« kann. Daß aber die Aufklärung, die Desillusionierung der bestehenden Sportpraxis, das effektive Funktionieren des Sports behindert, ist eine Überlebenslüge derjenigen, die an der Nichtaufklärung der Sportpraxis ein wohlkalkuliertes Interesse haben. Denn auch im Sport gilt: Erst kommt der Erfolg und dann die Moral! Der Denk-Einsatz der Philosophie wird hier not-wendig. In der Sportphilosophie gilt es zu reflektieren, wie wir durch Sport verschiedensten Mächten unterliegen, wie wir durch Sport beherrscht werden, wie wir aber durch Sport auch lernen, uns selbst zu beherrschen, Selbst-Macht und Selbst-Herrschaft auszuüben. Sportphilosophie fragt demzufolge, was mit einem geschieht, wenn man sich am »Sportbetrieb« beteiligt – ob nun aktiv als Sportler oder passiv als Zuschauer.

Wie die Illusionen der Sportler über ihr Tun zur Faszination des Sports gehören, so gehört die philosophische Wahrnehmung des Sports zur Sportwelt. Das Problem aus der Sicht der Sportler ist allerdings, daß sie sich in diesem kritischen Verstehen des Sports nicht wiedererkennen, weil sie sich selbst ganz anders als der Philosoph, der ihnen sagt, was sie da »eigentlich« tun, wahrnehmen. Kritische Außenperspektive und erlebte Innenperspektive befinden sich scheinbar in einem unversöhnlichen Gegensatz. Unmittelbares Sporterleben und philosophische Sportreflexion sind unterschiedliche Fiktionalitäten, die in ihrem Wechselverhältnis Realitäten abbilden und bilden, nachahmen und gestalten, widerspiegeln und erzeugen.

Aufgabe der Sportphilosophie ist es nicht, das bestehende System von Sportpraxis, angewandter Sportwissenschaft, Sportmedizin, Sportindustrie, Sportpolitik und Sportmedien als medizinisch-industriellen Superkonzern bloß moralisch zu bewerten. Vielmehr besteht die Aufgabe darin, die diesem Machtfeld eigene Rationalität zu analysieren, mit dem Zweck, humane und ökologische Alternativen im »eisernen Gehäuse« der durch Sport praktizierten Körpertechnologien zu entdecken.

Die industrielle Technologisierung des Körpers in unserer Kultur bedeutet auch für den Sport eine radikale Umkehr. Denn durch die damit verbundene Mechanisierung des Körpers ereignet sich im Sport der »Tod des Leibes« und mit ihm der Tod unserer traditionellen Vorstellungen vom Sport als einer Gegenwelt zur mechanisierten Wirtschafts- und Verwaltungswelt. Wird mit der Technologisierung der körperlichen Bewegung im Sport die »zweckfreie« Bewegung, an der wir Spaß haben, getötet? Oder gelangen wir durch die Technologisierung der sportiven Bewegung zu einer anderen, heiteren Identität? Eine kritische Sportphilosophie muß in diesem Kontext der Technologisierung des Sports und der Körper fragen: Es gibt Sport, es gibt Körper; wie aber sind sie anders möglich?

Der schöne, aber naive Zustand einer nichtreflektierten Natürlichkeit und Körperlichkeit ist auch im Sport zerstört. Im Mittelpunkt eines anderen Umgangs mit dem Körper im Sport kann aber nicht eine immer wieder anzutreffende Leibromantik stehen. Ein »Zurück zur Natur« in Gestalt eines »Zurück zum Leib« ist nicht möglich. Vielmehr gilt es, Antworten auf die Fragen zu suchen: Wie ist ein lustvoller und doch nicht sexistischer, wie ist ein ökologischer und doch auch leistungsorientierter Umgang mit dem Körper, wie ist eine apollinische Wende in unserem Körperverhalten in einer sich weiter technisierenden Sportwelt möglich? Aufgabe der Sportphilosophie ist es, für diese Probleme Artikulationsräume durch kritische Analyse zu schaffen, ohne in einen apokalyptischen Sportkritizismus zu verfallen. Kritische Sportphilosophie versteht sich daher als Anwalt des Sports – nicht als sein Ankläger.

Für wertvolle Hinweise bei der Erarbeitung des Bandes möchte ich mich bei Gunter Gebauer, Monika Thiele, Hans Lenk und Elk Franke bedanken. Bedanken will ich mich auch bei den Studentinnen und Studenten der Sportwissenschaftlichen Fakultät der Universität Leipzig, die mit mir im Wintersemester 1996/97 Texte zur Sportphilosophie diskutiert haben.

Mein besonderer Dank gilt aber dem Reclam Verlag Leipzig, insbesondere seinem umsichtigen Lektor Bert Sander.

Leipzig/Erlangen im Februar 1997 *Volker Caysa*

I

Von der Restbarbarei zur Zivilisierung – Die Entstehung des modernen Sports

THORSTEIN VEBLEN

Sport als Restbarbarei in der Moderne

[...]
Alle Arten von Sport weisen diesen selben allgemeinen Charakter auf, zum Beispiel Preiskämpfe, Stierkämpfe, Turnen, Schießen, Angeln, Segeln und selbst Geschicklichkeitsspiele, bei denen die physische Zerstörungslust weniger aufdringlich in Erscheinung tritt. Zum Sport gehören sowohl der feindselige Kampf als auch Geschick, List, Kniffe und Tricks, ohne daß es möglich wäre, diese Elemente genau voneinander zu scheiden. Die Vorliebe für den Sport gründet in einer archaischen geistigen Konstitution, nämlich in der relativ stark ausgebildeten räuberischen Neigung für den Wettbewerb. Der Hang zu abenteuerlichen Heldentaten und das Bedürfnis, anderen Schaden zuzufügen, kommen vor allem in jenen Tätigkeiten zum Ausdruck, die man in der Umgangssprache als Weidwerk bezeichnet.

Für den Sport gilt vielleicht in noch höherem Maße als für andere bereits erwähnte Ausdrucksformen der räuberischen Vorliebe für den Wettbewerb, daß er dank einem jungenhaften Temperament betrieben wird, weshalb der Sport in ganz besonderem Ausmaße Ausdruck einer zum Stillstand gekommenen geistigen und moralischen Entwicklung ist. Die merkwürdige Puerilität des sportlichen Temperaments wird sofort sichtbar, wenn wir unsere Aufmerksamkeit dem Element der Vorspiegelung und Täuschung zuwenden, das jeglicher sportlichen Betätigung eigen ist. Der Sport teilt diese Eigenschaft mit den kindlichen Spielen und Heldentaten, von denen besonders die Knaben so begeistert sind. Natürlich ist das Element der Vorspiegelung nicht im selben Maße in allen Sportarten vorhanden. Es tritt viel deutlicher bei der Jagd und bei athletischen Wettkämpfen in Erscheinung als etwa bei den ruhigeren Geschicklichkeitsspielen; allerdings mag diese Regel nicht immer zutreffen. Es fällt zum Beispiel auf, daß selbst gutartige und nüchterne Männer beim Jagen eine Unmenge Waffen und Zubehör mit sich herumtragen, um sich selbst von der Ernsthaftigkeit ihres Unternehmens zu überzeugen. Wenn solche Jäger zum Angriff auf das Wild übergehen, so bedienen sie sich gern einer Art theatralischen Paradegangs, und wenn sie im Hinterhalt liegen, so führen sie äußerst komplizierte und übertriebene Bewegungen aus, welche offenbar zum Ritual der Heldentat gehören, die jeweils unternommen wird. Auch zum athletischen Sport gehört eine Menge von leerem prahlerischem Geschwätz und Getue – Merkmale, die den theatralischen Charakter solcher Beschäftigungen hervorheben. In all dem zeigen sich deutlich genug die puerilen Täuschungsversuche. Der Jargon der Sportler besteht übrigens aus äußerst blutrünstigen Wendungen, die im allgemeinen dem Sprachschatz der Kriegführung entnommen sind. Die Verwendung eines besonderen Jargons stellt wahrscheinlich immer einen Beweis dafür dar, daß die betreffende Beschäftigung etwas vortäuscht, was sie nicht ist, ausgenommen dort, wo die Geheimsprache der Übermittlung von Nachrichten dient.

Ferner unterscheidet sich der Sport vom Duell und ähnlichen Friedensbrüchen dadurch, daß man ihm auch andere als die heldenhaften Motive der Grausamkeit unterstellen kann. Solche Motive treten im gegebenen Falle zwar sicher sehr selten wirklich in Erscheinung, doch der Umstand, daß sie oft genannt werden, mag darauf hinweisen, daß sie hie und da eine kleine Nebenrolle spielen. Sportsleute, wie Angler und Fischer, begründen ihren geliebten Zeitvertreib für gewöhnlich mit der Liebe zur Natur und dem Bedürfnis nach Erholung. Diese Motive sind ohne Zweifel oft vorhanden und verleihen dem sportlichen Leben einen Teil seiner Anziehungskraft, doch wesentlich sind sie bestimmt nicht. Diese angeblichen Bedürfnisse könnten nämlich viel besser und viel einfacher erfüllt werden, wenn man sich weniger systematisch bemühen würde, jene Kreaturen umzubringen, die schließlich einen wesentlichen Bestandteil der »Natur« bilden, die der Sportler doch so liebt. In der Tat wird die Natur dank der Jagd in einen Zustand chronischer Verwüstung versetzt, weil der Jäger alle Lebewesen tötet, deren er habhaft werden kann.

Man kann aber für die Behauptung des Jägers, daß er nämlich unter den bestehenden konventionellen Umständen sein Bedürfnis nach Erholung und nach Kontakt mit der Natur am besten auf die eben beschriebene Weise befriedigen könne, noch andere Gründe finden. Die räuberische müßige Klasse hat einst gewisse Regeln der Wohlanständigkeit aufgestellt, die nun von den späteren Vertretern dieser Klasse peinlichst behütet und bewahrt werden; diese Regeln sind es nun, die dem Jäger kein anderes Verhältnis zur Natur erlauben. Der Sport, der in der räuberischen Kultur eine ehrenvolle Beschäftigung und die vollkommenste Ausdrucksform der täglichen Muße darstellte, ist heute die einzige Art einer Beschäftigung im Freien, die von der Wohlanständigkeit voll und ganz sanktioniert wird. Zu den nächstliegenden offensichtlichsten Motiven des Schießens und Angelns mag zwar auch das Bedürfnis nach Erholung im Freien gehören; die tiefere Ursache aber, die verlangt, daß dieses Bedürfnis in Form einer systematischen Schlächterei befriedigt wird, gründet in einer Vorschrift, die nicht verletzt werden darf, will man nicht Gefahr laufen, Prestige und Selbstachtung zu verlieren.

Bei anderen Sportarten liegt der Fall ähnlich, und die athletischen Wettkämpfe stellen wohl das beste Beispiel dar. Auch hier existieren bindende Vorschriften darüber, welche Formen der Aktivität, der Übung und der Erholung mit Rücksicht auf das gesellschaftliche Prestige erlaubt sind. Die Liebhaber und Bewunderer derartiger Wettkämpfe preisen sie als das beste Mittel der Erholung und der sogenannten »Körperkultur«, und die geltenden Sitten und Gebräuche unterstützen diesen Anspruch. Die Prestigenormen schließen aus dem Leben der müßigen

Klasse jede Tätigkeit aus, die nicht als demonstrative Muße klassifiziert werden kann, und folglich werden solche Tätigkeiten nach Möglichkeit auch aus dem Leben der übrigen Gesellschaft verbannt. Gleichzeitig aber empfinden die Menschen die ziel- und zwecklose körperliche Anstrengung als lästig bis zur Unerträglichkeit. Wie wir in anderem Zusammenhang bereits bemerkt haben, nimmt man in einem solchen Falle seine Zuflucht zu einer Art der Aktivität, die wenigstens einen glaubwürdigen Vorwand liefert, auch wenn der angegebene Zweck nur vorgespiegelt ist. Der Sport befriedigt nun nicht nur die Forderung nach wesentlicher Sinnlosigkeit, sondern er bietet auch – anstelle eines eigentlichen Zwecks – einen annehmbaren Vorwand; außerdem gestattet er dem Geist des Wettbewerbs, sich hemmungslos auszuleben, was ihn noch anziehender gestaltet. Um für anständig und ziemlich gehalten zu werden, muß jede Beschäftigung den Prestigenormen der müßigen Klasse entsprechen; gleichzeitig aber ist es unerläßlich, daß jede Tätigkeit, die als gewohnheitsmäßige, wenn auch nur partielle Lebensäußerung von Dauer sein soll, den allgemeinen menschlichen Kriterien der Tauglichkeit für ein brauchbares, objektives Ziel genügt. Die Normen der müßigen Klasse schreiben eine strikte und umfassende Sinnlosigkeit vor, während der Werkinstinkt nach zweckvollem Handeln strebt. Die Gesetze der Wohlanständigkeit wirken langsam und nachhaltig, und zwar mittels einer selektiven Ausmerzung aller irgendwie nützlichen und sinnvollen Handlungsweisen aus dem anerkannten Lebensplan, während der Werkinstinkt spontan in Erscheinung tritt und sich in vorläufiger Weise durch einen scheinbaren Zweck befriedigen läßt. Erst wenn die verdeckte Sinnlosigkeit einer gegebenen Handlung als ein dem normalen zweckgerichteten Lebensprozeß wesensfremdes Element bewußt wird, übt sie eine beunruhigende und abschreckende Wirkung auf die Wahrnehmung des Einzelnen aus.

Die individuellen Denkgewohnheiten bilden einen organischen Komplex, dessen Ziel notwendigerweise im

Dienst am Leben besteht. Wenn nun versucht wird, diesem organischen Komplex die systematische Verschwendung und die Sinnlosigkeit als Lebensziele aufzudrängen, so empört er sich. Doch kann eine solche Empörung des Organismus dadurch vermieden werden, daß die Aufmerksamkeit ausschließlich auf einen nächstliegenden unreflektierten Zweck, das heißt auf irgendeine Art von Wettbewerb oder auf eine Geschicklichkeitsübung, gelenkt wird. Alle Sportarten – Jagen, Angeln, Turnen usw. – ermöglichen es nun, sich nicht nur in der Geschicklichkeit zu üben, sondern auch in Grausamkeit und Verschlagenheit – den Merkmalen des räuberischen Lebens – zu wetteifern. Solange das Individuum weder einigermaßen denken noch den verdeckten Sinn seines Handelns begreifen kann, solange also sein Leben zur Hauptsache aus unüberlegten, impulsiven Handlungen besteht, solange wird die unmittelbare gedankenlose Zweckhaftigkeit des Sports als Ausdruck der Herrschsucht seinen Werkinstinkt angemessen befriedigen. Dies trifft besonders dann zu, wenn die dominanten Impulse in der unreflektierten späträuberischen Vorliebe für den Wettbewerb bestehen. Gleichzeitig setzen sich auch die Normen der Wohlanständigkeit zugunsten des Sports ein, und zwar als Ausdruck eines in finanzieller Hinsicht untadeligen Lebens. Jede gegebene Beschäftigung, die diesen beiden Anforderungen, nämlich der Verschwendung als letztem, verdecktem und der Zweckhaftigkeit als nächstliegendem Ziel, genügt, wird sich einen Platz unter den geziemenden Erholungsmöglichkeiten sichern, und Konvention und Gewohnheit werden sie sanktionieren. Im selben Sinne, in dem andere Arten der Erholung für wohlerzogene und empfindsame Leute moralisch unmöglich sind, bildet der Sport unter den herrschenden Umständen das beste vorhandene Mittel zur Entspannung und Erholung.

Jene sportbegeisterten Mitglieder der guten Gesellschaft rechtfertigen ihre Haltung sich selbst und den Nachbarn gegenüber außerdem meist mit dem Argument, daß der Sport ein unschätzbares Erziehungsmittel sei. Er soll nicht nur den Körper stählen, sondern angeblich auch einen männlichen Geist hervorbringen, und dies nicht nur beim Sportler selbst, sondern auch beim Zuschauer. Das Fußballspiel wird wahrscheinlich jedermann zuerst einfallen, wenn die Frage nach dem Nutzen athletischer Spiele gestellt wird, denn diese Form des sportlichen Kampfes ist jedem vertraut, der für oder gegen sportliche Spiele als einem Mittel der physischen oder moralischen Erlösung ist. Dieses typische athletische Spiel soll uns deshalb als Beispiel dienen, um den Einfluß des Sports auf die Entwicklung des Charakters und des Körpers darzustellen. Man hat nicht mit Unrecht behauptet, daß der Fußball zur Körperkultur ungefähr im selben Verhältnis steht wie der Stierkampf zur Landwirtschaft; beide verlangen nämlich eifriges Training und sorgfältige Zucht. Das dafür verwendete Material, ob tierischer oder menschlicher Natur, wird genauestens ausgewählt und dressiert, um bestimmte Fähigkeiten und Neigungen heranzubilden und zu vervollkommnen, die für einen gewissen tierisch-wilden Zustand kennzeichnend sind, im Stadium der Domestizierung aber für gewöhnlich verschwinden. Dies will natürlich nicht besagen, daß das Ergebnis in beiden Fällen in einer vollständigen und konsequenten Rehabilitierung des tierisch-wilden Benehmens oder der barbarischen Denkgewohnheiten besteht. Es stellt eher eine einseitige Rückkehr in die Barbarei beziehungsweise eine Rückkehr zur natürlichen Bestie, zur *ferae natura* dar – eine Rechtfertigung und Betonung jener tierisch-wilden Züge, die Schaden und Verwüstung anrichten, ohne eine entsprechende Entwicklung jener anderen Züge, die der Selbsterhaltung und dem Lebensgenuß eines Individuums in einer Umgebung von wilden Tieren dienen würden. Die Kultur, die der Fußball hervorbringt, besteht in exotischer Grausamkeit und Verschlagenheit. Sie stellt eine einseitige Rechtfertigung des frühen barbarischen Temperaments dar, unterdrückt aber ausgerechnet jene Elemente dieses Temperaments, die, vom Standpunkt der sozialen und wirtschaftlichen Forderungen aus betrachtet, die einzigen versöhnlichen Merkmale des primitiven Barbaren bildeten.

Die Körperkraft, welche die athletischen Spiele verschaffen – wenn man überhaupt sagen kann, daß sie dies tun –, kann sowohl für das Individuum als auch für die Gesamtheit von Vorteil sein, weil sie, unter sonst gleichen Umständen, eine gewisse wirtschaftliche Tauglichkeit bedeutet. Die geistigen Merkmale hingegen, die mit dem athletischen Sport verbunden sind, gereichen zwar dem Individuum, aber nicht der Gesamtheit zum Vorteil. Dies gilt für jede Gesellschaft, in der diese Merkmale mehr oder weniger in Erscheinung treten, denn der moderne Wettbewerb ist größtenteils identisch mit der individuellen Selbstbehauptung, die auf diesen Merkmalen der räuberischen Natur beruht. In der verfeinerten Gestalt, in der sie beim modernen friedlichen Wettbewerb auftreten, stellen sie, wenigstens in gewissem Grade, fast eine Lebensnotwendigkeit für den zivilisierten Menschen dar.

Doch während sie für das rivalisierende Individuum unerläßlich sind, dienen sie der Gesellschaft nicht ohne weiteres. Was die Tauglichkeit des Individuums für die Zwecke des kollektiven Lebens anbelangt, so ist die Tüchtigkeit im Wettbewerb bestenfalls von indirektem Nutzen. Grausamkeit und List nützen der Gesellschaft höchstens dann, wenn sie in Streitigkeiten mit anderen Gesellschaften verwickelt ist; und sie nützen auch dem Individuum nur deshalb, weil sie in der menschlichen Umwelt, der es ausgesetzt ist, in so großem Maße vorhanden sind. Jedes Individuum, das am Wettbewerb teilnimmt, ohne diese Eigenschaften in genügendem Maße zu besitzen, ist im Nachteil; es befindet sich etwa in derselben Lage wie ein Stier ohne Hörner, der in eine Herde von gehörntem Vieh geraten ist.

Die räuberischen Charaktereigenschaften mögen natürlich aus Gründen wünschenswert erscheinen, die mit Ökonomie nichts zu tun haben. Auf ästhetischem oder ethischem Gebiet herrscht zum Beispiel eine Vorliebe für die barbarischen Tugenden, welcher die oben genannten Eigenschaften so sehr entgegenkommen, daß ihre Brauchbarkeit in dieser wahrscheinlich die Nachteile in ökonomischer Hinsicht bei weitem ausgleicht. Doch wollen wir diese Frage nicht weiter verfolgen und nichts über die Wünschbarkeit oder Ratsamkeit des Sports im allgemeinen, das heißt über seinen Wert aus anderen als wirtschaftlichen Gründen sagen.

Nach Ansicht des Volkes ist die besondere Männlichkeit, die das sportliche Leben hervorbringt, sehr bewundernswert. Gemäß dem etwas losen Wortgebrauch der Umgangssprache gilt der Sportler als unabhängig und als guter Kamerad. Von einem anderen Gesichtspunkt aus kann man jedoch dieselben Eigenschaften auch als Roheit und Cliquengeist deuten. Daß diese männlichen Tugenden allgemein gebilligt und bewundert werden, ja, daß man sie überhaupt als männlich bezeichnet, hat seinen Grund darin, daß sie dem Einzelnen von Nutzen sind. Die Mitglieder der Gesellschaft, und besonders jene soziale Klasse, die in Fragen des Geschmacks tonangebend ist, besitzen diese Neigungen in so hohem Maße, daß ihr Fehlen bei andern Leuten nicht nur als Mangel empfunden wird, sondern daß sie geradezu als Attribute eines höheren und außergewöhnlichen Wertes gelten. Die Eigenschaften des räuberischen Menschen sind in der modernen Welt keineswegs im Aussterben begriffen. Sie liegen bereit, um jeden Augenblick in Erscheinung zu treten, wenn an die Gefühle appelliert wird, in denen sie sich für gewöhnlich äußern – vorausgesetzt natürlich, daß ein solcher Appell nicht allzu sehr mit den gewohnten Beschäftigungen und alltäglichen Interessen in Konflikt gerät. Die Masse der Bevölkerung hat sich von diesen, ökonomisch gesprochen, überholten Neigungen nur in dem Sinne emanzipiert, als sie teilweise und zeitweilig keine Verwendung mehr für sie hat, worauf die besagten Neigungen in den Hintergrund rutschen und als unbewußte Motive weiterleben. Sie sind zwar nicht in allen Individuen im selben Grade vorhanden, doch liegen sie bereit, um menschliche Handlungen und Gefühle in aggressiver

Weise zu prägen, sobald ihnen ein Reiz von relativ starker Intensität die Gelegenheit dazu verschafft. Und sie kommen notwendigerweise am ehesten dort zum Durchbruch, wo keine der räuberischen Kultur fremde Beschäftigung die täglichen Interessen und Gefühle des Einzelnen in Anspruch nimmt.

In dieser Lage befinden sich die müßige Klasse sowie einige von ihr abhängige Bevölkerungsgruppen. Nun können wir uns die Beliebtheit des Sports unter den neu in die müßige Klasse aufgenommenen Mitgliedern sowie die rapide Verbreitung der sportlichen Gesinnung in jeder industriellen Gesellschaft erklären, die reich genug ist, damit ein beträchtlicher Teil der Bevölkerung von der Arbeit ausgenommen werden kann.

[...]

Man hat das Gefühl – ein Gefühl, das dem Apologeten selbst nicht bewußt sein mag, das nie ausdrücklich formuliert wird, aber meist trotzdem aus seinen Reden hervorgeht –, daß sowohl der Sport als auch die übrigen räuberischen Impulse und Denkgewohnheiten, die dem sportlichen Charakter zugrunde liegen, dem gesunden Menschenverstand nicht ohne weiteres einleuchten. »Mörder sind selten anständige Leute.« Dieser Aphorismus stellt eine moralische Wertung des spätläuberischen Temperaments und seiner erzieherischen Wirkung dar, wenn dieses offen ausgedrückt und hemmungslos ausgeübt wird. Er zeigt an, was der reife nüchterne Mann über die Gültigkeit räuberischer Denkgewohnheiten für die Zwecke des kollektiven Lebens denkt. Man spürt, daß ein solcher Mann wahrscheinlich gegen jede Tätigkeit ist, die eine Gewöhnung an die räuberische Einstellung bedingt, und daß der Beweis des Gegenteils zu Lasten jener geht, die sich für die Rechtfertigung eines räuberischen Temperaments und für Praktiken einsetzen, die sie stärken.

Gefühlsmäßig kann sich das Volk zwar für Zerstreuungen und Vergnügungen der erwähnten Art begeistern, doch herrscht gleichzeitig der Eindruck vor, daß diese Gefühle im Grunde eigentlich nicht gerechtfertigt sind. Um sie einigermaßen zu legitimieren, wird dann etwa folgendes behauptet: Obgleich der Sport zwar vor allem eine räuberische, sozial desintegrierende Wirkung ausübe, obgleich er zunächst einen Rückfall auf Neigungen bewirke, welche die Arbeit nur stören können, so fördere er doch in indirekter Weise – im Verlauf eines sehr schwer zu verstehenden Prozesses der polaren Induktion oder vielleicht der gegensätzlichen Erregung – ein Denken, das den sozialen und industriellen Zielen förderlich sei. Mit anderen Worten nimmt man an, daß der Sport, obgleich er seiner Natur nach nichts anderes ist als eine vom Neid gezeichnete Heldentat, auf irgendeine ferne und unbegreifliche Weise doch zur Entwicklung eines Temperaments beitrage, das der selbstlosen Arbeit dienlich ist. Im allgemeinen versucht man, dies empirisch nachzuweisen, oder noch öfters nimmt man einfach an, daß diese Behauptungen bereits empirisch gesicherte Verallgemeinerungen darstellen, die jedermann, der sie hört, sogleich einleuchten müssen. Bei der Beweisführung umgeht man wohlweislich die verräterischen Zusammenhänge von Ursache und Wirkung, ausgenommen daß man mit ihrer Hilfe nachweist, wie die oben erwähnten »männlichen Tugenden« vom Sport gefördert werden. Doch da es gerade diese männlichen Tugenden sind, die – ökonomisch gesprochen – gerechtfertigt werden müßten, reißt die Beweiskette bereits dort ab, wo sie beginnen sollte. In allgemeinen ökonomischen Begriffen ausgedrückt, stellen diese Entschuldigungen nichts anderes als mühselige Versuche dar, jenseits aller Logik zu beweisen, daß der Sport in der Tat die Arbeit, das Werk – im weitesten Sinne des Begriffs – fördert. Solange der nachdenkliche Apologet des Sportes weder sich noch andere von dieser seiner Behauptung überzeugt hat, solange wird er weder ruhen wollen noch in der Tat auch Ruhe finden. Seine Unzufriedenheit mit der von ihm selbst gefundenen Rechtfertigung zeigt sich meist in seinem rauhen Ton und in dem Eifer, mit dem er unzählige Beteuerungen anhäuft, die seine Stellungnahme stützen sollen.

Aber warum braucht es überhaupt Entschuldigungen? Warum genügt nicht einfach der Umstand als Rechtfertigung, daß das Volk gefühlsmäßig dem Sport zugetan ist? Dank der lange dauernden Anstachelung zur Grausamkeit und Tapferkeit, der die Völker in den räuberischen und quasifriedlichen Kulturstadien ausgesetzt waren, ist dem modernen Menschen ein Temperament mitgegeben worden, das in wilden und verschlagenen Ausdrucksformen Befriedigung findet. Warum soll man dann also den Sport nicht als legitime Äußerung jedes normalen und gesunden Menschen auffassen? Welche anderen Normen gibt es, die befolgt werden müssen, neben denjenigen, die in den Neigungen gegeben sind, welche sich ihrerseits in den Gefühlen wie auch in dem ererbten Hang zur Tapferkeit unserer Generation ausdrücken? Die verdeckte Norm, an die appelliert werden kann, ist der Werkinstinkt, der grundlegender und älter ist als die Vorliebe für den räuberischen Wettbewerb. Diese letztere stellt nur eine besondere Entwicklungsform des Werkinstinktes dar, eine trotz ihrem – absolut gesehen – großen Alter relativ späte und vergängliche Variante. Der räuberische Impuls des Wettbewerbs – oder, wie man auch sagen könnte, der sportliche Instinkt – ist wenig stabil, wenn man ihn mit dem uralten Werkinstinkt vergleicht, aus dem er sich entwickelt und später differenziert hat. Gemessen an dieser letzten Lebensnorm sind der räuberische Wettbewerb und die sportliche Mentalität nichts.

Wie und wieweit die Institution einer müßigen Klasse zum Fortbestand des Sports und der vom Neid gezeichneten Heldentat beiträgt, läßt sich natürlich nicht in Kürze sagen. Aus unseren bisherigen Ausführungen scheint hervorzugehen, daß die müßige Klasse aus Gefühl und Neigung die kriegerische Einstellung und den kriegerischen Geist in höherem Maße begünstigt als die arbeitenden Klassen. Etwas Ähnliches scheint auch im Hinblick auf den Sport zuzutreffen. Doch ist es hier hauptsächlich auf mittelbarem Wege, das heißt auf dem Umweg über die Normen der Wohlanständigkeit, daß diese Klasse einen

Einfluß auf die herrschende Einstellung gegenüber dem sportlichen Leben ausübt. Dieser mittelbare Einfluß stützt und fördert ganz unzweideutig das räuberische Temperament und seine Gewohnheiten; ja, er erstreckt sich selbst auf jene Sportarten, welche vom Schicklichkeitskodex der obersten müßigen Klasse geächtet werden, nämlich auf Preiskämpfe, Hahnenkämpfe und ähnliche vulgäre Äußerungen des sportlichen Geistes. Wie nun nämlich auch die jüngsten gültigen Vorschriften der Wohlanständigkeit im einzelnen lauten mögen, so besagen die anerkannten und von der müßigen Klasse sanktionierten Normen jedenfalls in unzweideutiger Weise, daß Wettbewerb und Verschwendung gut, Selbstlosigkeit und Nützlichkeit hingegen schlecht sind. Im Dämmerlicht der niederen sozialen Sphären werden die feinen Einzelheiten des Schicklichkeitskodex eben nicht immer mit der wünschenswerten Schnelligkeit begriffen und übernommen; man wendet die allgemeinen Normen gesamthaft und unüberlegt an und fragt nicht lange nach dem Bereich ihrer Zuständigkeit oder danach, ob gewisse Einzelheiten für gültig erklärt worden sind oder nicht.

Die Vorliebe für den athletischen Sport, die sich nicht nur in der direkten Teilnahme, sondern auch in der gefühlsmäßigen und moralischen Unterstützung äußern kann, stellt ein mehr oder weniger ausgesprochenes Kennzeichen der müßigen Klasse dar, das diese außerdem mit den Kriminellen der untersten Schichten und allen jenen atavistischen Elementen der Gesellschaft gemeinsam hat, die mit vorwiegend räuberähnlichen Neigungen ausgestattet sind. Unter den zivilisierten westlichen Völkern gibt es wohl nur wenige Individuen, die den späträuberischen Instinkt in so geringem Maße besitzen, daß sie überhaupt kein Vergnügen an sportlichen Spielen empfinden; doch ist der Hang zum Sport bei der großen Masse der arbeitenden Bevölkerung auch nicht derart ausgeprägt, daß er zur Bildung einer – wie man sagen könnte – sportlichen Gewohnheit führt. Diesen Klassen bietet der Sport eher eine gelegentliche Zerstreuung, als daß er einen wesentlichen Aspekt ihres Lebens darstellen würde. Man kann deshalb von diesen Leuten nicht behaupten, daß sie den Hang zum Sport besonders pflegen. Obgleich dieser durchschnittlich, ja selbst für eine beträchtliche Zahl von Individuen, nicht als veraltet oder überholt gilt, so nimmt er bei den arbeitenden Klassen doch eher den Charakter eines mehr oder weniger vergnüglichen und gelegentlich interessanten Ereignisses an als den eines lebenswichtigen und dauerhaften Interesses, das bei der Bildung des organischen Komplexes von Denkgewohnheiten eine hervorragende Rolle spielen würde.

Die Art und Weise, wie sich der Hang zum Sport im modernen Leben äußert, scheint keine schwerwiegenden wirtschaftlichen Folgen zu haben. Für sich allein betrachtet, übt er auch tatsächlich keine irgendwie beachtliche direkte Wirkung auf die industrielle Leistungsfähigkeit oder den Konsum eines gegebenen Individuums aus; die dominierende Stellung und die Zunahme jenes Menschentyps, der von der Vorliebe für den Sport gekennzeichnet ist, besitzen hingegen gewisse Folgen. Dieser Typus beeinflußt das Wirtschaftsleben der Gesellschaft in doppelter Hinsicht, einmal was das Tempo der ökonomischen Entwicklung, und dann, was die Ergebnisse dieser Entwicklung anbetrifft. Der Umstand, daß die allgemeinen Denkgewohnheiten von diesem Charaktertypus in irgendeiner Weise dominiert werden, übt nicht nur einen tiefgehenden Einfluß auf Bereich, Richtung, Maßstäbe und Ideale des kollektiven wirtschaftlichen Lebens aus, sondern auch auf den Grad der Anpassung dieses Lebens an die Umwelt.

Etwas Ähnliches kann auch von anderen Eigenschaften des barbarischen Charakters gesagt werden. Für die Zwecke der ökonomischen Theorie können diese anderen barbarischen Merkmale als gleichlaufende Veränderungen jenes späträuberischen Temperaments bezeichnet werden, das in der Tapferkeit und in der Gewalttätigkeit zum Ausdruck kommt. Weder weisen sie einen vornehmlich wirtschaftlichen Charakter auf, noch besitzen sie eine direkte ökonomische Bedeutung. Sie dienen eher dazu, jenes Stadium der ökonomischen Entwicklung anzuzeigen, an das sich das betreffende Individuum angepaßt hat. Sie sind daher erstens insofern wichtig, als mit ihrer Hilfe der Grad der Anpassung an die modernen wirtschaftlichen Forderungen gemessen werden kann, und zweitens insofern, als sie je nach ihrer Beschaffenheit selber die wirtschaftliche Nützlichkeit des Individuums erhöhen oder vermindern können.

Die Tapferkeit manifestiert sich im Leben des Barbaren auf zwei verschiedene Arten, nämlich als Gewalttätigkeit und als Betrug. In unterschiedlichem Grade sind diese beiden Ausdrucksformen im modernen Krieg, in den Finanzberufen und im Sport vorhanden. Beide werden sowohl vom sportlichen Leben als auch von den ernsthafteren Formen des Wettbewerbs gefördert und gestärkt. Strategie und Verschlagenheit gehören sowohl zum sportlichen Spiel als auch zum Krieg oder zur Jagd. Bei all diesen Beschäftigungen wird die Strategie sehr leicht zur hinterhältigen Durchtriebenheit und zur Schikane. Hinterhältigkeit, Falschheit und Einschüchterungsversuche nehmen bei jedem sportlichen Wettkampf und bei allen sportlichen Spielen einen festen Platz ein. Die übliche Verwendung eines Schiedsrichters und die genauen technischen Vorschriften, welche die Grenzen und Einzelheiten des erlaubten Betrugs und des strategischen Vorteils regeln, bezeugen den Umstand zur Genüge, daß betrügerische Praktiken und der Versuch, den Gegner zu übertrumpfen, keine Zufälligkeiten des Spiels darstellen. Es liegt in der Natur des Falles, daß eine Gewöhnung an den Sport die Neigung zum Betrug nur fördern kann; und die Vorherrschaft des räuberischen Temperaments, das die Menschen dem Sport in die Arme treibt, bedeutet somit gleichzeitig das Vorherrschen erbarmungsloser Praktiken und einer rücksichtslosen Mißachtung der Interessen anderer. Die Zuflucht zum Betrug ist immer, in welcher Gestalt und mit welcher Rechtfertigung durch Gesetz oder Sitte sie nun auch auftreten mag, Ausdruck einer engen

Selbstsucht. Wir brauchen wohl nicht länger beim ökonomischen Wert dieses Aspektes des sportlichen Charakters zu verweilen.

In diesem Zusammenhang wollen wir noch bemerken, daß das auffälligste Merkmal der Physiognomie des Sportlers die extreme Schläue und Verschlagenheit ist. Die Gaben und Heldentaten des Odysseus stehen denjenigen des Achilles kaum nach, weder was das Fördern des sportlichen Spiels noch was den Glanz betrifft, den sie dem schlauen Sportler verleihen. Die Pantomime der Verschlagenheit stellt meist den ersten Schritt dar, wenn ein Junge nach seiner Immatrikulation an irgendeiner der angesehenen Mittel- oder Hochschulen versucht, seinen Gesichtsausdruck dem des Berufssportlers nach Möglichkeit anzugleichen. Und Männer, die sich ernsthaft für sportliche Spiele, Rennen und ähnliche Wettkämpfe interessieren, hören niemals auf, der listigen Miene als Schmuck des Antlitzes ihre nachdenkliche Aufmerksamkeit zu schenken. Als ein weiteres Zeugnis ihrer geistigen Verwandtschaft mit dem Sportler soll darauf hingewiesen werden, daß die delinquenten Mitglieder der untersten Schichten diesen verschlagenen Gesichtsausdruck in ganz besonderem Maße besitzen und daß sie ihn oft ebenso theatralisch übertreiben wie der junge Anwärter auf sportliche Ehren. [...]

MAX SCHELER

Resublimierung und Sport[1]

Kaum eine übernationale Gesamterscheinung gegenwärtiger Zeit verdient so sehr eine soziologische und psychologische Durchleuchtung als der an Umfang und Wertschätzung unermeßlich gewachsene Sport. Und doch ist bisher nur sehr wenig Ernstliches zur Deutung des gewaltigen Phänomens versucht worden. Fast alle Schriften über den Gegenstand gehen von Sportlehrern aus. Interessenten, die natürlich im Technischen befangen bleiben. Ich selbst neige dazu, in dem neuen Übergewicht, das der Sport im modernen Leben besonders der neuen Jugend einnimmt, eine der wichtigsten Tatsachen zu sehen (neben der neuen Wertung des »Leibes«, der »Kraft« und »Schönheit«, der neuen Bewußtseinsstufe der Erotik usw.) unter dem Tatsachenkreise, der eine sehr tiefgehende Abwendung des kommenden Menschen von den einseitigen asketisch-spiritualistischen Idealen anzeigt, die sich seit dem Beginne der christlichen Zeitrechnung im Abendlande immer mehr gesteigert hatten. Mönchsaskese, innerweltliche Askese und reine areligiöse hochkapitalistische Arbeits- und Leistungsaskese verbunden mit nicht weiter biologisch tragbarer Gehirnüberlastung und Leibesvernachlässigung (soweit der Leib nicht selbst wieder Arbeitsquelle war) sind nur sehr verschiedene geschichtlich sich folgende Formen, die das einseitig asketisch-spiritualistische Ethos angenommen hatte. Der Sport, der heute die Wertschätzung von Kunst, Philoso-

1 Es handelt sich hier um Geleitworte Schelers zur Buchveröffentlichung der Inauguraldissertation von Alfred Peters: Psychologie des Sports. Seine Konfrontierung mit Spiel und Kampf. Leipzig 1927.

phie, Wissenschaft, Theater, höherer Bildung usw. in unerhörtem Maße zu verdrängen beginnt, ist eine schroffe, explosive Reaktionserscheinung zu diesen Zeitaltern. Wie jede Reaktionserscheinung neigt er, Menschentypen zu zimmern, die von dem Normbilde des vital-geistig harmonisch ausgeglichenen Menschen mindestens ebenso sehr abweichen wie der überintellektuelle Gehirn-Mensch der vergangenen Epochen. Warum ich trotzdem (hier abweichend vom Verfasser dieser Schrift) diese selbstbewußte Umstellung und Umleitung der vitalen Triebenergie von geistiger Sublimierung in Körperausbildung und maximale Körperleistung – ohne Arbeitszweck – für ein notwendiges und zur Erhaltung des Gleichgewichts der menschlichen Kräfte sogar im ganzen wohltätiges Ereignis der Re-sublimierung halte, kann hier nicht gezeigt werden. Der fast bis zum Grübelsinn tiefdenkende Verfasser sieht mit großer Schärfe die heller bewußten Motivgruppen, die zum modernen Sportbetrieb und Sportmenschen führen, nur ist es mir, als ob er für die negativ-wertigen dieser Motivgruppen ein noch schärferes Auge hätte als für die positiven. Bei den unerhörten Auswüchsen, die der Sportbetrieb angenommen hat, ist dies kein Wunder und kann nur höchst wohltätig mitwirken, die einseitige aus der bloßen Opposition geborene anti-geistige Haltung des modernen Sportlers gleichsam einer Psychoanalyse zu unterwerfen, um ihn von diesem »Antigeist-Komplex« zu heilen. Während »Spiel« und »Kampf«, als die dem Sport nächst verwandten Grunderscheinungen menschlichen Verhaltens, dem Leben einen zentralen Sinn und Wert geben können – das ist eine der Hauptthesen der Schrift –, vermag es der Sport nicht. Ist er mit dem infantilen Rekordfieber verbunden, so entsteht ein sehr leerer, minderwertiger Typus Mensch. Diese Gefahr anzuzeigen und sie tiefer psychologisch zu erklären, halte ich für das positive Verdienst, das die Schrift sich national-pädagogisch erwirbt. Daß der Sport von heute nicht ein einfacher Ausdruck überschäumenden Lebensgefühles ist, sondern eher als Versuch narkotisierender Überkompensation von Gefühlen der Ermattung und seelischer Leere auftritt, hat der Verfasser zum Teil sehr gut begründet. Wie könnte es aber auch anders sein, da er Resublimierung (das heißt Zurückerstattung eines Maßes der dem Denken und der Arbeit vorher übermäßig zugeleiteter Triebenergien an den Leib und die »Körperkultur« in künstlich geregelter Form) ja ausdrücklich will, da er nicht reiner schöner Ausdruck und Höherformung ist des wohlgeborenen Leibes (wie das griechische Gymnasion), sondern Re-reflektion und künstliche Wiederpflege eines jahrhundertelang schwer vernachlässigten Eigenwertes des leiblichen Daseins?

Stelle ich die feinsinnige und tiefschürfende Arbeit des Verfassers in diesen weiteren geschichtlichen Zusammenhang ein, der freilich gestatten würde, dem Sport eine etwas günstigere Beurteilung zuteil werden zu lassen, als er sie hier findet (in Deutschland zumal, wo er ja auch den Ausfall der allgemeinen Dienstpflicht und das, was mit ihr an Körperkultur verbunden war, mitzudecken hat), so kann ich seinen Ausführungen im großen und ganzen zustimmen und darf auch der klugen Schrift große Verbreitung wünschen. Denn es handelt sich hier wirklich um eine für die Gestaltung des zukünftigen Deutschen wichtige – ja sogar sehr wichtige Sache.

KARL JASPERS

Masse und Sport

Das Eigendasein als Vitalität schafft sich Raum im Sport, als einem Rest von Befriedigung unmittelbaren Daseins, in Disziplin, Geschmeidigkeit, Geschicklichkeit. Durch die vom Willen beherrschte Körperlichkeit vergewissert sich Kraft und Mut; der naturoffene Einzelne erobert sich die Nähe zur Welt in ihren Elementen.

Der Sport als Massenerscheinung, organisiert zur Zwangsläufigkeit eines geregelten Spiels, lenkt Triebe ab, welche sonst dem Apparat gefährlich würden. Die Freizeit ausfüllend, schafft er eine Beruhigung der Massen. Der Wille zur *Vitalität* als Bewegung in Luft und Sonne wünscht diesen Daseinsgenuß in Gesellschaft; er hat kein kontemplatives Verhältnis zur Natur als Chiffre und hebt die furchtbare Einsamkeit auf. *Kampflust* sucht die höchste Geschicklichkeit, um in der Konkurrenz Überlegenheit zu fühlen; ihr wird alles Rekord. Sie sucht die Öffentlichkeit der Gemeinschaft, bedarf des Urteils und Beifalls. In den Spielregeln findet sie eine Form, die dazu erzieht, auch im wirklichen Kampf Spielregeln einzuhalten, welche den Gang des gesellschaftlichen Daseins erleichtern.

Was der Masse versagt bleibt, was sie darum nicht für sich selbst möchte, aber als den Heroismus bewundert, den sie von sich eigentlich fordert, das bringen die waghalsigen Leistungen Einzelner zur Anschauung. Sie schlagen als Bergsteiger, Schwimmer, Flieger und Boxer ihr Leben in die Schanze. Sie sind auch die Opfer, in deren Anblick die Masse begeistert, erschreckt und befriedigt ist, und die zu der geheimen Hoffnung Anlaß geben, auch selbst vielleicht zum Außerordentlichen zu kommen.

Es mag aber auch mitschwingen, was die Masse schon im antiken Rom bei den Schaukämpfen suchte: der Genuß an Gefahr und Vernichtung des dem Einzelnen persönlich fernen Menschen. Wie in der Ekstase für gefährliche Sportleistungen entlädt sich die Wildheit der Menge in der Lektüre von Kriminalromanen, dem fieberhaften Interesse an der Gerichtsberichterstattung, an der Neigung zum Verrückten, Primitiven, Undurchsichtigen. In der Helligkeit des rationalen Daseins, wo alles bekannt oder gewiß kennbar ist, wo das Schicksal aufhört und nur der Zufall bleibt, wo das Ganze trotz aller Tätigkeit grenzenlos langweilig und absolut geheimnislos wird, da geht der Drang des Menschen, wenn er selbst kein Schicksal mehr zu haben glaubt, das ihn dem Dunkel verbindet, wenigstens auf den lockenden Anblick exzentrischer Möglichkeiten. Der Apparat sorgt für seine Befriedigung.

Was durch solche Masseninstinkte aus dem Sport wird, macht jedoch die Erscheinung des modernen Menschen im Sport keineswegs begreiflich. Über den Sportbetrieb und seine Organisation hinaus, in welcher der in die Arbeitsmechanismen gezwungene Mensch nur ein Äquivalent unmittelbaren Eigendaseins sucht, ist in dieser Bewegung doch eine Großartigkeit fühlbar. Sport ist nicht nur Spiel und Rekord, sondern wie *Aufschwung und Aufraffen*. Er ist heute wie eine Forderung an jeden. Noch das durch Raffinement übertünchte Dasein vertraut sich in ihm der Natürlichkeit des Impulses. Man vergleicht wohl den Sport des heutigen Menschen mit dem der Antike. Damals war er wie eine indirekte Mitteilung des außerordentlichen Menschen in seiner göttlichen Herkunft; davon ist nicht mehr die Rede. Aber auch die heutigen Menschen wollen irgendwie sich darstellen, Sport wird Weltanschauung; man wehrt sich gegen Verkrampfung und möchte etwas, dessen transzendent bezogene Substanz jedoch fehlt. Dennoch ist als ein Ungewolltes, wenn auch ohne gemeinschaftlichen Gehalt, jener Aufschwung da wie zum Trotz der steinernen Gegenwart. Der Menschenleib schafft sich sein Recht in einer Zeit, wo der Apparat erbarmungslos Mensch auf Mensch vernichtet. Um den Sport schwebt etwas, das, unvergleichlich in seiner

Geschichtlichkeit, der Antike als ein anderes wahlverwandt scheint. Der heutige Mensch ist dann zwar nicht Grieche, aber auch nicht Sportfanatiker; er scheint der im Dasein gestraffte Mensch, der in Gefahr ist wie in einem beständigen Krieg und der, von dem fast Untragbaren nicht erdrückt, für sich steht, aufrecht den Speer wirft.

Aber wie auch der Sport als Grenze rationaler Daseinsordnung erscheint, mit ihm allein gewinnt der Mensch sich nicht. Er kann mit der Ertüchtigung des Körpers, dem Aufschwung in vitalem Mut und beherrschter Form nicht schon die Gefahr überwinden, sich selbst zu verlieren.

ALFRED VIERKANDT

Moderner Lebensstil und Sport

[...]

Die Leere im Lebensgefühl. Sie ergibt sich aus der dominierenden Stellung des Geldes und der Zerstörung aller Eigenwerte. Der kapitalistische Mensch ist wertblind, sein Leben entsprechend wertleer. Die allgemeine Verkümmerung seines Tiefenlebens erstreckt sich besonders auch auf die Erotik, die der kapitalistische Lebensstil ebenso verkümmern läßt, wie er die bloße Sexualität begünstigt. Als einzige Oase für die Gemeinschaftsgesinnung erscheint wohl die Familie, deren Zersetzung und nahezu Auflösung in der Gegenwart in diesem Zusammenhang besonders tragisch anmutet.

Für diese Leere wird *Ersatz* gesucht in verschiedener Weise. Zunächst entsteht ein wahrer *Hunger nach »Lust«;* sie wird ausdrücklich begehrt statt als natürliche Gabe hingenommen. Die Lust als Oberflächenerscheinung ist dabei wohl zu unterscheiden von der dem Kapitalismus wesensfremden Freude und Heiterkeit. Weil die Befriedigung notwendig unecht bleibt, die Leere nur durch Leerheiten ausgefüllt wird (Fontane), entsteht ein Verlangen nach Steigerung, nach Betäubung: je weniger Freude, desto forcierter der Genuß. Diese innere Leere hat bei uns das *Sensationsbedürfnis,* d.h. das Bedürfnis nach starken und ungewöhnlichen Eindrücken, nach Aufregung und Spannung in aktiver wie in rezeptiver Form, zu einer ungewöhnlichen Höhe wachsen und eine Fülle von Veranstaltungen zu seiner Befriedigung entstehen lassen. Dahin gehört der Sport sowohl in seiner rezeptiven Form (Zuschauer bei Sportkämpfen, Wetten usw.) wie in seiner aktiven Form. Bei der letzteren kommt noch Folgendes zur Geltung: Der Zustand der Spannung bei der Arbeit wird dem modernen Menschen so sehr zur zweiten Natur, daß er sich schwer oder gar nicht voll entspannen kann: er ist dem *Zweckkrampf* auch in der Muße verfallen; und der Sport ist die häufigste Form, in der er ihm auch in diesem Zustand huldigt. Allgemein beherrscht den modernen Menschen ein starker *Erlebnishunger,* den eine ganze Reihe von »Industrien« systematisch befriedigen durch besondere Arten der Literatur (exotische Stoffe, Kriminalgeschichten usw.), durch überall verbreitete Musik, durch starken Alkohol (solange er in der eigenen Wirtschaft erzeugt wurde, war er viel schwächer und wurde nur zeitweilig genossen), sexuelle Reize, verlockende Gelegenheiten zur Reise usw. Auch das Kino gehört hierher; seine heute unermeßliche Bedeutung beruht wohl darauf, daß es in einem besonderen Maße dem Besucher Gelegenheit gewährt, Spannung und Entspannung zu verbinden; das letztere, sofern die geistige Konzentration, deren der Mensch nach anstrengender Arbeit nicht mehr fähig ist, durch bloße Zerstreuung ersetzt wird.

[...]

Wessen Lebensgefühl sich auf dem Vergleich aufbaut, der kann unter Umständen keinen Vorsprung anderer vertragen. Der demokratische Lebensstil bildet so einen günstigen Boden für das Aufkommen des Ressentiments, das (unbewußt) die höheren Werte beneidet und haßt und Bestrebungen zu ihrer Beseitigung und ihrem Ersatz durch Gebilde minderen Wertes erzeugt und begünstigt [...].

Wie sehr der Rekordcharakter des modernen *Sportes* sich in diesen Zusammenhang einfügt, bedarf keines Wortes: der Wert der Leistung der sie vollbringenden Menschen (oder Gruppen) wird jedesmal festgestellt durch Vergleichen und beruht überhaupt auf dem Übertreffen. Selbstverständlich ist auch dieser Charakter des Sports durchaus nicht. »Kann man sich denken, daß in einer griechischen Palästra gewettet wurde? Oder wäre dies auch nur denkbar bei einem spanischen Stiergefecht? Gewiß nicht. Weil hier wie dort die höchst persönliche

Betätigung einzelner Individuen künstlerisch – d.h. eben rein qualitativ, so daß eine Abschätzung nach Quantitäten nicht möglich ist – gewertet wird und wurde.« (W. Sombart, Der Bourgeois, S. 224.) Auch der moderne *Fortschrittgedanke* und Fortschrittsglaube gehört in diesen Zusammenhang: auch ein Zeitalter und eine Kultur muß bei diesem Lebensstil ihren Wert erst durch eine Vergleichung bewähren. Darum ist der Glaube an den modernen Fortschritt (d.h. die Überlegenheit unseres Zeitalters über die früheren) tief verwurzelt; übrigens tiefer in den westlichen Staaten als in Deutschland und am tiefsten in Amerika, wo er teilweise eine fast kindliche Form annimmt, indem man ihn dort wiederum durch allerlei Zahlen einfach beweist. Wenn heute selbst in Amerika dieser Glaube dem Zweifel und der Kritik zu begegnen anfängt, so spricht das für jene innere Abkehr von dem Lebensstil des 19. Jahrhunderts, die sich heute überall bemerklich macht.

Die allgemeine *Herrschaft des Wettkampfes* gehört ebenfalls zu den besonderen Eigentümlichkeiten unserer Kultur, und ebenso diejenige des *Kampfes ums Dasein*, der mit Unrecht vom Sozialdarwinismus für eine allgemeine Eigenschaft alles menschlichen Lebens ausgegeben wird, darunter verstanden einen durchgängigen (mehr oder weniger verzweifelten) Kampf und Wettkampf sowohl um günstigere Bedingungen wie um die bloße Existenzmöglichkeit überhaupt. [...]

ERNST BLOCH

Übung des Leibs, Tout va bien

Frisch, fromm, fröhlich, frei.
Spruch

Nur was klein ist, rückt nach unten. Das Kind hat nichts zu melden, die Frau kocht und wäscht. Der Arme steht krumm, nicht viele werden noch täglich einmal satt. Wie bleiben wir gesund, ist da die Frage, wie nährt man sich gut und billig. Wo ist der grüne Ast, er kann an anderen gesehen werden, sie sitzen darauf. Vierzehn Tage frei, das ist schon sehr viel für die meisten, dann zurück in ein Leben, das keiner will. Die frischere Luft steht hier für viel, was strahlen könnte.

Sie bietet sich dem Körper an, der ohnehin jedem gehört. Nie wurde mehr Sport gewünscht, getrieben, geplant als heute, nie mehr von ihm erhofft. Er gilt als gesund, das Sportherz hat das Bierherz verdrängt. Gebräunte Haut macht ohne weiteres blühend, bringt Süden oder Höhe fleischgeworden herbei. In Kauf wird genommen, daß Sport in gebliebenen bürgerlichen Zuständen oft verdummt, also schon deshalb von oben gefördert wird. Nicht bloß der freie Wettbewerb, zu dem kein Platz mehr ist, wird im Verbessern der Rekorde ersetzt, auch der wirkliche Kampf um Besserung. Ein kräftiges Bedürfnis treibt die Massen ins Freie, aber das Wasser reinigt nur die Körper, und die Wohnung, zu der der Freiluftmensch abends heimkehrt, ist nicht frischer geworden. Freilich im Vormärz, als das Turnen aufkam, schien der Ruck durch die gelähmten Glieder noch mit einem anderen Ruck verbunden. Stahl, fahr aus dem Rost, aus dem Schlauch der Most, durch den Dunst läuft der Ost, ein Pereat dem Frost, so lautete damals, als Turnen statt Drill kam, ein Sang. Sturm und Drang des Leibs trat in der Bürgerjugend vor, der sogenannte Turnvater Jahn schrieb 1815: »Die Seele des Turnwesens ist das Volksleben, und dieses gedeiht nur in Öffentlichkeit, Luft und Licht.« Vom gestrafften Rückgrat gingen so gefährliche Anregungen aus oder verbanden sich mit ihm, und der junge Turner dachte an Freiheit. Dies Freie allerdings: aufrechter Gang, Kraft, vor dem Feind sich nicht zu ducken, sondern seinen Mann zu stehen, Männerstolz vor Königsthronen, Zivilcourage, ist danach nicht gekommen, wie bekannt. Er ist auch nachher arm geblieben, unter Deutschen besonders, weil hier eine Doppelschicht von Herren war, die bourgeoise und die feudale. So entstand der Händler selber als Held, der Bourgeois selber im Stechschritt, und die Nazis, sich gar noch auf den Turnvater Jahn berufend, haben all das vollendet. Leibesübung, ohne die des Kopfs, hieß schließlich: Kanonenfutter sein und vorher Schläger. Es gibt keinen unpolitischen Sport; ist er frei, so steht er links, ist er verblendet, so vermietet er sich an rechts. Und erst in einem ungeduckten Volk, in einem, wo der tüchtige Leib weder mißbraucht wird noch als Ersatz für Männerstolz steht, wird Jahns Wunsch sinnvoll. Erst wenn der Schwimmer auch sonst das Gegebene teilt, hat er sich freigeschwommen und liebt das tiefe Wasser.

Auch die sportliche Übung bleibt eine wünschende, hoffende. Sie will des Körpers nicht nur mächtig werden, derart, daß an ihm kein Fett ist und jede Bewegung wohlig-ungehemmt hergeht. Sie will auch mit dem Körper mehr machen, mehr sein können, als ihm an der Wiege gesungen wurde. Das ist in den echten Sporthaltungen nun anders als in den kosmetischen Haltungen vorm Spiegel, als beim *make up*, das nachts von den weiblichen Zügen wieder weggewischt wird, oder beim sonstigen Umbau, der mit den Kleidern wieder ausgezogen wird. Der Körper soll gerade nicht verdeckt werden, sondern aus den Verzerrungen und Entstellungen herauskommen, die auch ihm die arbeitsteilige, entfremdende Gesellschaft zugefügt hat. Gewünscht ist, ihm mit so vielen, ehemals nur ritterlichen Übungen und so vielen neu gefundenen dazu in der neuen Gesellschaft ein »Gesunden« zu geben. Als eines nämlich, das gar kein Kranksein voraussetzt, das vielmehr das Verb, das Tun von Gesundheit selber ist, ein Heilen gerade ohne Kranksein. Wobei der Sport auch dem bürgerlichen Notzustand enthoben wird, den sogenannten Ausgleich zur überwiegend sitzenden Lebensweise im engeren wie auch weiteren Sinn zu schaffen, die dem Stubenarbeiter eigen ist. Sitzende Lebensweise wird es immer geben, doch ihre Weiterungen, wie sie aus dem Mangel an Freiluft jeder Art herkommen, nicht immer. Es ist ein sportlicher Wunsch, seinen Leib derart in der Hand zu haben, daß noch auf der Sprungschanze, wenn der Mensch fliegt, jede Lage vertraut ist, auch die neue, übertriebene. Mitnichten baut so der Geist den Körper, doch er hält ihn, oft über das angeborene Maß, in Form.

Frisch gewagt, halb gewonnen, das ist freilich leicht gesagt. So wird es dargestellt, als sei es auch leicht zu tun, ja, als zeige dieser Spruch das Beste, was hier zu tun ist. Denn scheinbar gibt es noch eine andere Art, den Leib mächtig zu machen, diejenige nämlich, welche fröhlich blind von ihm wegsieht. Coué, mit der Devise: Tout va bien, tauchte dergestalt auf (um von völlig läppischen Gesundbetern zu schweigen). Dem Mutigen gehört diese Art Welt, auch ohne daß er sonderlich mutig zu sein braucht. Durch Tout va bien soll Schnupfen und Schwereres vertrieben werden, gleichsam leicht-sinniger Weise. Der bekannte Reiter auf dem Bodensee erscheint als vorbildlich: indem er so tüchtig wie unwissend über die Gefahr hinritt, kam sie gar nicht zum Zuge, und das Eis unter ihm brach nicht. Hier ist das gefährliche Vorbild für das Wegsehen vom Übel; indem es ignoriert wird, soll es wie nicht dasein. Allerdings kommt ein Schuß Wahres an der Sache ebenfalls zustande, sobald der Mut nicht blind oder billig ist, sondern – wieder recht sporthaft – Kopf-oben heißt. Je heller hier die Stimmung, je mehr vom Kopf-oben erhofft wird, desto mehr tut dieser Anspruch der Schlappheit Abbruch. Und diese kann sogar der Anfang zu einer Krankheit sein, nicht nur ihre Wirkung. Tout va bien heißt keineswegs: alles ist so gut wie gut, doch zum Traum des Besseren gehört bereits hier, daß ein Wille auf seinem Weg ist. Auch ist nicht einmal unser Leib so beschaffen, daß er unverändert, gleichsam unverlängert auskommt. Diesem Manne kann durchaus geholfen werden, samt dem Weib, auf der planbaren Straße.

THEODOR W. ADORNO

Das Reich der Unfreiheit und der Sport

[...]

Der böse Blick ist furchtbar. Er trifft Phänomene, welche man verfehlt und verharmlost, solange man sie als bloße Fassade der Gesellschaft von oben her abtut, ohne bei ihnen zu verweilen. Dahin gehört der Sport. Veblen hat bündig jegliche Art von Sport, von den Kampfspielen der Kinder und den Leibesübungen der Universitäten bis zu den großen sportlichen Ostentationen, die später in den Diktaturstaaten beider Spielarten blühten, als Ausbruch von Gewalt, Unterdrückung und Beutegeist charakterisiert. »These manifestations of the predatory temperament are all to be classed under the head of exploit. They are partly simple and unreflected expressions of an attitude of emulative ferocity, partly activities deliberately entered upon with a view to gaining repute for prowess. Sports of all kinds are of the same general character.« Die Sportleidenschaft ist Veblen zufolge regressiver Natur: »The ground of an addiction to sports is an archaic spiritual constitution.« Nichts aber ist moderner als diese Archaik: die sportlichen Veranstaltungen waren die Modelle der totalitären Massenversammlungen. Als tolerierte Exzesse verbinden sie das Moment der Grausamkeit und Aggression mit dem autoritären, dem disziplinierten Innehalten von Spielregeln: legal wie die neudeutschen und volksdemokratischen Pogrome. Veblen erspürt die Affinität des sportlichen Exzesses und der manipulierenden Führerschicht: »If a person so endowed with a proclivity for exploits is in a position to guide the development of habits in the adolescent members of the community, the influence which he exerts in the direction of conservation and reversion to prowess may be very considerable. This is the significance, for instance, of the fostering care latterly bestowed by many clergymen and other pillars of society upon ›boys brigades‹ and similar pseudomilitary organisations.« Seine Einsicht reicht darüber noch hinaus. Er erkennt den Sport als Pseudo-Aktivität: als Kanalisierung von Energien, die anderwärts gefährlich werden könnten; als Investition sinnloser Tätigkeit mit den trugvollen Zeichen des Ernstes und der Bedeutung. Je weniger man selber mehr erwerben muß, um so mehr sieht man sich veranlaßt, den Schein seriöser, gesellschaftlich bestätigter, doch desinteressierter Tätigkeit zu erwecken. Zugleich aber entspricht der Sport dem aggressiven, praktischen Beutegeist. Er bringt die antagonistischen Desiderate von zweckmäßigem Tun und Zeitvergeudung auf die gemeinsame Formel. So wird er zum Element des Schwindels, zum *make believe.* Veblens Analyse wäre freilich zu ergänzen. Denn zum Sport gehört nicht bloß der Drang, Gewalt anzutun, sondern auch der, selber zu parieren und zu leiden. Einzig Veblens rationalistische Psychologie verstellt ihm das masochistische Moment im Sport. Es prägt den Sportgeist nicht bloß als Relikt einer vergangenen Gesellschaftsform, sondern mehr noch vielleicht als beginnende Anpassung an die drohende neue – im Gegensatz zu Veblens Klagen, daß die »institutions« hinter dem freilich von ihm auf die Technologie beschränkten Geist der Industrie zurückgeblieben seien. Der moderne Sport, so ließe sich sagen, sucht dem Leib einen Teil der Funktionen zurückzugeben, welche ihm die Maschine entzogen hat. Aber er sucht es, um die Menschen zur Bedienung der Maschine um so unerbittlicher einzuschulen. Er ähnelt den Leib tendenziell selber der Maschine an. Darum gehört er ins Reich der Unfreiheit, wo immer man ihn auch organisiert. [...]

EDUARD SPRANGER

Ernstleben und Sport

[...]

Seitdem das Wandern in der Natur gestorben ist, bedeutet der Sport die wichtigste Ausweichstelle der Jugend vor den einseitigen Anforderungen des Arbeitslebens. Die Pflege der Leibesübungen dient der Gesundheit und trägt zur Entwicklung mancher Tugenden bei, die Mensch und Menschen miteinander verbinden. Jeder Freund der Jugend wird auch ein Freund gut geleiteter Turn- und Sportbetätigung sein. Aber gerade dieser Freund bemerkt mit Betrübnis, daß seit einiger Zeit Fremdartiges in den Sport hineingetragen ist. Auch er ist technisiert worden, und auch bei ihm geht es um die Konkurrenz, um die Überrundung der anderen. Gerade an diese Momente hängt sich nun die Phantasie der Jugend. Bei dem zweiten geht es so weit, daß man sich die Mühe des Mitmachens erspart und schon beim Zuschauen genießt, was als das Kernstück übriggeblieben ist: den Nervenkitzel, die Sensation. Es kommt durchweg auf »Maxima« an, auf das denkbare Maximum der Schnelligkeit, der Kraftanspannung, der aufgepeitschten Erwartung, des massebedingten Rausches.

Mit anderen Worten: der Stil des modernen Ernstlebens hat sich in den Spielbereich hineingefressen und ihm seinen Rhythmus aufgeprägt. Die Jugend merkt selten, daß sie bei den heutigen Wettspielen nur wiederfindet, wovor sie ausweichen wollte: die »Hetze« und den Kampf ums Dasein. Und nun entsteht ein *circulus vitiosus*: wenn sich das Gefühl herausbildet, in diesen »Zirkusspielen« liege doch das eigentliche Leben, und die Alltagsarbeit sei nur der langweilige Umweg zu solchen Gefilden der Seligkeit, so färbt dies auf das ganze Verhältnis zum Dasein ab. Es ergibt sich die Fehlorientierung

das ganze Leben ist ein Sport,

wie man in besinnlicheren Zeiten sagen durfte, das Leben sei eine Wanderung. Man prüfe nach, was daraus im einzelnen folgt. Überallhin breitet sich dann der üble Stil der Rekordjagd aus, überallhin der Kultus der Maxima, und was nicht eine unablässige Kette von Sensationen darbietet, schon für den faulen Zuschauer, das kann schließlich gar nicht mehr ausgehalten werden. Geht es doch sogar im politischen Leben vielfach nicht mehr um die Sache, sondern darum, daß unablässig »etwas los« ist. Eine in diesem Geist aufgewachsene Jugend wird ihn aus ihrem Spiel immer mehr in das Ernstleben hineintragen.

Für diese Versportlichung kann ich ein Symptom anführen, das selten in seiner Tragweite erkannt wird. Zwar liegt die Zeit schon fern, in der Trachten etwas Entschiedenes über die innere Haltung und Wesensart der Menschen, die sie trugen, aussagten. Auch die Mode deutet jetzt kaum noch auf einen Geschmackswandel hin. Das alles ist nur »farb'ger Abglanz« von Geschäftsspekulationen. Aber daß in letzter Zeit ausgesprochene Sportkostüme zu Alltagskleidern geworden sind, scheint doch mit jener Einstellung zusammenzuhängen, das eigentliche Leben sei der Sport, und deshalb könne man auch dauernd in dem Gewand des Bergsteigers, des Fußballspielers, des Skifahrers und der Motorradsozia erscheinen. Wie es dabei mit »Anmut und Würde« beider Geschlechter steht, tritt kaum über die Schwelle des Bewußtseins. Insbesondere »Würde« gilt nicht mehr als darstellenswert, was den jungen Jahrgängen noch anstehen mag, aber keineswegs den Altersklassen, auf die solche Gewohnheiten jetzt übergreifen. [...]

HELMUTH PLESSNER

Die Funktion des Sports in der industriellen Gesellschaft

Wer sich mit dem Phänomen des Sports beschäftigt, das eine außerordentliche Bedeutung für unsere Zeit besitzt, staunt darüber, wie wenig bisher auf diesem Gebiete gerade von seiten der Soziologie, von seiten der Anthropologie gearbeitet worden ist. Es ist so, als ob wir uns noch nicht eingestehen wollten, daß der Sport ein wesentliches Symptom, eine wesentliche Erscheinung unseres kulturellen Zustandes unserer modernen Gesellschaft ist, als ob das nur am Rande ein merkwürdiges Phänomen wäre, mit dem man sich ernsthaft eigentlich nur dann beschäftigen müsse, wo der Mediziner ans Wort gelassen werden muß, also da, wo unmittelbare Fragen des Trainings, unmittelbare Fragen der Physiologie, allenfalls auch der Psychologie und das eigentlich klinische Problem angerührt wird. Daß der Sport aber offensichtlich tiefer zusammenhängt mit der sozialen Struktur, also mit unserem eigenen sozialen Leben, daß er nicht nur als ein ephemeres Phänomen zur besonderen Ausgestaltung in der Massengesellschaft gekommen ist, vielleicht Entartungs- oder Verfallsprodukt sei, darüber hat man sich bisher merkwürdigerweise noch sehr wenig Gedanken gemacht. Nur muß ich eines vorausschicken, ich bin hier selbst auf diesem Gebiete ein Mann, der sich tastend an eine Frage heranwagt, und ich weiß, daß das, was ich hier zu geben vermag, nur sehr wenig ist, vielleicht nur ein kleines Licht werfen kann in ein sehr diffiziles und verworrenes Gebilde. So wenig, wie es erlaubt ist, den Sport generell mit bestimmten auffallenden Phänomenen des Massensportes zu identifizieren – dagegen behauptet sich zum Beispiel der Sport im Alpinismus oder der Skisport und viele andere Sportarten, die durchaus nicht zu solchen Massenveranstaltungen und zu Massenbetrieb taugen –, so glaube ich doch, solle man einmal versuchen – vor allen Dingen nun diese massenhaften Symptome im Blick –, sich als Soziologe an dieses Phänomen heranzuwagen.

Der Sport entwickelt sich offenbar nur in einer industrialisierten, das heißt von Technik und weitgehender Arbeitsteilung geprägten städtischen Gesellschaft. Auf dem Lande, bei den Bauern, war und ist im wesentlichen das Spiel zu Hause, nicht der Sport. Gewiß liegen die Wurzeln der Sportgesinnung und vieler Sportzweige in der vorindustriellen Epoche. Vor allem in England hat der Sport in manchem etwas von dem Ethos seines Adels und frühen Bürgertums bis heute bewahrt, das bekanntermaßen durch den für England charakteristischen Zusammenhang zwischen Adelsschicht und Bürgertum eine leichtere Anpassung seiner Lebensformen an die Lebensform der Oberschicht erreichte. Aber die Ausbreitung des Sports, seine Differenzierung in die verschiedensten Zweige und seine wachsende Popularität läuft doch der Entwicklung der modernen Industriegesellschaft im wesentlichen parallel. »England das Land des Sports«[1], so heißt eine kleine Schrift des verstorbenen Anglisten Herbert Schöffler (die dem einen oder anderen wohl schon unter die Augen gekommen ist). Die Pionierrolle Englands also einmal als Land des Sports und als Land der Industrie spielt dabei noch im 19. Jahrhundert erheblich mit, verliert dann freilich in dem Maße, in dem die Industrialisierung sich über die ganze Erde verbreitet, an Bedeutung. Dies wird wiederum an gewissen Transformationserscheinungen des Sportes, zumal an der Gefährdung seines ritterlichen Spielelementes, fühlbar. Wer sich über die Bedeutung des Sports in unserer westlichen Welt und für unsere moderne Gesellschaft klarwerden will, hat von einer fundamentalen Erfahrung auszugehen, von dem Phänomen der zunehmenden Verstädterung.

1 H. Schöffler: England das Land des Sports. Kultursoziologische Erklärungen. Hefte zur Englandkunde, Bd. 9, Leipzig 1935.

Unsere moderne Gesellschaft fühlt sich in ihrem natürlichen Verhältnis zum Körper irritiert, um nicht zu sagen gestört. Das rasche Wachstum der Städte, ihre beherrschende Rolle für das moderne Leben in Fabrik und Bergwerk, im Büro, in den Laboratorien, der ganze Komplex, der durch die Schlagwörter Industrialisierung, Mechanisierung, Spezialisierung, Bürokratisierung angedeutet ist, hat eine tiefgehende Unzufriedenheit mit dem deformierenden Einfluß der modernen Arbeit auf den Menschen hervorgerufen. Zwar leben wir gewiß nicht mehr in der Konfliktstellung der Generationen vor 1830, selbst noch vor 1880. Der Anpassungsprozeß der städtischen Massen an ihr inzwischen ja viel hygienischer, freundlicher und menschlicher gewordenes Milieu ist seit Dezennien in vollem Gange. Die damals noch tiefempfundenen Klagen über den Verlust der alten, handwerklichen, traditionalen, ländlichen, altväterisch-bürgerlichen Erlebnisweise und des Lebensglücks, das mit ihm gegeben war, diese Klagen sind lange verstummt. Jedenfalls sind sie viel schwächer geworden und werden von der Jugend kaum mehr verstanden. Die Opposition eines naturalistischen Elements – Naturalismus in der Literatur, in der gesamten Kunst – gehört nach unserem Gefühl für die Jugend von heute völlig der Vergangenheit an und wird auch gar nicht mehr verstanden. Industrialismus, Mechanisierung, Spezialisierung, Bürokratisierung sind mehr und mehr Selbstverständlichkeiten, unvermeidbare Formen geworden, die mit der industriellen Gesellschaft nun einmal gegeben sind und die die großen Massen längst akzeptiert haben. Aber das ändert durchaus nichts an dem weit verbreiteten Gefühl, daß in der modernen Arbeit, der Handarbeit wie der Kopfarbeit, der Mensch in seiner leibhaften, körperlichen Gesamtexistenz nicht zu seinem Recht kommt. Daß er entweder durch unnatürliche Milieus, durch unnatürliche, einseitige Beanspruchungen, mögen es nun Gruben sein oder Fabriken oder Büros, im ganzen als widerwilliges Instrument zu einseitig spezialisierter Leistung überanstrengt wird oder einer nicht weniger unnatürlichen Ausschaltung zugunsten bloßer Kopfarbeit verfällt.

Eine nachträgliche Verschärfung erfährt nun das Gefühl, daß die körperliche Existenz des Menschen gewissermaßen heute verkümmert, durch die Mechanisierung des Verkehrs. Gewiß, der einzelne macht sich dies nicht klar, aber es lastet auf ihm. Der Fußgänger wird allmählich anachronistisch, er ist es in Amerika schon geworden, so daß die Leute (so wird immer wieder erzählt), die mit dem Optimismus des Europäers nach drüben kommen und versuchen, drüben spazierenzugehen, sozusagen sogleich hilfreich geleitet werden (das nächste Auto bleibt sofort stehen: »Kann ich Ihnen irgendwie helfen?« Und wenn man dann sagt: »Ich möchte gerne ein bißchen spazierengehen«, dann ist die Ratlosigkeit vollkommen). Wir sitzen nur noch in der Bahn, im Auto, auf dem Rad, im Flugzeug, im Büro; das Übermaß der Bequemlichkeit wird durchaus nicht nur auf der Gewinnseite gebucht, genausowenig wie das Übermaß der Geschwindigkeit, mit der wir uns heute bewegen können. Der Mekkapilger, der in wenigen Stunden im Flugzeug sein Ziel erreicht, zu dem man noch vor zehn Jahren vielleicht Wochen anstrengender Fußreisen brauchte, hat diesen Zustand exemplarisch richtig formuliert. Er sagt: »Ich bin im Geiste noch gar nicht da.« Aber wie sollte es auch anders sein: der Geist geht zu Fuß. Fliegen ist nicht mehr Reisen (in einem noch weit ausgesprocheneren und durch die Vertikalperspektive nachdrücklicheren Sinne), nicht mehr Fahren mit Auto und Bahn. Es ist ein anderes Reisen, gewiß, aber der Wandergeist, der unserer körperlichen Verarbeitungskraft gemäß ist und aus ihrer Begrenzung zugleich sein eigenes Maß, seine Gemessenheit und damit die Möglichkeit beschaulicher Wahrnehmung und wirklichen Durchlebens empfängt, ist dem modernen Reisen fremd geworden. Spaziergänger empfindet man eben nur noch als Biedermeierfiguren. Es kann keinem Zweifel unterliegen, daß aus einem solchen Gefühl des gestörten Gleichgewichts zwischen geistigen Möglichkeiten und körperlichen Beanspruchungen heraus die industrialisierte Welt einen Ausgleich im Sporte sieht und weitgehend gefunden hat. Wie könnte es aber auch anders sein; ich zitiere hier ein Wort von Max Scheler: »da er – der Sport – Resublimierung (das heißt Zurückerstattung eines Maßes der dem Denken und der Arbeit vorher übermäßig zugeleiteten Triebenergien an den Leib und die ›Körperkultur‹ in künstlich geregelter Form) ja ausdrücklich will«, ist »er nicht reiner schöner Ausdruck und Höherformung des wohlgeborenen Leibes (wie das griechische Gymnasion), sondern Re-reflektion und künstliche Wiederpflege eines Jahrhunderte lang schwer vernachlässigten Eigenwertes des leiblichen Daseins«.

Und nun ein zweites Motiv. Die Menschen kennen heute nicht mehr – und haben als Großstädter, als Städter jedenfalls auch kaum mehr die Möglichkeit dazu – die Befriedigung, welche die traditionelle Arbeitsweise – vor allem die handwerkliche, aber auch weitgehend auf anderen Gebieten, also bis oft ins Bäuerliche hinein – gewährte, eine Befriedigung, die ja doch, das darf man nie vergessen, bis zum Ende der Goethe-Zeit, bis ins hohe 19. Jahrhundert der übergroßen Mehrzahl der europäischen Menschheit offenstand. Sie sind alle mehr oder weniger zu Rädern in einem Getriebe geworden, das sie selbst kaum noch überblicken und in dem sie nur noch eine Teilfunktion in einer unpersönlichen Einrichtung, in hochspezialisierter Verantwortung für irgendeine Teilaufgabe haben, die eine besondere Leistung von ihnen verlangt, aber an ihrer Person gewissermaßen vorbeigeht. Das Bewußtsein, auswechselbar zu sein, nur noch nach der Leistung gemessen zu werden, lastet auf Hunderttausenden. Einerlei, zu welcher »Heeresgruppe« der Arbeit sie gehören: zur Arbeiterschaft, zu den Angestellten oder zu den Intellektuellen. Gegen ihre Bewertung nach Leistungsskalen wehren sie sich dabei nicht, weil sich heute die meisten, die große Masse, kaum noch andere Bewertungsweisen überhaupt vorstellen können; sie wehren sich vielmehr gegen das damit unvermeidlich verkoppelte

Unsichtbarwerden ihrer eigenen Person. Das Untergehen in der Masse, die Anonymität drückt auf sie stärker. Sie wollen auch in der Leistung als Einzelmenschen sichtbar werden. Ein Verlangen übrigens, um dessen Berücksichtigung sich die moderne Betriebssoziologie, die Analyse der *human relations*, neuerdings doch sehr stark bemüht. Der Mensch will eben gesehen werden, bewundern und bewundert werden. Das von der industrialisierten Welt allgemein geweckte, in allem irgendwie großgezogene und zugleich doch an seiner Erfüllung gehinderte Verlangen hat sich ein Feld der Verwirklichung im Sport geschaffen.

In der Masse und für die Masse unmittelbar etwas bedeuten, aus ihr aufsteigen, so daß jeder diesen Aufstieg begreifen und bewundern kann, ist aber wiederum, und damit kommen wir auf ein drittes Motiv, nur dann möglich, wenn die Masse diesen Aufstieg verstehen kann, wenn jeder ihn irgendwie begreifen kann als Leistung, die dem einzelnen Menschen als das Besondere nun anhaftet. Und was kann jeder verstehen? Im Grunde die körperliche Kraft, Gewandtheit, den körperlichen Wettkampf. Vergessen wir nicht, daß wir in einer hochspezialisierten Gesellschaft leben, in der die einzelne Leistung um so höher eingeschätzt wird, je kleiner der Kreis ist, in dem sie begriffen und beurteilt werden kann. Natürlich hat es diesen Zug zur Unzugänglichkeit in jeder differenzierten Kultur gegeben. Aber solange diese Kultur wesentlich traditional aufgebaut und getragen war, also ständisch gegliedert, letzten Endes auf einer agrarischen und handwerklichen Basis ruhte, hielt sich die Unverständlichkeit (die Zonen der Unverständlichkeit der gesellschaftlichen Arbeit für die Menschen verschiedener Lebenskreise, Schichten und Berufe) praktisch ja doch immer in vorgegebenen und traditional überlieferten Grenzen. Sie wurde vor allem – und das ist entscheidend – nicht als etwas Besonderes empfunden, als etwas Auffälliges, weil die Trennung in Stände und Kasten als gottgewollt und natürlich galt. Unsere Welt ist demgegenüber nicht nur hochorganisiert und spezialisiert, sondern sie ist vor allem auf die ständige Entwicklung dieser Eigenschaften bedacht und, als eine offene Klassengesellschaft freien Wettbewerbs, bestrebt, jeden einzelnen zu respektieren und in der offenen Differenzierung zu halten, in dem Sinne, daß er etwas können soll, was der andere nicht kann. Dieses Können bindet sich an immer länger und immer komplizierter werdende Ausbildungswege, an Voraussetzungen, die selbst wieder die Tendenz haben, sich voneinander zu unterscheiden. Da das Ergebnis nicht festliegt, da das System der Leistung ständigen Umbildungen unterliegt, immer wieder neue Berufe entstehen und andererseits das Ideal der freien Berufswahl und das Prinzip der freien Bahn für jeden Tüchtigen in Kraft sind, liegt die große Masse in einem merkwürdig gespaltenen Bewußtsein von der Art: Was der andere kann, das kann ich eigentlich auch oder könnte ich, wenn ich die gleichen Chancen der Ausbildung gehabt hätte wie er. Auf der anderen Seite: Was der andere kann, das kann ich nicht und verstehe ich auch nicht, darf ich im Grunde auch nicht verstehen. Ein sehr merkwürdiges, mit der funktionellen Demokratisierung unserer modernen Gesellschaft zusammenhängendes, aber ganz merkwürdig in sich widerspruchsvolles Phänomen.

Die industrielle Welt lebt, wie wir wissen, von der Wissenschaft. Ihr erfinderischer Geist, der Tradition feindlich gesinnt, trägt ausgesprochen intellektuelle Züge. Viele Berufe, die noch bis ins späte 19. Jahrhundert die überlieferten Normen und Ausbildungswege treu bewahrt hatten, sind dadurch, daß sie in Abhängigkeit von der Industrie gerieten, heute in ihrer Existenz bedroht, revolutioniert und in die allgemeine Intellektualisierung hineingezogen worden. Man verlangt für sie höhere Schulbildung, womöglich das Abitur und das Hochschulstudium. Das geht nun ständig weiter. Den immer neuen Berufen werden alle möglichen intellektuellen Vorstadien vorgeschaltet, und man geht dazu über, vielem, was früher genauso gut, vielleicht sogar besser, ohne diesen ganzen Ballast von Vorbildung und Disziplinierung, tatsächlich den Menschen zugänglich war, als Beruf nun auch noch bestimmte disziplinierte Ausbildungswege vorzuschalten.

Gegen diesen um sich greifenden Intellektualismus, der das gegenseitige Sichnichtmehrverstehen vertieft, setzen sich die Menschen instinktiv zur Wehr. Irgendwo wollen sie ihre Kräfte messen, aber auf eine unmittelbar verständliche, einem jeden einleuchtende Weise. Sie wollen zu einer Integration kommen, und zwar jenseits der Trennung in Fächer und Fachberufe, jenseits der Zerklüftung in konfessionelle oder parteipolitische Lager, sie wollen der Überzüchtung des Denkens eine neue Ursprünglichkeit entgegensetzen, in der gleichwohl die heimlichen Wünsche nach Überbietung des anderen, nach Selbstbestätigung und Ansehen, nach Höchstleistung und Heldenverehrung ihre Erfüllung finden können. Sie wollen also einerseits dem Mechanismus des ewigen Präsentierens entfliehen, und auf der anderen Seite sind sie ihm verfallen. Sie suchen einen Ausweg in einer anderen Schicht der Integration. Diese Integration gewährt ihnen aber eben nur der Sport.

Es wurden drei Hauptmotive für den Sport genannt: das gestörte Körpergefühl, der Widerstand gegen die Anonymität des einzelnen in der Masse und der Widerstand gegen die Entfremdung aller für alle durch die Intellektualisierung des heutigen Lebens. Die Bedeutung des Sports für die moderne Gesellschaft läßt sich demnach mit einer kurzen Formel umschreiben: er ist eine Ausgleichsreaktion. Der Sport stellt einen Bezirk dar, in welchem die unter dem Druck der spezialisierten Arbeitswelt stehenden Menschen gewisse elementare, von ihr geweckte und zugleich in ihrer Erfüllung gehemmte Wünsche befriedigen wollen. Natürlich lassen sich die oft genannten Bedürfnisse des Städters nach Erholung, nach sozialem Kontakt und, wie wir noch sehen werden, nach Aggression und Spiel, nach Selbstbestätigung und Heldenverehrung auch auf andere Weise erfüllen, im Beruf wie außerhalb des Berufes. Die Erfüllung muß nicht die Form des Sports annehmen, aber dann bleibt sie Privatsache. Und diese können sich heute nicht mehr viele Menschen leisten. Die Versklavung der übergroßen Masse der Lohn- und Gehaltsempfänger an die Öffentlichkeit, die Einengung ihres äußeren, aber auch inneren Spielraums, die Uniformierung ihrer materiellen Existenz nicht weniger als ihrer Phantasie hat ein so großes Maß erreicht, daß der Elan zur Privatexistenz rapid schwindet. Je vollkommener uns alles durch die Presse, durch das Radio, durch den Film, durch die Gesellschaftsreisen und so vieles andere nahegebracht wird, um so vollkommener wird jeder von sich entfernt und abgelenkt. Darum tendieren die Bedürfnisse nach Erholung und sozialem Kontakt, nach Aggression und Spiel, nach Wettstreit und Selbstbestätigung, nach Heldenverehrung zur Öffentlichkeit und finden ihre Erfüllung im Sport. Er kann sie alle integrieren und in irgendeiner Weise auffangen und erfüllen. Jeder kommt in ihm auf seine Rechnung als Mitspieler und als sich identifizierender Zuschauer, ob Fußball oder irgendeine der leichtathletischen Formen (Tennis, Kricket, Golf, Schlittschuh, Ski, Alpinismus und viele andere).

Die Begeisterung für den Sport muß innerlich mit der modernen Sozialverfassung zu tun haben. Das sehen wir aus allen diesen Andeutungen wohl sehr deutlich, da sie an keine besondere Gesellschaftsschicht mehr gebunden ist, vielmehr, im Grunde genommen, alle ergreift. Man hat an dieser Stelle eingewandt, daß es ja doch bestimmte Formen von Sport gibt, die noch immer das Privileg finanziell bestimmter Schichten sind. Das mag zweifellos richtig sein. Golf ist noch immer kein Volkssport, und Golf eignet sich sowenig wie Kricket zu sehr spektakulären öffentlichen Schaudarstellungen oder großartigen Wettkämpfen vor Hunderttausenden von Zuschauern. Das Kricket wie das Golf hat etwas von dieser ländlichen Geduld, die der Engländer besitzt, von jenem merkwürdigen, unauffälligen Tun, das dem Kontinentaleuropäer manchmal unverständlich ist. Aber das dürften doch wohl Ausnahmen sein. Wie gesagt, es läßt sich auch diese Form irgendwie als Ansatzpunkt für typisch sportliches Verhalten deutlich machen. Im Grunde genommen ist also der Sport in allen seinen Formen an keine besondere Gesellschaftsschicht mehr gebunden. Er ergreift alle. Und da fällt nun zunächst einmal der Arbeitscharakter der industriellen Gesellschaft ins Auge: ihr Arbeitsethos und ihre auf Spezialisierung und weitgehende Organisation angelegte Arbeitsweise, die vielfach zur Mechanisierung drängt. Was das Arbeitsethos betrifft, so muß man sagen, daß es auch in den Ländern der freien Welt heute keine Leverklass mehr gibt, die noch mit gutem Gewissen zu ihrem Müßiggang steht (das dürfte etwas sein, woran man nicht vorbeisehen darf bei einer Theorie des Sports). Die besitzenden Schichten, die, genießend oder gestaltend, lesend, schreibend, malend, musizierend, forschend oder wie immer auch sich den Luxus des freien Lebens leisten konnten, gibt es nicht. Im 19. Jahrhundert konnten die aufstrebenden Schichten sagen: Arbeit adelt; heute heißt es wie selbstverständlich: nur Arbeit adelt. Das Leistungsprinzip hat sich bis in die Ethik hinein durchgesetzt und ist im Begriff, jedes andere Prinzip als Selektions- und Wertungsprinzip zu verdrängen. Der Gelehrte, der Künstler, die akademischen Berufe sehen sich heute weitgehend als geistige Arbeiter, als Funktionäre des Staates oder der großen Institutionen, und dies in wachsender Auspowerung, in wachsender Verarmung und moralischer Sozialisierung. Nicht weniger bindet der wachsende Apparat der Verwaltung, der arbeitsteilenden Forschungsmittel und Institute, des komplizierter werdenden Marktes die schöpferischen Kräfte und Unternehmungen an die wiederum weitgehend organisierte Masse ihres Publikums, ihrer Abnehmer und Arbeitnehmer. In einer derart vergesellschafteten Gesellschaft triumphiert die Idee der Arbeit, das Ethos der Arbeit, und mit ihrem Triumph verstärkt sich der Arbeitsdruck, verengt sich die freie, nach eigenem Ermessen noch gestaltete Zeit, und so entsteht als ihre Kompensation das karg bemessene Restphänomen der sogenannten Freizeit. Die Industrialisierung des ganzen Lebens, ob in Fabriken, Laboratorien oder in Büros, spart eine Zeit nur noch aus, in der man sich von ihr erholt und neue Kräfte für sie schöpft. Eine nach Umfang, aber auch nach Inhalt bemessene Zeit gestattet nicht, der Industrialisierung einfach den Rücken zu kehren und zu tun, was einem beliebt. Vielmehr zwingt diese ihren Rhythmus und ihr Ethos auch der Nichtarbeit auf, übt eine Diktatur, sei es seelisch, sei es materiell, da sie selbst wieder als Kultur- und Freizeitindustrie die Arten und Wege der Erholung für die Massen und den einzelnen entwickelt: die Reise, den Kunstgenuß, zuletzt auch das Spiel, das Spiel im Sport.

Unsere Gesellschaft ist ganz anders, viel intensiver, als dies in der Antike, der mittelalterlichen und der frühneuzeitlichen Gesellschaft bis ins späte 18. Jahrhundert der Fall war, eine Gesellschaft des Leistungswettbewerbs. Durch den Wegfall der Standesprivilegien, eines anerkannten, dem Wandel der Zeit und den Auffassungen entzogenen Wertsystems, durch den Wegfall eines religiös verankerten, durch Herkommen geheiligten Kulturideals und unter dem Impuls einer fortschreitenden Wissenschaft hat sich diese offene Klassengesellschaft frei aufsteigender Schichten mit grundsätzlich gleichen Chancen für jeden im 19. Jahrhundert durchgesetzt und seitdem ihren Siegeszug von Europa und Amerika aus über die ganze Welt angetreten. »Freie Bahn dem Tüchtigen«, und tüchtig ist, wer Erfolg und was Erfolg hat. Das Prinzip des freien Wettbewerbs, das wir nicht verwechseln dürfen mit dem Prinzip der freien Wirtschaft, bedeutet, da es durchaus in einer Planwirtschaft seinen Platz behauptet, also auch von dieser Seite aus gesehen Rastlosigkeit des Überbietens durch immer Neues: neue Erfindungen, neue Arbeitsmöglichkeiten, welche die alten, weniger effektiven, hinter sich lassen. Eine statische Gesellschaftsordnung hat also heute ihre Lebensmöglichkeiten verloren. An ihre Stelle ist eine dynamische, ungerichtete, offene Ordnung getreten, einerlei, wie ihre Glieder religiös und menschlich damit fertig werden. Es ist dies eine Gesellschaft, die nur das ungeschriebene Gesetz der Leistung kennt, und diese Gesellschaft sucht in ihrer Masse eben davon loszukommen von dem, was ihr Prinzip ist, von dem Prinzip der Arbeit, ohne jedoch verständlicherweise der mächtigen Suggestion, die von ihrem Leistungsprinzip ausgeht, sich noch entziehen zu können, ohne sich von ihrer Kultur- und Erholungsindustrie auch nur emanzipieren zu wollen, da sie damit, von allen technischen und materiellen Schwierigkeiten für die allermeisten nun ganz abgesehen, eine kaum erträgliche Spannung zwischen dem Alltag der Arbeit und der Freizeit heraufbeschwören müßte. Es wäre dies eine Spannung, die wiederum die allermeisten gar nicht ertragen könnten.

In einer solchen Lage bietet sich ein idealer Ausgleich im Sport, der das Element der Nichtarbeit mit dem Prinzip der Leistung verbindet und eine aus der Welt der Arbeit herausführende Befriedigung der in ihr gestauten Antriebe zur Überbietung des anderen, zur Bestätigung der eigenen Person und der eigenen Gruppe gewährt. So weckt also die Arbeitsgesellschaft ein Bedürfnis nach Ausgleich durch eine Art Erholung, die den zu kurz gekommenen Bedürfnissen nach harmonischer Beherrschung des Leibes, nach Selbstbestätigung und Überbietung des anderen Befriedigung verschafft: Leistung allerdings auch hier, Höchstleistung, Überwindung von selbstgewählten künstlichen Schwierigkeiten, Entspannung durch Ablenkung von sonst nicht geforderten Aufgaben, vor allem im Rahmen der körperlichen Existenz. Es versteht sich von selbst, daß, formal gesehen, die von der Arbeit ablenkenden Tätigkeiten natürlich Spielcharakter haben. Spielen mit Bällen, Spielen mit Karten, mit Schachfiguren, Spielen mit dem Gleichgewicht, Laufen, Schwimmen, Klettern, Springen usw. Gleichwohl wissen wir, Spiel und Sport fallen nicht ohne weiteres zusammen – weder äußerlich noch innerlich –, der Geist des Sports verlangt eine besondere Art von Disziplin, drängt also zur Regulierung, zur Perfektion und schließlich zum Rekord. Er ist dem Spiel dieser Art von Disziplinierung fremd, das sich zwar jederzeit zum Sport auswachsen kann, wenn es als Selbstzweck betrachtet und aus dem Lebenszusammenhang herausgelöst wird. Aber der Sport bewahrt, pädagogisch gesehen, glücklicherweise mit dieser Sphäre, mit der Betätigungsform des Spiels immer Kontakt. Wäre das nicht der Fall, so hätte er es nie zu der Stellung in der modernen Arbeitsgesellschaft – in ihr, ihr gegenüber – bringen können, zu der einzigartigen Popularität, die wir nun, glaube ich, etwas tiefer verstehen.

Wenn ich ganz kurz diese erste Wurzel dieses Phänomens, die erste Seite der Bedeutung des Sports in der industriellen Gesellschaft noch einmal kurz zusammenfassen darf, so ist das Paradoxe daran, daß er gewissermaßen eine dem Arbeitscharakter der Gesellschaft, der Arbeitsgesellschaft gegenüberstehende zweite Gesellschaft aufbaut, ein gesellschaftliches Verhalten, das Spielcharakter hat, aber nun den Spielcharakter zugleich zur Basis einer neuen Arbeitswelt nimmt. So stehen also, im Grunde genommen, dem armen Schlucker von heute zwei Arbeitswelten gegenüber, wo er von der einen in die andere wechselt. Wo er in der einen bis zum äußersten sich anspannen muß, um es zu etwas zu bringen, und er erholt sich von diesen Lasten, indem er in die andere hinüberwechselt, die ihn genauso erschöpft. Man wird wohl sagen, so schlimm sei es ja doch nicht. Gewiß, es erschöpfen sich nicht alle in der Arbeitswelt, wir kennen doch – man kann schon beinahe sagen: Gott sei Dank! – die übergroße Mehrzahl, die von einer gewissen Ruhe auch im Büro existiert. Diese wird sich nicht so arg anstrengen, wenn sie nun zum Sport übergeht. Natürlich, der Mensch ist glücklicherweise von einer ungeheuren Anpassungsfähigkeit. Wie mir einmal ein Arzt in Wiesbaden sagte, kommen merkwürdigerweise die meisten Erschöpften in seine Praxis – aus dem Bundesamt für Statistik. Das ist sehr merkwürdig. Es liegt nicht an der Statistik, sondern an der Art, wie das Gebäude gebaut ist. Es kann nämlich jeder jedem ins Fenster sehen. Das ist natürlich eine Form von Kontrolle, die nicht besonders angenehm ist, und daher kommt das Gefühl von Überdruck. Sie sehen, die industrielle Gesellschaft bietet viele Facetten der Möglichkeit, die Leute zu überanstrengen; das braucht nicht immer auf Freiwilligkeit zu beruhen oder auf gigantischem Ehrgeiz oder titanischem Pflichtgefühl, sondern das liegt in der Struktur der Sache selbst.

Nun zum zweiten. Alles, was in einer hochspezialisierten Gesellschaft an Schwierigkeiten vorfällt, mühevolle Arbeit, Beziehung, Herkunft, was dazugehört, um ins Licht der Öffentlichkeit zu kommen, das fehlt im Sport so gut wie ganz. Das Kind aus dem Volk, wenn es gesunde Anlagen und Spaß an der Sache mitbringt, hat hier eine einzigartige Chance der Publikation, und wie sehr die Menschen an der Publicity interessiert sind, das zeigt die ungeheure Begeisterung an allem, was immer in der Öffentlichkeit eine Figur ist, der Kinoheld, das Kinoideal, alles, was in den Bildzeitungen herumgeboten wird. Das Fernsehen verschärft diesen Zustand ins Unabsehbare, wie wir vorläufig sagen müssen. Alles dieses drängt dem einzelnen eine Möglichkeit des Gesehenwerdens und Geschätztwerdens auf, die für ihn noch im 19. Jahrhundert völlig fremd war. Hier also hat der *poor man,* das einfache Wesen aus dem Volk, eine einzigartige Chance. Wo sonst wird der Amateur höher geschätzt als der Professional? Wo sonst ist in gewissem Sinn die klassenlose Gesellschaft verwirklicht? Im Sport. Fast mühelos und wie selbstverständlich! Das Glück, das hier winkt, mag kurzlebig sein. Der Schnelläufer, der Hochspringer, der dieses und jenes gemacht hat, mag übermorgen vergessen sein. Wer fragt dann noch? »Ein Augenblick gelebt im Paradiese, wird nicht zu teuer mit dem Tod gebüßt« – zumal, wenn das Leben weitergeht –, von der Erinnerung vergoldet, einmal wenigstens der Erste gewesen zu sein!

Im Sport integriert sich die Masse zu dem sozialen Zusammenhang, dem er die offene Klassengesellschaft der Arbeit als Möglichkeit vorhält und zugleich vorenthält. Er gewährt die unmittelbarste Popularität (auf welchem Niveau, das steht dabei gar nicht zur Debatte, da er doch nicht vorgibt, etwas zu sein, was er nicht ist). Er gewährt den direktesten Weg in die Öffentlichkeit, die Begegnung des einzelnen und seiner Gruppe mit der Masse. Der entwurzelte Städter, vereinsamt und den anonymen Institutionen ausgeliefert, findet hier außerhalb seines mehr oder weniger gezwungenen Arbeitsteams die echte Kameradschaft, den Kreis, der ihn achtet und auf ihn zählt, dem er etwas bedeutet, und zwar durch die Qualitäten, die im Alltag verborgen bleiben. Hier kann er für seine Person verwirklichen, was die vollendetste Demokratie einem jeden zwar rechtlich garantiert und was darum für die meisten von allen abstrakt bleibt: ein gleicher Anspruch auf sozialen Aufstieg, auf Anerkennung und gleiche Chance im Leben. Denn was die demokratische Gesellschaft durch die Niederlegung der Standes- und Schichtengrenzen und Klassenschranken an Bahnen freilegt, versperrt sie auch wieder durch die Steigerung des Wettbewerbs aller gegen alle. Sie bremst, indem sie frei macht. Zu viele stehen am gleichen Start, um nicht das Gefühl zu haben, das Ziel bleibe ihnen doch vorenthalten, der Kampf zu schwer, die Anforderung zu hoch. Das wäre das zweite Motiv, und nun ein drittes.

Ein drittes, mächtiges Motiv der Popularität des Sports klingt hier an: das von der industriellen Gesellschaft im offenen Wettbewerb gezüchtete und zugleich an seiner Befriedigung gehemmte Bedürfnis nach Aggression. Im Grunde ist es nur der Ausdruck der allgemeinen Stauung, welche die moderne Gesellschaft in der Masse ihrer Glieder hervorbringt. Da sie Tendenzen entwickelt, deren Erfüllung sie um des Bestandes ihrer differenzierten Arbeitsteiligkeit willen zugleich unterdrückt. Ob diese moderne Aggressivität noch tieferreichende Wurzeln in der menschlichen Natur, in dem, was man Uraggressivität genannt hat, besitzt oder das allgemeine Unbehagen des Menschen in der Kultur überhaupt ausdrückt oder schließlich nur aus einer mit der industriellen Transformation besonders verschärften Spannung der modernen Gesellschaft kommt, das wollen wir hier dahingestellt sein lassen. Also, ob Freud recht hat oder der alte Steinmetz in Amsterdam, oder ob solche Triebtheorien vielleicht gar nicht einmal berufen werden müssen, ob diese merkwürdige Steigerung der Aggressivität einfach ein Ausdruck unserer industriellen Gesellschaft ist, wie gesagt, das wollen wir hier nicht untersuchen. Genug, der Impuls ist da, verstärkt durch die in der offenen Klassengesellschaft abstrakt gleichen Chancen, in der jedem das Bewußtsein eingeimpft ist, sich nach oben boxen zu müssen. Er wird verstärkt durch die viel zahlreicher und intensiver gewordenen Frustrations-, Hemmungs-, Insuffizienz- und Minderwertigkeitsgefühle. Mit ihnen haben wir Anfänger der Freiheit für unsere Befreiung nun zu zahlen. Die Entstehung nicht nur des Minderwertigkeitsbegriffes, sondern des Minderwertigkeitsbewußtseins ist ja offensichtlich aufs tiefste verbunden gewesen mit dem Durchsetzen dieser modernen Gesellschaft. Mit der Idee, daß jeder sozusagen die Möglichkeit hat, aufzusteigen, muß sich notwendigerweise schon im Anlauf darauf das Gefühl einer Fraglichkeit einstellen. Nun, diese Reservoire gesteigerter Gehemmtheit der Gefühle finden reichlich Abfluß in die komplizierten Tätigkeitsformen des sozialen Getriebes, da ein großer Teil der sogenannten Arbeitsfreude wohl aus dessen Überdruck gespeist wird. Nur bremsen die Tätigkeitsformen zugleich wieder, verlangen Selbstzucht, verlangen Überlegung, die dann Sublimierungen der gestauten Impulse sein mögen, aber darum Kraft verbrauchen und Arbeit bedeuten. Ich glaube, daß Freud völlig richtig diesen eigentümlichen Mechanismus bloßgelegt hat. So suchen die Impulse nach einem direkten Abfluß und finden ihn – wie zum Teil immer schon im Kampfspiel – heute im Sport. Nicht alles, was Träger und Gegenstand von Aggressivität ist, tritt dabei als gruppenbildende Etikette in Erscheinung; vorzüglich nicht die politischen und die sozialen, welche den Klassenantagonismus der Arbeitswelt unterstreichen oder unterstrichen haben. Es gibt Arbeitersportvereine, aber sie treten nicht gegen Unternehmer an, und wenn sie es täten, duldete der Sportgeist nicht, daß ein für ihr Bewußtsein so tiefer Gegensatz auf diese spielerische Weise noch einmal in Erscheinung trete. Eisenbahner gegen Grubenarbeiter, Arbeiter gegen Ärzte, Medizinstudenten gegen Kunsthochschüler, Techniker gegen Postbeamte, das ist alles möglich. Aber noch unverfänglicher bekämpfen sich die Klubs der Städter und mit besonderer Freude die Nationalmannschaften oder einzelne als Vertreter ihrer Völker. Hier besonders lebt sich die an ihrer Befriedigung eben nur im Kriege nicht gehinderte Aggressivität frei und – was der Krieg heute kaum mehr kann – noch ritterlich aus. Die Gründung des Barons Coubertin war eben doch, trotz der tragischen Ironie, die über ihrer Geschichte steht, durchaus zeitgemäß. Völkerverbrüdernd in dem Sinne, wie er es erhofft hatte, daß nämlich die Olympiaden Kriege verhindern würden, haben sie freilich nicht gewirkt. Sie waren kaum begründet, da kam der Erste Weltkrieg, und so ist es weitergegangen, und dazwischen sind immer wieder die Olympiaden gewesen. Aber sie sind ein genauso echter Ausdruck des modernen Nationalismus wie diese modernen Kriege. Sie sind zugleich ein Ausdruck der Furcht vor seiner sprengenden Kraft, Furcht vor den Kriegen, ein Ausdruck des Abscheus gegen sie, der Sehnsucht nach einem ritterlichen und friedlichen Ausgleich. Mit einem Wort: sie sind die fiktive Erfüllung eines als unerfüllbar erkannten Wunsches aller sich mit ihrer Nationalität und im Grunde nur mit ihr heute identifizierenden Nationen.

Das Wort Ritterlichkeit, das an Feudalität und ständische Vorurteile erinnert, wird besser durch das Wort Sportivität ersetzt. Damit wird eine Ethik angedeutet, die an keinen Stand und keine Klasse und überhaupt an keine Werthierarchie metaphysischen Charakters mehr gebunden sein will. Damit kommen wir zu einer sehr eigentümlichen Funktion des Sports für die moderne Industriegesellschaft, an die man gewöhnlich nicht denkt, nämlich an die ethische Perspektive des Phänomens. Sportiv beträgt sich jemand, der den Gegner achtet, fair behandelt, seine eigenen Chancen nicht kleinlich wahrnimmt und die Regeln einhält, auch wenn ihm daraus Nachteil erwächst, ja, wenn er vor allen Dingen verlieren kann. Ein *good loser* zu sein ist fast das Kriterium echter Sportivität. Es ist schwerer, als den Besiegten nicht zu demütigen. Sportivität umfaßt Kameradschaftlichkeit, freie Unterordnung unter die Gruppe, Pflege des Teamcharakters, Mut, Ausdauer, also Tugenden, die schon von jedem in Situationen kämpfenden Wettstreits erwartet werden können. Von hier aus hat der Sport begonnen, die Arbeitswelt nach seiner Gesinnung umzustilisieren.

Die industrielle Welt und industrielle Gesellschaft hat außer den unbesehen hingenommenen christlichen Normen heute nichts mehr, was sie als Ganzes noch über sich und für wirklich verpflichtend anerkennt. Man sehe nur ihren inneren und äußeren Pluralismus, das Nebeneinander der religiösen Bekenntnisse und Philosophien, der staatlichen und außerstaatlichen Ideologien, die Zerklüftung in Wertsysteme verschiedenster Art, die einander ausschließen. Wir wissen dies und haben es erfahren. Wenn die industrielle Gesellschaft einmal tatsächlich die Chance bekommt, das politische Verhalten zu bestimmen, dann wird dies zur Vernichtung führen müssen. Der Pluralismus der heutigen Gesellschaft läßt im Grunde nur ein neutrales, ein indifferentes Ethos formaler Haltungen zu, das auf allen Inhalt – sei er irdisch oder überirdisch – verzichtet. Rassenunterschiede, Klassenunterschiede, Standes- und Bildungsunterschiede sind ebenso dabei ausgeschaltet wie Unterschiede des Glaubens. Der andere ist also, rein formal genommen, nichts anderes als der Mit- oder Gegenspieler, ein in gleicher Weise sich fügendes Gegenglied einer durch Regeln frei begrenzten Situation. In das Schema dieses Ethos paßt aber nicht nur der Sport, sondern, wenn man sie formal und funktionell in ihrem Wesen faßt, im Grunde die ganze Arbeitswelt. Der Sport konnte sich entwickeln, da er gewisse Züge der Arbeitswelt mit übernimmt und in sich konserviert, unter Verzicht auf die Pflichten des Alltags.

Ich kann dafür ein sehr hübsches Beispiel aus dem letzten Kapitel von Huizingas »Homo ludens« anführen. Huizinga erzählt von einem Industriellen aus Rotterdam und sagt, daß bei dessen Ehrenpromotion an der Rotterdamschen Handelshochschule der Leiter eines Weltkonzerns gesagt habe: »Seit meinem Eintritt in die Gesellschaft wurde es zu einem Wettstreit zwischen der technischen und der kaufmännischen Leitung, einander den Rang abzulaufen. Jene versuchten, so viel zu fabrizieren, daß sie glaubten, die kaufmännische Leitung würde es nicht an den Mann bringen können. Während diese so viel abzusetzen bestrebt war, daß die Fabrik nicht mit dem Verkauf Schritt halten konnte. Und dieser Wettstreit ist die ganze Zeit hindurch geführt worden. Sowohl mein Bruder wie ich haben eigentlich unser Geschäft niemals als etwas uns Auferlegtes angesehen, sondern als einen Sport, den wir unseren Mitarbeitern und den Jüngeren beizubringen suchten.«[2] Es wird nicht schwer sein, Beispiele gleicher Gesinnung aus anderen Arbeitsbezirken zu finden, aus der Politik, aus der Wissenschaft, aus der Kunst, auch wenn ihre Wortführer es vermeiden, sie mit der gleichen Offenheit beim Namen zu nennen wie der Rotterdamsche Industrielle.

So wie die Olympiaden den ständigen Agon markieren, so markieren ihn die Nobelpreise in gewissen Abständen, in etwas engeren Abständen, den ständigen Agon eben unserer modernen wissenschaftlichen Welt. Wir leben heute in einer Kultur, die ihr Ziel nicht angeben kann, wie es die mittelalterliche, die Kultur der Aufklärung, des Fortschrittsglaubens bis tief in das 19. Jahrhundert mit gutem Gewissen konnten. Die gegenwärtige Kultur kann und wagt es nicht mehr. Eine solche Kultur, die das nicht kann, hat keine andere Wahl, als sich auf neutral-formale

2 J. Huizinga: Homo ludens. Versuch einer Bestimmung des Spielelementes in der Kultur. Amsterdam 1939, S. 322f.

Funktionswerte der sauberen Leistung, der Pflege des *fair play* und all der anderen Tugenden gleichsam zurückzuziehen, die auch der Sport pflegt. Sie macht darum aus Beruf und Arbeit einen Sport. Diese Tatsache berührt die Gesinnung und den persönlichen Glauben des einzelnen Menschen nicht. Der einzelne Sportsmann kann ein gläubiger Katholik, Protestant, Mohammedaner, Marxist sein, aber die Gesamtheit berührt und bestärkt sie in ihrem Leistungswillen, ihrer Rekordsucht, ihrer Überbewertung der Funktion, ihrem Indifferentismus gegen Ziele, ihrer Geringschätzung alles dessen, was sich nicht in Leistung offenbart und an Leistungsmaßstäben fassen läßt. So hat das Bündnis zwischen Industrialismus der modernen Welt und dem Sport neben den guten auch seine bösen Seiten. Wie der Sport ihr seine Form aufprägt, sie der Rekordsucht und diesen Entartungen ausliefert, so nimmt der Industrialismus, umgekehrt von ihm, den Funktionalismus und Formalismus an, der im Gewande einer Ethik untadeliger Unverbindlichkeit auch da noch zu spielen gestattet, wo die Existenz auf dem Spiele steht. Um mich noch deutlicher auszudrücken: die agonale Gesinnung des Sports wirkt auf die Gesellschaft zurück und lenkt sie von sich ab, so daß sie sich selber nur noch als Wettkampf versteht, mit oder ohne Plan. Die kriegerischen Tendenzen sind weit davon entfernt, im Sport ihre fiktive Erfüllung ganz zu finden – wie dies zum Beispiel Nietzsche noch von ihm erhoffte und mit einem gewissen Recht erhoffen durfte –, denn der Sport lebt von gestauter Aggressivität, welche das geordnete bürgerliche Leben an ihrer Auswirkung verhindert. Die kriegerischen Tendenzen erfahren ihrerseits auf diese Weise eine ideelle, um nicht zu sagen eine ideologische Rechtfertigung durch das Ethos der Sportlichkeit. Dieses Ethos macht die Menschen gegen tiefere Besinnung auf den Zweck ihres Tuns, die Grenzen seiner Steigerungsfähigkeit immun. Es nimmt ihnen den Sinn für Ruhe und Maß, Muße und Spiel. Wenn es ihnen wenigstens die Möglichkeit ließe, über ihre Rastlosigkeit zu erschrecken. Aber selbst die Möglichkeit des schlechten Gewissens scheint es ihnen amputieren zu wollen und befördert, ohne es zu beabsichtigen, auf diese Weise die kriegerischen Tendenzen, welche ohnehin und aus vielen anderen Gründen unsere Zeit beherrschen.

Man wird, fürchte ich, aus meinen Ausführungen, besonders unter dem Eindruck dessen, was ich soeben sagte, das Negative stärker herausgehört haben als das Positive und mich unter die vielen Kulturpessimisten einreihen wollen, die im Sport nur ein Verfallssystem sehen. Man wird es vielleicht heraushören, weil doch ein Professor, ein Vertreter des Geistes, dem sogenannten Ungeist des Sports mit Abneigung gegenüberstehen müsse. Für manche Gelehrte mag das auch heute noch zutreffen. Aber wir alle kennen ja auch lebendige Gegenbeweise, und ich möchte behaupten, daß die Sportfremdheit unter den Intellektuellen alten Schlages so ziemlich schon allein mit der Verbreitung des Ausdrucks ausstirbt. Das hängt nicht nur mit der Veränderung des Lebensmilieus, vor allem mit der des Verkehrs zusammen, das hat auch andere Gründe der Umstilisierung des geistigen Lebens, seiner Spezialisierung, seiner Aufteilung in Fächer und Funktionen, seiner wachsenden Abhängigkeit vom Markt einer in gewaltigen Apparaten arbeitenden Kulturindustrie, die genauso wie die materielle Güterproduktion ihre Unternehmer, ihre Manager und ihre Arbeiter hat. Das klingt nicht heiter, und auch meine Diagnose des Sports klang in gewisser Weise düster. Schon seine Herleitung aus der Aggressivität scheint einen Schatten auf ihn zu werfen, als wolle sie ihm seine Echtheit und Fröhlichkeit und Unbeschwertheit nehmen. Aber das genaue Gegenteil ist der Fall. Der Sport kann seine entlastende Entspannung, befreiende und erfrischende Funktion für die vielen, die im Schlagschatten des Fortschritts leben – und wer wäre das von uns nicht –, nur in der Form erfüllen, die er unter dem Andrang der modernen Gesellschaft entwickelt hat. Er hat zum Beispiel einen unleugbaren, wenn auch schwer abschätzbaren Einfluß auf die Gesundheit der Völker; und wäre es nur durch seinen Appell an die Gesundheitsgesinnung. Der Rückgang des Alkoholismus ist ganz zweifellos sein Werk. Der Sport wirkt weiterhin entkomplizierend, was bei aller Veräußerlichung und bei aller Abkehr vom Geiste, wie man immer sagt, wenigstens das Gute und Ehrliche hat, daß er von der Scheinbildung absieht. Er schafft in jedem Falle noch mehr Ansatzmöglichkeiten für eine Erziehung, die, wenn auch von einem tieferliegenden Niveau als etwa um 1890, eine Körper und Geist gleichmäßig umfassende Bildung ins Auge fassen kann, welche unter dem Einfluß des neuzeitlichen Intellektualismus verlorenzugehen droht.

Der Sport ist nicht besser und nicht schlechter als die Gesellschaftsordnung, der er entstammt und für die er einen Ausgleich darstellt. Man kann nicht sie bejahen und ihn verneinen. Was der einen recht ist, ist dem anderen billig. Sie gehören zusammen: Seine Rekordsucht ist ihre Rekordsucht. Man wird ihn nicht ändern, ohne den Mut und die Kraft zu haben, auch sie zu ändern. Er ist ihr Gegenbild und seine Gegenwelt, und das Urteil, das ihn verdammt oder bewundert, verdammt oder bewundert auch sie.

NORBERT ELIAS

Der Sport und das Problem der sozial zulässigen Gewalt

[…]

II

Wie erklärt sich nun die Tatsache, daß eine in England entstandene Form des Zeitvertreibs, »Sport« genannt, vor allem im 19. und 20. Jahrhundert zum Vorbild einer weltweiten Freizeitbewegung wurde? Offenbar entsprach der »Sport« den spezifischen Freizeitbedürfnissen, wie sie sich damals in vielen Ländern zeigten. Warum entwickelten sich diese Bedürfnisse zuerst in England? Welche Kennzeichen in Entwicklung und Struktur der englischen Gesellschaft lassen sich dafür angeben, daß dort Freizeitaktivitäten mit unverwechselbaren Merkmalen entstanden, die wir als Sport bezeichnen? Um welche Merkmale handelt es sich, und was unterscheidet diese Verhaltens- und Erlebensweisen von denen früherer Zeiten?

Auf den ersten Blick erscheinen diese Fragen von falschen Voraussetzungen auszugehen. Gewiß, die heutigen Gesellschaften sind nicht die ersten und nicht die einzigen, deren Mitglieder begeistert Sport treiben. Spielten nicht die Menschen im mittelalterlichen England und in anderen europäischen Ländern »Fußball«? Hatten nicht beispielsweise die Höflinge Ludwigs XVI. ihre Tennisplätze, und erfreuten sie sich nicht beim *jeu de paume*? Und vor allem die alten Griechen, die großen Wegbereiter der »Leichtathletik« und anderer »Sportarten«, hielten sie nicht, wie wir heute, »nationale« und »zwischenstaatliche« Vergleichswettkämpfe in großem Stil ab? Ist nicht gerade die Wiederbelebung der Olympischen

Spiele in unserer Zeit Beweis genug, daß Sport nichts Neues ist?

Es ist schwierig, die Frage zu klären, ob die Wettkämpfe, die sich in England unter der Bezeichnung »Sport« während des 18. und 19. Jahrhunderts entwickelten und die sich von dort in andere Länder verbreiteten, etwas relativ Neues waren oder ob es sich um eine Wiederbelebung von etwas Altem handelte, das unerklärlicherweise untergegangen war, ohne sich mit der Frage zu beschäftigen, ob die Wettkampfspiele der Griechen tatsächlich Merkmale aufwiesen, die auch den heutigen »Sport« kennzeichnen.

Der Begriff »Sport« wird heute oft ziemlich allgemein, d.h. für eine Vielzahl von Wettkampfarten benutzt. Er läßt sich, ähnlich wie der Begriff »Industrie«, in einem engeren und einem weiteren Sinne verwenden. Im weiteren Sinne bezieht er sich – wie auch Industrie – auf spezifische Figurationen in vorstaatlichen Stammesgesellschaften und vorindustriellen Staatsgesellschaften ebenso wie auf vergleichbare Erscheinungen in industrialisierten Nationalstaaten. Auch wenn man den Begriff »Industrie« so allgemein anwendet, ist man sich doch seiner Bedeutung im engeren Sinne bewußt; man weiß, daß der »Industrialisierungsprozeß« des 19. und 20. Jahrhunderts als etwas völlig Neues anzusehen ist und daß die spezifischen Produktionsweisen und Arbeitsformen, die sich unter der Bezeichnung »Industrie« entwickelten, bestimmte, einzigartige Strukturen aufweisen, die sich soziologisch genau bestimmen und klar von anderen Produktionsformen unterscheiden lassen. Wenn man jedoch von »Sport« spricht, so verwendet man den Begriff sowohl in seiner weiten Bedeutung, die sich auf die Wettkampfspiele und körperlichen Ertüchtigungen aller Gesellschaften bezieht, wie in der engeren, die auf eine besondere Art des Wettkampfs verweist, die mit dem Begriff selbst in England entstand und sich von dort in andere Gesellschaften verbreitete. Dieser Prozeß – man könnte ihn die »Versportung« der Wettkämpfe nennen – deckt ein offenkundiges

Problem auf. Lassen sich in der jüngsten Entwicklung jener Freizeitaktivitäten, die wir als »Sport« bezeichnen, Prozesse entdecken, die ebenso einzigartig sind wie die Industrialisierung?

Das ist eine offene Frage. Sie läßt sich leicht mißverstehen. Geht man von der herrschenden Vorstellung aus, Arbeit habe einen höheren Wert als die Freizeit, so muß es scheinen, daß jede Veränderung des Freizeitverhaltens, und speziell des Wettkampfverhaltens, die in den letzten zweihundert Jahren stattgefunden hat, als »Auswirkung« der »Industrialisierung« – die als »Ursache« gilt – angesehen werden muß. Mit der Annahme eines derartigen kausalen Zusammenhangs verstellt man sich den Zugang zum eigentlichen Problem. Ließe sich nicht auch die Möglichkeit in Betracht ziehen, daß beides, die Industrialisierung und die Entstehung des Sports, interdependente Teilentwicklungen einer umfassenden Veränderung der Staatsgesellschaften der Neuzeit sind? Nur wenn man darauf verzichtet, Veränderungen in sozialen Bereichen, die in der Werteskala der eigenen Gesellschaft höherrangig sind, als »Ursachen« und Veränderungen in geringer bewerteten Bereichen als »Wirkungen« zu bezeichnen, läßt sich hoffen, daß das aufgeworfene Problem gelöst werden kann. Und die Klärung genau dieses Problems – der Genese des Sports – ist der Hauptgegenstand dieser Abhandlung. Es ist hier wie in anderen Fällen auch leichter, Lösungen zu finden, wenn man sich über die Problematik genau im klaren ist.

III

Die folgenden Auszüge aus dem Artikel »Sport« (athletics) der vorletzten Ausgabe der *Encyclopaedia Britannica* geben eine angemessene Zusammenfassung der vorherrschenden Ansichten wieder.

»Die frühesten historischen Berichte über ›Sport‹ (athletics) sind die der griechischen Olympischen Spiele (ca.

800 v. Chr.) ..., die schließlich auf Befehl des Kaisers Theodosius 393 n. Chr. eingestellt wurden. Die Geschichte des Sports (athletics) zwischen dem Fall Roms im 5. Jahrhundert und dem 19. Jahrhundert ist recht bruchstückhaft. Anläßlich religiöser Feste fanden im Mittelalter oft rohe Ballspiele zwischen rivalisierenden Städten oder Zünften statt. Sie waren die Vorläufer der großen Zuschauersportarten des 20. Jahrhunderts: Fußball, Baseball, Tennis, Rugby, etc. Die Entwicklung der industriellen Revolution Mitte des 18. Jahrhunderts und die spätere Einführung des Sports als Freizeitbeschäftigung der Schüler in den Eliteschulen Englands durch Thomas Arnold (um 1830) gaben den Anstoß zu einem deutlichen Aufschwung des Sports im Viktorianischen England. Höhepunkt der Entwicklung im 19. Jahrhundert war die Wiederbelebung der Olympischen Spiele 1896 in Athen. Seit Beginn des 20. Jahrhunderts stieg das Interesse in allen Wettkampfsportarten weiter. Daran änderten auch zwei Weltkriege und zahlreiche begrenzte Konflikte nichts.«

Diese Zusammenfassung erwähnt zahlreiche hinreichend gut dokumentierte Fakten. Auch eine Erklärung für die Entstehung des Sports wird angeboten: die Initiative von Dr. Arnold. Aber mit diesem Hinweis verdeckt man nur die Vielschichtigkeit des Problems. Wie ist es z. B. zu erklären, daß anläßlich religiöser Feste im Mittelalter »rohe« Spiele veranstaltet wurden, die religiösen Feste der Antike in Olympia und an anderen Orten dagegen weniger »roh« waren und deshalb eher denen des 19. und 20. Jahrhunderts ähnelten? Und woher kommt es, daß diese weniger »roh« waren? Wie lassen sich, mit hinreichender Genauigkeit, Unterschiede in der »Roheit«, in den zivilisatorischen Standards der Spielweise bestimmen? Und wie lassen sie sich erklären? Wie läßt sich der Aufschwung des Sports, die Wiederbelebung der Leichtathletik im 19. Jahrhundert begründen? Wenn man sich an die Turniere des Mittelalters oder die unzähligen Volksspiele dieser Zeit erinnert, die stattfanden, auch wenn die Obrigkeit es zu verhindern suchte, wie die wiederholten

Erlasse gegen das Fußballspiel in England und anderen europäischen Ländern belegen, so kann man wohl kaum bestreiten, daß ein lebhaftes Interesse an Wettkampfspielen bestand. Sollte der Unterschied zwischen den Wettkampfspielen, an denen die Menschen vor dem 18. Jahrhundert und zur Zeit der »industriellen Revolution« Gefallen fanden, in dem höheren bzw. geringeren Grad an »Roheit« liegen? Lag es etwa daran, daß sie weniger »wild«, also »zivilisierter« waren, und gehört dies zu den kennzeichnenden Merkmalen des »Sports«? Aber ist es dann noch gerechtfertigt, von einer »Wiederbelebung« zu sprechen? Ist die Sportbewegung des 19. und 20. Jahrhunderts auch nur eine weitere »Renaissance«, eine unerklärbare »Wiedergeburt« von etwas, das es in der Antike bereits gegeben hat, das im Mittelalter unterging und das aus unbekannten Gründen in unserer Zeit wiedergeboren wurde? Waren die Wettkämpfe der Antike weniger »roh« und weniger wild? Waren sie, wie die unsrigen, relativ kontrolliert und ein Beispiel für eine vergleichsweise stark ausgeprägte Abneigung, bei Wettkämpfen ernsthafte Verletzungen zum Vergnügen der Zuschauer zu dulden? Oder ist die Tendenz, die moderne Sportbewegung als Wiederbelebung einer vergleichbaren Bewegung in der Antike darzustellen, eine jener gutgemeinten ideologischen Legenden, ein Mittel, um die Einheit einer Bewegung zu stärken, die voller Spannungen und gegenläufiger Tendenzen ist, um ihre Ausstrahlung und ihr Prestige zu erhöhen? Falls dem so ist, wäre es dann nicht ratsam, realistisch die spezifischen Bedingungen, die für die Genese und den Aufstieg des Sports verantwortlich sind, zu untersuchen, um darlegen zu können, daß Wettkampfspiele von der Art des »Sports« – ebenso wie die industriellen Nationalstaaten, wo sie stattfinden – bestimmte, einzigartige Merkmale besitzen, die sie von anderen Wettkampfformen unterscheiden, und die schwierige Aufgabe der Untersuchung und Erklärung dieser Unterscheidungsmerkmale anzugehen?

IV

Bei näherem Hinsehen kann man unschwer feststellen, daß die Wettkampfspiele der klassischen Antike, die oft als das große Vorbild des Sports dargestellt werden, Merkmale aufwiesen und sich unter Bedingungen entwickelten, die sie von denen unserer Wettkampfspiele deutlich unterscheiden. Das Ethos der Wettkämpfer, die Standards, nach denen sie bewertet wurden, die Wettkampfregeln und der individuelle Einsatz im Wettkampf unterschieden sich in vielerlei Hinsicht von den entsprechenden Merkmalen des Sports. Viele der bedeutenden Abhandlungen zu diesem Thema zeigen eine unverkennbare Tendenz, die Unterschiede abzuschwächen und die Ähnlichkeiten zu betonen. Das Ergebnis ist ein verzerrtes Bild sowohl unserer eigenen als auch der griechischen Gesellschaft und eine Verzerrung der Vorstellung von den Beziehungen zwischen beiden. Die Problemlage ist verwirrend, nicht nur, weil eine Tendenz besteht, die Wettkampfspiele der Antike als ideale Verkörperung des zeitgenössischen Sports anzusehen, sondern auch deshalb, weil eine entsprechende Erwartung existiert, Bestätigungen für diese Hypothese in den Schriften der Antike zu finden, und so die Neigung verstärkt wird, gegenteilige Belege zu vernachlässigen oder sie automatisch als Ausnahmefälle einzustufen.

Es soll hier genügen, einen grundlegenden Unterschied in der gesamten Struktur der Wettkampfspiele der klassischen Antike und des 19. und 20. Jahrhunderts herauszugreifen. In der Antike ließen die traditionellen Regeln der »schwer«-athletischen Übungen, wie z. B. »Boxen« und »Ringen«, ein weitaus höheres Maß physischer Gewalt zu, als das die Regeln der vergleichbaren Sportarten erlauben. Diese Regeln sind auch viel genauer; an die Stelle mündlich überlieferter sind schriftlich fixierte Regeln getreten, die einer Überprüfung und Veränderung leichter zugänglich sind. Das höhere Maß an physischer Gewalt in den Wettkämpfen der Antike war keine Ausnahmeerscheinung. Gewalt war nichts Ungewöhnliches in der griechischen Gesellschaft jener Entwicklungsphase, die wir heute als »Stadtstaaten« bezeichnen und die die Entstehung eines gewissen physischen Gewaltmonopols beinhaltete. Heutige Nationalstaaten verfügen als zentrales Strukturmerkmal über eine relativ feste und unpersönliche Monopolisierung der physischen Gewalt und der Kontrolle ihrer Anwendung. Verglichen damit war die institutionelle Monopolisierung und Kontrolle der physischen Gewalt in den Stadtstaaten Griechenlands noch in den Anfängen.

Die Klärung derartiger Probleme fällt nicht schwer, wenn die Untersuchung von der klaren, theoretischen Position der »Zivilisationstheorie« ausgeht.[1] Danach wird erwartet, daß die Staats- und Gewissensbildung, der Grad der gesellschaftlich zulässigen physischen Gewalt, die Scham- und Peinlichkeitsschwellen gegenüber dem Gebrauch und Erleben von Gewalt in verschiedenen Stadien der Gesellschaftsentwicklung unterschiedlich modelliert sind. Es ist beeindruckend, wie umfassend die Entwicklung des antiken Griechenlands diese theoretischen Annahmen bestätigt. Theoretische Erkenntnisse und historisches Material zusammengefaßt, eröffnen den Weg zum Verständnis der Unterschiede in der Gesellschaftsentwicklung zwischen antiken und zeitgenössischen Wettkämpfen. So begegnet man der Vorstellung, daß man der Antike und ihren Leistungen unrecht tut, wenn man zugibt, daß das Maß der in ihr zulässigen physischen Gewalt, auch in den Wettkampfspielen, höher war und daß die Scham- und Peinlichkeitsschwellen der Menschen, die sich in einem solchen Wettkampf gegenseitig zum Ergötzen der Zuschauer verwundeten oder gar umbrachten,

1 Der theoretische Bezugsrahmen, der diesem Essay zugrunde liegt, steht in enger Beziehung und ist teilweise eine Erweiterung der Theorie des Zivilisationsprozesses, wie sie in meinem Buch »Über den Prozeß der Zivilisation« (1. Auflage Basel 1939, 2. Auflage Basel und München 1969, 5. Auflage Frankfurt am Main 1978) dargelegt wurde.

entsprechend niedriger lagen als in unserer eigenen Gesellschaft. Was Griechenland betrifft, so ist man hin und her gerissen zwischen den hohen humanen Werten, die man mit den Errungenschaften in Philosophie, Naturwissenschaft, bildender Kunst und Dichtung verknüpft, und dem geringen menschlichen Wert, den man scheinbar den alten Griechen beimißt, wenn man von ihrer gering ausgeprägten Abneigung gegen physische Gewalt spricht, als ob man sagen will, daß sie, verglichen mit uns, »unzivilisierter« und »barbarischer« gewesen sind. Genau das ist ein Mißverständnis des Wesens des Zivilisationsprozesses. Die vorherrschende Neigung, Begriffe wie »zivilisiert« und »unzivilisiert« im Sinne von ethnozentrischen Werturteilen zu gebrauchen, als absolute und verbindliche moralische Urteile – »wir sind gut, und die sind schlecht« oder umgekehrt –, verwickelt unsere Überlegungen offensichtlich in unlösbare Widersprüche.

Wir selbst sind in einer bestimmten sozialen Organisation und Kontrolle der Gewaltmittel in den heutigen industriellen Nationalstaaten mit weit fortgeschrittener Selbstkontrolle gegenüber gewalttätigen Affekten aufgewachsen. Wir bewerten Übertretungen automatisch nach diesen Standards – gleichgültig, ob bei uns heute oder in Gesellschaften früherer Entwicklungsstufen. Einmal entstanden, bieten uns diese Standards Schutz und verstärken unsere Abwehr gegen solche Entgleisungen auf vielfältige Weise. Kennzeichen für diese Abwehr sind eine erhöhte Sensibilität gegenüber Gewaltakten, Widerwillen gegen das bloße Anschauen von Gewaltanwendung im täglichen Leben über das erlaubte Maß hinaus, Schuldgefühle über unsere eigenen Entgleisungen, »ein schlechtes Gewissen«. In den Zeiten nicht enden wollender Gewalt im zwischenstaatlichen Bereich bleibt die zivilisatorische Abwehr gegen gewalttätige Impulse unvermeidbar instabil und brüchig. Sie ist fortwährend gegensätzlichen sozialen Zwängen ausgesetzt – einerseits denjenigen, die eine strenge Selbstkontrolle der gewaltsamen Affekte in den menschlichen Beziehungen innerhalb einer Staatsgesellschaft fordern, und andererseits solchen, die auf eine Lockerung, ja bewußte Gewaltanwendung in den zwischenstaatlichen Beziehungen zielen. Erstere ermöglichen die relativ hohe physische Sicherheit – auch allen anderen sozialen Unsicherheiten zum Trotz –, der sich die Staatsbürger entwickelter Nationalstaaten in ihren Gesellschaften erfreuen. Widerstreitende Forderungen, die an die Bürger dieser Staaten gestellt werden, sind Ergebnis des Fehlens einer effektiven Monopolisierung und Kontrolle der physischen Gewalt in zwischenstaatlichen Beziehungen. Doppelmoral, gespaltene und widersprüchliche Gewissensbildung sind die Folge.

Ohne Zweifel sind Spannungen dieser Art auf vielen Stufen der gesellschaftlichen Entwicklung festzustellen. Der Grad der Gewaltkontrolle innerhalb von sozialen Gruppen auf der Entwicklungsstufe von Stammesgesellschaften ist fast immer größer als der Grad der Kontrolle zwischen sozialen Gruppen dieser Entwicklungsstufe. Sicher war es im Fall der griechischen Stadtstaaten nicht ganz genauso. Aber der Unterschied zwischen den inneren und äußeren Spannungen ist relativ gering, wenn man es mit unserer Zeit vergleicht. Vieles deutet darauf hin, daß der Unterschied in der Gewaltkontrolle im innerstaatlichen und zwischenstaatlichen Bereich noch nie so groß war. Einem hohen Grad physischer Sicherheit mit weitgehender sozialer Kontrolle der Gewalt und einer entsprechenden Selbstkontrolle des einzelnen – einer entsprechenden Gewissensbildung – steht nichts Vergleichbares im zwischenstaatlichen Bereich gegenüber.

Der Grad der physischen Sicherheit in den entwickelteren industriellen Nationalstaaten ist, obwohl er den Bewohnern niedrig genug erscheinen mag, aller Wahrscheinlichkeit nach größer als in weniger entwickelten Staatsgesellschaften. Die Unsicherheit in den zwischenstaatlichen Beziehungen ist dagegen kaum zurückgegangen. Gewaltsame zwischenstaatliche Konflikte sind auf der heutigen sozialen Entwicklungsstufe für die Betroffenen ebensowenig steuerbar wie in früheren Zeiten.

Die Standards des zivilisierten Verhaltens sind dementsprechend relativ niedrig und die Scham- und Peinlichkeitsschwelle gegen physische Gewalt, die Gewissensbildung, ist in dieser Hinsicht wandelbar und vergleichsweise wenig verläßlich. Daß die Konflikte und Spannungen innerhalb industrieller Nationalstaaten – normalerweise – weniger gewaltsam und regulierbarer wurden, ist das Ergebnis einer langen, ungeplanten Entwicklung, keineswegs aber das Verdienst der heutigen Generation. Doch die heute Lebenden sind geneigt, es so zu sehen; sie schwingen sich zu Richtern vergangener Generationen auf, deren Gewissensbildung, deren Abneigung gegen physische Gewalt, z. B. in den Beziehungen zwischen herrschenden Eliten und Beherrschten, niedriger war, als ob die eigene stärker ausgebildete Hemmschwelle ein persönliches Verdienst sei. Das Ausmaß an Gewalt, das in den Wettkampfspielen der Vergangenheit zum Vorschein kommt, wird oft in dieser Weise bewertet. Wir begehen häufig den Fehler, nicht zwischen den individuellen Übertretungen der Standards von Gewaltkontrolle in unserer Gesellschaft und den individuell vergleichbaren Handlungen in anderen Gesellschaften zu unterscheiden, die sich in Übereinstimmung mit der damals sozial zulässigen Gewalt, in Übereinstimmung mit den Standards einer früheren Gesellschaft befanden. Daher verleitet uns unsere fast automatisch erfolgende emotionelle Reaktion oft dazu, Gesellschaften mit unterschiedlichen Standards der Gewaltkontrolle und der Abneigung gegen Gewalt so zu beurteilen, als ob die Menschen damals die Freiheit gehabt hätten, zwischen ihren und unseren Standards zu wählen, und freiwillig die falsche Entscheidung getroffen haben. Wir erleben das gleiche Gefühl des »Besserseins«, der moralischen Überlegenheit gegenüber Straftätern unserer Gesellschaft, wenn wir deren Verhalten als »unzivilisiert« und »barbarisch« bezeichnen und so ein Gefühl der moralischen Überlegenheit zum Ausdruck bringen.

Wir behandeln das Festhalten an sozialen Standards, die Formen von Gewaltanwendung zulassen, die in unseren

Gesellschaften als abstoßend verurteilt werden, als Makel des Charakters, als Zeichen ihrer menschlichen Minderwertigkeit. Eine andere Gesellschaft wird deshalb von uns als Ganzes so beurteilt und bewertet wie ein Mitglied unserer Gesellschaften. Üblicherweise fragen wir nicht danach und wissen dementsprechend auch nicht, wie sich die Veränderungen des Grades der Gewaltkontrolle, der sozialen Standards, die die Gewalt regulieren, oder der damit einhergehenden Emotionen vollziehen. Auch fragen wir im allgemeinen nicht danach und wissen deshalb nicht, warum sie überhaupt erfolgen. Mit anderen Worten, wir wissen weder, welche Erklärung es dafür gibt, noch, wie unsere eigene höhere Empfindlichkeit gegenüber physischer Gewalt, zumindest in innerstaatlichen Beziehungen, erklärt werden kann. Meistens ersetzen vage Formulierungen klare und einer kritischen Überprüfung standhaltende Aussagen. Man verweist etwa auf die Natur der entsprechenden Gruppen, auf ihre Rasse oder Ethnie.

V

Das traditionelle Ausmaß der Gewalt, das in den Wettkampfspielen von Gesellschaften unterschiedlicher Entwicklungsstufen zulässig war, offenbart ein entscheidendes und grundlegendes Problem. Einige Beispiele mögen helfen, es genauer zu umreißen.

Nehmen wir das Ringen im 20. Jahrhundert und in der Antike. Heute ist dieser Sport in hohem Maße organisiert und in Regeln gefaßt. Er wird von einer internationalen Ringerföderation mit Sitz in der Schweiz beaufsichtigt und geleitet. Nach den olympischen Regeln vom Januar 1967 gelten im Freistilringen bestimmte Griffe als unzulässig, darunter: ein- und beidhändige Würgegriffe, Doppelnelson mit direktem Herunterdrücken oder Beineinsatz. Faustschläge, Fußtritte oder Kopfstoßen sind verboten. Der Kampf, der nicht länger als neun Minuten dauert und in drei Runden à drei Minuten mit zwei Pausen von je einer

Minute eingeteilt ist, wird von einem Mattenrichter, drei Punktrichtern und einem Zeitnehmer kontrolliert. Trotz dieser äußerst strengen Regeln erscheint das Freistilringen vielen als eine der weniger feinen, »roheren« Sportarten. Als Zuschauersport ist eine etwas härtere, von Berufsringern vorgeführte und weitgehend »abgekartete« Kampfform verbreitet, die sich großer Beliebtheit erfreut. Aber die Berufsringer verletzen sich nur selten ernsthaft. Bei aller Schaulust möchte das Publikum auch nicht unbedingt gebrochene Knochen oder Blut sehen. Die Beteiligten führen jedoch einen Kampf mit vielen Brutalitäten auf, und das Publikum läßt sich diese Täuschung gefallen.[2]

Zu den Wettkämpfen der antiken Olympiaden gehörte das »Pankration«, eine Art »Boden-Ringen«, das eine der beliebtesten Veranstaltungen war. Allerdings unterschied sich das Maß der zulässigen Gewaltanwendung des traditionellen Pankration-Zweikampfs beträchtlich von dem des heutigen Freistilringens. So bezwang Leontiskos von Messana, der in der ersten Hälfte des 5. Jahrhunderts zweimal Olympiasieger im Ringen wurde, nicht durch Würfe seine Gegner, sondern dadurch, daß er ihre Finger brach. Arrhachion aus Phigalia, zweifacher Olympiasieger im Pankration, wurde 564 v. Chr. bei seinem dritten Versuch, Olympiasieger zu werden, erdrosselt, konnte jedoch gerade noch vor seinem Tod die Zehen seines Gegners brechen, so daß dieser den Kampf wegen der Schmerzen aufgeben mußte. Die Kampfrichter krönten deshalb den Leichnam des Arrhachion und erklärten den Toten zum Sieger. Seine Landsleute errichteten ihm später eine Statue auf dem Marktplatz ihrer Stadt.[3] Dies war offensicht-

2 Vgl. G. P. Stone: American Sports: Play and Display. In: E. Dunning (Hg.): The Sociology of Sport. London 1971, eine anregende und höchst originelle Diskussion des modernen Berufsringens (Catchens) als eine Art Farce (als Übersetzung in: K. Hammerich/K. Heinemann (Hg.): Texte zur Soziologie des Sports. Schorndorf 1975, S. 151–185).

3 H. Förster: Die Sieger in den Olympischen Spielen. Zwickau 1891.

lich nicht ungewöhnlich. Wenn ein Mann während eines Wettkampfs bei einem der großen Festspiele getötet wurde, so wurde der Tote zum Sieger bestimmt.

Aber abgesehen vom Verlust der Siegespalme – einem sehr schweren Verlust – wurde der überlebende Wettkämpfer nicht bestraft. Es haftete seiner Handlung, soweit man das beurteilen kann, auch kein sozialer Makel an. Getötet oder schwer verwundet zu werden, vielleicht auch Schäden fürs Leben davonzutragen, war ein Risiko, das ein Pankration-Kämpfer tragen mußte. Der Unterschied zwischen Ringen als Sport und Ringen als »Agon« (Kampf) läßt sich an folgender Beschreibung ablesen:

»Man kämpfte beim Pankration mit jedem Teil des Körpers, mit Händen, Füßen, Ellbogen, mit Knie, Hals und Kopf, bei den Spartanern sogar mit den Zähnen. Ja, es war gestattet, dem Gegner die Augen auszudrücken … Beim Allkampf war ferner das Unterschlagen eines Beines erlaubt, auch durfte man Füße, Nase oder Ohren des Gegners erfassen, die Finger und Arme ausrenken, den Gegner würgen. War es einem Pankratiasten gelungen, den Gegner auf den Boden zu werfen, so konnte er sich auf ihn setzen, gegen dessen Kopf, Gesicht und Ohren schonungslos Schläge richten, ihn stoßen, ja auf ihm herumtreten. Es ist selbstverständlich, daß bei diesem rohen Kampfe die furchtbarsten Verwundungen vorkamen, ja oft hatten die Kämpfe tödlichen Ausgang.«[4] Am härtesten dürfte das Pankration der Epheben in Sparta gewesen sein, denn wir lesen bei Pausanias: »Sie kämpfen aber mit den Händen und mit den Füßen, indem sie gegeneinander treten, auch beißen sie und bohren einander die Augen aus.«[5]

4 F. Mezö: Geschichte der Olympischen Spiele. München 1930, S. 100f.; zitiert nach L. Drees: Olympia, Götter, Künstler und Athleten. Stuttgart 1967, S. 98.

5 L. Drees, a. a. O., S. 99f. Drees zitiert hier Pausanias: Beschreibung von Griechenland, 2 Bde., Berlin/Stuttgart 1855 und 1907, Kap. III, 14,10 in der Übersetzung von J. H. Ch. Schubart.

Es gab zwar einen Kampfrichter, aber keinen Zeitnehmer und keine zeitliche Begrenzung. Der Kampf dauerte, bis einer der beiden Gegner aufgab. Gekämpft wurde nach mündlich überlieferten undifferenzierten Regeln, die vermutlich verschieden ausgelegt wurden. Wahrscheinlich waren Beißen und Augenausquetschen verboten. Inwieweit ein Kampfrichter die Einhaltung dieser Regeln in der Hitze des Gefechts gewährleisten konnte, ist eine andere Frage.

Die antiken Olympischen Spiele bestanden über tausend Jahre. Das Maß der Gewaltanwendung in den Wettkämpfen mag sich während dieser Zeit gewandelt haben, aber trotz aller Veränderungen unterscheiden sich die Scham- und Peinlichkeitsschwellen der antiken Menschen, wie das Gewaltniveau der Wettkämpfe, die das Töten einschlossen, zeigt, deutlich von unseren heutigen, denen der Sport entspricht.

Als ein weiteres Beispiel kann der Faustkampf angeführt werden. Wie das Pankration war er wesentlich weniger reguliert und wurde in viel höherem Maße von physischer Kraft, spontaner Kampfeslust und Ausdauer bestimmt als der Boxsport. Gewichtsklassen waren, wie auch bei anderen Wettkämpfen, unbekannt. Nur zwischen Jünglingen und Männern unterschied man. Die Faustkämpfer benutzten nicht nur ihre Fäuste. Wie in fast allen älteren Formen des Faustkampfes wurden auch die Beine zu Hilfe genommen. Zu den gebräuchlichen Kampftraditionen der Antike gehörte es, daß man dem Gegner vor das Schienbein trat.[6] Nur die Hand und die oberen Fingerglieder waren mit Lederriemen umwickelt, die am Unterarm befestigt wurden. Die Finger konnten, entweder zur Faust geballt oder gestreckt mit den harten Nägeln, dem Gegner in Körper oder Gesicht gerammt werden. Später wurden die weichen Lederriemen durch härtere, aus be-

6 Philostratos: Über Gymnastik. Hg. von J. Jüthner. Leipzig/Berlin 1909, Kap. 11, S. 140ff.

sonders gegerbter Ochsenhaut gefertigte, ersetzt.[7] Diese Riemen wurden dann noch mit mehreren Streifen aus hartem, dickem, scharfkantigem Leder versehen. Die bekannte Statue eines sitzenden Faustkämpfers (ca. 1. Jahrhundert v. Chr.), jetzt im »Museo Nazionale delle Terme« in Rom, zeigt diese Anordnung deutlich.

Eigentlich ist »Boxen« ein irreführender Ausdruck. Nicht nur Art und Weise, auch Ziel und Ethos dieses Kampfes unterschieden sich vom Boxsport. Bezeichnenderweise waren diese Faustkämpfe, wie die griechischen »Agones« allgemein, weit stärker vom Kampfethos eines Kriegsadels beeinflußt als der Sport. Der Sport entwickelte sich aus den Traditionen eines Landes, das stärker als die meisten anderen europäischen Länder durch seine Flotte, eine auf die Marine konzentrierte Kriegführung geprägt wurde. Die landbesitzende Oberschicht, der Hoch- und Landadel, entwickelten einen Verhaltenskodex, der viel weniger als in den meisten anderen europäischen Oberschichten vom militärischen Ehrenkodex des Offizierkorps einer Landarmee beeinflußt war.[8]

Das griechische »Boxen« war in den griechischen Stadtstaaten – zusammen mit den anderen Kampftechniken – gleichermaßen eine Vorbereitung für den Krieg wie für die Wettkampfspiele. Es unterscheidet sich damit völlig von dem englischen Boxen des 18. und 19. Jahrhunderts. Philostratos etwa betont, daß die Kampftechniken des Pankration den griechischen Bürgerarmeen einen

7 Philostratos erwähnt auch, daß Lederriemen aus Schweinsleder und Stöße mit den Daumen verboten waren, weil sie zu schweren Verletzungen führten. Es wäre falsch anzunehmen, daß die antiken Wettkampfregeln den Teilnehmern keinerlei Schutz gewährten. Aber diese einfachen, mündlich überlieferten Regeln ließen immer noch breiten Raum für ernsthafte Verletzungen.

8 Vgl. N. Elias: Studies in the Genesis of the Naval Profession. In: British Journal of Sociology, Jg. 1, Nr. 4, Dezember 1950.

Vorteil verschafften, als sich die Schlacht von Marathon zu einem Kampf Mann gegen Mann entwickelte; ähnlich verhielt es sich bei den Thermopylen, wo die Spartaner mit bloßen Händen kämpften, als ihre Schwerter und Speere zerbrochen waren.[9] Zur Zeit des römischen Kaiserreichs, als er dies schrieb, wurden die Schlachten nicht mehr von Bürgerarmeen geschlagen. Sie wurden von Berufssoldaten geführt, den Römischen Legionen. Der Unterschied zwischen militärischer Taktik und Kriegführung einerseits und den traditionellen Kampftechniken der Wettkampfspiele andererseits war größer geworden. Der Grieche Philostratos blickte mit Wehmut auf das klassische Zeitalter zurück. Wahrscheinlich glichen sich auch damals schon, während der Zeit der Hopliten-Armeen, die militärischen Kampftechniken und die der Wettkampfspiele nicht mehr, wie er meinte, aber sicher war ihre Beziehung noch enger als die zwischen den Kampftechniken im Sport und in der Kriegführung im Zeitalter der industriellen Nationalstaaten. Aber Philostratos hat vermutlich recht, wenn er schreibt, daß die Menschen in früherer Zeit die Wettkampfspiele als eine Übung für den Krieg und den Krieg als eine Übung für den Wettkampf ansahen.[10] Das Ethos der Wettkämpfe bei den griechischen Festspielen spiegelte noch immer das der heroischen Vorfahren wider, wie es in den homerischen Epen dargestellt und durch diese Dichtungen von Generation zu Generation weitergegeben wurde. Es hatte viele Merkmale eines zur Schau gestellten Ethos, das auch die Status- und Machtrivalitäten von adligen Führungsschichten vieler europäischer Staaten beherrschte. Kämpfen, im Wettkampf wie im Krieg, beinhaltete die Herausforderung, die Tugenden des Kriegers unter Beweis zu stellen, die einem Mann höchsten Ruhm und Ehre unter seinesgleichen einbrachten; auch auf seine Verwandten, seinen Clan oder seine Stadt fiel dann etwas von dem Glanz. Es

9 Vgl. Philostratos, a. a. O., Kap. 11.
10 Ebenda, Kap. 43.

war ruhmreich, Feinde oder Gegner zu überwinden, aber es war kaum weniger ruhmreich, überwunden zu werden, wie z.B. Hektor durch Achilleus, vorausgesetzt, man kämpfte mit all seiner Kraft, bis man verstümmelt, verwundet oder getötet war und nicht länger kämpfen konnte. Sieg und Niederlage lag in den Händen der Götter. Unrühmlich und schimpflich war es, auf den Sieg zu verzichten, ohne genügend Mut und Ausdauer gezeigt zu haben.

Es entsprach diesem Kriegerethos, daß ein Jüngling oder Mann, der bei einem der olympischen Faust- oder Ring-Wettkämpfe zu Tode kam, oft als Sieger zum Ruhme seines Clans und seiner Stadt gekrönt wurde, und daß der Überlebende – der Totschläger – weder bestraft noch geächtet wurde. »Fairneß« wird man in den griechischen Spielen vergeblich suchen. Das englische Fairneß-Ethos beruht nicht auf derartig kriegerischen Traditionen. »Fairneß« ist Teil einer Wandlung im Verhalten und Erleben der Menschen. Die Erregung und das Vergnügen, das ein Wettkampf vermittelt, ist weniger auf den kurzen Augenblick der endgültigen Entscheidung, den Endpunkt, konzentriert als auf den gesamten Verlauf des Kampfs. Die Dauer des Wettkampfs vermittelt eine eigene Spannung und wird nicht nur als eine Art »Vorspiel« für den Endpunkt, den Sieg oder die Niederlage, erlebt. Wettkämpfe wurden auf eine neue Art »spannend«. Diese Entwicklung stand in Zusammenhang mit der aufkommenden Wettleidenschaft. Das Wetten spielte in England eine nicht zu unterschätzende Rolle in der Veränderung roher Wettkampfarten in zivilisiertere Formen.

Gentlemen, die einem Wettkampfspiel ihrer Söhne, ihrer Bediensteten oder von Berufsspielern beiwohnten, fanden Gefallen daran, Geld auf die eine oder andere Mannschaft zu setzen, um so die Spannung des Wettkampfs, der bereits in zivilisiertere Bahnen gelenkt war, zu erhöhen. Aber die Aussicht auf den Gewinn der Wette konnte nur dann die Spannung erhöhen, wenn die Gewinnchancen mehr oder weniger gleichmäßig auf beide

Seiten verteilt waren, der Ausgang somit ungewiß blieb. Diese Entwicklung bedingte schließlich eine genauere Regulierung der Wettkämpfe als in den Stadtstaaten der griechischen Antike.

»Ebensowenig wie die Ringkämpfer waren die Faustkämpfer in Gewichtsklassen eingeteilt. Sie maßen ihre Kräfte im olympischen Stadion, doch nicht innerhalb eines abgegrenzten Kampfrings ... Ziel der Faustschläge waren Kopf und Gesicht des Gegners ... Es wurde gekämpft, bis ein Gegner kampfunfähig war oder den Kampf freiwillig aufgab. Gab ein Kämpfer auf, so zeigte er dies an, indem er den Zeigefinger hob oder zwei Finger ausstreckte.«[11]

Darstellungen auf griechischen Vasen zeigen Faustkämpfer in ihrer typischen Haltung: Die Kämpfer stehen sich gegenüber, ihre Füße berühren sich fast. Für eine »Beinarbeit«, die es heutigen Boxern ermöglicht, sich schnell nach rechts, nach links, rückwärts und vorwärts zu bewegen, war kein Raum vorhanden. Zurückzuweichen galt gemäß dem Kriegerethos als Feigheit. Verachtung bekamen die zu spüren, die sich den Schlägen des Gegners durch Ausweichen zu entziehen suchten. Im Nahkampf erwartete man von Boxern wie von Kriegern standzuhalten, nicht zurückzuweichen. Die Deckung geschickter Faustkämpfer konnte undurchdringlich sein. Sie vermochten ihre Gegner zu ermüden und Verletzungen zu vermeiden. Aber bei zu langen Kämpfen pflegte der Kampfrichter die Kontrahenten zum direkten Schlagabtausch bis zur Kampfunfähigkeit aufzufordern. Diese »agonale« Kampfweise war, wie man sieht, auf den Sieg, den Ausgang, gerichtet. Der Augenblick der Entscheidung, Sieg oder Niederlage, stand im Mittelpunkt und nicht der Verlauf des Wettkampfs. Es ging um Ausdauer, Muskelkraft und Geschicklichkeit. Ernsthafte Verletzungen der Augen, Ohren und sogar des Schädels waren an der Tagesordnung, ebenso geschwollene Ohren, abgebro-

11 L. Drees, a. a. O., S. 82.

chene Zähne und plattgeschlagene Nasen. Es existieren Berichte von Boxern, die sich bereit erklärten, in den Schlagabtausch zu gehen. Der erste versetzte seinem Gegner einen Schlag an den Kopf, den dieser überlebte. Als er seine Deckung fallenließ, stieß ihm der andere die Finger der gestreckten Hand unter den Rippenbogen, durchstieß mit seinen harten Nägeln die Bauchdecke, riß seine Eingeweide heraus und tötete ihn.[12]

VI

»Von allen olympischen Kampfarten ist unserem heutigen Gefühle am wenigsten sympathisch der Faustkampf; und es bleibt allen Versuchen gegenüber doch immer noch nicht recht erklärlich, wie ein hochgebildetes und ästhetisch so fein fühlendes Volk an dem barbarischen Schauspiele Gefallen finden konnte, wie zwei Männer einander mit schwer bewehrten Fäusten ins Antlitz schlugen ... bis der eine sich für besiegt erklärte oder kampfunfähig zusammenbrach. Denn nicht nur zur Römerzeit, sondern auch bei den Griechen war diese Art des Kampfes kein Spiel mehr, sondern blutiger Ernst ... Mehr als einmal bleibt auch in Olympia der eine tot auf dem Platze.«[13]

Diese Kritik, 1882 von Adolf Bötticher, einem frühen Olympiaforscher, geäußert, hört man heute noch. Wie im Ringen und im Pankration ging es auch im Faustkampf häufig um Leben und Tod.

Die Einzelheiten dieses Berichts sollen nicht bezweifelt werden, wohl aber ihre Bewertung. Das Zitat stellt ein typisches Beispiel für das Mißverständnis dar, das entsteht, wenn man die eigenen Peinlichkeitsschwellen gegenüber physischer Gewaltanwendung zum Maßstab für alle menschlichen Gesellschaften erhebt, unabhängig von

12 Ebenda.
13 Ebenda, S. 81.

ihrer Struktur und der Entwicklungsstufe, die sie erreicht haben, besonders der jeweiligen Stufe der sozialen Organisation und Kontrolle physischer Gewalt. Diese Kontrollebenen sind genauso bedeutungsvoll in der Entwicklung von Gesellschaften wie die Organisation und Kontrolle der »ökonomischen« Produktionsmittel. Man sieht hier die Verständnisschwierigkeiten gegenüber Gesellschaften, die nach unserem heutigen Verständnis Unvereinbares vereinbaren.[14] Die klassische griechische Bildhauerkunst erfreut sich hoher Wertschätzung. Die Brutalität der griechischen Wettkampfspiele, wie etwa Pankration, stößt auf Unverständnis und Ablehnung. Die Tatsache, daß wir das eine sehr positiv, das andere sehr negativ bewerten, macht es denen, die sich von diesen Bewertungen leiten lassen, unmöglich zu verstehen, daß diese Tatbestände miteinander in Einklang zu bringen sind. So stehen alle, die die Vergangenheit mit derartigen Maßstäben beurteilen, vor einem unlösbaren Problem.

Eine soziologische Analyse der Interdependenzen zwischen unterschiedlichen Bereichen einer Gesellschaft verbietet uns die Annahme, daß nur die Erscheinungen einer Gesellschaft, die wir als außenstehende Betrachter einheitlich bewerten – sei es positiv oder negativ –, unmittelbar nebeneinander bestehen können. In allen Gesellschaften lassen sich Interdependenzen zwischen Bereichen entdecken, die ein Beobachter anders bewertet als die Menschen, die die Gesellschaft bilden. Die Schönheit der griechischen Kunst und die Brutalität der griechischen Wettkampfspiele sind ein Beispiel. Sie bilden keine unvereinbaren Gegensätze, sondern sind Teile *einer* Entwicklung, *einer* menschlichen Figuration.

Die Entstehung der griechischen Plastik aus ihren archaischen Formen und der idealisierende Realismus der Skulpturen der klassischen Periode bleiben unverständ-

14 Vgl. hierzu und zum Problem der Objektivität in der Soziologie N. Elias: Problems of Involvement and Detachment. In: British Journal of Sociology. Jg. 7, Nr. 3, September 1956.

lich, wenn man nicht um die Bedeutung der körperlichen Erscheinung einer Person für die soziale Stellung in den herrschenden Eliten der griechischen Stadtstaaten weiß. In diesen Gesellschaften war es für einen Mann kaum möglich, eine bedeutende soziale oder politische Machtposition einzunehmen, wenn er einen schwächlichen oder mißgestalteten Körper hatte. Physische Kraft, physische Schönheit, Haltung und Ausdauer waren in der griechischen Gesellschaft für die Stellung eines Mannes viel bedeutender als heute. Man macht sich selten klar, daß die Möglichkeit für einen körperbehinderten Mann, in eine Führungsposition aufzusteigen oder sie zu behaupten, ein relativ neues Phänomen in der Gesellschaftsentwicklung ist. Weil das jeweilige »Körperimage«, die physische Erscheinung, heute relativ niedrig bewertet wird, viel niedriger als z. B. »Intelligenz« oder »Charakterfestigkeit«, fehlt uns das nötige Verständnis für andere Gesellschaften, in denen die physische Erscheinung viel größeren Einfluß auf die Position eines Mannes im gesellschaftlichen Leben hat. Im antiken Griechenland war dies der Fall. Vielleicht läßt sich das Gesagte mit dem Hinweis verdeutlichen, daß das Aussehen für die soziale Stellung großer Teile der heutigen Gesellschaft noch immer eine erhebliche Bedeutung, vielleicht sogar eine wachsende hat. Für Männer hat die physische Erscheinung, und besonders körperliche Kraft und Schönheit, keinen besonderen Einfluß auf die soziale Wertschätzung – obwohl das Fernsehen zu einer gewissen Änderung führen könnte –, wohl aber für Frauen.

In der Gesellschaft der antiken Stadtstaaten war das ganz anders. Von Kindheit an wurden die Menschen, die schwach oder mißgestaltet waren, ausgemerzt. Schwächliche Säuglinge ließ man sterben. Ein Mann, der unfähig zum Kampf war, galt wenig. Es war selten, daß ein Mann, der verkrüppelt, kränklich oder sehr alt war, eine Führungsposition im gesellschaftlichen Leben erreichen oder behaupten konnte. Der Begriff »Arete«, der das Ideal der klassischen griechischen Gesellschaft ausdrücken soll, wird oft mit »Tugend« übersetzt. Aber tatsächlich bezeichnete er nicht bestimmte »moralische« Eigenschaften, wie es der Begriff »Tugend« nahelegt. Er bezog sich vielmehr auf die Fähigkeiten eines Kriegers und Edlen, auf das körperliche Erscheinungsbild und die Anforderungen an einen starken und geübten Krieger. Diese Eigenschaften hatten größten Einfluß. Eben dieses Ideal verkörpert sich in den Skulpturen und den Wettkampfspielen. Den meisten Siegern der olympischen Wettkämpfe wurden in Olympia und gelegentlich auch in ihrer Heimatstadt Statuen errichtet. [...]

In diesem Zusammenhang ist auch erwähnenswert, daß sich in der griechischen Gesellschaft der klassischen Periode die soziale Position der Wettkämpfer deutlich von der heutigen unterschied. Die antike »Körperkultur« war nicht für Spezialisten wie der heutige Sport. Im Sport ist der Boxer ein Spezialist. Wenn wir diese Bezeichnung für die antiken Faustkämpfer verwenden, so ruft dieser Begriff in unserer Vorstellung ein bestimmtes Bild hervor. Aber die Männer, die ihre physische Kraft, ihre Geschicklichkeit, ihren Mut und ihre Ausdauer durch Siege bei den großen Festspielen unter Beweis stellten – die von Olympia waren die bedeutendsten –, hatten eine gute Chance, eine wichtige soziale und politische Position ihrer Heimatgemeinde zu erlangen – wenn sie sie nicht schon innehatten. Üblicherweise stammten die Teilnehmer an den olympischen Wettkämpfen aus »gutem Hause«, aus den relativ begüterten Führungsschichten ihrer Heimatstädte, aus den Schichten der Landeigentümer und wohlhabenden Bauernfamilien. Die Teilnahme an diesen Wettkämpfen erforderte ein langes und mühevolles Training, das sich nur relativ reiche Leute leisten konnten. Ein vielversprechender junger Athlet, dem das Geld für ein solches Training fehlte, konnte vielleicht einen wohlhabenden Förderer finden oder einen Berufstrainer, der ihm das Geld vorstreckte. Denn der Sieg in Olympia brachte seiner Familie und seiner Heimatstadt Ruhm, und er hatte gute Chancen, in die herrschenden Schichten aufzusteigen. Der wohl berühmteste Ringer der klassischen Antike war Milon von Kroton. Er gewann eine Vielzahl von Wettkämpfen in Olympia und anderen antiken Festspielen. Ihm wurde unglaubliche, ja sprichwörtliche Kraft nachgesagt. Er war einer der besten Schüler des Pythagoras und Befehlshaber der Armee seiner Heimatstadt in der siegreichen Schlacht gegen die Sybariten, an die sich ein wüstes Massaker anschloß. Umgekehrt haben sich Männer, die heute noch wegen ihrer intellektuellen Leistungen bekannt sind, oft auch als Krieger oder Athleten hervorgetan. Aischylos, Sokrates und Demosthenes gingen durch die harte Schule des Hoplitenkampfes. Platon errang Siege bei verschiedenen Festspielen. Die Idealisierung des Kriegers in der idealisierten Gestalt des aristokratischen Kriegers und das Kriegerethos in den Wettkampfspielen widersprechen sich nicht, es waren eng verbundene Ausdrucksformen derselben herrschenden Schicht. Ein Bewußtsein für diese gegenseitige Abhängigkeit muß die Bewunderung für die griechische Kunst nicht mindern. Eher wird sie noch verstärkt. [...]

VII

Ein Vergleich des jeweiligen Gewaltniveaus in den Wettkampfspielen der Antike oder in den Turnieren und Volksspielen des Mittelalters mit dem sportlicher Wettkämpfe verweist auf bestimmte Aspekte des Zivilisationsprozesses. Aber die Untersuchung der Zivilisierung der Wettkampfspiele bleibt unvollständig und unzureichend, wenn man sie nicht mit anderen Entwicklungen dieser Gesellschaften in Beziehung setzt. Die unterschiedliche Zivilisierung der Wettkampfspiele muß unverständlich bleiben, wenn man sie nicht mit dem allgemeinen Standard der sozial zulässigen Gewalt, der Organisation der Gewaltkontrolle und mit der entsprechenden Gewissensbildung in den jeweiligen Gesellschaften in Beziehung setzt.

Einige Beispiele sollen helfen, diesen größeren Zusammenhang deutlich zu machen. Im 20. Jahrhundert hat die Massenvernichtung besiegter Völker durch die Nationalsozialisten weltweit Abscheu erregt. Die Erinnerung daran belastete das Ansehen Deutschlands unter den Nationen der Welt. Der Schock war um so größer, als viele Menschen mit der trügerischen Sicherheit gelebt hatten, im 20. Jahrhundert sei eine derartige Barbarei nicht mehr möglich. Man hatte stillschweigend unterstellt, die menschliche Natur sei »zivilisierter«, »moralisch besser« geworden. Die Menschen waren stolz darauf, kultivierter als ihre Vorfahren und andere Völker zu sein, ohne sich jemals mit den Problemen der eigenen, zivilisierteren Verhaltensformen zu befassen – dem Problem, warum ihr Verhalten und ihre Gefühle ein wenig zivilisierter geworden waren. Die nationalsozialistische Herrschaft stellt eine Warnung dar. Sie erinnert daran, daß das erreichte Niveau der Gewaltkontrolle kein Beleg für eine wesensmäßige Überlegenheit »zivilisierter Nationen« ist. Verantwortlich für den »Volkscharakter« ist nicht der »rassische« oder ethnische Aufbau, sondern eine spezifische soziale Entwicklung, die in eine differenziertere und stabilere soziale Kontrolle der Gewalt und, damit verbunden, der Gewissensbildung mündet. Offenbar kann diese gesellschaftliche Entwicklung aber auch rückgängig gemacht werden.

Trotzdem spricht alles dafür, die heutige Modellierung des menschlichen Verhaltens und Erlebens als »besser«, verglichen mit entsprechenden Standards früherer Entwicklungsstufen, zu bezeichnen. Ein umfassenderes Verständnis der Zusammenhänge bietet eine viel bessere, die einzig sichere Basis für derartige Urteile. Ohne dieses Verständnis wüßten wir z.B. nicht, ob unsere Form der individuellen Selbstkontrolle gegen physische Gewalt nicht auch mit psychologischen Fehlentwicklungen verbunden ist, die wiederum einem »zivilisierteren« Zeitalter höchst barbarisch erscheinen werden.

Wenn man zivilisiertere Verhaltensweisen und Gefühle als »besser«, verglichen mit weniger zivilisierten, bewertet und unterstellt, die Menschheit habe mit den heute erreichten Scham- und Peinlichkeitsschwellen gegen Gewaltanwendungen einen Fortschritt erreicht, verglichen mit jenen früherer Zeiten, so stellt sich die Frage, warum ein ungeplanter Prozeß einen gesellschaftlichen Fortschritt hervorbrachte.

Alle Urteile über Standards zivilisierten Verhaltens beinhalten vergleichende Urteile. Man kann nicht sagen: »Wir sind zivilisiert, die anderen sind unzivilisiert.« Aber man kann ohne weiteres feststellen, »das Verhalten und Erleben der Gesellschaft A ist zivilisierter, das der Gesellschaft B weniger zivilisiert«. Vorausgesetzt werden muß allerdings ein klarer und präziser, dem Problem angemessener Maßstab. Der Vergleich zwischen den griechischen Wettkämpfen und dem heutigen Sport bietet dafür ein Beispiel. Die Scham- und Peinlichkeitsschwellen gegenüber Massenmorden sind ein anderes. Wie die weltweite Empörung über Völkermorde der jüngsten Vergangenheit zeigt, hat die Menschheit einen Zivilisationsprozeß durchlaufen, wie gering und instabil er auch sein mag. Der Vergleich mit den Lebensverhältnissen früherer Zeiten läßt daran keinen Zweifel.

In der griechischen und römischen Antike erregte ein Massaker an der männlichen Bevölkerung einer besiegten und eroberten Stadt, der Verkauf der Frauen und Kinder in die Sklaverei möglicherweise Mitleid, zu einer Ächtung dieser Taten kam es jedoch nicht. Unsere Quellen sind unvollständig, aber sie belegen doch, daß Massenvernichtungen in der Antike nicht ungewöhnlich waren.[15] Gelegentlich tobte sich die Kampfeslust einer lange im Krieg befindlichen Heerschar beim Abschlachten der Feinde aus. Die Vernichtung sämtlicher Sybariten, die den Bürgern von Kroton unter der Führung von Milon, dem berühmten Ringkämpfer, in die Hände fielen, ist ein Bei-

15 P. Ducrey: Le Traitement de Prisonniers de Guerre dans la Grèce Antique. Ecole Française d'Athenes. Travaux et Mémoires Fasc. XVIII. Paris 1968, S. 196ff.

spiel. Manchmal wurde der »Völkermord« auch geplant, um die militärische Macht eines rivalisierenden Staates zu vernichten. So führte die vollständige Vernichtung aller waffenfähigen Männer aus Argos auf Befehl des Heerführers Kleomenes zu der Beseitigung der militärischen Macht des mit Sparta rivalisierenden Argos. Das Massaker an der männlichen Bevölkerung von Melos, auf Befehl der Volksversammlung von Athen, 415 v. Chr., das Thukydides so anschaulich beschreibt, entstand aufgrund einer politischen Situation, die der ähnelt, die 1968 zur sowjetischen Besetzung der ČSSR führte. Die Athener betrachteten Melos als Teil ihres Einflußbereichs und schrieben Melos besondere strategische Bedeutung im Streit mit Sparta zu. Aber die Bewohner von Melos wollten nicht zum attischen Reich gehören. Deshalb töteten die Athener die Männer, verkauften die Frauen und Kinder in die Sklaverei und besiedelten die Inseln mit attischen Einwanderern. Einige Griechen sahen den Krieg als die normale Beziehung zwischen den Stadtstaaten an. Er konnte durch Verträge mit begrenzter Laufzeit unterbrochen werden. Die Götter, bzw. ihre Priester und die Dichter, mochten derartige Massaker mißbilligen. Doch die »moralische Entrüstung« gegenüber den als »Völkermord« zu bezeichnenden Massenvernichtungen war gering. Die zivilisatorische Schwelle gegen physische Gewalt war entscheidend niedriger und die Peinlichkeits- und Schamgefühle viel schwächer ausgeprägt, als es in den relativ entwickelten industriellen Nationalstaaten des 20. Jahrhunderts der Fall ist. Möglicherweise fehlte all dies auch vollständig.

Allerdings mangelte es nicht an Mitleid mit den Opfern. Die großen attischen Dramatiker, allen voran Euripides in den »Troerinnen«, verliehen diesem Gefühl Ausdruck. Die Wirkung war besonders nachhaltig, da das ausgedrückte Mitleid noch nicht von moralischer Abscheu und Entrüstung überlagert wurde. Unzweifelhaft besaß der Verkauf der Frauen in die Sklaverei, die Trennung der Mütter und Kinder, die Tötung der männlichen Nachkommen, Gewaltanwendung und Krieg allgemein, für das Publikum im antiken Athen eine ganz andere Aktualität als für den heutigen Zuschauer.

Insgesamt war der Grad der physischen Unsicherheit in den Gesellschaften der Antike weit höher als in den heutigen Nationalstaaten. Daß die antiken Dichter eher Mitleid als moralische Entrüstung zum Ausdruck brachten, ist bezeichnend. Schon Homer mißbilligte, daß Achilleus aus Trauer und Wut über den Tod des Patroklos nicht nur Schafe, Rinder und Pferde, sondern auch zwölf junge trojanische Adlige tötete und bei der Bestattung des Freundes als Opfergabe auf dem Scheiterhaufen verbrennen ließ. Aber auch hier richtete und verurteilte der Dichter seinen Helden nicht aus der Position eigener moralischer Rechtschaffenheit und Überlegenheit, weil er die barbarische Greueltat eines »Menschenopfers« begangen hatte. In der Kritik des Dichters an Achilleus ist nichts von emotionaler oder moralischer Entrüstung zu spüren. Sie läßt keinen Zweifel am »Charakter« seines Helden aufkommen. In Trauer und Wut verüben Menschen »schlimme Dinge« – »kaka erga«. Der Sänger billigt die Tat nicht, doch bleibt ein Appell an das Gewissen seiner Zuhörer aus. Er fordert nicht dazu auf, Achilleus als moralisch verkommenen, als »schlechten Charakter« zu verurteilen. Er wendet sich an das Mitgefühl seiner Zuhörer, er bittet um Verständnis für die Leidenschaft, die auch die Besten, sogar die Helden, in Zeiten übermäßiger Belastung erfaßt und sie »Böses« tun läßt. Doch die Achtung vor dem Helden, dem Adligen und Krieger, steht außer Zweifel. »Menschenopfer« lösten unter den Menschen der Antike nicht den gleichen Schrecken aus, wie sie dies in den »zivilisierteren« Gesellschaften des 20. Jahrhunderts tun.[16] Jeder Junge der gebildeten Schichten Griechenlands kannte den »Zorn des Achilleus«, kannte die Opfer und die Wettkampfspiele zur Bestattung des Patroklos.

16 F. Schwenn: Die Menschenopfer bei den Griechen und Römern. Gießen 1950.

Die olympischen Wettkämpfe der Antike entwickelten sich unmittelbar aus den hergebrachten Bestattungsriten. Sie haben also eine völlig andere Entwicklungsgeschichte als der heutige Wettkampfsport.

VIII

Soweit sich feststellen läßt, war das normale Maß der Affekt- und Gewaltäußerungen der homerischen Heroen und Götter bzw. die Ausprägung ihrer Selbstkontrolle, ihres »Gewissens«, kaum geringer entwickelt als im Athen der klassischen Periode. Die erhaltenen Scherben, Tempel und Skulpturen der griechischen Götter und Helden vermittelten von den Menschen der Antike das Bild eines besonders ausgeglichenen, gelassenen und harmonischen Volkes. Der Begriff »klassisch«, in Formulierungen wie »klassische Antike«, erhöht die griechische Gesellschaft zu einem Vorbild an Schönheit und Harmonie, das spätere Generationen sich nicht einmal erträumen konnten. Doch dies sind Fehlinterpretationen.

Es ist hier nicht möglich, mit der eigentlich erforderlichen Genauigkeit die Bedeutung des »klassischen Griechenlands« für die »Gewissensbildung«, also die Entwicklung der Kontrollmechanismen der Gewalt und anderer Bereiche, darzustellen. Es muß genügen, festzuhalten, daß für die Zeit der »Klassik« nur von einem »Erwachen des Gewissens« gesprochen werden kann. Es ist eine Zeit, in der die Veränderung der »Gewissenskontrolle« von einer den Menschen äußerlichen fremden Macht – von übernatürlichen Wesen, von befehlenden und drohenden Dämonen und Göttern, die Menschen mehr oder weniger willkürlichen fremden Zwängen aussetzen – in eine innere Stimme des einzelnen Menschen, die eine vergleichsweise individuelle Kontrolle von Recht und Unrecht, Gut und Böse vornimmt, eher die Ausnahme als die Regel war. Vermutlich stellt Sokrates' Begriff »Daimonion« die weitestgehende Annäherung an unsere Gewissensbildung in der klassisch-griechischen Gesellschaft dar, aber selbst diese vergleichsweise weit individualisierte »innere Stimme« hatte noch etwas von einem Schutzgeist. Auch stellt der Grad der Internalisierung und Individualisierung von Normen und sozialen Kontrollen, wie er uns hier entgegentritt, für die damalige Zeit die Ausnahme dar. Daß das klassische Griechenland keinen eigenen gesonderten Begriff für »Gewissen« kennt, ist in diesem Zusammenhang von großer Bedeutung. Es existieren verschiedene Wörter wie *synesis, enthymion, eusebeia* und andere, die gelegentlich mit »Gewissen« übersetzt werden, jedoch wird bei näherer Prüfung schnell deutlich, daß jeder dieser Begriffe ungenau ist und eine weitere Bedeutung hat wie »Skrupel haben«, »Frömmigkeit«, »Ehrfurcht« oder »Achtung gegenüber den Göttern haben«. Aber einen einzigen spezialisierten Begriff »Gewissen«, der eine äußerst gebieterische, unausweichliche und oft tyrannische innere Instanz meint, die als Teil des Selbst das Verhalten des Individuums leitet, die Gehorsam fordert und Ungehorsam mit »Pein« und (Gewissens-)»Bissen« bestraft, gab es nicht. Etwas, das – anders als »Gottesfurcht« oder »Scham« – aus sich selbst heraus agiert, scheinbar aus dem Nichts kommend, scheinbar ohne Macht und Autorität von außen, sei es menschlich oder übermenschlich, existierte in der Gedankenwelt des antiken Griechenlands nicht. Die Tatsache, daß der Begriff »Gewissen« sich noch nicht entwickelt hatte, kann als ein verläßlicher Hinweis dafür angesehen werden, daß die Gewissensbildung noch nicht die heutige Internalisierung, Individualisierung und Autonomie erreicht hatte.

Das Notwendigste zum Verständnis des Gewaltniveaus in den griechischen Wettkämpfen und der geringeren Abscheu gegen Gewalt in der griechischen Gesellschaft ist damit gesagt worden. Es wird deutlich, daß Menschen, die unter den Bedingungen eines griechischen Stadtstaates lebten, in weit größerem Maße von anderen abhängig waren, von externen Instanzen und Sanktionen der Affektkontrolle, und daß sie sich weniger auf ihre eigenen, inneren Instanzen zur Kontrolle gewalttätiger Impulse stützen konnten als Menschen in den heutigen Gesellschaften. Es muß hinzugefügt werden, daß man damals, zumindest in den Oberschichten, verglichen mit der vorklassischen Zeit, über ein größeres Maß an Selbstkontrolle verfügte. Das sich verändernde Bild der griechischen Götter, die Kritik an ihrer Willkür und Grausamkeit, belegt diesen Wandel. Wenn man sich die Entwicklungsstufe im Zivilisationsprozeß, die die griechische Gesellschaft der unabhängigen Stadtstaaten erreicht hatte, vor Augen führt, dann ist unschwer zu verstehen, daß das affektbetonte Verhalten der Menschen der Schönheit der antiken Skulpturen, der aristokratischen Anmut und dem Stolz der Bewegungen durchaus nicht widerspricht.

Es mag hilfreich sein, abschließend kurz auf eine weitere Beziehung zwischen dem Gewaltniveau der Wettkampfspiele, der Kriegsführung und anderen Strukturen der griechischen Gesellschaft hinzuweisen. Für das Entwicklungsstadium, das die staatliche Organisation zur Zeit der griechischen Stadtstaaten erreicht hatte, ist kennzeichnend, daß der Schutz von Leib und Leben der Bürger nicht mit dem heute üblichen vergleichbar ist. Heute sehen wir darin eine Aufgabe und Pflicht des Staates. In der Antike galt dies nicht einmal für Athen. Wenn jemand von einem Mitbürger getötet oder verstümmelt wurde, oblag es noch in klassischer Zeit den Verwandten, Rache zu nehmen und für Gerechtigkeit zu sorgen. Die Verwandtschaft spielte für den Schutz des einzelnen vor Gewalttaten eine unvergleichlich größere Rolle als heute. Dies brachte es mit sich, daß jeder körperlich dazu fähige Mann bereit sein mußte, gegebenenfalls Verwandten zu helfen oder sie zu rächen. Denn selbst innerhalb der Stadtstaaten war das Ausmaß an physischer Gewalt vergleichsweise hoch. Auch dies erklärt, daß die Hemmschwelle vor Gewaltanwendung und vor dem Anblick solcher Ereignisse weit niedriger lag und daß Schuldgefühle wegen begangener Gewalttaten die Menschen kaum bedrückten. In einer derartig organisierten Gesellschaft stellen Gefühle des Mitleids nur unnötige Belastungen dar. [...]

IX

Nach den bisherigen Ausführungen läßt sich die Ausgangsfrage klarer stellen: War das Aufkommen des Sports in England und die Ausbreitung dieser Form der Wettkämpfe auf viele andere Gesellschaften einfach eine Wiedergeburt der antiken Formen, wie die Bezeichnung »Olympische Spiele« suggeriert? Verweist die Entwicklung der Kampfspiele von der Antike bis in unsere Tage nicht vielmehr auf ein Entwicklungsschema, das weitgehend dem ähnelt, das man auch in anderen Bereichen antreffen kann? Läßt sich nicht vielleicht in der Entwicklung der Wettkämpfe im antiken Griechenland ein begrenzter Zivilisationsschub erkennen, der von einem langsamen Regressionsprozeß gefolgt wurde, mit einem Höhepunkt zu Beginn der Feudalzeit? Kommt es dann nicht erneut zu einer allmählichen Verstärkung der Scham- und Peinlichkeitsschwellen gegenüber körperlicher Gewalt – nicht nur in den Oberschichten, sondern in der gesamten Gesellschaft – und wird schließlich das in der Antike erreichte Niveau nicht weit übertroffen? Verweisen nicht das »Fairneß«-Ethos und die Gewaltkontrolle in den Sportspielen auf eine Sensibilität gegenüber physischer Gewalt, die weit über die des antiken Griechenlands hinausgeht?

In einer solchen langfristigen Sicht läßt sich das Problem der Soziogenese des Sports deutlicher erkennen. Unsere Aufgabe besteht darin, zu untersuchen, welche Merkmale im englischen Staatenbildungsprozeß und in der entsprechenden Gewissensbildung jener sozialen Schichten in England, die hauptsächlich an der Transformation der Wettkampfspiele älteren Typs mit geringerer

Gewaltkontrolle zum heutigen Sport beteiligt waren, für diese Entwicklung verantwortlich sind. Man kann weitergehen und fragen, welche Entwicklung der Staatenfiguration, besonders im 19. und 20. Jahrhundert, zur Verbreitung und Vereinheitlichung zumindest einiger Sportarten zunächst innerhalb Europas und dann in der ganzen Welt geführt haben. So wie sich die Entwicklung der Olympischen Spiele in Griechenland nicht ohne Berücksichtigung der Struktur der »Koiné« und der Beziehungen zwischen den Stadtstaaten der griechisch sprechenden Welt, deren Mitglieder miteinander in diesen und anderen »Städte-Spielen« wetteiferten, erklären läßt, so ist auch die Entwicklung der Olympischen Spiele des 20. Jahrhunderts nicht zu verstehen, wenn nicht auf die Verbreitung einheitlich organisierter Sportwettkämpfe in fast alle Länder der Erde verwiesen wird. Was sind die gemeinsamen sozialen Funktionen des Sports, die vielen Sportarten Zugang zu Ländern verschafft haben, deren Strukturen uns heute völlig verschieden, unvereinbar, ja gegensätzlich vorkommen?

Haben sich diese Funktionen im Laufe des 19. und 20. Jahrhunderts geändert? Hat sich die Kontrolle der physischen Gewalt verringert? Sind die Scham- und Peinlichkeitsschwellen angestiegen? Oder handelt es sich vielleicht nur um eine verzerrte Sichtweise, die auf ungenügenden Kenntnissen der Standards der Vergangenheit beruht?

Damit sind einige der Probleme aufgezeigt, die sich stellen, wenn bei der Analyse der Kampfspiele der jeweilige Grad der Gewaltkontrolle und die entsprechenden Scham- und Peinlichkeitsschwellen berücksichtigt werden.

Die Vorzüge vergleichender Untersuchungen treten in dem Maße hervor, in dem man erkennt, daß die besondere Art der Gewaltkontrolle, die für den Sport kennzeichnend ist, nicht isoliert verstanden werden kann.

Zur Zeit existiert eine zunehmende Neigung, die Soziologie des Sports isoliert zu betreiben, als ob der Sport unabhängig von den anderen Bereichen der Gesellschaft existiert. Wie »Arbeit«, »Industrie«, »Wissenschaft« und eine Vielzahl anderer Bereiche soziologischer Spezialdisziplinen hat auch der Sport einen bestimmten Grad an Autonomie; aber in der Realität, jedenfalls in der heutigen Gesellschaft, gibt es höchstens eine relative Autonomie, bezogen auf andere gesellschaftliche Bereiche (wohingegen die Sportsoziologie von ihren Vertretern mehr und mehr als eine soziologische Spezialdisziplin, die absolut autonom ist, behandelt wird). Um die Beziehungen zwischen der Struktur und der sozialen Funktion des Sports sowie den anderen Aspekten der Gesellschaft ans Licht zu bringen, muß man eine Langzeitperspektive wählen – den Blick auf den Prozeß richten – und aufhören, den Sport einfach als ein Faktum zu behandeln, dessen Existenz nicht weiter erklärt zu werden braucht; man muß sich fragen, wie und warum er entstand.

Das Ziel dieses Essays bestand nicht darin, ein Problem zu lösen, sondern lediglich, es klar zu formulieren, und das Bewußtsein zu schärfen, daß zwar in vielen Gesellschaften der Welt Wettkampfspiele ausgetragen wurden und werden, daß aber die besondere Art der Wettkämpfe, die wir als »Sport« bezeichnen, nur für eine verhältnismäßig neue Entwicklung kennzeichnend ist.

PIERRE BOURDIEU

Historische und soziale Voraussetzungen modernen Sports

Da kein Sporthistoriker, spiele ich hier gewissermaßen den Part des Amateurs unter lauter Professionellen, und so bleibt mir für das Kommende auch nur, an den »fairen Sportsgeist« zu appellieren ... Freilich könnte der Umstand, kein Experte zu sein, und die sich daraus ergebende Naivität oder Unschuld Fragen aufwerfen helfen, die sich die Fachleute schon nicht mehr stellen, weil sie gleicherweise überzeugt sind, sie beantwortet zu haben, wie sie mögliche fundamentale Voraussetzungen ihrer eigenen Disziplin bereits als bekannt und fraglos unterstellen. Die hier formulierten Fragen sind gewissermaßen von außen herangetragene, es sind Fragen eines Soziologen, unter dessen Forschungsgegenständen sich auch solche im Hinblick auf Praxis und Konsum von Sport finden, in Form etwa von statistischen Tabellen über die Verbreitung einschlägiger Sportaktivitäten je nach Bildungsgrad, Alter, Geschlecht und Beruf – was den Soziologen nun ebenso nach dem Zusammenhang zwischen diesen Variablen und jenen Aktivitäten fragen läßt wie nach der Bedeutung der Aktivitäten innerhalb dieses Zusammenhangs.

Meiner Ansicht nach lassen sich Praxis und Konsum von Sport – von Rugby, Fußball, Schwimmen, Leichtathletik, Tennis, Golf usw. – in ihrer Gesamtheit und ohne damit der Realität allzusehr Gewalt anzutun, als eine Art *Angebot* verstehen, das auf eine bestimmte *gesellschaftliche Nachfrage* stößt. Mit einem derartigen Modell sind freilich zwei Fragenkomplexe aufgeworfen. Zum einen: Gibt es überhaupt einen solchen Produktionsbereich mit je eigener Logik und Geschichte, einen Bereich, worin »Sportprodukte« hergestellt werden, d.h. die vielfältigen Formen von Sportpraxis und Sportkonsum, die zu einem gegebenen historischen Moment verfügbar und sozial anerkannt sind? Zum anderen: Welches sind die gesellschaftlichen Bedingungen der Möglichkeit zur Aneignung der solchermaßen hergestellten »Sportprodukte« – sei es Golfspielen oder Skilanglauf, das Lesen der Sportzeitschrift *Equipe* oder das Verfolgen der Fußballweltmeisterschaft am Bildschirm? Anders gefragt: Wie entsteht die Nachfrage nach »Sportprodukten«, wie entwickelt sich der »Geschmack« oder die »Neigung« für einen bestimmten Sport, und eher diesen als jenen, in Form von aktiver Ausübung oder passivem Zuschauen? Noch genauer: Von welchen Prinzipien werden die sozialen Akteure bei ihrer Wahl in bezug auf Sportpraxis und Sportkonsum aus der Palette der zu einem gegebenen historischen Moment angebotenen Möglichkeiten geleitet?

1. Die Produktion des Angebots

Mir scheint, daß wir zunächst nach den geschichtlichen und gesellschaftlichen Voraussetzungen dessen zu fragen haben, was wir gemeinhin allzu rasch als etwas Selbstverständliches hinnehmen: den modernen Sport. Zu fragen ist mithin nach den gesellschaftlichen Bedingungen der Herausbildung jenes Systems von Institutionen und Akteuren, die mittelbar oder unmittelbar mit Sportpraxis und Sportkonsum in Zusammenhang stehen: angefangen bei den – öffentlichen oder privaten – Sportverbänden, zu deren Aufgaben, neben Imagepflege und Interessenvertretung der einen bestimmten Sport Praktizierenden, die Erarbeitung und effektive Anwendung eines entsprechenden Regelkanons gehören, bis hin zu den Herstellern und Verkäufern von Sportartikeln (Ausrüstung, Kleidung usw.), darauf bezogenen Dienstleistungen (Sportprofessoren, Turnlehrer, Trainer, Sportärzte, Sportjournalisten usw.) wie schließlich den Produzenten und Vermarktern von sportlichen Veranstaltungen samt zugehörigen Artikeln (Pferdelotto, Trikots mit dem Namenszug oder Foto der Sportcracks, usw.). Wie hat sich jener Komplex von Spezialisten herausgebildet, die direkt oder indirekt vom Sport leben (nicht zu vergessen die Sportsoziologen und Sporthistoriker – was das Hervortreten der Problematik wohl kaum begünstigt hat)? Um noch genauer zu fragen: Ab wann begann dieses System von Akteuren und Institutionen im Sinne eines *Konkurrenzfeldes* zu funktionieren, worin Akteure mit jeweils spezifischen, aus ihrer jeweiligen Position ableitbaren Interessen aufeinanderprallen? Wenn dieses System, wie hier unterstellt, tatsächlich gleich einem »Kräftefeld« wirkt, dann läßt sich freilich die Besonderheit der sportlichen Phänomene zu einem bestimmten historischen Zeitpunkt und in einem bestimmten sozialen Umfeld auch nicht umstandslos dadurch erklären, daß man sie in direkten Bezug setzt zu den ökonomischen und sozialen Bedingungen der betreffenden Gesamtgesellschaft: Der Sport verfügt über eine relativ autonome Geschichte, die noch dort, wo sie von den herausragenden Ereignissen der ökonomisch-politischen Geschichte markiert wird, ihrem eigenen Tempo und ihren eigenen Entwicklungsgesetzen folgt, die ihre spezifischen Krisen und ihre spezifische Chronologie aufweist.

Eine der zentralen Aufgaben der Sozialgeschichte des Sports bestünde mithin darin, durch den Aufweis der historischen Genese des Auftretens ihres Forschungsgegenstandes als einer bestimmten und irreduziblen *Realität* sich allererst ihr eigenes Fundament zu erarbeiten. Denn nur sie selbst vermag auf jene – keineswegs nur akademisch-definitorische – Frage zu antworten: Ab wann – hier nicht im Sinne eines genauen Datums verstanden – von »Sport« gesprochen werden kann, d.h. ab wann sich ein derartiges *Konkurrenzfeld* entwickelte, innerhalb dessen nun »Sport« als eine eigentümliche, auf ein bloßes rituelles Spiel oder festtäglichen Zeitvertreib nicht zurückführbare Praxis definiert wurde. Dahinter steckt die weitergehende Frage, inwieweit das Auftreten des »Sports« im modernen Wortsinn in engem Zusammenhang steht mit dem (sich durchaus allmählich vollziehenden) *Bruch* im Hinblick auf Aktivitäten, die als die »Ahnen« des modernen Sports angesehen werden können – einem Bruch, der in unmittelbarem Zusammenhang steht mit der Konstitution eines spezifischen Feldes von Praktiken, mit eigenen Regeln und Einsätzen, und innerhalb dessen sich eine besondere Kultur oder Kompetenz (die kulturelle und physische Kompetenz des Hochleistungssportlers so gut wie die kulturelle Fertigkeit des Sportfunktionärs oder Sportjournalisten) ausbildet und zum Zuge kommt, d.h. eine in gewissem Sinn esoterische, den Professionellen vom Laien trennende Kultur. In Frage zu stellen sind damit aber auch solche Untersuchungen, die in anachronistischer Weise die in den vorkapitalistischen Gesellschaften des europäischen wie außereuropäischen Raums beheimateten *Spiele* fälschlicherweise als prä-sportive Aktivitäten verstehen und so in direkten Bezug setzen zum eigentlichen, modernen Sport, der doch, wie bereits ausgeführt, nicht zu trennen ist von der Ausbildung einer spezifischen Sphäre: der Produktion von »Sportprodukten«. Ein derartiger Vergleich ist tatsächlich nur dann zulässig, wenn er – statt nach »Ursprüngen« zu suchen – wie z.B. bei Norbert Elias darauf abzielt, die eigentliche Sportpraxis in ihrer Besonderheit zu fassen, oder genauer, herauszufinden, wie bestimmte bereits bestehende körperliche Betätigungen dadurch eine radikal neue Bedeutung und Funktion erhalten konnten – und zwar so radikal neu wie im Fall solcher reinen Erfindungen wie Basket- und Volleyball –, daß aus ihnen genuin sportliche Aktivitäten wurden, deren Einsätze, Regeln wie zugleich auch soziale Beschaffenheit der aktiven und passiven Teilnehmer durch die eigentümliche Logik des sportspezifischen Feldes determiniert sind.

Aufgabe einer Sozialgeschichte des Sports könnte folglich sein die tatsächliche Begründung der Legitimität einer Sozialwissenschaft des Sports als eines *separaten Wissenschaftsgegenstandes* (was durchaus nicht selbstverständlich ist), und dies mittels Klärung der Frage, ab wann, oder besser: von welchem Komplex gesellschaftlicher Bedingungen aus effektiv von Sport die Rede sein darf – im Unterschied zum bloßen *Spiel* (dieser Bedeutungsgehalt schwingt zwar noch im englischen *sport* mit, hat sich jedoch in den nichtanglophonen Ländern verloren, wo der Begriff *gleichzeitig* mit der radikal neuen sozialen Praxis, die er bezeichnet, eingeführt wurde). Auf welche Weise hat sich dieser über seine eigene Logik verfügende Spiel-*Raum* entwickelt, dieser Bereich gesellschaftlicher Praktiken, die, im Verlauf ihrer Geschichte ihre spezifische Bedeutung gewinnend, auch nur von dieser Geschichte her verständlich werden (wie die des Sportreglements oder der *Rekorde*, ein interessanter Begriff, der darauf hinweist, daß die Tätigkeit des Historikers: Registrierung – *to record* – und Verherrlichung der Siege, zur Konstitution des spezifischen Feldes und der damit gekoppelten esoterischen Kultur beiträgt)?

Genese eines relativ autonomen Feldes der Produktion und der Zirkulation sportlicher Produkte

Zwar fehlt mir die nötige Geschichtskenntnis, um diese Fragen in allen Einzelheiten und umfassend beantworten zu können, doch ist im vorliegenden Beitrag der Versuch gemacht, durch den Rekurs auf die Geschichte des Fußballs und des Rugby wenigstens jene Fragen besser stellen zu können (tatsächlich legt nichts die Vermutung nahe, daß die Konstitution eines Feldes jeweils gleichförmig verlaufen wäre; wahrscheinlicher ist vielmehr, daß – analog dem Modell Gerschenkrons für die Wirtschaftsentwicklung – die jeweils später entstandenen Sportarten aufgrund ihres »Rückstands« eine unterschiedliche, durch Anleihen bei älteren, folglich »avancierteren« Sportarten gekennzeichnete Geschichte aufweisen). Fraglos vollzog sich der Übergang vom Spiel zum genuinen Sport innerhalb der den »Eliten« der bürgerlichen Gesellschaft Englands vorbehaltenen *public schools*: mit der Übernahme einer Reihe gewöhnlicher, *volkstümlicher Spiele* durch die

Kinder aus Adel und Großbürgertum erfuhren jene einen grundlegenden Bedeutungs- und Funktionswandel – ganz so wie vormalige Volkstänze wie Bourrée, Sarabande und Gavotte nach ihrer Einführung in die »gelehrte« Musik.

Dieser Wandlungsprozeß läßt sich grob wie folgt skizzieren: Die »Elite« macht sich bestimmte körperliche Betätigungen, Bewegungsmuster im Rahmen traditioneller volkstümlicher Spiele, zu eigen, schneidet sie in der Folge von den damit gekoppelten sozialen Anlässen (etwa Erntefesten) ab und entleert sie so ihrer sozialen – und mehr noch: religiösen – Funktion, die jene rituellen Spiele (z.B. beim Wechsel der Jahreszeit) in vorkapitalistischen Gesellschaften noch aufweisen. Die Schule, Ort der Scholie, der Muße ist, jene Sphäre, in der die im Kollektivkalender eingebundenen Praktiken mit bestimmter gesellschaftlicher Funktion in *körperliche Übungen* umgewandelt werden, in Aktivitäten, die ihren Zweck in sich selbst tragen, eine Art l'art pour l'art des Leibes, die, je eigenen Regeln unterworfen und einem besonderen Kalender eingefügt, fortschreitend jede funktionelle Notwendigkeit verlieren. Die Schule ist *der* Ort schlechthin der sogenannten zweckfreien Übung, ist der Ort, an dem jene distanzierte und neutralisierende Einstellung zur gesellschaftlichen Welt angeeignet wird, die zumal das bürgerliche Verhältnis zu Kunst, Sprache und Körper beherrscht: Wie bei dem in der Schule herangezüchteten Gebrauch der Sprache, so gerät auch beim Turnen die körperliche Betätigung zum Selbstzweck. Was in und durch schulische Erfahrung – jene Art Rückzug aus der Welt der Praxis, der in den großen »Elite«-Internaten seinen vollendeten Ausdruck findet – erworben wird, das ist die Neigung zu zweckfreiem Handeln, eine grundlegende Dimension des Ethos der bürgerlichen »Eliten«, die, stets auf ihre Interesselosigkeit pochend, gegenüber den materiellen Interessen – wie in Kunst und Sport demonstriert – sich durch selbstgewählte Distanz auszeichnen. *Fair play* ist die Spielweise derer, die sich vom Spiel nicht derart hinreißen lassen, zu vergessen, daß es sich um Spiel handelt, die Spielweise derer, die die den späteren Rollen der künftigen Führungskräfte inhärente »Rollendistanz« zu wahren wissen.

Die Autonomisierung des Feldes der sportlichen Praktiken geht weiter einher mit einem Prozeß der *Rationalisierung,* der laut Weber über die Unterschiede und Partikularismen hinweg Vorhersehbarkeit und Berechenbarkeit garantiert; zugleich bildet sich neben einem bestimmten Regelkanon eine Schicht fachlich kompetenter Führungskräfte aus *(governing bodies),* die sich, zumindest anfangs, aus *old boys* der *public schools* rekrutiert. Derartige allgemein geltende Regeln sind von dem Augenblick an notwendig, wo sportlicher »Verkehr« über die Grenzen der eigenen Schule, Region usw. hinaus gepflegt wird. Die relative Autonomie des Feldes der Sportpraktiken bestätigt sich nicht nachdrücklicher als in der den Sportverbänden zuerkannten, in historischer Tradition begründeten bzw. staatlich garantierten Fähigkeit zu Selbstverwaltung und Reglementierung: Fortan sind diese Organismen nicht nur berechtigt, bindende Richtlinien für die Teilnahme an den von ihnen organisierten Wettkämpfen festzulegen, sondern auch ermächtigt, bei Regelverstößen – unter Aufsicht von Gerichten – disziplinarisch vorzugehen (Ausschluß, Geldbußen usw.); darüber hinaus obliegt ihnen die Vergabe von Sporttiteln und, so in England und der Bundesrepublik, von Trainerlizenzen.

Mit der Herausbildung eines Feldes Sportpraktiken geht weiterhin einher die Ausarbeitung einer – im Kern politischen – Philosophie des Sports: In der von aristokratischen Elementen geprägten Theorie des Amateurismus wird der Sport zu einer interessefreien Praxis analog der künstlerischen Betätigung, freilich mit dem zusätzlichen Vorzug, nachdrücklicher als diese die männlichen Tugenden der künftigen Führungskräfte zur Geltung zu bringen. Entsprechend dieser Vorstellung stellt Sport eine »Schule des Charakters« dar, in der neben Mut und Männlichkeit der »Wille zum Siegen« *(will to win),* Merkmal des wahren Führers, herangezüchtet wird; dabei handelt es sich allerdings um einen »Willen zum Siegen« gemäß vorgegebener Regeln, eben des *fair play*, jene gleichsam ritterliche Einstellung, die in der »vulgären« Verbissenheit des Siegens um jeden Preis ihren diametralen Gegensatz hat (an dieser Stelle wäre an den Zusammenhang von sportlichen und militärischen Tugenden zu erinnern – und an die Begeisterung, mit der Heldentaten ehemaliger Eton- oder Oxford-Absolventen auf dem Schlachtfeld oder bei Luftkämpfen gefeiert wurden). Selbstredend wird diese aristokratische Moral, von Aristokraten ausgedacht (das erste olympische Komitee umfaßte wer weiß wie viele Barone, Herzöge, Lords und sonstige Mitglieder alter Adelsgeschlechter) und von Aristokraten verbürgt (all jenen, aus denen sich die *self-perpetuating-oligarchy* der nationalen und internationalen Organisationen zusammensetzt), den Erfordernissen der Zeit angepaßt und ihr – wie bei Baron Pierre de Coubertin sichtbar – die zentralen Momente der bürgerlichen Moral des Privatunternehmers und der Privatinitiative »integriert«: *self-help*, wie es so schön heißt, wobei der englische Ausdruck einmal mehr zur Euphemisierung herzuhalten hat. Diese von de Coubertin geteilte Begeisterung für Sport als wesentlicher Bestandteil eines neuen Typs von Lernen, der denn auch eine vollkommen neuartige Institution Schule erfordert, findet sich gleichfalls bei Demolins, einem weiteren Schüler von Frédéric Le Play, dem Gründer der *Ecole des Roches* und Autor solcher Werke wie *A quoi tient la supériorité des anglo-saxons?* (Worauf beruht die Überlegenheit der Angelsachsen?) und *L'éducation nouvelle* (Neue Erziehung), in denen er das napoleonische Kasernen-Lyzeum einer vehementen Kritik unterzieht (unterdessen ist dieses Thema zu einem Gemeinplatz der in »Sciences Po« und Harvard produzierten »Soziologie Frankreichs« geworden). Worum es bei dieser Debatte geht (die den Rahmen des Sports sprengt), das ist, wie mir scheint, eine Bestimmung bürgerlicher Erziehung in Absetzung von kleinbürgerlich-professoralen Inhalten: Es geht um »Energie«, »Mut«, »Willen« alle samt Tugenden eines (Armee- wie Unternehmens-) Chefs – und nicht zuletzt um »Privatinitiative« und »Unternehmensgeist« statt Schulwissen, Bildung, Folgsamkeit, für die das traditionelle Lyzeum samt den dort gelehrten Fächern exemplarisch steht. Es wäre mithin mehr als kurzsichtig, wollte man vergessen, daß die neuzeitliche Bestimmung des Sports, häufig mit dem Namen von de Coubertin assoziiert, den integrierenden Bestandteil eines »moralischen Ideals« bildet, d.h. eines besonderen Ethos, nämlich dem der dominierenden Fraktionen der herrschenden Klasse, das wiederum in den vorrangig den Kindern aus den führenden Kreisen der Privatindustrie vorbehaltenen privaten Bildungsanstalten wie der Ecole des Roches seinen vollendeten Ausdruck findet. *Erziehung gegen Ausbildung, Charakterstärke* bzw. *Willenskraft* gegen *Intelligenz, Sport* gegen *Bildung* stark machen heißt, innerhalb der Schulinstitution selber eine Hierarchie zur Geltung bringen, die sich auf die genuin schulische (mit Präferenz für das jeweils erste Glied der Gegensatzpaare) nicht zurückführen läßt. Das heißt auch, wenn man so will: Disqualifizierung oder Diskreditierung der Wertvorstellungen anderer Fraktionen der herrschenden Klasse wie auch der übrigen Klassen und zumal der Intellektuellenfraktionen des Kleinbürgertums und der »Lehrerkinder«, die auf der Ebene schulischer Kompetenzen sich für die Kinder aus großbürgerlichem Milieu zu erbitterten und gefährlichen Konkurrenten entwickelt haben. Das heißt im weiteren: dem »Schulerfolg« andere Kriterien und andere Legitimationsmuster für »Erfolg« gegenüberstellen (so ließ sich in einer kürzlich vollendeten Studie über das französische Patronat nachweisen, daß den beiden gegensätzlichen Erziehungskonzeptionen zwei getrennte Wege des Zugangs zu leitenden Posten der Großindustrie entsprechen: Der eine führt von der Ecole des Roches bzw. einem bekannteren Jesuiten-Gymnasium zur juristischen Fakultät oder, seit neuestem, zu Sciences Po, zur Obersten Finanzinspektion oder zur HEC; der zweite führt vom Provinz-Gymnasium zur Polytechnique). In der Vorstellung von Sport als »Charakterschule« steckt ein Moment von Antiintellektualismus. Man muß sich nur einmal vergegenwärtigen, daß die dominanten Fraktionen der herrschenden Klasse ihre Opposition zu den dominierten Fraktionen – den »Intellektuellen«, »Künstlern«, »lieben Lehrern und Professoren« – in den Kontrastmustern von »maskulin« und »feminin«, »männlich« und »(ver)weiblich(t)« fassen (wobei diese Muster je nach Epoche ihren konkreten Inhalt gewinnen: heutzutage etwa in der Gestalt von kurzem vs. langem Haar, naturwissenschaftlicher bzw. politisch-wirtschaftlicher Bildung vs. künstlerisch-literarischer Bildung usw.), um sich sogleich auch über eine der wesentlichsten Implikationen der Leidenschaft für den Sport und insbesondere für »männliche« Sportarten wie Rugby klarzuwerden: daß nämlich Sport wie jede andere Praxis auch ein zentrales Objekt von Auseinandersetzungen zwischen den einzelnen Fraktionen der herrschenden Klasse wie zwischen den sozialen Klassen insgesamt darstellt.

Das Feld der Sportpraktiken ist Schauplatz von Kämpfen, in denen es, neben anderem, um die monopolistische Durchsetzung einer legitimen Bestimmung von Sportpraxis wie der legitimen Funktion derselben geht: Amateurismus vs. Professionalismus, Sport-Praxis vs. Sport-Schau, exklusiver »Eliten«-Sport vs. populärer Massen-Sport usw. Und diese spezifischen Kämpfe sind nun noch weiter eingebettet in ein umfänglicheres Feld von Auseinandersetzungen, die die Definition des *legitimen Körpers* und des *legitimen Gebrauchs des bzw. Umgangs mit dem Körper* zum Gegenstand haben – Protagonisten dieser Auseinandersetzungen sind, neben den Vereins- und Verbandsfunktionären, Trainern, Sportlehrern und sonstigen Anbietern von Gütern und Dienstleistungen des Sportbereichs, neben Moralisten und da besonders den Kirchenvertretern, Medizinern und zumal Hygienikern neben der ganzen Schar von Erziehern im weitesten Sinn – Eheberater, Diätetiker usw. – auch die Richter über Geschmack und Eleganz, die Modemacher usw. Sicher lassen sich innerhalb dieser Auseinandersetzungen um die monopolistische Durchsetzung der legitimen Bestimmung jener spezifischen Gruppe von Gebrauchsweisen des Körpers, wie es der Sport darstellt, historische Konstanten ausmachen: Bezogen auf das Problem der legitimen Ausübung wäre dabei an den Gegensatz zwischen den professionellen Fachleuten in Fragen der Körper-Pädagogik (Sportlehrer usw.) und den Ärzten zu denken, zwei an unterschiedliche Arten von Kapital gebundene Formen von Autorität (»pädagogische« vs. »wissenschaftliche«), oder auch an den wiederkehrenden Gegensatz zweier konträrer Grundauffassungen hinsichtlich der Behandlung des und des Umgangs mit dem Körper: eher asketisch geprägt die eine, wie es im deutschen Begriff der »Leibeserziehung« anklingt, im französischen Ausdruck der »culture physique« evident wird – den Hauptakzent auf *Kultur*, Anti-Physis, Gegen-Natur, auf Anstrengung, Berichtigung, Korrektur setzt, wogegen die zweite Auffassung stärker hedonistisch orientiert ist und die *Natur*, die Physis in den Vordergrund rückt, dabci dic »Körperkultur«, die »Leibeserziehung« auf eine Art »Laisser-faire-Prinzip« bzw. Zurück zum »Laisser-faire-Prinzip« reduziert, wie gegenwärtig in den Varianten des »Körperausdrucks« zu beobachten ist, deren Credo lautet, die von der herkömmlichen Gymnastik geförderten Formen der Leibesdisziplinierung fortan zu vergessen. Da die relative Autonomie des Feldes der Sportpraktiken per Definition dessen relative Abhängigkeit impliziert, ist die Entwicklung der auf einen der beiden Pole – Asketismus bzw. Hedonismus – jeweils ausgerichteten Praktiken in starkem Maße abhängig von den herrschenden Kräfteverhältnissen zwischen den Fraktionen der herrschenden Klasse wie zwischen den sozialen Klassen insgesamt im Kampf um die legitime Bestimmung des legitimen Körperbildes und der legitimen Verwendung des Körpers. So wird denn auch der wachsende Einfluß der unter »Körperausdruck« firmierenden Trends nur im Kontext und auf dem Hintergrund der fortschreitenden Ausbildung – manifest in den Eltern-Kind-Beziehungen so gut wie in allen die Pädagogik berührenden Fragen – einer neuen Variante der bürgerlichen Moral erklärbar: einer Moral, die, von bestimmten aufsteigenden Kreisen des Bürgertums (und Kleinbürgertums) getragen, sowohl in Fragen der Erziehung, der Autoritätsbeziehungen als auch der Sexualität einem Liberalismus das Wort redet, in Abkehr vom und auf Kosten des – nunmehr als repressiv gebrandmarkten – asketischen Rigorismus.

Die Phase der Ausbreitung

Kehren wir nochmals zum ersten Stadium zurück, von entscheidender Bedeutung deshalb, weil der Sport noch immer, wie mir scheint, den Stempel seiner Herkunft trägt: Nicht nur leistet die aristokratische Ideologie des Sports als von Interessen und äußerlichen Zwecken freie Betätigung, die in den rituellen Wendungen der einschlägigen Sonntagsredner stets wieder fröhliche Urständ feiert, der Verschleierung des Wahrheitsgehalts einer wachsenden Zahl sportlicher Praktiken Vorschub; heute wie einst verdanken Sportarten wie Tennis, Reiten, Yachtsegeln, Golf ein Großteil des Interesses, das ihnen entgegengebracht wird, den *Distinktionsprofiten,* dem Gewinn an Auszeichnung und Reputation, die sie verschaffen (nicht zufällig ist die Mehrzahl der exklusiven, diesen ihren Charakter durch Ausschluß sichernden Clubs um Sportaktivitäten organisiert, die in der Regel nur Vorwand für oder Gelegenheit zu freiwilliger Zusammenkunft sind). Jener Gewinn wird noch gewichtiger, wenn die Opposition zwischen exklusiv-distinktiven, »schicken« Sportarten und »gemeinen«, »ordinären«, zu denen heute aufgrund fortschreitender Popularisierung auch zahlreiche einst der »Elite« vorbehaltene Sportdisziplinen gehören – wie Fußball (und in einem geringeren Grade Rugby, das für einige Zeit wohl noch seinen Doppelcharakter und seine doppelte soziale Rekrutierungsbasis bewahren dürfte) –:

wenn dieser erste Gegensatz also durch einen weiteren, schärferen zwischen aktiver Sportbetätigung und passivem Sportkonsum vertieft wird. Denn wie bekannt, nimmt mit fallendem sozialem Status die Wahrscheinlichkeit aktiver Sportteilnahme (ebenso wie Mitgliedschaft in einem Sportverein) nach der Adoleszenz (und erst recht in späterem Alter) erkennbar stark ab; mit steigendem sozialem Status hingegen die Wahrscheinlichkeit des Fernsehkonsums eines als »populär« erachteten Sports wie Fußball oder Rugby (der Besuch von Sportstadien gehorcht komplexeren Gesetzmäßigkeiten).

Welche eminente Bedeutung aktiver Sport – und insbesondere Gruppensport wie Fußball – für die Jugendlichen aus den unteren und mittleren Schichten somit auch immer haben mag, es ist nicht zu übersehen, daß die sogenannten »populären« Sportarten – Radrennen, Fußball, Rugby – *auch* und vornehmlich die Funktion von Spektakeln, d.h. Schaufunktion erfüllen (wobei das Interesse für sie sich partiell durchaus aus einer gleichsam imaginierten, durch die einstige Erfahrung tatsächlicher, praktischer Ausübung gespeisten Teilnahme herleitet): »Populär« sind sie zwar, jedoch nur in dem Sinne, den dieses Adjektiv immer dann erfährt, wenn es auf materielle oder kulturelle Massenprodukte – Autos, Möbel wie Schlager – angewendet wird. Kurzum: Der Sport, einst aus wirklichen Spielen des Volkes hervorgegangen, *vom Volk geschaffen,* kehrt nun – analog zur *folk music* – zum Volk zurück in Gestalt des *fürs Volk geschaffenen* Spektakels. Die Sport-Show würde eindeutiger als Massenware und die Organisation von Sportveranstaltungen unverkennbarer als Branche des *showbusiness* hervortreten, würde der dem aktiven Sport (und zumal seitdem Sportwettkämpfe zu einem Gradmesser für die Stärke ganzer Nationen, folglich zu einem eminenten politischen Gegenstand geworden sind) allgemein zuerkannte Wert nicht zur Verschleierung der Kluft zwischen Praxis und Konsum und zugleich zur Verschleierung der Funktionen des bloßen passiven Konsums beitragen.

Beiläufig wäre auch zu fragen, ob einige Aspekte oder Auswüchse heutigen Sports – wie Dopinggebrauch und die zunehmende Gewalttätigkeit auf dem Rasen wie auf den Rängen – nicht ebenfalls zum Teil auf die hier allzu rasch rekapitulierten Entwicklungslinien zurückführbar sind. Denken wir nur an die Implikationen, die in der Tatsache begründet liegen, daß ein Sport wie Rugby (aber dasselbe gilt u. a. auch für das *american football*) durch das Fernsehen zu einem Massenspektakel geworden ist, dem nicht nur der Kreis der gegenwärtigen oder einstigen »Aktivsportler« huldigt, sondern ein umfassenderes Publikum, das in der Regel nur unzulänglich mit dem Sport vertraut ist, um seine Feinheiten und Spielzüge angemessen nachvollziehen zu können. Dagegen verfügt der »Kenner« über Wahrnehmungs- und Bewertungsschemata, die ihn sehen lassen, was dem Laien verborgen bleibt, dort zwingende Zusammenhänge zu bemerken, wo der »Banause« nur Chaos und Gewalt erblickt, mithin an der Flinkheit einer Geste, am zunächst unwahrscheinlichen, dann sich durchaus als zwingend erweisenden Charakter einer gelungenen Kombination oder an der Harmonie aufeinander abgestimmter Bewegungen ein nicht weniger intensives und zugleich versiertes Vergnügen zu finden als der Melomane beim Anhören eines brillant gespielten, vertrauten Musikstücks. Je oberflächlicher eine Wahrnehmung ist, je blinder gegenüber diesen Feinheiten, Nuancen und Subtilitäten, um so weniger vermag sie sich an der Darbietung an sich zu ergötzen, um so mehr greift sie nach dem »Sensationellen«, huldigt sie dem Kult der sichtbaren Leistung und Virtuosität, um so vehementer und ausschließlicher heftet sie sich an jene andere Dimension des Sportspektakels: Spannung und Bangen ums Resultat – mit der Folge, daß nicht weniger die Spieler als auch die Organisatoren derartiger Veranstaltungen immer stärker auf bedingungslosen Sieg aus sind. Mit anderen Worten verweist alles darauf, daß in Sport wie Musik, mit der Ausweitung des Publikums über den engeren Kreis der Amateure hinaus, die Herrschaft der reinen Profis nur noch zunimmt. Wenn Roland Barthes in einem Artikel Panzera, einen französischen Sänger der Vorkriegszeit, mit Fischer-Dieskau, für ihn Prototyp eines Produkts der »mittleren Kultur«, vergleicht, dann gemahnt das an jene Rugbybegeisterten, die das »intelligente«, »mitreißende« Spiel der *Dauger* oder *Boniface* dem »mechanischen« Spiel der Mannschaft von Béziers oder der französischen Nationalmannschaft unter Führung von Fouroux gegenüberstellen. In beiden Fällen wird vom Standpunkt dessen aus geurteilt, der früher selber aktiv war oder es heute noch ist, der – im Gegensatz zum bloßen Konsumenten, dem »Discophilen« oder »Fernsehsportler« – ein Ideal von Vollkommenheit anerkennt, das gerade durch seine unvollkommenen Realisierungen zu Bewußtsein bringt, daß es lediglich einen Grenzfall der Kompetenz des normalen Amateurs darstellt. Demzufolge ist die Annahme kaum von der Hand zu weisen, daß im Fall des Sports wie in dem der Musik die rein passive, außerhalb jeder Praxis erworbene Kompetenz des von Fernseher oder Schallplatte neu eroberten Publikums für die Entwicklung der Produktion eine entscheidende Rolle spielt (in diesem Zusammenhang wird auch die Zwieschlächtigkeit kulturkritischer Kommentare zur Massenproduktion – sei es in Sport oder Musik – offenbar: häufig genug verdecken sie nur die aristokratische Sehnsucht nach den seligen Zeiten der Amateure).

Die sicher entscheidendste politische Auswirkung des Sports ist weniger darin zu sehen, daß er chauvinistische oder sexistische Regungen stimuliert, als vielmehr in der von ihm beförderten Kluft zwischen dem Profi, dem Virtuosen einer esoterischen Technik, und dem auf den Status eines bloßen Konsumenten reduzierten Laien – und diese Kluft nistet sich immer nachdrücklicher in das kollektive Bewußtsein ein: Tatsächlich ist der sprichwörtliche Mann von der Straße nicht nur im Bereich des Sports auf die Rolle eines *fans,* jenes zur Karikatur geronnenen Grenzfalls des Militanten, zusammengeschrumpft und zu einer rein imaginären Partizipation verurteilt, die weiter nichts denn Scheinersatz für die Preisgabe eigener Fähigkeiten zugunsten der Experten ist.

Bevor hier die Analyse der Auswirkungen weiter verfolgt wird, sollte allerdings noch näher eingegangen werden auf die bestimmenden Faktoren des Übergangs jenes den Amateuren vorbehaltenen »Elite«-Sports zu dem von Profis für den Massenkonsum produzierten Sportspektakels. Denn tatsächlich griffe man zu kurz, wollte man lediglich auf die relativ autonome Logik des Produktionsfeldes von sportlichen Gütern und Dienstleistungen erklärend verweisen, und genauer, auf die Entwicklung einer Sportveranstaltungsindustrie, die, Rentabilitätsgesetzen unterworfen, die Maximierung von Leistung bei Minimierung der Risiken verfolgt (mit der Folge eines wachsenden Bedarfs an fachlich kompetenten Führungskräften und eines regelrechten wissenschaftlichen *Managements* zwecks rationeller Organisation von Training wie Pflege des physischen Kapitals der Profi-Sportler – denken wir etwa an das *american football,* wo der Troß der Trainer, Ärzte und der für die »public relation« Zuständigen bei weitem die Zahl der Spieler übersteigt, die in der Regel bloß noch Werbeträger für die Sportartikelindustrie spielen).

Tatsächlich läßt sich die Ausbreitung des Sports selbst noch unter den Jugendlichen aus den unteren Klassen teilweise auf den Umstand zurückführen, daß jener quasi von Beginn an geeignet war, auch auf höherer Stufe die Funktionen zu erfüllen, die ihm bereits in seinen frühesten Anfängen in den englischen *public schools* Ende des 19. Jahrhunderts Pate standen: Statt – wie noch der überkommenen viktorianischen Überzeugung gemäß – Sport als ein Mittel zur »Charakterbildung« (to improve character) anzusehen, schien den *public schools,* totale Institutionen im Sinne Goffmans, deren Aufsichtspflicht sich auf alle sieben Tage der Woche und rund um die Uhr erstreckte, sportliche Betätigung vielmehr ein probates Mittel zur kostensparenden Beschäftigung der ihnen vollzeitlich anvertrauten Jugendlichen: Auf dem Sportgelände sind die Schüler, wie ein Sporthistoriker schreibt, nicht nur mühelos zu überwachen, sie geben sich zudem einer »gesunden« Beschäftigung hin, laden ihre Aggressionen auf ihre Mitschüler ab, statt sich an den Schuleinrichtungen abzuarbeiten oder gar ihren Lehrern während des Unterrichts das Leben schwerzumachen. Für die Verbreitung des Sports wie die wachsende Zahl von Sportvereinen, die, zunächst auf der Basis freiwilliger Mitarbeit organisiert, in der Folge staatlicherseits anerkannt und finanziell unterstützt werden, dürfte zweifellos hier der Schlüssel liegen. Ein derart *sparsames* Mittel gleichzeitig zur Mobilisierung, Beschäftigung und Kontrolle der Jugendlichen war wie geschaffen als Instrument und Gegenstand der Auseinandersetzungen zwischen den zur politischen Mobilisierung und Bindung der Massen ganz oder partiell organisierten, damit gleicherweise um die symbolische Beherrschung der Jugendlichen konkurrierenden Institutionen – seien es Parteien, Gewerkschaften, Kirchen oder auch paternalistisch eingestellte Unternehmer. Gerade letztere haben ja, in ihrem Bestreben nach *lückenloser, totaler Aufsicht* der Arbeiterschichten, ihren Beschäftigten schon frühzeitig nicht nur Hospitäler und Schulen, sondern auch Sportstätten und weitere entsprechende Einrichtungen zur Verfügung gestellt (zahlreiche Sportvereine wurden mit Hilfe und unter Kontrolle von Privatunternehmern gegründet – so mancher Name eines Stadions zeugt noch heute von dieser Patenschaft). Hinlänglich bekannt ist ebenfalls die fortbestehende Konkurrenz in Sachen Sport zwischen den diversen politischen Instanzen – auf der lokalen Ebene etwa die Rivalität zwischen konfessionellen und nichtkonfessionellen Vereinen oder, uns näherstehend, die heißen Debatten um den Stellenwert der Sporteinrichtungen; auf der nationalen Ebene z. B. die Frontstellung zwischen der von der Kirche kontrollierten Fédération du Sport de France und der FSGT, die von den Linksparteien kontrolliert wird. Und tatsächlich: In dem Maße, wie die staatliche Anerkennung und finanzielle Unterstützung der Sportvereine sowie zugleich der Schein ihrer und ihrer Verantwortlichen

Neutralität wachsen, bildet sich Sport zu einem zentralen, wenngleich als solches verschleierten Objekt des politischen Kampfes aus: Die Konkurrenz zwischen den Organisationen stellt einen der wichtigsten Faktoren der Entwicklung eines gesellschaftlichen, d.h. gesellschaftlich konstituierten Bedarfs an Sport und an den entsprechenden Einrichtungen, Gerätschaften, Personal samt dazugehörigen Dienstleistungen dar; und die Durchsetzung sportbezogener Bedürfnisse manifestiert sich kaum nachdrücklicher als in ländlichen Regionen, wo von den materiellen Einrichtungen bis hin zu den Spielerkadern sich nahezu alles, analog zu den Jugend- und Seniorenclubs, den Aktivitäten von Personenkreisen aus Kleinbürgertum bzw. Dorfbourgeoisie verdankt, denen auf diese Weise Gelegenheit geboten wird, politisch initiativ zu wirken sowie ihr immer in politische Macht umtauschbares Kapital an Notorietät und Honorabilität zu pflegen bzw. zu mehren.

Mit der Popularisierung des Sports, ausgehend von den einstigen »Elite«-Schulen bis zu den heutigen Massensportvereinen, geht zwangsläufig einher eine sich wandelnde Sicht der Funktionen des Sports durch die Sportler wie die Funktionäre; zugleich verändert sich jedoch auch diese Praxis selber durch Anpassung an die Erwartungen und Ansprüche eines über den Kreis der früheren Aktiven hinausreichenden Publikums: In bezug auf Rugby ähnlich sich für männliche Kraftakte zu begeistern oder dem Teamgeist zu huldigen wie noch die aus großbürgerlichen und adligen Kreisen stammenden Absolventen der englischen *public schools* oder deren französische Nacheiferer während der Belle époque, ist von den Bauern, unteren Angestellten und Kleinhändlern aus dem Südwesten Frankreichs nur nach einer grundlegenden Uminterpretation dieses Sports nachvollziehbar. Verständlich, daß die letzten Nostalgiker des universitären Rugby mit seiner traditionellen Formation (»envolées des trois quarts«) nur schwer ihr *manliness* und *team spirit* in jenem Hang zur Gewalttätigkeit (»Keilerei«) und jener trüben, bis in die Metaphorik hinein

(»Hand anlegen«, »schuften« usw.) typisch proletarischen Opferbereitschaft wiedererkennen, welche die neuen Spieler und insbesondere die regelrechten »Stürmer« auszeichnet. Um solche den einstigen Sinn für »zweckfreies« Spiel und *fair play* diametral entgegenstehende Einstellungen richtig zu begreifen, darf man nicht vergessen, daß das, was für den Jugendlichen aus gutbürgerlichem Haus nahezu ein Unding ist: eine Sportlerkarriere (es sei denn, er wählte Tennis oder Golf), für die Heranwachsenden aus minderbemittelten Schichten dagegen eine der wenigen Chancen gesellschaftlichen Aufstiegs verkörpert: Der Sport-Markt ist für das physische Kapital der Jungen aus diesen Kreisen, was die Beteiligung an Schönheitswettbewerben und die sich damit eröffnenden Berufsfelder – Mannequin, Hostess usw. – für das physische Kapital der Mädchen analoger Herkunft ist. Alles weist darauf hin, daß die »Interessen« und Wertvorstellungen, mit denen die Vertreter der unteren und Mittelklassen ihren Sport besetzen, sich decken mit den entsprechenden Erfordernissen der Professionalisierung (unter Umständen durchaus noch mit dem Schein von Amateurtum verträglich) sowie rationellerer Vorbereitung (Training) und Ausübung des Sports – Erfordernisse, die sich zwangsläufig aus dem Verlangen nach größtmöglicher Steigerung der Leistungsbilanz (gemessen an errungenen »Siegen«, »Titeln«, »Rekorden«) ergeben, wobei dieses Streben, wie schon erwähnt, sich in engem Zusammenhang entwickelt mit einer expandierenden – privat wie öffentlich kontrollierten – Sportveranstaltungsindustrie.

2. Die Logik der Nachfrage: Die Sportpraktiken und der Sportkonsum der Lebensstile

Hier handelt es sich um das Aufeinandertreffen von Angebot – Sportpraxis und Sportkonsum in der historisch vorgegebenen Gestalt – und Nachfrage, d.h. den Erwartungen, Interessen und Wertvorstellungen der potentiellen Sportler; wobei die tatsächliche Entwicklung von Sportpraxis und -konsum dann aus der unablässigen Konfrontation und Anpassung jener beiden: Angebot und Nachfrage, resultiert. Jeder »Neuankömmling« hat demzufolge mit dem gegebenen Stand von Sportpraxis und Sportkonsum wie deren klassenspezifischer Verteilung zu rechnen, und ohne daß es ihm gegeben wäre, diesen Stand, der jeweils das historische Ergebnis der Konkurrenz aller im »Feld des Sports« wirkenden Akteure und Institutionen festschreibt, fundamental zu verändern. Trägt nun das Produktionsfeld selber dazu bei, das Bedürfnis nach seinen eigenen Produkten zu erzeugen, so wird doch die spezifische Logik, dergemäß die Akteure sich eher diesem als jenem Sport zuwenden und eher auf diese als auf jene Weise praktizieren, erst dann nachvollziehbar, wenn die jeweils besonderen Haltungen und Einstellungen zum Sport Berücksichtigung finden, die als Dimension eines jeweils bestimmten Verhältnisses zum eigenen Körper – dem einheitlichen System der Dispositionen eingebunden sind, d.h. dem Habitus als Fundament der Lebensstile (es wäre z.B. ein leichtes, die für eine bestimmte Klasse oder Klassenfraktion charakteristischen Homologien in deren Verhältnis zum Körper einerseits, zur Sprache andererseits aufzuzeigen).

Angesichts der anfangs erwähnten statistischen Tabelle, die über die klassenspezifische Verteilung der diversen Sportpraktiken Auskunft gibt, ist zunächst einmal nach deren – wechselnden – sozialen Bedeutungen und Funktionen für die verschiedenen Gesellschaftsklassen zu fragen. Mühelos ließe sich zeigen, daß diese z.B. mit »Körperertüchtigung« höchst unterschiedliche Hoffnungen und Erwartungen verknüpfen: Wo für die einen eine sichtbar athletische Muskulatur im Vordergrund steht, versprechen sich die anderen eher Eleganz, Anmut und Schönheit; wo es den einen um Gesundheit geht, erhoffen sich die anderen eher seelische Ausgewogenheit usw. Mit anderen Worten: Klassenspezifische Verteilung sportlicher Praktiken gründet nicht allein in der ungleichen Verteilung der notwendigen Mittel zur Deckung der damit verbundenen wirtschaftlichen wie kulturellen Kosten; sie verweist zugleich auf eine unterschiedliche Wahrnehmung und Einschätzung der mit den einzelnen Praktiken kurz- bzw. langfristig gegebenen Vorteile. In diesem Sinne differieren Aufmerksamkeit und Interesse für die »intrinsischen«, »körperlichen« Folgen des Sports von einer zur anderen Klasse (wobei es dahingestellt bleiben kann, wie »wirklichkeitsnah« oder »wirklichkeitsfern« die jeweiligen Erwartungen sind: sie haben, da real erwartet, allemal realen Charakter). So wird etwa der Leibesübung oder Gymnastik, wie Jacques Defrance nachgewiesen hat, durchaus Verschiedenes abverlangt: zum einen – von den breiten Schichten des Volkes – zu einem kraftvollen, die äußerlich sichtbaren Zeichen seiner Stärke demonstrierenden Körper zu verhelfen (dieser Nachfrage sucht das Bodybuilding nachzukommen); zum anderen – von bürgerlicher Seite – einen Beitrag zur körperlichen Gesunderhaltung zu leisten (und entsprechend dieser Funktion werden die Gymnastikformen ausgewählt). Nicht zufällig stellten die Darbietungen der »Gewichtheber« auf den Markt- und Kirmesplätzen der Dörfer und Kleinstädte früher eines der volkstümlichsten Spektakel dar; und bildete Hantel- und Gewichtheben, weil angeblich die Muskeln stärkend, über Jahre hinweg zumal in Frankreich einen Lieblingssport des einfachen Mannes; es ist ebenfalls kein Zufall, wenn die olympischen Gremien sich so lange sträubten, Gewichtheben als olympische Disziplin zuzulassen: In den Augen der aristokratischen Gründer des modernen Sports bildete diese Sportart den Inbegriff von blanker Kraft, Brutalität und geistiger Armut, kurzum: den Inbegriff der Volksklassen.

Auch die mit den einzelnen Sportarten verbundenen gesellschaftlichen Vorteile werden je nach Klasse unterschiedlich wahrgenommen. So kommt z.B. Golf neben seiner rein gesundheitsbezogenen Funktion eine *distributionelle Bedeutung* zu, die – allgemein bekannt und anerkannt (schließlich verfügt jeder über eine Art praktisches Gespür dafür, in welchen gesellschaftlichen Kreisen oder Klassen eher dieser als jener Sport getrieben wird) – ihn als krassen Gegensatz etwa zur »pétanque« (Boulespiel) erscheinen läßt; obwohl ihr rein gesundheitsfördernder Effekt sich kaum nennenswert von dem des Golf unterscheiden dürfte, rückt pétanque aufgrund ihrer distributionellen Bedeutung in starke Nähe zu Pernod und sonstigen nicht nur wirtschaftlichen, sondern auch kräftigen (gewürzten) und, weil schwer, fetthaltig und scharf, angeblich Kraft verleihenden Nahrungsmitteln. In der Tat drängt alles zu der Vermutung, wonach die klassenspezifische Verteilung einer solchen Aktivität, die praktisch weder ökonomisches noch kulturelles, ja nicht einmal unbedingt physisches Kapital erfordert, sich in einem entscheidenden Maße, neben verfügbarer Freizeit, auf die Logik der Distinktion, der sozialen Absetzung, zurückführen läßt: Regelmäßig ansteigend, um bei den Mittelklassen und da besonders bei den Grundschullehrern sowie den Angestellten im Medizinalbereich ihren höchsten Punkt zu erreichen, flacht die Häufigkeitskurve mit steigendem sozialem Status ab, und zwar dort am sichtbarsten, wo der Drang nach Absetzung vom Durchschnitt, vom Gemeinen am ausgeprägtesten vorherrscht: bei den Künstlern und den Angehörigen der freien Berufe.

Analoges gilt für alle Sportarten, die nur derartige physische Qualitäten und körperliche Fertigkeiten erfordern (zu deren Erwerb in früher Kindheit wohl für nahezu alle Menschen in etwa gleiche Voraussetzungen gegeben sein dürften) und die, in den Grenzen disponibler Zeit und sekundär physischer Energie, auch für alle gleich zugänglich sind. Zweifellos würde die Häufigkeit ihres Auftretens mit steigender sozialer Stufenleiter zunehmen, wirkte dieser Tendenz nicht – einer bereits anderweitig (z. B. bei der Fotografie) beobachteten Logik gemäß – das bei den Mitgliedern der herrschenden Klasse anzutreffende Streben nach sozialer Distinktion und mangelnde Neigung oder »Geschmack« entgegen. In den meisten Arten des

Mannschaftssports – Basketball, Handball, Fußball oder Rugby, alles Sportdisziplinen, denen am häufigsten erklärtermaßen Büroangestellte, Techniker und Kleinhändler huldigen – ebenso wie in den populärsten Formen des sportlichen Zweikampfs (etwa Boxen und Ringen) finden jene Kreise dann auch Gründe genug, sie sich vom Leibe zu halten, angefangen bei der sozialen Zusammensetzung des Publikums, welche die mit dem Tatbestand der Verbreitung bereits implizierte Vulgarität noch verschärft, bis hin zu den darin vorherrschenden Wertvorstellungen (Wettkampfgeist) und vorausgesetzten Tugenden wie Kraft, Widerstandsfähigkeit, eine bestimmte Bereitschaft, notfalls zu Gewaltanwendung zu greifen, Opfer zu bringen, sich der Gruppendisziplin zu beugen usw. – dies alles sind Einstellungen und Verhaltensmuster, die zu der den »bürgerlichen« Rollen inhärenten »Distanz« in diametralem Gegensatz stehen.

Alles läßt demnach vermuten, daß die Wahrscheinlichkeit der Ausübung eines beliebigen Sports, wenn auch graduell je nach Sportart verschieden, in erster Linie von ökonomischem, in zweiter Linie von kulturellem Kapital sowie freier Zeit abhängt: all dem liegt die Affinität der an eine jeweilige Stellung im Sozialraum gebundenen ethisch-ästhetischen Einstellungen mit dem durch diese Einstellungen bedingten Erwartungshorizont in bezug auf die spezifischen Vorteile der einzelnen Sportarten zugrunde. Komplexer gestaltet sich der Zusammenhang von Sportausübung und Alter. Vermittelt über das geforderte Maß an physischer Anstrengung und Bereitschaft zu solchem Aufwand, die zur Dimension des Klassenethos gehört, läßt er sich allein über die Beziehung von Sportart und Klasse bestimmen. Wichtigstes Merkmal des sogenannten »populären« Sports ist dessen unterschwellige Assoziation mit Jugendlichkeit und Jugend, der spontan und implizit eine Art Freizügigkeit auf Zeit zugebilligt wird, die sich unter anderem in der Verausgabung überschüssiger physischer (und zumal sexueller) Energie niederschlägt, allerdings auch sehr bald, häufig mit der

Heirat, Signal des Eintritts in das Erwachsenendasein, ihr jähes Ende findet; dagegen zeichnet sich der hauptsächlich um der Gesundheit und sozialer Vorteile willen praktizierte »bürgerliche« Sport dadurch aus, daß er auch noch weit über das Jugendalter hinaus betrieben wird – und zwar um so länger, je exklusiver und renommierter er ist (wie etwa Golf).

Außerhalb jedes willentlichen Strebens nach Distinktion stellt vielmehr das Verhältnis zum eigenen Körper als vorrangige Dimension des Habitus das zentrale Unterscheidungskriterium von unteren und privilegierten Klassen sowie innerhalb letzterer noch der nach umfassenden Lebensstilen gesonderten Fraktionen dar. Das in den breiten Schichten des Volkes vorherrschende instrumentelle Verhältnis zum eigenen Körper, das sich dokumentiert, wo immer der Körper Subjekt oder Objekt ist: bei der Ernährung und Schönheitspflege so gut wie im Verhalten zu Krankheit und Gesundheit usw., zeigt sich schließlich auch in der Wahl solcher Sportarten, in denen kämpferischer Einsatz gefordert wird oder, wie beim Boxen, das Vermögen, Schläge einzustecken und Schmerzen auszuhalten, ja wo es zuweilen um den Einsatz des ganzen Körpers geht, wie beim Motorradrennen, Fallschirmspringen, allen Varianten von Akrobatik und in einem bestimmten Umfang allen Kampfsportarten einschließlich des Rugby. Auf der Gegenseite findet sich die Neigung der privilegierten Klassen zur »Stilisierung« des Lebens auch darin wieder, wie sie den Körper als eine Art Zweck an sich behandeln, wobei freilich auch hier Unterschiede bestehen: sei es, daß der Körper in seiner Funktionsweise als Organismus betont wird, was zum Gesundheitskult der »Form« bzw. »Fitneß« führt, sei es, daß er in seiner sichtbaren Erscheinungsform, als Leib-für-andere in den Vordergrund rückt. Alles verweist darauf, daß die Problematik der Körperkultur in ihrer elementarsten Form, als Gesundheitskult, der nicht selten mit asketischer Leidenschaft für nüchtern-strenge Ernährungsweise gepaart ist, bei den Mittelklassen auftritt, deren Mitglieder sich überdurchschnittlich häufig der Gymnastik verschreiben, dem asketischen Sport schlechthin deshalb, weil es sich bei ihr letzten Endes nur um bloße Übung um der Übung willen handelt. Gymnastik und andere strikt gesundheitsorientierte sportliche Betätigungen wie Wandern und Dauerlauf verkörpern höchst rationelle und rationalisierte Aktivitäten: Zunächst einmal, weil sie entschiedenen Glauben an die Vernunft wie an die in der Zukunft verheißenen, häufig freilich kaum nachvollziehbaren Vorteile voraussetzen (so etwa Schutz vor dem Altern und damit einhergehenden Gebrechen – ein rein abstrakter und negativer Gewinn, der auch nur als rein theoretisches Gedankengespinst existiert); sodann auch, weil sie häufig nur einen Sinn erhalten in abstrakter Kenntnis der Wirkungen von Übungen, die sich – wie bei der Gymnastik – ihrerseits auf eine Abfolge abstrakter, in sich zunächst isolierter und dann auf eine bestimmte Zielsetzung (z.B. »Bauchmuskeltraining«) hin organisierte Bewegungen beschränken und sich damit zu den globalen, auf die praktischen Zwecke in den Alltagssituationen angelegten Bewegungen verhalten wie das in elementare Bewegungsabschnitte gegliederte Gehen laut »Handbuch des Rekruten« zum normalen, alltäglichen Gehen. Verständlich wird damit auch, weshalb solche Aktivitäten gleichsam von selbst die asketisch geprägten Erwartungen derjenigen erfüllen, die als gesellschaftliche Aufsteiger bereits in der Anstrengung selber Befriedigung finden und die – Sinnbild ihres ganzen Daseins – bereitwillig auf momentane Belohnung zugunsten späterer verzichten. Je höher man auf der sozialen Stufenleiter emporsteigt, um so umfänglicher sind die gesundheitsbezogenen Funktionen begleitet, wenn nicht sogar untergeordnet, sogenannten ästhetischen Funktionen (dies gilt vor allem, *ceteris paribus,* für die Frauen, die nachdrücklicher als Männer den Normen in bezug auf äußeres Aussehen, körperliche Haltung und Bewegung unterliegen). Bei den Angehörigen der freien Berufe und den alteingesessenen Schichten der Handelsbourgeoisie schließlich werden diese beiden

Funktionskreise am sinnfälligsten von sozialen Funktionen überlagert: Analog den Gesellschaftsspielen und den übrigen vielfältigen Formen gesellschaftlich-mondänen Verkehrs (Empfänge, Abendessen usw.) reiht sich Sport hier in die Palette jener »zweckfreien« und »uneigennützigen« Betätigungen ein, die die Akkumulation von sozialem Kapital erlauben. Sichtbar wird dies darin, daß sportliche Grenzfälle wie Golf, Jagen oder Polo, und zumal dann, wenn sie in mondänen Clubs betrieben werden, letztlich nur noch Vorwände für ausgewählte Treffen oder, wenn man will: Geselligkeitstechniken wie Bridge oder Tanzen darstellen.

Abschließend noch einige Bemerkungen zu dem den Wandlungen von Sportpraxis und Sportkonsum zugrunde liegenden Faktor. Dieser ist im Zusammenspiel der Veränderungen von Angebot und Nachfrage zu suchen: Resultieren die Veränderungen des Angebots (Erfindung oder Import neuer Sportarten oder Sportausrüstungen, Umdeutung von überlieferten Sportarten oder Spielen usw.) aus Konkurrenzkämpfen um die Durchsetzung des als legitim proklamierten Sports sowie die Eroberung der Klientel der normalen Sportler (sportliche Proselytenmacherei), d.h. aus der Konkurrenz diverser Sportarten untereinander, und innerhalb der einzelnen Disziplinen, der verschiedenen Schulen bzw. Traditionen (z.B. normaler Pisten-Skilauf, Ski außerhalb vorgesteckter Pisten, Skilanglauf usw.), aus den Auseinandersetzungen zwischen den konkurrierenden Gruppen von Akteuren (Hochleistungssportler, Trainer, Sportlehrer, Sportartikelhersteller usw.) – so sind die Veränderungen der Nachfrage eingebettet in den Wandlungsprozeß der Lebensstile und damit dessen allgemeinen Gesetzmäßigkeiten unterworfen. Die zwischen den beiden Transformationsprozessen zu beobachtende Korrespondenz ist sicher darauf zurückzuführen, daß der Raum der Produzenten (d.h. der Bereich der die Veränderungen des Angebots mittragenden Akteure und Institutionen) in seiner inneren Gliederung die des Raums der Konsumenten reproduziert. Mit anderen Worten: Weil im Verhalten ebenso der *taste-maker*, die neue Praktiken oder neue Formen überlieferter Praktiken (etwa die sogenannten »kalifornischen« Sportarten oder die mannigfachen Varianten von »Körperausdruck«) zu erzeugen, durchzusetzen und gegebenenfalls auch zu verkaufen vermögen, wie in dem der Verfechter der herkömmlichen Praktiken und Praxisweisen die konstitutiven Einstellungen und Überzeugungen eines Habitus wirksam sind, in dem sich eine bestimmte Stellung innerhalb des Feldes der Spezialisten und innerhalb des gesamtgesellschaftlichen Raums niederschlägt – weil dem so ist, sind die beiden Gruppen auch prädisponiert, die mehr oder minder bewußten Erwartungen der entsprechenden Kreise des Laien-Publikums zum Ausdruck zu bringen, folglich kraft Objektivierung zu *realisieren*.

Aus dem Französischen von Bernd Schwibs

VOLKER CAYSA

Zivilisierung durch Sport und historische Gewaltapriori

Der Aufstieg des Sports zu einer Leitideologie, zu einer Zivilreligion als Religion des Olympismus, ja zu einer neuen Großreligion in Gestalt einer Religion der Körperlichkeit in den industriellen Massenkulturen des 20. Jahrhunderts ist nicht zu trennen von den sozialen Bewegungen im Industriekapitalismus, die sich zuerst in England im 19. Jahrhundert als Arbeitersport, als Gegenkultur durch Sport, als Protestkultur plebejischer Körperlichkeit der sozial benachteiligten Mehrheit gegen die Kultur der herrschenden und besitzenden Minderheit formierten.[1] Sport war im Kontext der bürgerlichen Gesellschaft des ausgehenden 19. Jahrhunderts eine Reaktion gegen die Leibfeindlichkeit und Leibvergessenheit einer einseitig intellektualistischen Herrschaftskultur, deren falsche Vernünftigkeit Nietzsche kritisierte.[2]

Den sozialen und politischen Kämpfen zwischen Arbeitern und Bürgern wurde vor diesem Hintergrund durch

1 Bausinger spricht sogar von einer »Gegenreligion zur zivilisatorischen Körperdistanz«. Vgl. H. Bausinger: Die schönste Nebensache … Etappen der Sportbegeisterung. In: O. Grupe (Hg.): Kulturgut oder Körperkult? Sport und Sportwissenschaft im Wandel. Tübingen 1990, S. 9.

2 Vgl. F. Nietzsche: Von den Verächtern des Leibes. In: Ders.: Kritische Gesamtausgabe. IV. Abt., 1. Bd., Berlin 1968, S. 35–37. Diese Bewegung des Interesses am Körper ist nicht vom Prozeß der Domestizierung des wilden Körpers, der Haßliebe gegen den Körper und dem damit verbundenen (verstümmelnden) Verhältnis zum Körper in der neuzeitlichen Moderne zu trennen, wie es Horkheimer und Adorno in ihren apokalyptischen Konsequenzen beschrieben haben. Vgl. M. Horkheimer/Th. W. Adorno: Dialektik der Aufklärung. Leipzig 1989, S. 255–260.

den Sport ein neues Feld der Auseinandersetzung und der Kanalisierung eröffnet. Die Verkörperlichung und Versportlichung der Konflikte zwischen diesen Klassen gab zumindest einzelnen aus der benachteiligten Mehrheit die Chance, durch sportliche Erfolge sozial und geschäftlich aufzusteigen und dem Fluch ihrer Herkunft zu entrinnen. Zugleich setzte sich durch den Arbeiter- und Profisport die Subkultur einer Mehrheit gegen die der herrschenden Minderheit durch. Der Sport wurde Waffe im Kultur- und Klassenkampf.[3] Der Körper des einzelnen, erfolgreichen Sportlers wurde nicht nur zum Mittel des Kampfes zwischen den Kulturen, sondern zur Waffe der sozialen Emanzipation. Diese Tendenz verstärkte sich im 20. Jahrhundert vor allem nach dem Zweiten Weltkrieg und infolge des Kalten Krieges durch die von allen Seiten betriebene nationalistische Sportpolitik; die Körper der Sieger waren jetzt Verkörperungen einer siegreichen Sportnation. Nicht die siegreiche Rasse stand im Vordergrund, sondern die Klasse. Dieser wurde sogar in der Systemkonfrontation die Nation untergeordnet, die »Kreuzritter im Stadion« taten zumindest in der Öffentlichkeit so, als akzeptierten sie einander als »Diplomaten im Trainingsanzug«, so daß der schöne Schein für eine kurze Zeit real wurde, daß Sport tatsächlich zu Frieden, Völkerverständigung, Solidarität mit den Benachteiligten, Gleichberechtigung und Anerkennung der unterentwickelten Länder, Verzicht auf Gewalt in der Systemauseinandersetzung, Demokratisierung und Pluralisierung der Kulturen beitragen kann.

3 Dieser Aspekt hat sich bis heute in der plebejischen Fankultur erhalten. So ist von Fans des Leipziger Fußballclubs Chemie, der immer ein Klub der proletarischen Gegen- und Subkultur war, nach wie vor zu hören: »Aber eins, aber eins das bleibt gewiß, vor Chemie Leipzig haben se alle Schiß!« – und: »Chemie ist kein Fußball; Chemie, das ist Klassenkampf!«. Mit dem Fußball wird hier offensichtlich sehr bewußt eine bestimmte Lebensform verbunden, die des Kampfes bedarf, um anerkannt zu werden.

Sozial gesehen war also der Sport seit dem ausgehenden 19. Jahrhundert ein zunehmend selbstbewußt eingesetztes politisches Mittel, das sozial und politisch benachteiligten Gruppen und Schichten zur Anerkennung ihrer Kultur und Interessen verhalf. Proletarier, Frauen, Behinderte, Farbige, Alte, Kinder, »jahrhundertelang zurückgesetzt und im Schatten des gesellschaftlichen Fortschritts stehend, erprobten in sportlichen Leistungen Selbständigkeit und eigenes Können, demonstrierten Überlegenheit, konnten etwas zeigen, was ihnen Kultur und Gesellschaft zu zeigen versagt hatten. Sie waren somit imstande, nicht nur ihre individuelle Souveränität zu entwickeln, sondern auch ein Bewußtsein von Eigenständigkeit, Können und Identität als Gruppe.«[4]

Über die geglückte Selbsterprobung im Sport baut sich so ein Selbstbewußtsein auf, das ganzen sozialen Schichten oder auch Generationen zur Identitätsstiftung dienen kann. Dies zeigt sich neuerlich im deutschen Streetball-Fieber und dem damit verbundenen Kulturcocktail aus Sport, Rap-Musik, Mode und Ghetto-Romantik, an dem sich Zehntausende Jugendliche auch in Deutschland berauschen. Beim Streetball und der damit verbundenen Werbe- und Verkaufsstrategie geht es nie nur darum, daß Basketball in Amerika immer auch der Sport der Farbigen war, um sich aus dem Ghetto herauszuspielen. – Entsprechend diesem Aufstiegsmythos sind »nahezu alle Reklame-Spots der großen Sportartikelhersteller [...] auf der Straße angesiedelt, in amerikanischen Hinterhöfen, auf denen sich harte Jungs zum Dunk durchkämpfen«[5]. – Es geht nicht nur darum, daß die Vermarktung von Michael Jordan, Shaquille O'Neal oder Dennis Rodmann für deren Sponsoren »die größte Erfindung seit dem Kaugummi« ist und für Sportartikelhersteller über Basketball und seine europäischen Hinterhofvarianten die abgezockteste Vermarktung schwarzer Mythen statt-

4 O. Grupe: Sport als Kultur. Zürich/Osnabrück 1987, S. 64.
5 DER SPIEGEL 1/1997, S. 119.

findet, die wir bisher kennengelernt haben. Durch die marktgerechte Inszenierung der Basketballidole wird nicht nur aus der Not, ein Underdog zu sein und sich als solcher auch wahrzunehmen, eine »Tugend« gemacht und ins Trotzig-Heldische verkehrt, auf das man stolz ist, so daß es mittlerweile als »chic« gilt, »aus dem Ghetto zu kommen«, sondern unabhängig von Geschlecht, Hautfarbe und sozialer Herkunft artikuliert durch Streetball eine ganze Generation ihr Lebensgefühl, ihre eigenartige Kultur und ihr Bedürfnis an unmittelbarer Gemeinschaft und Kraftentfaltung. Denn in einer Gesellschaft der langen Ausbildungswege und langsamen beruflichen Aufstiege findet sie genau das nicht, sondern soll sich in sehr viel Geduld, Disziplin, Kraftzurückhaltung üben und überdies den Verlust an Gemeinschaftlichkeit verstehen und bejahen. Das sollten wir nicht als Ideal unserer ach so zivilisierten Gesellschaftlichkeit gegenüber den Gemeinschaftsformen der »jungen Barbaren« im Osten wie im Westen unkritisch verteidigen. Denn die Macht des Sports besteht nicht nur negativ darin, daß Kräfte, Stärken, Gewalten[6] beherrscht, diszipliniert, zivilisiert, unterdrückt werden, sondern sie ist positiv als Entfaltung der Kräfte, der Stärken, ja der Gewalten im Sinne eines Könnens mit Hilfe konkreter Praktiken zu verstehen.

Sport ist aber nicht nur ein Mittel zur Emanzipation der bisher Benachteiligten, sondern innerhalb des Prozesses der Selbstfindung und Selbstbefreiung durch Sport wurde auch der Sport immer mehr zivilisiert, und er ist selbst zum Zivilisierungsmittel geworden.

Im Prozeß der Zivilisierung durch Sport unterscheidet Christian Graf von Krockow (anknüpfend an N. Elias und E. Dunning) drei Gesichtspunkte:

»1. Der Sport ist Ausdruck und Mittel der Selbstdisziplinierung. Die Regulierung, Methodifizierung, Rationalisierung und Spezialisierung der Sportarten – die kaum zu-

6 Zu den Begriffen Macht, Kraft, Stärke, Gewalt siehe: H. Arendt: Macht und Gewalt. München 1993, S. 45–47.

fällig auch ›Disziplinen‹ genannt werden – machen dies sinnfällig. Man darf beim Boxen eben nicht mehr beißen, treten, raufen, nicht unter die Gürtellinie schlagen. Beim Fußball wird unter anderem die Hand tabuisiert; wenn sie im ›Strafraum‹ doch ›ins Spiel‹ kommt, zieht das die rituelle Bestrafung durch Elfmeter nach sich ...«[7]

Was in der verinnerlichten Selbstdisziplinierung als »normal« und »natürlich« gilt, ist nach von Krockow keineswegs als »natürlich« gegeben, sondern geschichtlich als »höchst artifiziell« zu analysieren. Die Natürlichkeit der Selbstdisziplinierung im Sport ist also eine »künstliche Natürlichkeit«, die den menschlichen Körper instrumentalisiert. »Sie macht ihn zum Objekt der je in bestimmter Richtung aufs höchste gesteigerten Leistungsfähigkeit. Eben damit wird der Körper zum Gegenstand der Beherrschtheit, der sozusagen institutionalisierten Beobachtung, z.B. durch Trainer und Ärzte, und der Selbstkontrolle.«[8] Ausdruck dieser historisch anerzogenen Selbstkontrolle ist eine bei Hochleistungssportlern, aber auch bei Breiten- und Freizeitsportlern anzutreffende gewisse Hypochondrie; ein ständiges Insichhineinhorchen, ein permanentes Hören auf Leib und Seele, ob auch alles stimmt. Die Sorge um den Körper wird dabei auch instrumentalisiert, weil sie de facto die Sorge darum ist, ob das »Material«, »das Instrument auch ›hält‹«, mit dem man eine (Höchst-)Leistung vollbringen will.

2. Ist für von Krockow der Sport »Ausdruck und Mittel einer Bändigung der Gewalt. Um an den Übergang vom Duell zum Boxen zu erinnern: An sich ist ja schon das Duell ein Mittel zur Bändigung der Gewalt. Und dies sogar im doppelten Sinne. Einerseits will es das Recht zur Gewalt für die Oberschichten monopolisieren. Andererseits ritualisiert es die Gewalt. Man schlägt nicht mehr im Augenblicksimpuls zu, sondern man verabredet sich höf-

7 Ch. Graf v. Krockow: Sport, Gesellschaft, Politik. München 1980, S. 44.
8 Ebenda.

lich für den kommenden Morgen, um dann im Beisein von Sekundanten formvollendet den Zweikampf auszutragen.

Aber noch immer soll Blut fließen, geht es ausdrücklich um die tödliche oder doch gefährliche Verletzung. Das in Regeln gefaßte Boxen geht um einen entscheidenden Schritt weiter; es soll nur kurzfristig zur Kampfunfähigkeit führen, und die ernsthafte oder sogar lebensgefährliche Verletzung wird zur bedauerten Ausnahme, zum ›Unfall‹. Gleichwohl bleibt beim Boxen das Element einer direkt auf den Gegner gerichteten körperlichen Gewalt.«[9]

Diese Zivilisierung durch Sport schließt also ein, daß die unmittelbare körperliche Gewaltausübung, die es im Sport gibt, durch Regeln begrenzt, diszipliniert und kultiviert wird. Durch Sport gelang es, Gewalt zurückzudrängen, indem er half, Gewaltpotentiale dadurch zu kanalisieren, daß Gewalt Regeln der Anwendung unterworfen wurde. N. Elias und E. Dunning schreiben dazu in bezug auf den Fußball: »Diese Wandlung, die Entwicklung einer stark regulierten, relativ gewaltlosen Form der Gruppenspannung aus einer früheren Stufe, auf der sich die entsprechenden Spannungen viel eher in der einen oder anderen Form von Gewalt entluden, ist der grundlegende Aspekt der langfristigen Dynamik des Fußballspiels. Diese Wandlung ist repräsentativ und zugleich

9 Ebenda, S. 43f. Als dritten Aspekt der Zivilisierung durch Sport nennt von Krockow: »Der Sport ist Ausdruck und Mittel einer Kompensation. Er schafft künstliche Gegenwärtigkeit als Ausgleich für den Verlust von ›natürlicher‹ Gegenwärtigkeit, der mit dem Prozeß der Zivilisation verbunden ist. Dazu dient die ›Weltausgrenzung auf Zeit‹ im Spannungsbogen des Spiels oder des Wettkampfs.« Wobei zu beachten ist, daß diese These von Krockows nicht identisch ist mit der sogenannten »Ausgleichshypothese«, denn es geht hier »nicht, jedenfalls nicht in erster Linie, um den Ausgleich einseitiger körperlicher Be- und Entlastungen. Vielmehr erweist sich der Einsatz des Körpers als bloßes Mittel zur Herstellung der künstlichen Gegenwärtigkeit.« Ebenda, S. 45f.

symptomatisch für bestimmte Aspekte der langfristigen Entwicklung europäischer Gesellschaften. Denn in vielen dieser Gesellschaften hat sich das Niveau der offenen Gewalttätigkeit im Laufe der Jahrhunderte gesenkt. Man findet dort wie bei der Entwicklung des Fußballs einen – verglichen mit der Vergangenheit – höheren Grad der Organisation und einen höheren Grad der Selbstbeherrschung wie der menschlichen Sicherheit.«[10]

Fußball entwickelt sich für Elias und Dunning von einer relativ gewalttätigen und unkontrollierten zu einer weniger gewalttätigen und relativ stark kontrollierten Spielform. Zivilisierte Spiele – wie z.B. Fußballspiele – sind demzufolge im Vergleich zum Mittelalter als Formen institutionalisierter und dadurch auch regulierter, beschränkter Gewaltausübung zu verstehen. Zu dieser Institutionalisierung und Regulierung von Gewalt im Prozeß der Herausbildung der modernen Zivilisation gehören auch Übergangsformen wie Fastnacht-Fußball, den man vielleicht heute als wilde Schlägerei betrachten würde, der es aber als institutionalisierte und erlaubte Ausnahme ermöglichte, das mit Rivalitäten zwischen Gruppen in einem Ort oder zwischen verschiedenen Orten vorhandene Gewaltpotential zu kanalisieren, indem es zu einem bestimmten Zeitpunkt an einem bestimmten Ort in einer bestimmten Form »ausgelebt« werden durfte.[11]

Das bedeutete für den (Fußball-)Sport, aber nicht nur für diesen, daß sich die unteren sozialen Schichten das Urteil der herrschenden Eliten zu eigen gemacht haben, daß der Einsatz körperlicher Gewalt bei Auseinandersetzungen und Konflikten, egal, ob sie nun sportlicher oder intellektueller Natur sind, als vulgär, kulturlos, unklug und »geschmacklos« gilt. Wobei zu beachten ist, daß in der Betrachtung der Gewalt als »Geschmackssache« nicht nur die Möglichkeit der Begrenzung von Gewalt, sondern

10 N. Elias/E. Dunning: Sport im Zivilisationsprozeß. Münster o. J., S. 112.
11 Vgl. ebenda, S. 90f.

auch die der willkürlichen Entgrenzung von Gewalt enthalten ist, denn schließlich hat jeder seinen eigenen Geschmack, und dieses subjektive Vermögen ist schwer allgemein verbindlichen Normen zu unterwerfen. Wird Gewalt also nur als Sache des »guten« Geschmacks betrachtet, liegt darin schon die Möglichkeit einer gewissen Beliebigkeit im Gewaltverhalten, das sich auch beliebig zu ändern vermag, wenn es z. B. als »geschmackvoll« oder gar »chic« gilt, stark und brutal zu sein.[12] Die Ästhetisierung der Gewaltlosigkeit per Geschmack kann also durchaus in die Ästhetisierung der Brutalität umschlagen, weil allein schon im Geschmack und seiner Subjektivität eine gewisse beliebige Gleichgültigkeit der Maßstäbe angelegt ist. Und gleicht nicht die vermeintliche Entbrutalisierung des Preisboxens in Gestalt und Kampfstil des »Gentleman« Henry Maske ästhetisierten, geregelten, zelebrierten und zivilisierten Gewaltexzessen? Allein hier zeigt sich, wie verlogen und ambivalent die Gewaltlosigkeit als Sache des »guten« Geschmacks ist. Da werden Grenzen errichtet, denen von vornherein der Schein der Beliebigkeit wesentlich ist. Auch in diesem Phänomen widerspiegelt sich die Tatsache, daß die Standards der öffentlich legitimen Gewaltausübung und der Gewaltkontrolle sozial und historisch überformt sind, weshalb man durchaus von sozial-historischen und ethisch-kulturellen Apriori[13] der Gewalt im Verhalten von Menschen und Menschengruppen sprechen kann. In diesen *historischen Gewaltapriori* drückt sich aus, daß für jede Gesellschaft, für jede

12 Diese Problematik betrifft auch den gegenwärtigen Basketball-Boom. So wie es »chic« ist, Basketball-Fan zu sein, Streetball zu spielen, aus dem Ghetto zu kommen, als Underdog und Bösewicht zu gelten, so konstatieren junge Basketballer auch ganz »cool«: »Gewalt gehört zum Basketball einfach dazu.« Vgl. DER SPIEGEL 1/1997, S. 119.

13 Zu den Bestimmungen des historischen Apriori im Anschluß an Foucault siehe: V. Caysa: Das Seyn entwerfen. Die negative Metaphysik Martin Heideggers. Frankfurt am Main [u. a.] 1994, S. 203f.

Gemeinschaft, ja für jede Sportart unterschiedliche Standards der zulässigen Gewalt existieren, daß es historisch, kulturell, sozial und sportartenspezifisch betrachtet unterschiedene Selbstverständlichkeiten der Gewalttätigkeit gibt, die nicht absolut an einem universellen Maßstab gemessen werden können, und daß man demzufolge für verschiedene Gesellschaften und Gemeinschaften unterschiedliche Standards der »sozial zulässigen Gewalt«[14] annehmen muß. Offensichtlich sind verschiedenen Gesellschaften, Gemeinschaften sowie Sportarten unterschiedliche Gewaltformen und Gewaltstufen eigen, die jeweils für ihren Geltungsbereich anerkannt werden müssen, die aber im Prozeß der Zivilisation zunehmend universell gültigen Maßstäben unterworfen werden, so daß dann ein sehr enger Zusammenhang zwischen dem erreichten Maß der Gewaltkontrolle, dem Verständigungswillen der Menschen und dem Grad der erreichten Friedfertigkeit entsteht. Dieser Zusammenhang erzeugt den Schein, daß Verständigungs- und Konsensbereitschaft mit Zivilisiertheit und Gewaltlosigkeit identisch sind. Dieser Schein verdeckt aber auch, daß Verständigung, Konsens, Gewaltlosigkeit selbst repressive Gewalt sein können – freilich in anderer Form, als sie uns bisher bekannt war. Denn die Gewaltlosigkeit, die die Gewalt aufhebt, ist selbst eine Gewalt. Sie ist eine Gewalt im Sinne der Macht als Fähigkeit, etwas bei anderen zu bewirken; sie ist Gewalt als Zwang zur Bestimmtheit und Bestimmung, als Fähigkeit, Gehorsam zu bewirken; sie ist Gewalt im Sinne der Herrschaft als Befehlsgewalt. In dieser dreifachen Bestimmtheit der Gewaltlosigkeit liegt die Möglichkeit, daß sie selbst eine überwältigende, unterwerfende, herrschende Macht wird. Der Wille zum Verstehen, der Wille zur Verständigung, der Wille zum Konsens ist immer auch ein Wille zur Macht, ja zur Herrschaft.

14 Vgl. N. Elias/E. Dunning: Sport im Zivilisationsprozeß, a.a.O., S. 19.

Aber wir sollten die Zivilisierungsleistung von Gewalt durch Sport nicht herabwürdigen angesichts der Tatsache, daß wir auch Umkehreffekte beobachten können derart, daß die Gewalt, die in sportlichen Spielen reguliert wird, unkontrollierbare Formen annimmt, wenn die Regeln nicht nur außer Kraft gesetzt werden durch extreme Unfairneß einzelner, sondern indem z.B. die innerhalb der scheinbaren Einhaltung der Fairneßregeln praktizierbare Unfairneß im Kampf um Sieg oder Niederlage die Oberhand gewinnt. Um diese Phänomene zu begreifen, muß klar unterschieden werden zwischen dem Sport als Ursprung von Gewalt und der Sportveranstaltung, die zum Anlaß genommen wird, um Gewalt ausüben zu können.

Die regulierte Gewaltanwendung im Sport selbst muß auch deshalb neu diskutiert werden, weil wir mit neuen Gewaltformen im Sport konfrontiert werden. Gemeint sind hier Attentate auf Sportler (wie das auf Monica Seles) durch »Fans«, die, wie das Beispiel von Andres Escobar beweist, bis zur geplanten Tötung des Sportlers gehen können, die sich eigentlich am Rande des unmittelbaren Sportgeschehens abspielen. Sie führen teilweise aber zu einer Rebarbarisierung des Sports, und zwar nicht durch die Sportler selbst, sondern durch einige ihrer vermeintlichen »Anhänger« und »Helfer«, die die Achtung gegenüber der Würde des Gegners außer Kraft setzen und mit ihr die Regeln der Fairneß, die nicht nur für die Sportler, sondern auch für das Verhalten des Publikums gelten. So wird der Grad der Zivilisierung unserer Gesellschaft, den wir wesentlich durch Sport erreicht haben, durch die Identifizierung mit dem totalen Streben nach Erfolg und Sieg und dem Bedürfnis, diesen Idolen zu dienen, zurückgenommen. Wobei uns klar sein muß, daß selbst dann, wenn es sich, wie bei den erwähnten Attentaten, um vereinzelte Amokläufer handelt, deren Taten durchaus wirtschaftliche und politische Hintergründe und Folgen haben können.

Die Folge sind schon jetzt Wettkämpfe, die nicht nur sportliche Höhepunkte, sondern sicherheitspolitische

Großereignisse sind, in denen der Kontakt zwischen Sportlern und Publikum durch immer mehr Sicherheitsmaßnahmen verkompliziert wird, was z. B. das Gemeinschaftserlebnis des Vollbringens einer sportlichen Höchstleistung, das *Erleben des Ereignisses,* ein nicht unwesentlicher, wenn nicht sogar der wesentliche Aspekt der öffentlichen Wirkung des Sports, enorm erschwert.

Trotz dieser neuen Gewaltphänomene im Sport ist als Tendenz positiv festzuhalten, daß der unmittelbare Einsatz des Körpers als Gewaltmittel nur noch von Randgruppierungen in offen militanten Formen praktiziert wird. Am deutlichsten tritt diese Tendenz im Fußball hervor, von dem man sagen kann, daß seine ursprünglich proletarische Abstammung immer mehr verdrängt wurde und er heute die Sportart einer entproletarisierten, verbürgerlichten, zivilisierten, in relativer Muße lebenden Zweidrittel-Mehrheit in unserer Wohlstandsgesellschaft ist. – Das ist übrigens auch einer der möglichen Gründe, warum vor allem Fans englischer Fußballclubs mit Randalen gegen die Zivilisierung des Fußballs protestieren. Sie sehen sich als die »wahren« Fans, weil sie an den »proletarischen Wurzeln« des Fußballs und der damit verbundenen Gemeinschaftskultur festzuhalten glauben. Mit gewalttätiger Gemeinschaftlichkeit wollen sie ihre Fanansprüche gegen das zivilisierte, für sie verbürgerlichte und sich gewaltlos verhaltende Mehrheitspublikum verteidigen, das für sie die »ursprünglichen« Werte ihres Sports nicht kennt oder gar verraten hat.[15] Auf dieser Ebene von proletarisch-leiblicher Protestkultur und der Verteidigung eines nichtzivilisierten, nichtgewaltlosen

15 Zu diesem Kontext ist auch der Kampf um die Stehplätze in den Fußballstadien zu erörtern. Die »Versitzplatzung« der Stadien hat nicht nur zur Folge, daß eine bestimmte Bequemlichkeitskultur in den Stadien um sich greift, daß diese immer mehr zu Theatern werden, sondern daß auch die Eintrittskarten immer teurer werden, wodurch bestimmte Fangruppen von vornherein vom Besuch der Spiele ausgeschlossen sind.

Sportideals im Fußball ist ebenfalls die Verknüpfung von Rechtsradikalismus und Hooligans zu diskutieren.

Aber auch hier gilt es, die Lehren aus der Geschichte des Nationalsozialismus zu ziehen, denn dort zeigte sich, daß das einmal erreichte Niveau der Gewaltkontrolle kein Garant dafür ist, daß dann dieser Maßstab universell und »ewig« gilt, sondern daß es unter bestimmten historischen Voraussetzungen durchaus zurückgenommen werden kann, wenn z. B. der Zusammenhang zwischen Gewissensbildung und Gewaltkontrolle aufgebrochen wird. Das kann durch rücksichtsloses Konkurrenzverhalten oder Erfolgsstreben, durch existentielle Grenzsituationen oder durch den Versuch, das Gute mit Gewalt und gegen das herrschende Gewissen durchzusetzen, geschehen. Auf jeden Fall kann der erreichte Grad einer zivilisierten Gesellschaft rückgängig gemacht werden, was sich in der Rebarbarisierung der Mentalität niederschlagen kann. Denn verantwortlich »für den ›Volkscharakter‹ ist nicht der ›rassische‹ oder ethnische Aufbau, sondern eine spezifische soziale Entwicklung, die in eine differenzierte und stabilere soziale Kontrolle der Gewalt und, damit verbunden, der Gewissensbildung mündet«[16].

16 Vgl. N. Elias/E. Dunning: Sport im Zivilisationsprozeß, a. a. O., S. 33.

II

Von der Eigenleistung zur High-Tech-Leistung – Die Ethik des Sports

HANS LENK

Eigenleistung sportlich – athletisch

In der von passiven Informationen und stellvertretenden Erlebnissen überfluteten Konsumenten- und Mediengesellschaft, unter der Obhut von übermächtigen Institutionen und Organisationen gewinnt die »dramatische« eigene Aktivität besondere Bedeutung für jede Persönlichkeitsentwicklung. In einer zur Nivellierung tendierenden, keine tägliche Bedrohung setzenden und keine Notfallreserven erfordernden, daher zivilisatorisch manchmal allzu geglätteten Lebensweise gewinnen Handlungsmöglichkeiten und Anforderungen eine besondere Bedeutung, sofern sie über die Alltagsroutine hinausreichen, den Menschen, besonders den jugendlichen Erwachsenen, zu besonderen Aktivitäten motivieren.

Der Mensch lebt nicht vom Informationskonsum allein. Er ist kein Passivist, kein bloßer Konsument, sondern letztlich ein handelndes Wesen, ein Aktivist. Er muß sich in seinen Handlungen erweisen, als Persönlichkeit dokumentieren und entwickeln. Selbstverständlich spiegelt sich die Persönlichkeit nicht nur in Leistungshandlungen (alle Personen nur nach deren Leistung oder Leistungsfähigkeit zu bewerten, wäre inhuman), aber Leistungen bieten besondere Auszeichnungsmöglichkeiten, Wege der Selbstbildung, -entwicklung und -bestätigung. Wenn Eigenhandeln ein wesentliches Moment schöpferischen Lebens ist, so kann dies auch die sportliche Selbstbewegung sein. Im Eigenhandeln erst bilden sich (in doppeltem Sinne!) das Selbst und die Person. Selbstbewegung ist Eigenhandeln. Die Darstellung und der Ausdruck der Person sind an Handeln, Selbsttätigkeit, Initiative, ja, an Leibesbewegung und Selbstbewegung gebunden. Das Selbst dokumentiert sich erst im Handeln und in der Bewegung.

Eigenhandeln ist unverwechselbares Kennzeichen der Person.

»Ende der Bewegung, so Ende des Lebens«, meinte Platon lakonisch (im *Phaidros* 245c). Platon mußte es schließlich wissen: Er war Ringer und nahm als Athlet an den Isthmischen Spielen teil. »Platon« war wahrscheinlich sein Sportlername, möglicherweise abgeleitet von seinen Ringerschultern (platys = breit): Eigentlich hieß er Aristokles. (Selbst den meisten Philosophen ist dies unbekannt.)

»Jeder Körper, ... bei dem ... die Bewegung von innen aus ihm selber erfolgt, sei beseelt, weil darin die Natur der Seele bestehe« (ebd.). Deshalb, meint Platon, gründet man »eine Erziehung auf musische und gymnastische Bildung ... nicht in der Absicht, die viele vermuten, damit nämlich durch die eine Kunst der Leib, durch die andere die Seele ausgebildet werde«, sondern »beides richtet man ... vor allem wegen der Seele ein« (*Staat* 410c). So habe man »weder die Seele ohne den Körper noch den Körper ohne die Seele in Bewegung zu setzen, damit beide ... zum Gleichgewicht und einem gesunden Zustande gelangen«. Der Wissenschaftler, der also der Mathematik und »sonst einer Geistesübung angestrengtes Nachdenken widmet, muß zugleich, indem er daneben auch Gymnastik treibt, der Bewegung des Körpers ihr Recht widerfahren lassen, sowie, wer dagegen um die Ausbildung seines Körpers bemüht ist, den Bewegungen der Seele, was ihnen gebührt, nicht entziehen, indem er außerdem mit der musischen Kunst und der gesamten Philosophie sich beschäftigt, wenn er mit Fug und Recht den Namen sowohl eines Schönen als auch eines Guten beanspruchen will«, wenn er also ein leiblich-seelisch harmonisch Ausgebildeter zu werden versucht. »Ferner ist unter den Bewegungen die in sich selbst durch sich selbst erfolgende die beste – denn diese ist am nächsten mit der Bewegung des Denkens und des Weltganzen verwandt ... Deshalb ist auch unter den Reinigungen und Wiederherstellungen des Körpers die durch Leibesübungen die beste ...« (*Timaios* 87c ff.)

Leben ist Bewegung, Eigenbewegung nur ist beseeltes Leben; das Seelische – besonders in seinen vernünftigen Teilen – steht für Platon dem Körperlichen voran, weil es als Eigenbewegtes der Ideenwelt näher steht und sich auch den Körper formt. Trotz seiner fragwürdigen Zwei-Reiche-Theorie, die scharf zwischen Ideen und Irdischem trennt, vermittelt uns Platon im Anfang der anthropologischen Philosophie ein bemerkenswert wirklichkeitsnahes Bild vom Zusammenhang der Eigentätigkeit mit dem Wechselspiel körperlicher und geistiger Züge im Menschen.

Der Mensch ist aber auch, wie erwähnt und wie besonders Zuckerman[1] betonte, das Wesen, das Spannung und – dosiertes, mittleres – Risiko sucht. In einer Gesellschaft, die »zu wenig Spannung«, zu wenige Selbstbewährungsaufgaben bietet, sucht und schafft der Mensch »sich Spannung«, »indem er von sich selbst etwas verlangt: Er fordert von sich eine Leistung – und zwar nicht zuletzt das ›Leisten‹ von Verzicht«. »Künstlich und absichtlich erzeugt er Situationen des Notstands!« Darin sieht Frankl »die Funktion des Sports: Sport ist die moderne, die säkulare Askese«.

Die Grenzen des Menschenmöglichen auszuschöpfen, bisherige Leistungen zu überbieten – gerade diese »Lust, seine Grenzsteine hinauszurücken«, kennzeichnet dynamisches Leben, meinte Ortega y Gasset, der in hochfliegender Übertreibung dem ursprünglichen Leben als »metaphysischer Anstrengung« selbst einen »sportlichen Sinn« zuschrieb. Denn »Anstrengung, der man sich in völliger Freiheit unterzieht aus einer Freude an der Sache« – das eben sei Sport – und so sei die ganze Kultur, alles Schöpferische »nicht die Tochter der Arbeit, sondern des Sports«. Ortega dehnt den Ausdruck »Sport« zu einem allumfassenden Lebensbegriff aus und identifiziert ihn dann wieder mit dem modernen institutionalisierten Wettkampfsport. Von seinen Schwarzweißzeichnungen,

1 Vgl. H. Lenk: Eigenleistung. Plädoyer für eine positive Leistungskultur. Osnabrück 1983, S. 31.

die alles Schöpferische dem Sport, alles Dürre und Mechanische der Arbeit zuweisen, von seinen lebensphilosophischen und biologistischen, zu wenig sozial- und kulturphilosophischen, zu wenig anthropologischen, zu wenig historischen Ausführungen zum Sport brauchen wir nichts zu übernehmen. Dies gilt erst recht für seine allumfassende Gleichsetzung von Sport und schöpferischem Leben. Dennoch kann man im Sinne der oben skizzierten Anthropologie des leistenden Wesens *eine* Richtung seiner Gleichsetzung vertreten: Sportliches Leisten ist Eigenhandeln, unverwechselbar persönliches aktives und engagiertes Leben, bewertete Eigenleistung. So weit können wir seinem lebensphilosophischen Ansatz noch folgen. Die umgekehrte Schlußfolgerung, alles ursprüngliche Leben sei Sport, können wir natürlich nicht ziehen, wenn wir die Bedeutung des Begriffs »Sport« nicht wie er bis über alle sinnvolle Abgrenzung und den eingebürgerten Gebrauch hinaus ausdehnen wollen. Es gibt – Gott sei Dank! – auch andere Lebensbereiche schöpferischen Eigenhandelns.

Auch Spielen ist Eigenhandeln. Das Spielerische im Sport, die zweckfreie, aber sinntragende und -bildende Lust in der Bewegung – dies sind ebenfalls für das Eigenhandeln wesentliche, besonders kreative und rekreative Grundzüge. Wir beschränken uns hier allerdings in unseren Beispielen auf die Deutung der sportlichen Leistung.

Die sportlichen Leistungen schließen zwar an natürliche Bewegungsarten des Menschen an, sind aber über idealisierte Normbilder kulturgeschichtlich und sozial geprägt, standardisiert, konventionell, kontrolliert. Sie sind sozusagen künstlich, durch festgesetzte Hindernisse oder Umwege bestimmt: Man setzt sich eigentlich überflüssige Hindernisse (Hürden, Hochsprunglatten, Turngeräte), schreibt sperrige Geräte oder komplizierende Bewegungsregelungen vor, um dann solche schwierigen Bewegungen besonders elegant, effektiv oder in kürzester Zeit zu bewältigen. (Technische Hilfsmittel sind jedoch nicht oder nur in Grenzen als notwendiges Gerät erlaubt.) Der Sport setzt künstliche Hindernisse, um am optimalen Überwinden dieser seinerseits Verbesserung und Vervollkommnung darzustellen oder wenigstens anzunähern. Der Sport kultiviert künstlich erfundene und entfaltete sowie fortschreitend verbesserte Leistung mit hohem psychophysischem Einsatz: Eigenleistung im sozialen Vergleich oder auch im Vergleich mit dem früheren Könnensstand.

Des Historikers Toynbee Gedanke, die Entwicklung einer hohen Kultur hänge von der Herausforderung des kulturellen Wesens durch die Natur ab (und wohl auch durch andere Partner und Kulturen), scheint hier einschlägig – gerade auch angesichts der erwähnten künstlich-kulturell gesetzten »Widerstände«. Die sportliche Leistung, das sportliche Handeln spiegeln sinnbildlich und dramatisch Grundsituationen und die aktive Bewältigung dieser durch den zielbewußten, handelnden, leistenden Menschen wider. Der Athlet steht gleichsam zwischen den mythischen Figuren des Herakles und des Prometheus. (Herakles könnte der mythische Halbgott des Sports sein; seine Arbeiten waren athletische Heldentaten; er soll die antiken Olympischen Spiele gegründet haben. Prometheus brachte Kultur, Technik und Fortschrittsstreben zu den Menschen.) Sport hat gleichsam »mythische« Funktionen,[2] kann fast als ein säkularisierter herakleisch-prometheischer »Mythos« gedeutet werden.

Das Fesselnde des modernen Sports für Zuschauer und für aktive Sportler selbst kann auf diese Weise verständlich gemacht werden. Dem antiken Drama vergleichbar, ist der moderne Sport Ort eines sinnbildlichen Rollendramas. Auch hier scheint der Zuschauer als mitleidender, mitjubelnder Anhänger von seinen eigenen Problemen entlastet zu werden, indem ihm zwischen gegnerischen Rollen »Urkämpfe« in begrenztem Rahmen vorgespielt werden, die seine Schwierigkeiten und seinen Lebens-

2 Siehe dazu auch: H. Lenk: Leistungssport: Ideologie oder Mythos? Stuttgart [u.a.] 1972 sowie ders.: Die achte Kunst. Leistungssport – Breitensport. Osnabrück/Zürich 1985, S. 7 ff.

kampf symbolisch spiegeln, ihn fesseln: Er versetzt sich in die Akteure, fiebert mit seiner Mannschaft. Aristoteles glaubte, das Schauspiel entlaste, reinige den Zuschauer durch Erregung von Furcht und Mitleid. Seine Theorie des Dramas läßt sich leicht verändert auf den modernen Sport übertragen: Hier werden zwar keine unpersönlichen Göttermythen nachgespielt, sondern säkularisierte Rollendramen. Statt Furcht und Mitleid werden eher Aggression, Parteinahme und Identifikation mit dem Helden erregt. Es gibt Parteien, Partner, Gegner, die nicht nur lebendige Dramatik verkörpern und vorspielen, sondern mit denen man sich identifizieren und bei deren Wettkampf man sich engagieren kann. Das Faszinierende des Sports findet hierin seinen besonderen Ausdruck. Spannung und innere Beteiligung werden wie beim Theater erzeugt.

Der Linguist Roland Barthes faßte die Tour de France als ein modernes Heldenepos auf: Gleichsam übermenschliche Schicksale, in Rollenträgern verkörpert, werden dramatisch inszeniert, Konflikte türmen sich auf, werden durch Aktion gelöst. Mensch und Natur, Partner und Gegner prallen aufeinander. Nur wenige einfache Züge wie Führen, Verfolgen, Voranpreschen, Zurückfallen oder Aufgeben bestimmen das Geschehen. Konfrontation, Dynamik, Sichtbarkeit zeichnen die Einfachheit und Sinnbildkraft des sportlichen Wettkampfes aus.

Diese Deutung des Sports als Mythos bleibt unvollständig. Sie beschreibt nur die Faszination des Leistungsspektakels für den Zuschauer, erklärt nur, wie sportliches Geschehen aufgefaßt, nacherlebt und im stellvertretenden Erleben verarbeitet wird. Sie läßt das Ursprüngliche, das eigentliche dynamische Geschehen, den Bezug zum Eigenhandeln, zur Eigenleistung selbst unerklärt. Bezieht man allerdings die aktiven Sportler – sowohl Hochleistungssportler als auch Normalsportler – in eine erweiterte Deutung ein, so kann diese auch das Erleben und das Selbstverständnis des Athleten erfassen. Die Eigenhandlung, die Eigenleistung des Menschen kann unter ähnlichen Gesichtspunkten gedeutet werden – zumal die sportliche Leistung. Man setzt sich ein für ein Ziel, das erst durch Anspannung in unsicherer Situation als Ergebnis einer schwierigen Aufgabe erreichbar ist. Neuigkeit, Spannung, Anstrengung – man fühlt sich herausgefordert, man handelt, spielt die Rolle, sucht oder sieht das Risiko, strengt sich an, identifiziert sich mit der Leistung, mit Erfolg oder Mißerfolg. Hochleistungen ragen heraus – durch Schwierigkeit, Risiko, Seltenheit. In ihnen scheint der aktive Mensch sich besonders zu bestätigen. Selbstbild und Fremdgeltung werden durch sie stark berührt. Man versteht, wertet sich und andere besonders eindringlich in vollbrachten Leistungen.

Auch aus der Sicht des Sportlers ist das sportliche Handeln nicht schlichtes Normalleben, nicht normale Alltagstätigkeit. Es stellt sich eher als ein auf einfache Züge konzentriertes Modell des gesteigerten, im Wettkampf zugespitzten Rollenhandelns in gleichsam mythischer Versinnbildlichung und Überhöhung dar. Die Faszination des Sprints, der Schnelligkeit läßt sich offensichtlich nicht erklären, ohne auf »mythische« Grundsituationen des selbstbeweglichen Menschen, etwa auf Fluchterfahrungen, zurückzugehen. Oder man denke an Natursportarten wie das Bergsteigen: die sinnbildlich zu verstehende »Gegnerschaft« der Natur, die sich in Gestalt der Eiswand als lebensgefährliche Bedrohung und Herausforderung zugleich darstellt. Ein symbolisches Drama des Überlebenskampfes gegen Naturgewalten. Der »sportliche Mythos« zeigt den Wettkampf gegen Gegner, Naturgewalten oder – abstrakter – gegen anscheinend unüberwindliche Leistungsgrenzen als ein Drama, in dem gleichsam Urrollen in sichtbarer Dynamik und Drastik holzschnittartig auf einfachste Konfrontationen zusammengeschnitzt sind: Sieg oder Niederlage, Durchhalten oder Aufgeben. Die gleichsam schicksalhafte Unabänderlichkeit der abgelaufenen Handlung und Entscheidung verleiht hochkarätigen Sportwettkämpfen (wie olympischen Endläufen) zudem das Merkmal des historisch Einmaligen, Un wiederholbaren. Auch dies erhöht die Faszination: Sport also als sinnbildlich-mythische Darstellung des Eigenhandelns, Eigenleistens in vereinfachter, geradezu archetypischer (urbildlicher) Stilisierung.

Diese These kann die symbolische Rolle und die Faszination sportlicher Wettkämpfe und Leistungen für die Zuschauer und aktiven Sportler in gleicher Weise erklären. Sport als ein säkularisierter »Mythos« des eigenleistenden Wesens. Die sportliche Leistung (soweit sie nicht dem Kommerz- und Showzwang unterliegt) ist beispielhaft für Eigenleistung – sozusagen ein reiner Fall des leistenden Eigenhandelns.

In der Tat ist das Streben nach Leistungssteigerung im Sinne des Immer-besser-Handelns entscheidend von kulturellen Wertungen – oft von Konkurrenznormen – geprägt. Als kennzeichnendes Schlagwort für diese Ausrichtung der abendländischen Leistungskultur auf Konkurrenz kann besonders der Satz aus Homers *Ilias* (VI 208) dienen: »Stets der Beste zu sein und die anderen zu übertreffen.« Achill erhielt diesen Satz von seinem Vater als Rat für seinen Lebensweg. Der Love-Story-Autor, Literaturprofessor und Marathonläufer Eric Segal nannte diese Lebenseinstellung den »Achilles-Komplex« der abendländischen Kultur. Diese Konkurrenzorientierung im Sport ist zweifellos besonders stark von der griechischen wettkämpferischen Einstellung geprägt. Leistungssport – ein Mekka für die Konkurrenzkultur. Max Webers These über die Wechselwirkung zwischen der Entwicklung der protestantischen Ethik (mit ihrem individualistischen Ethos der innerweltlichen Bestätigung eigener Auserwähltheit durch Leistung und Erfolg) einerseits und der Entwicklung der (ursprünglich kapitalistischen) unternehmerischen Leistungsbereitschaft andererseits scheint sich besonders auffallend auch im Sport zu verkörpern: Innerweltliche Askese, Leistungsorientierung, Individualismus und Konkurrenz, Auszeichnungsstreben sind statistisch viel stärker mit protestantischen Kulturen – neuerdings aber besonders auffällig auch etwa mit marxistischen Gesellschaften – verbunden als etwa mit anderen, z. B. buddhistischen oder katholischen (Lüschen; Seppänen). Die kulturelle Geprägtheit der Werte des Sports durch Leistungs- und Konkurrenzethik läßt sich klarer kaum demonstrieren.

Mit der abendländischen Zivilisation und der Industrialisierung ergreift die Begeisterung am Wettkampfsport heute beschleunigt auch die Länder der Dritten Welt. Die Kulturbedeutung des Sports und seine exemplarische Rolle als Vermittler von Eigenleistungs- und Konkurrenznormen zeigen sich deutlich.

Der von der abendländischen Kultur beeinflußte Athlet spiegelt, deutet und versteht seine Persönlichkeit in seinen selbsterbrachten Leistungen – unter Umständen auch im Vergleich zu früheren persönlichen Bestleistungen, in Trainingsfortschritten. Auch die relative Leistungssteigerung oder – bei alternden Sportlern – die Leistungserhaltung können das Selbstbild des einzelnen wie auch seine soziale Anerkennung in einer sportbezogenen Umwelt stabilisieren, entwickeln. Dies kann im Wettkampf, mehr noch im Training geschehen – durchaus oft auch ohne Gegner, ohne Partner – etwa beim Bergsteigen oder angesichts einer Schwächeperiode beim einsamen Langstreckenlauf.

Leistungsbeurteilungen können auch individuellen oder sachlichen Normen folgen oder sozialen, auf Zusammenarbeit angelegten, die nicht notwendig wettbewerbsbetont sind. Manche Hochleistungen werden gar nicht im Wettkampf, sondern ohne Konkurrenzdruck vollbracht – etwa in Natursportarten (Bergsteigen). Die Gedanken von Leistung und Konkurrenz sind entgegen dem Augenschein nicht in jedem Falle notwendig aneinander gekoppelt, so sicher in Wettkampfsportarten Konkurrenz die Leistung belebt. Vielleicht haben wir im Abendland tatsächlich die Konkurrenzleistung zu einseitig kultiviert. Vielleicht haben wir andere Leistungsarten, die Zusammenarbeit und Zusammenspiel betonen, vorrangig auf Selbsterleben, Selbstbewährung, Selbstvervollkommnung, Werkgelingen, Handlungserfolg oder ästhetisches Erleben abheben, zu sehr vernachlässigt. Die bekannt gewordene zenbuddhistische Kunst des Bogenschießens (Herrigel) mochte dem abendländischen konkurrenzorientierten Geist einen Vorgeschmack davon geben. Für mich als einen Normal-Freizeit-Läufer ist ein Marathonlauf kein Wettlauf gegen Gegner, sondern, wenn »Kampf«, dann gegen eigene Willens-, Muskelträgheit, Schmerzempfindlichkeit – eine Übung in Selbstbewährung, Selbstbeweis und innerer Erfahrung im Umgang mit sich selbst.

Doch der Wettkampfsport gilt allgemein als das Hohelied der Konkurrenzleistung. In der Tat: Die Prinzipien der Leistung und des unbestechlichen Leistungsvergleichs, der Konkurrenz und der Chancengleichheit lassen sich im sportlichen Wettkampf noch am ehesten annähern: Bevorzugungen, »Beziehungen« zählen hier sowenig wie Reichtum oder Macht. Leistung allein zählt im Sport – wenigstens ideal. Nicht Herkunftseliten, Machteliten, Geldeliten sind hier gefragt, sondern – idealerweise – nur Leistungseliten (so wie etwa auch in der Kunst und in der wissenschaftlichen Forschung, die manchmal selbst zu einem Wettrennen zwischen Einzelforschern oder Forschungsgruppen »versportlicht« wird: Die Geschichte der Entzifferung des genetischen Codes, der »Doppel-Helix« in der Molekularbiologie, zeigte dies deutlich [Watson].)

Der Sport wurde als Modell der Leistungsgesellschaft verstanden, in dem deren Werte und Leitnormen reiner zum Ausdruck kommen als in der Gesellschaft selbst (wie zunächst Karl Adam, der Rudertrainer und Leistungspädagoge, und nach ihm der Politologe von Krockow feststellten). In der Tat erscheint das sportliche Leistungsprinzip fast als eine auf das Wesentliche beschränkte Abstraktion, die eine gleichsam »reine« Darstellung des Leistungshandelns erlaubt, wie sie in der Arbeitswelt kaum vorkommt.

Die Gesellschaftskritik der letzten Jahrzehnte wandte sich folgerichtig auch gegen den Sport – mit dem Vorwurf, er spiegele die Leistungsnormen und Zwänge der Arbeitswelt wider und lenke die Menschen von ihren angeblich eigentlichen »revolutionären Interessen« ab. Man meinte sogar (Adorno), Sport mache die Menschen maschinengleich, diene nur der »Fitneß für die Arbeit« und der Anpassung an die technisierte Welt, gehöre daher »ins Reich der Unfreiheit, wo immer man ihn auch organisiert«. Der französische Technikphilosoph Ellul sieht im Sport eine Ausdehnung technischen Effizienzgeistes, der zur Funktionalisierung von Bewegungen und Körper, zur brutalen Selbstausbeutung führe, aus dem Individuum »ein Stück des Apparates« mache und den »Massenmenschen« totalitärer Kulturen schaffe. Auch diese kritischen Thesen illustrieren die Kulturgeprägtheit der sportlichen Leistung und ihrer Bewertung. Im einzelnen können sie hier nicht kritisiert werden, dies habe ich andernorts[3] versucht. Nur soviel: Sowohl die Ausgleichsthese, Sport sei nur Ausgleich für Frustrationen und Bewegungsmangel bei der Industriearbeit, als auch die Behauptung von der durchgängigen Entfremdung und Manipulation des Athleten, die These vom Zwangsarbeitscharakter des Trainings und der sportlichen Leistung stellten sich als falsch oder weit übertrieben heraus: Man übersah, daß die Sportler sich emotional und persönlich sehr wohl mit ihrer Leistung und ihrem Training identifizieren. Sie fassen diese als persönlich unverwechselbare Eigentätigkeit auf; sie rechnen das Ergebnis sich selbst als ihre Leistung zu. Trotz gelegentlicher Manipulationsversuche steht die sportliche Tätigkeit fast ausschließlich unter dem Prinzip der Eigenmotivation, wird im allgemeinen nicht fremdbestimmt erzwungen.

Das sportliche wie auch das künstlerische und jegliches kreative Leistungshandeln haben in ihren Motiven – und nicht nur dort – vieles gemeinsam. Als Bereiche des Eigenleistens sind sie sozialerzieherisch von höchster

3 Siehe H. Lenk: Leistungssport: Ideologie oder Mythos?, a. a. O., sowie ders.: Sozialphilosophie des Leistungshandelns. Stuttgart 1976.

Bedeutung: nötige Auszeichnungsmöglichkeiten in einer weitgehend konformistischen Gesellschaft, die dennoch individualistische Werte betont. Sie versinnbildlichen Ideale kulturell bewerteter Leistungen, die zur Existenzsicherung nicht erforderlich sind, die aber unter anderem den Menschen zum eigenhandelnden, zum kulturellen, (sich) darstellenden Wesen machen, das sich über die Alltagsnotwendigkeit eben auch durch ein nach Gütemaßstäben bewertetes Handeln, durch eine eigene Leistung erhebt. So versinnbildlicht auch der Athlet – wie der Künstler, der Wissenschaftler – gleichsam einen modernen »Mythos« der kulturellen Eigen- oder gar Ausnahmeleistung eines, oberflächlich gesehen, »eigentlich unnötigen«, aber symbolisch hochbewerteten »hervorragenden« Handelns, das aus persönlichem Engagement, aus Hingabe an eine anspruchsvolle Aufgabe entsteht.

Der Mensch lebt eben nicht vom Brot allein, sondern er benötigt weiterführende, sinnvolle Aufgaben und sinngebende Ziele. Jeder kreative Leistungsbereich vermag solche Ziele zu bilden, die zugeordnete Institution sie zu pflegen, zu bewerten, erzieherisch zu verbreiten. Das anscheinend »Überflüssige« ermöglicht erst Vielfalt und Entfaltung des Daseins und der Persönlichkeit. Für das eigenleistende Wesen kann gerade auch der Sport erzieherisch nötige Ziele und Ideale für Einsatzfreude und Auszeichnungsstreben bieten. Modernes Abenteuer, Träume jugendlichen Tatendrangs, Bedürfnis nach und Lust am Risiko, Bereitschaft zum fast vollständigen persönlichen Einsatz für ein in der Regel materiell unwichtiges Ziel, das Erlebnis des Zusammenwirkens in einer Mannschaft, das Streben, sich mit anderen zu messen, sich selbst zu überwinden, im Training und Wettkampf durchzuhalten, sich in der Trainingsdisziplin selbst zu meistern und das Beste aus seiner Veranlagung und seinem Einsatz zu machen, der Wille, frei vor seinem eigenen Anspruch, vor dem Vergleich mit anderen und der jeweiligen Grundveranlagung zu bestehen – alle diese Ziele, Aufgaben und Wirkungen finden sich im sportlichen Eigenhandeln verkörpert. Sport ist ein exemplarischer Bereich der Eigenleistung. Eine solche Institution des Ansporns, der Eigenleistung kann nicht gesellschaftlich sinnlos sein, bloß weil sie kein unmittelbar wirtschaftlich verwertbares Produkt hervorbringt.

Auch die sportlichen Eigenerfahrungen prägen die Persönlichkeit, der Trainingsplatz wird zum Übungsplatz für erzieherische Herausforderungen. Die Erinnerung an die Bewährung – keineswegs nur im Sieg –, das Wissen, im ehrlichen Einsatz sein Bestes gegeben zu haben, vermitteln im Rückblick Sinn, Sicherheit des Selbst, Selbstbewährung. Ohne Herausforderung, ohne selbstgesetztes oder selbstangenommenes Gefordertsein keine echte Leistung, keine tiefe eigenständige Persönlichkeitsentwicklung. Jedes starke aktive Engagement ist in dieser Bedeutung auch Leistung im weiteren Sinne. Jede Leistung, die so stark Engagement, Initiative und psychophysischen Einsatz erfordert und so sehr das Selbstverständnis prägt, kann und sollte als kreativer Ausdruck der Persönlichkeit gewertet werden. Das risikosuchende Wesen (Zuckerman) bedarf der Herausforderung zur Eigenleistung. Eigenhandeln, Eigenleistung sind Prüfkriterien personaler Entwicklung, ein Ausdruck individueller Freiheit. Der Sport kann als ein beispielhafter Bereich des Eigenhandelns, der Eigenleistung gelten, der andere, analoge Leistungsbereiche mitvertreten kann.

Sportliche Bewegungen, Handlungen und Leistungen sind im Unterschied zu den Alltagsbewegungen und -handlungen in einem höheren Maße bewußt schematisiert, standardisiert, auf eine Zielaufgabe ausgerichtet und in bezug auf den Ablauf kontrolliert. Sie sind konventionell geregelt. Dennoch lassen diese Formen durchaus Eigenvarianten, Abänderungen, Neuerungen, Erfindungen zu: Man denke an den neuen Hochsprungstil, den Fosbury-Flop (rückwärtiges Überqueren der Latte), oder an besonders schwierige neue Turnübungen (den Salto rückwärts der Olga Korbut am Stufenbarren, Schraubensalti am Reck oder gedoppelt am Boden). Nur durch regel hafte Erfassung, Präzisierung und Kontrolle sind exakte und objektive Vergleiche und auch gezielte Verbesserungen möglich. Erst die konventionelle Regelung und präzise Erfassung erlauben auch die beachtliche Vielfalt verschiedener Sportdisziplinen und der Bewegungsformen in ihnen. Die Sportbewegungen und -handlungen sind sozusagen Teil einer besonderen Institution, einer symbolischen Eigenwelt in der Welt geworden. Sie sind künstlich geformt – sozusagen Kunstformen mit eigener sinnbildlicher und sinnbildender Bedeutung. Dennoch gilt auch für sie, daß die Person durch das Beherrschen und Erlernen neuartiger schwieriger Bewegungen in neuer Weise die Welt und den eigenen Leib bewegungsmäßig erschließt, neue Varianten des Selbstausdrucks, der Welterfahrung und Selbstbewährung erfährt. Auch im sportlichen Eigenhandeln, Eigenleisten erschließt man sich die Welt.

Sporthandlungen sind im weiteren Sinne Ergebnis einer aktiven Selbstdisziplinierung, eines gezielten Lernvorgangs, einer systematisch erarbeiteten Erweiterung der Bewegungsmöglichkeiten. Sie erlauben im Rahmen des vorgegebenen Regelmusters persönliche Verbesserungen, Abänderungen, Eigenheiten, Stilvarianten. Deren Vielfalt differenziert und entfaltet die Möglichkeit des Bewegungsverhaltens und damit auch – auf diesem Handlungsfeld – des persönlichen Ausdrucks, der Selbstdarstellung und Selbstausbildung der Persönlichkeit.

Die Freiheit sportlichen Handelns liegt in dieser Vielfalt, nicht nur in der Zustimmung zur Spielregel, sondern auch in den taktischen, willensmäßigen Variationen des Handelns innerhalb des Bewegungsspielraums, den die Spielregeln dem Athleten lassen. Sie spiegelt sich auch in den Unwägbarkeiten, Unvorhersagbarkeiten des Wettkampfes und besonders auch im Breitensport, Freizeitsport, Natursport. In deren relativer Ungeregeltheit – in der Möglichkeit, Regeln für sich selbst zu bilden, beim Handeln erst zu formen, selbst Strategien zu entwickeln und zu befolgen, selbst Ziele zu setzen, sich selbst gegenüber persönliche Leistungsanforderungen zu erheben und einzulösen –, auch darin drückt sich Handlungsfreiheit aus. Sportliche Leistung erfordert zudem Geistesgegenwart, Spontaneität und persönlichen Einsatz.

Wir sprachen vom risikosuchenden Wesen (Zuckerman). Sport eröffnet dosiertes Risiko. Für den, der gegenüber gesuchten Risiken durch Leistung bestehen, sich bewähren will, für den bietet der Sport ein ideales Ausübungsfeld. Der Sport wird heute geradezu den Abenteuern vergangener Expeditionen vergleichbar: Man lotet eigene Möglichkeiten, Fähigkeiten aus – manchmal scheinbar bis an die Grenzen des Möglichen. Man experimentiert mit Anspruch und Selbstbewährung, man spiegelt sein Selbstbild in erreichten eigenen Leistungen und sein Selbstvertrauen in die eigene Leistungsfähigkeit. Sport ist heute das aktive, bewußt eingegangene Abenteuer mit dem Selbst. (Sicherlich gibt es ähnliche Erfahrungen in anderen Gebieten – etwa in der Kunst, der wissenschaftlichen Entdeckung, bei den meisten Arten von Werken und Leistungen, aber diese sind im höheren Grade mittelbare, »sublimierte« Erfahrungen und Abenteuer mit dem Selbst.) Sport ist einfach, dramatisch, unmittelbar verständlich, weil sichtbar und leicht vergleichbar, lebt von dramatischer Konfrontation und Aktion. Durch Normierung und Institutionalisierung der Sportarten, Disziplinen, Leistungsklassen wird die Vielfalt der Leistungsarten und Vergleichsmöglichkeiten drastisch erhöht. Nahezu jeder kann sich aktiv oder passiv »beteiligen«. Die sichtbare Dramatik des Geschehens erleichtert Engagement und Identifikation. Das noch wenig erforschte Zusammenspiel leibseelischer Bedingungen des Wohlbefindens, der Gefühle mit dem Bewußtsein eigener Leistungskraft und dem Leistungsstolz spielt hinsichtlich der Einheit und Gestimmtheit der Gesamtpersönlichkeit ebenfalls eine wichtige Rolle.

Übrigens gibt es auch im Sport Selbsterfahrungen, die über das Selbst hinauszuführen scheinen – vergleichbar der scheinbaren Selbstaufgabe in der Meditation, im Trancezustand. Erfahrungen der Trance in Extremsituationen, Grenzerfahrungen des Sports beim Wettkampf oder in lebensgefährlichen sogenannten Risikosportarten begann man nach dem Muster der Existenzphilosophie (Slusher) oder des zenbuddhistischen Ansatzes zu untersuchen (Herrigel, Leonard, Gallwey, Sheehan u. a.).

Auch die selbstübersteigende Selbsterfahrung in der rhythmischen Bewegung fand die Aufmerksamkeit der Psychologen[4]: Handlungs- und Eigenleistungsfreude als Gefühlszustand, das Gefühl des »Fließens« als ein »freudevolles Aktivitätsgefühl« wurde schon früher (Csikszentmihalyi) betont und bei Bergsteigern, Rocktänzern, Schachspielern und selbst Chirurgen untersucht. Man hat das Gefühl, völlig in der Sache, der Handlung, der Bewegung aufzugehen und die eigene Person im Fluß der Bewegung zu vergessen. Erinnert dies nicht an den von Paul Valéry der Tänzerin Athikte in den Mund gelegten Satz: »Ich war in dir, o Bewegung, außerhalb aller Dinge ...«? Die Erfahrungen des »Fließens« im Sport, des sogenannten »inneren Spiels«, sind in Verbindung mit zenbuddhistischen Deutungen in den letzten Jahren besonders in den Vordergrund getreten – sowohl im Bogenschießen und in den asiatischen Kampfsportarten als auch im Tennis, Skilaufen, Turnen, Laufen. Man hat das Gefühl, sich einer gelungenen Bewegung ganz zu überlassen, in ihr aufzugehen, in ihr, auf ihr zu schweben. Auch im Rudersport, in einer sehr rhythmischen Sportart mit vielen Wiederholungen gleichbleibender Bewegungsphasen, habe ich gelegentlich im Wettkampf, häufiger im Training dieses Getragenwerden vom Bewegungsrhythmus erlebt: ein scheinbar vollkommenes »Fließen«. Allgemeiner könnte dieser Fluß der Bewegung und der Handlung, ihre sich selbst formierende, sich selbst erhaltende Dynamik durch

4 H. Gabler: Grenzerfahrungen im Hochleistungssport aus motivationspsychologischer Sicht. In: NOK/Max-Planck-Gesellschaft (Hg.): Olympische Leistung. Ideal, Bedingungen, Grenzen. München 1981.

aus der oben erwähnten Eigenstabilisierung der Leistungsmotivation zur Seite gestellt werden.

Die sportliche Handlung – selbst wenn sie durch Spielregeln, Normen, Symbole erst als solche faßbar, vergleichbar oder gar ermöglicht wird – ist jedenfalls ohne persönliches Engagement und ohne den Einsatz von Energie, ohne Bewegungsantriebe, ohne situationsentsprechend angewandte Intelligenz nicht möglich. Sportliche Handlungen sind, selbst wenn sie höchstmöglich von Verbänden und Vereinen gefördert und erleichtert werden, unverwechselbar persönlich zurechenbar – als Leistung, als Ergebnis sowie als Handlung des (oder der) jeweiligen Handelnden. Sie erfordern leiblich wie psychisch einen Gesamteinsatz der Person, sind Eigenhandlungen im echten Sinne. Sportliche Leistungen sind nicht zu erschleichen oder zu delegieren. Zum Marschieren kann man jemanden zwingen, nicht zur Weltbestleistung im Marathonlauf. Ein Marathonlauf, ein Endspurt sind eben nicht abtretbar, nicht durch Unterschrift symbolisch zu vollziehen. Wer einen Marathonlauf selbst durchstand – besser durch*lief*! –, weiß, daß dieses Handeln nicht durch Organisation, Delegation oder bloße Bilddarstellung zu ersetzen ist. Nach dem Olympiasieg war für mich mein erster Marathonlauf das größte sportliche Erlebnis, obwohl die Zeit keineswegs sonderlich eindrucksvoll war. Für das eigene Erlebnis spielte diese kaum eine Rolle. Die Selbstüberwindung dabei – ohne Zwischenverpflegung und bei großer Hitze – empfand ich als eine für mich ungewöhnliche Eigenleistung.

Eine sportliche Tat und auch das sportliche Training – und dies keineswegs nur auf dem Höchstleistungsniveau – bietet also Chancen und mehr oder minder künstlich gesetzte Herausforderungen, »sich zu beweisen«, sich an Widerständen, Aufgaben und Gegnern zu messen, gegenüber seinen eigenen Ansprüchen und anderen selbst etwas »zu leisten«.

Wenn Leben zutiefst Eigenhandeln ist – so ist aktives Sporttreiben, da personales Eigenhandeln, Teil und Träger engagierten, aktiven Lebens im ursprünglichen Handlungssinn geblieben. Sport kann als eines der wenigen Reservate personalen Eigenhandelns in der verwalteten und verfilmten Welt aufgefaßt werden. Sport ist eine wirksame Schule der Eigenleistung.

Als ein Bereich des persönlichen Eigenhandelns, der einen besonders aktiven Einsatz und Zielstrebigkeit erfordert, ist sportliches wie kreatives oder eigenengagiertes Handeln jeder Art auch ein geeignetes Mittel der Persönlichkeitsgestaltung. Eigenhandeln ist leiblich und gefühlsbetont-seelisch-willentlich, körperlich und geistig zugleich – und auch sozial prägend wirksam. Wie jedes künstlerische, musische, handwerkliche Handeln, jede Selbstbildungsaktivität ist auch sportliches Handeln ein gutes Erziehungsfeld, ein Aktivierungsbereich für Eigenhandeln, ein Übungsgebiet für aktives Leben.

Die sportliche Eigenleistung als exemplarisches Modell der aktiven Selbstbewährung zu verstehen und erzieherisch zu nutzen – dies war auch das Hauptanliegen der Leistungsphilosophie des schon erwähnten erfolgreichsten deutschen Rudertrainers, Karl Adam. Er war nicht nur der Trainer, der seine Mannschaften zu rund dreißig internationalen Medaillen – darunter zu zwei Olympiasiegen und zwei Weltmeisterschaften im Achter – führte, sondern auch einer der wenigen originellen Denker des Sports, praktizierender Sozialphilosoph, Intellektueller und Erzieher in einer Person. Ihm galten das sportliche Leistungstraining und der Wettkampf als Schule der Eigenleistung, als Handlungsmuster und Denkmodell für eigenmotiviertes Leistungshandeln überhaupt.

Die sportliche Leistung bedeutet für ihn ein Symbol und Gleichnis für aktives engagiertes Leben. Sport ist ein Erziehungsmittel, ein Experimentierfeld für planmäßig gestaltetes selbstdisziplinierendes Handeln, für zielstrebige eigenmotivierte Leistung und Leistungssteigerung überhaupt; denn, meinte er, »die Struktur der Leistung ist auf allen Gebieten gleich« – der Eigenleistung, versteht sich. (Leistung war für ihn stets auf Verbesserung angelegte, an Tüchtigkeitsmaßstäben zu bewährende Eigenaktivität.)

In der Tat: In den hohen Anforderungen an Eigenmotivation, Selbstüberwindung und nahezu totalem persönlichem Engagement im Leistungssport spiegeln sich alle Elemente der Leistung in besonders klarer Ausprägung. Die sportliche Leistung – besonders im Hochleistungssport – vertritt sozusagen den reinen Fall der frei gewählten Eigenleistung. Deshalb ist sie für unser Thema besonders interessant.

Exemplarische Sporterfahrungen zu verallgemeinern und unter Nutzung von Resultaten der Verhaltensforschung für die Lösung anderer Lebensprobleme – selbst für philosophische Erkenntnisfragen – zu nutzen, das ergibt sich als Erziehungsstrategie nahezu zwangsläufig aus diesem Ansatz. Dies war für Adam das Hauptziel seiner praxisnahen Philosophie der Leistung. Er wollte »das Leistungsverhalten des Menschen im Sport als Modell benützen für sein Leistungsverhalten überhaupt«. Wie ihm der »Leistungssport als Denkmodell«, als Ausgangspunkt und Ansatz diente, so erschien ihm die eigenerbrachte, eigenmotivierte Leistung allgemein als Zeichen echt menschlicher Aktivität und Individualität. Leistungshandeln ist eine wesentliche Bedingung und Ausprägungsmöglichkeit für höhere Kultur. Durch Leistung, Eigenleistung zumal, kann sich der Mensch über die biologische Lebensnotdurft hinaus zu seinen eigenen und höheren Möglichkeiten erheben. Durch sie kann er sich zum kulturellen und individuellen Menschen machen – zu einer durch ihre Leistungen, Wertentscheidungen, kulturellen Handlungen unverwechselbaren und einzigartigen Persönlichkeit, die ihr Selbstbild in persönlich erbrachten Leistungen spiegelt, sich durch eigene Leistungen bestätigt und entfaltet. Der Mensch ist also auch für Adam *das eigenleistende Wesen* (obwohl er diesen Begriff nicht benutzte). Leistungen sind dabei im weitesten Sinne des Wortes zu verstehen: Sie umfassen nicht nur wissenschaftliche, künstlerische, sportliche Leistungen, sondern auch ethische und erzieherische. Nur selbstgewollte, selbstbestimmte, selbsterbrachte Leistungen – also Eigenleistungen – galten dem

»begeisterten Schulmeister«, wie er sich selber nannte, als erzieherisch sinnvoll.

Leistung als Lebenssymbol – das ist Adams Idee für wissenschaftliche, künstlerische, technische und gerade auch für soziale und ethische Leistungen. Die sportliche Leistung bedeutet ihm dabei ein einfaches Modell der eigenmotivierten Leistung, freilich ein erzieherisch besonders wichtiges Modell. Sie ist leicht verständlich und oft in relativ jungen Jahren erreichbar und daher von besonderer Bedeutsamkeit für jede Erziehung zum Leistungshandeln, zum Eigenhandeln und zur Leistungsbereitschaft. Von einer wohlverstandenen anregenden, aber nicht autokratischen, sondern durch Leistungsautorität gezündeten Leistungserziehung hängt für Karl Adam nicht nur ein biologisch erfolgreiches, sondern auch ein human und kulturell würdiges Überleben unserer Gattung ab. Ein Stillstand jeder Erziehung zur Eigenleistungsbereitschaft wäre ein fataler Rückfall, da die Menschheit auf technische, wissenschaftliche Leistungs- und Neuerungsfähigkeit angewiesen ist und bleibt. Die Leistungsfähigkeit aber hängt letztlich von der Leistungswilligkeit, der eigenmotivierten Leistungsbereitschaft, ab. In scharfen Worten polemisierte Karl Adam gegen die gegenwärtig deutlichen Tendenzen zum Konsumenten- und Rentnerstaat, zur Anspruchs- und Genußgesellschaft, wobei er den von mir geprägten Begriff der »Erfolgsgesellschaft« verwandte:

»Man hat manchmal unsere Gesellschaft als Leistungsgesellschaft bezeichnet. Sie ist das sicherlich nicht. Sie ist eine Erfolgsgesellschaft. Das höchste gesellschaftliche Prestige in dieser Gesellschaft hat nicht derjenige, der vielleicht – wie der Leistungssportler – überdurchschnittliche Leistungen erbringt, sondern derjenige, der mit möglichst wenig Arbeitsaufwand einen möglichst hohen Konsum (bei geringer oder ausfallender Leistung) erreicht. Das Idealbild dieser Gesellschaft wird z.B. verkörpert durch Krupp Junior, Gunther Sachs etc. Das Wesentliche ist: Während in der DDR mit staatlichen Mitteln, mit einer Zwangspropaganda ein ... Leistungsideal der Jugend zwangsweise nahegebracht wird, wird bei uns die Entstehung eines solchen Menschenideals der kommerziellen Reklame und den Illustriertenberichten überlassen. Das ist eine Gefahr, und man sollte sich überlegen, ob man etwas dagegen tun kann. Denn: Dadurch entsteht eine hohe Produktion von Möchte-gern-Playboys und Filmsternchen, an Frührentnern und Sparkassenräubern, aber eine geringe an Leistungssportlern und hochqualifizierten Fachleuten, die ihre Selbstachtung in ständiger überdurchschnittlicher Leistung suchen.«

Diese Worte haben nichts von ihrer Aktualität eingebüßt. Karl Adam wurde gelegentlich als Leistungsfetischist, Leistungsfanatiker, Anhänger des Leistungszwangs mißverstanden. Er war nichts weniger als dies. Er war gegen Leistungsdruck, Leistungszwang, gegen auferlegte, fremdbestimmte Leistungskontrolle. »Lust oder Leistung« – diese noch zu erörternde falsche, überpointierte, verfälschende, weil unvollständige und Vereinbares ausschließende Alternative des philosophischen großen Vereinfachers Herbert Marcuse[5] war ihm zutiefst suspekt. Einerseits teilte Karl Adam den kritischen Elan der sogenannten »kritischen Generation« gegen Leistungszwang und Zwangsleistungen, andererseits plädierte er für die Freude, ja, die Lust an der eigenmotivierten Leistung.

Auch persönlich verstand er es, seinen Schülern Sachbegeisterung, Leistungsbegeisterung, Leistungsfreude einzuimpfen – das, was die pädagogischen Psychologen heute »primäre Motivation« nennen und was gerade im Notendruck, in der grotesken Zehnteldurchschnittsnoten-Arithmetik vor dem Abitur durch bloß »sekundäre Motivation« verdrängt zu werden droht. Nur ein Beispiel: Karl Adams Oberprima zog nach dem Abitur geschlossen wieder zu ihm in die Schule, um freiwillig drei Wochen lang ein philosophisches Seminar mit ihm zu bestreiten: von Kant über den dialektischen Materialismus bis hin zu der Diskussion der Quantenphysik – eine Auswahl, welche

5 Vgl. H. Lenk: Eigenleistung, a. a. O., S. 100ff.

die Abiturienten zu Diskussionen und eigenen Urteilsversuchen führte. Traditionelle Lehrer konnten damals nur verständnislos den Kopf über diese »Adamiten« schütteln! Hatte er doch mit seinen Obertertianern schon begonnen, freiwillige, zusätzliche, natürlich unvergütete Nachmittagsarbeitsgemeinschaften über Konrad Lorenz und Bertrand Russell abzuhalten. Der begeisternde Lehrer fragte nicht nach der Vergütung von Überstunden – auch als Trainer erhielt er anderthalb Jahrzehnte keinerlei Honorar. Vielleicht leidet die Begeisterungsfähigkeit vieler Übungsleiter, Trainer, Aktiver auch im Sport heute schon darunter, daß sie zu schnell die Hand aufhalten, wie es sie eine ökonomische Anspruchsgesellschaft lehrt, in der kaum noch etwas »umsonst« geleistet wird. Auch die zusätzliche Einsatzbereitschaft und damit zugleich die Begeisterungsfähigkeit vieler Lehrer scheinen darunter zu leiden. Und im Gewirr der Verordnungen, Erlasse und Pläne hat man die Freiheit der Lehrer wohl auch ministeriell-behördlich so zusammengestutzt, daß die begeisternde Eigenmotivation sank.

Eigenleistung sah Adam als bestes Medium der Selbstbestätigung – und damit auch der Selbsterziehung – an. Die freie, weil freiwillige und eigenbestimmte, die kreative, persönlich erbrachte Leistung selbst galt ihm als ein fundamentaler Wert der menschlichen Selbstvervollkommnung und folglich aller Erziehung, zumal in einer offenen Gesellschaft. Er drückte dies sehr einfach aus:

»Ich habe durch lange Beobachtung den Eindruck gewonnen, daß unter den vielen Motiven, denen der Leistungssportler unterliegt, eines zentrale Bedeutung hat: die Selbstbestätigung, und zwar weniger die durch Wettkampferfolg und absolute Leistung als die durch Überwindung von Unlustgefühlen im Training. Modernes Leistungstraining muß aus physiologischen Gründen mit sehr hohen Belastungen arbeiten. Dadurch werden starke Unlusterlebnisse hervorgerufen. Ihre Überwindung ist das entscheidende Erlebnis der Athleten. Ein junger Ruderer schilderte das in angeregter Stimmung etwa folgendermaßen: ›Wenn man bei der fünften Steigerung ist und (allmählich) sauer wird, denkt man ja doch: Laß man langsam gehen, sieht ja keiner! Hat man das aber einmal gedacht, fühlt man sich vierzehn Tage lang nicht wohl. Hat man aber so richtig durchgeknautscht und steht vollkommen fertig unter der Dusche, das ist ein feines Gefühl!‹ Ich behaupte, je stärker dieses asketische Motiv im Mittelpunkt steht, desto besser entwickelt sich sowohl die sportliche Leistung als auch die Persönlichkeit des Athleten.«

Noch ein Zitat Adams zu der für ihn zentralen Selbstbestätigung durch Leistung:

»Besonders fasziniert hat mich immer der Mechanismus der Selbstbestätigung durch Leistung, der im Sport gut zu beobachten ist. Häufig wird eingewandt, der Wettkampfsport sei als Mittel der Selbstbestätigung ungeeignet, weil immer nur einer gewinnt bzw. Meister wird und viele verlieren. Auch der Verlierer kann aus dem Wettkampf mit stabilisiertem Selbstwertgefühl hervorgehen, allerdings wird er weniger leicht als der Künstler, Literat, Philosoph sich unkorrigierbare und unwiderlegliche Illusionen über seinen Rangplatz machen. Dazu kommt, daß die Stabilisierung des Selbstwertgefühls weniger im Wettkampf als im Training stattfindet. Dabei entsteht eine sehr starke Selbstbestätigung durch die Überwindung heftiger Unlusterlebnisse (›innerer Schweinehund‹). Das ist der oft beschriebene asketische Zug am Leistungssport. Askese bedeutet in diesem Zusammenhang bewußtes Herbeiführen von Unlusterlebnissen, wenn dadurch über hohe Leistung das Selbstwertgefühl gesteigert werden kann. Man sieht sofort, daß durch die Fähigkeit zu dieser asketischen Haltung die Reichweite rational planenden Handelns vergrößert wird und daß sich diese Strukturen auf Leistungen aller Art übertragen lassen. Die Möglichkeit eines Transfers wird hier in hohem Maße wahrscheinlich.«

Die Leistungsphilosophie Karl Adams ist verschwistert mit einer liberalen, auf die Anregung von Eigeninitiative angelegten Idee der Menschenführung und mit einer bemerkenswerten Theorie der Leistungsautorität. Während er mit der sogenannten kritischen Generation wiederum die Kritik an bloßer äußerer Amtsautorität, an angemaßter Autorität und an künstlichen Autoritätsersatz- oder -versatzstücken oder Autoritätsverstärkern wie Titeln, Orden, Rangabzeichen teilte, wollte er dennoch den Grundsatz aufstellen: »Autorität ist nur zulässig, wenn sie beständig durch Argumentation und Leistung neu erworben oder bestätigt wird.« Er forderte und förderte Eigenleistungsautorität. Die »beständig durch Argumentation und Leistung neu« erworbene oder bestätigte Autorität kann nicht »von oben« verordnet werden; sie muß sich – eben durch Leistung, durch Überzeugung in der Diskussion – durchsetzen. Sie baut daher auf eine grundsätzlich gleichberechtigte Partnerschaft der Argumentierenden, der Suchenden, derjenigen, die gemeinsam auf ein Ziel oder eine Problemlösung hinarbeiten. Vier Augen sehen mehr als zwei – wenn ihre Besitzer zusammenarbeiten. Und planend Mitgestaltende identifizieren sich stärker mit der gemeinsamen Lösung, setzen sich rückhaltloser für sie ein als für eine »von oben« verordnete Maßnahme. Nicht zufällig entstanden in seiner Trainingsschule die mittlerweile weltweit bekannten Leitbilder vom »demokratischen Training«, vom »mündigen Athleten« und von der Mitbestimmung der Athleten. Erfolgreiche Mitbestimmung und der »demokratische« Trainingsstil setzen auch im Sport mündige Partnerschaft voraus. Das Leitbild des »demokratischen Trainings« geht mit dem von mir einst entwickelten vom »mündigen Athleten« notwendig Hand in Hand.

Soll die sportliche Leistung letztlich der Persönlichkeitsentwicklung des Sportlers dienen, so muß dieser auch als selbst entscheidender Mensch, als selbständiger Partner beurteilt und behandelt werden. Er darf nicht als »Muskelmaschine« mißbraucht oder manipuliert werden. Ein Programm und ein Leitbild vom mündigen Athleten ergibt sich zwingend aus der erzieherischen Grundlegung der sportlichen Leistung. Begeisterung, Engagement, eigenmotivierte Einsatzbereitschaft sind nur möglich, wenn der Aktive nicht gezwungen wird. Man kann ihn auch gar nicht zu wirklichen Höchstleistungen zwingen. Bei der Spitzenleistung jeder Disziplin und jeder Art – nicht nur im Sport – hört der Zwangscharakter auf; denn Höchstleistungen sind nur mit vollem Einsatz der Persönlichkeit und aller ihrer Kräfte, Willensenergien und Sinne zu erbringen. Auf Dauer kann kein Trainer den Sportler zu einer nicht von ihm selbst gewollten hohen Leistung zwingen. Wie schon erwähnt, ist das Trainings- und Leistungsniveau in den meisten Sportarten heute so hoch angesetzt, daß kein Athlet langfristig erfolgreich ist, wenn er nicht seinen Sport mit vollem innerem Engagement, aufgrund eigenen Entschlusses und einer inneren Identifikation betreibt.

Wenn hohe Leistungen volles Engagement, den Einsatz der ganzen Persönlichkeit erfordern und wenn sie nicht erzwungen werden können, so lebt der Sport vom, so lebt im Sport ein Leitbild vom eigenmotivierten Handeln, vom selbstengagierten persönlichen Streben, vom »mündigen Athleten«.

Volles Engagement, bewußte Einsatzbereitschaft, Selbstdisziplinierung, Ausrichtung auf ein großes Ziel erfordern Anpassungsfähigkeit, idealerweise Intelligenz und Kritikfähigkeit. Der Leistende sollte, ja, muß die letzten Entscheidungen über sein Handeln und seine Einsatzbereitschaft, über das Maß seines Engagements selbst treffen können. Idealerweise sollte er entscheidungsmündig sein, kein gegängelter Leistungsroboter zur Medaillenproduktion, kein manipuliertes Leistungsmonster, sondern ein mündiger Mensch, der selbst entscheidet, der bewußt Zielsetzung, Einsatz und Konsequenzen seiner Tätigkeit durchdenkt, beurteilt und verantwortet. – Ein Idealbild, ein Leitbild gewiß, dem man sich nur mehr oder minder von ferne annähern kann, das kaum im Einzelfall vollständig verwirklicht wird. Doch Leitbilder müssen zur Orientierung, zur Ausrichtung, zur überzeugenden Begründung von Ideen, Programmen und Handlungsweisen herangezogen werden. Daher ist es sinnvoll, sich auf sie zu besinnen, sie zu verdeutlichen, sie bewußtzumachen und sich für solche zu entscheiden, die mit den Grundwerten unserer liberalen Gesellschaft vereinbar sind.

»Leisten können, ohne leisten zu müssen« (Klafki), leisten dürfen, ohne dazu gedrängt, gezwungen oder manipuliert zu sein, Leistungsbereitschaft und -einsatz ohne Leistungszwang oder gar »Leistungsterror«, Leistungsengagement ohne Leistungsmanipulation – diese Ziele allein können die Humanität der sportlichen Leistung, wie letztlich jeder Eigenleistung, verbürgen. Sie müssen Ziele eines menschenwürdigen Leistungsstrebens in einer freien Gesellschaft bleiben. Die sportliche Leistung ist nur so lange human vertretbar, als sie echte Eigenleistung bleibt. Wird sie unter dem Leitbild der Mündigkeit bewußt selbst gestaltet, erstrebt, so ist sie in einem höheren Grade eigenbestimmt als eine bloß vorgeschriebene Ausführung. Die selbstgewählte, selbstgestaltete Eigenleistung setzt bewußtgewordene Selbständigkeit voraus, diese wiederum Kritikfähigkeit. (Auch die Demokratie lebt von beiden.)

Ein Trainer wie Karl Adam besaß diese kritische Fähigkeit in hohem Maße und vermochte sie bei Schülern und Athleten durch Beispiel, Anregung und schrittweise problemnahe Hinführung immer wieder zu wecken. Er behandelte seine Sportler wie seine Schüler von vornherein als mündige Partner – die jüngsten als künftige mündige Partner, die es zur Kritikfähigkeit und zu eigener Urteilskraft, zur bewußten Selbständigkeit zu erziehen gilt. Er regte stets zur Kritik seiner Vorschläge an, förderte und forderte eigene Anregungen, diskutierte ständig in einem gleichsam wissenschaftlich-experimentellen Stil mit ihnen jede einzelne Frage des Trainings, der Rennstrategie, der Zueinanderordnung von Berufsausbildung, Trainingsbelastung und anderen Lebensaufgaben.

Bei allen Achtermannschaften aus Ratzeburg, die von 1959 ab ein Jahrzehnt die Regatten der Welt beherrschten, wurden bewußt die Leitbilder vom »mündigen Athleten« und vom »demokratischen Training« angewandt. Zumal beim »Ferntraining« des von uns gemeinsam trainierten Weltmeisterachters von 1966 mußten Karl Adam und ich den Ruderern Mündigkeit zutrauen; denn sie mußten größtenteils im Einer am Heimatort allein trainieren.

Für die Erziehung zum Eigenhandeln, zur Selbständigkeit, zum Einüben von Eigenleistungen und für die Selbsterziehung ist ein solcher Stil »demokratischer« Trainingsleitung von entscheidender Bedeutung. Der »demokratisch« gelenkte, mündige Sportler hat es gelernt, ein ihm aufgegebenes Rahmenprogramm selbständig durchzuführen, es im einzelnen selbst zu gestalten und zu variieren. Er muß in der Lage sein, sich eine eigene Taktik von Rennen, eine eigene Strategie des Trainings zurechtzulegen und seine Energien einzuteilen. Er weiß sich in höherem Maße auf sich allein und auf seine Leistungskraft verwiesen als ein nach dem traditionellen Befehlsstil Trainierter.

Das Selbstvertrauen, das sich der Athlet in vielen Kämpfen erworben hat, mag er dann auch auf andere Bereiche des Lebens übertragen, auf konkurrenzorientierte Leistungssituationen, etwa Prüfungen, wenn diese Übertragung »gezündet«, angeregt wird. Im Unterschied zu jenen, die stets durch genaue Vorschriften gegängelt worden sind, hat der »demokratisch« angeleitete Sportler in höherem Maße die Freiheit und das Selbstvertrauen zum selbständigen Gestalten, zur eigenen Entscheidung, zur flexiblen Anpassung aufgrund eigener Situationserkenntnis als Dauererfahrung aus dem Sport gespeichert. Hierauf kann er auch bei andersartigen Leistungsvorbereitungen und -aufgaben zurückgreifen. Darüber hinaus lernt er am praktischen Beispiel der Entscheidungsfindung in der kleinen Gruppe, seine Meinung in der Diskussion auszubilden und zu vertreten. Er lernt das Wesentliche über demokratische Willensbildung und die Kunst des Kompromisses; er erfährt geradezu eine staatsbürgerliche Schulung im kleinen.

Auch kann das mit dem Sport verbundene Streben nach Selbstbestätigung und Selbstbewährung in tieferem Sinne und vollständiger beim »demokratischen« Training verwirklicht werden; denn der autokratisch geführte Athlet hat die intellektuelle Verantwortung, gewissermaßen seine Freiheit, dem Trainer übertragen, der eben alles bestimmt und verantwortet. Daher ist auch so gesehen die »demokratische« Trainingsleitung für die Persönlichkeitsbildung des Sportlers erzieherisch wichtiger und fruchtbarer als die autokratische; sie schult und spiegelt die Eigenständigkeit. Autokratische Lehr- und Trainingsformen für kritikfähige, intelligente Erwachsene stellen sozusagen ein menschenunwürdiges, patriarchalisches Relikt dar, das allzuoft eher der Selbstbestätigung der Betreuer dient als jener der Aktiven selbst.

Tatsächlich kann Sport nur dann wirksam eine »Schule der Demokratie« sein, wenn auch das Training demokratischen Werten und Formen folgt.

Es bleibt noch einiges mehr zu sagen zur Begründung der *sozialen* und besonders der *sozial*erzieherischen Bedeutsamkeit sportlichen Eigenhandelns: Die Sportgemeinschaften, von der Mannschaft bis zum Verein, bieten in ihrer sozialen Vielfalt von Rollen, Ämtern und Aufgaben ein überschaubares und daher für Jugendliche geradezu mustergültiges Gebiet zur Einübung von sozialen Verhaltensweisen und gruppenbezogenem Handeln. Sie sind ideale Übungsstätten für exemplarische staatsbürgerliche Erziehung – Demokratie »in der Nußschale«. Der Sport ist hier in seiner Praxisverbundenheit, seiner vielfältigen Rollenaufgliederung, seiner Unmittelbarkeit und besonders in seiner Anziehungskraft fast jeder anderen Gruppenform – außer vielleicht dem Orchester – überlegen. Die sportliche Schule des Eigenhandelns und der Eigenleistung ist gerade des Gruppenbezuges wegen ein besonders geeigneter Erziehungsbereich, leicht zugänglich, verständlich, fesselnd, attraktiv – besonders für Jugendliche und Heranwachsende. Gerade demokratische Gesellschaften sind auf die Anregung und Schulung der Eigeninitiative und der Eigenleistung angewiesen. Sie dürften die besonders eigenmotivierende sportliche Erziehung nicht ungenützt lassen.

Manche Ausführungen dieses Kapitels mögen gar wohl ein wenig idealistisch klingen und sind es zweifellos auch – bewußt. Es geht für den bildenden Wert der Eigenleistung eben um das Ideal, nicht um die meistens von diesem abweichende Wirklichkeit. Sport mag dem Zugriff von Wirtschaft, Zeitungen, Fernsehen, der Verführung durch Geld und Show, durch materielle Vorteile und Publicity-Eitelkeiten gerade im Spitzenbereich – und bei manchen Funktionären – vielfach erliegen – besonders in den vermarkteten, publikumsgängigen Sportarten. Doch gilt dies kaum für alle Sparten, sicher nicht für die Mehrzahl. Wie viele andere Sportzweige ist beispielsweise mein eigener Sport, das Rudern, weitgehend frei von den Verführungen durch Doping, Markt und Medien geblieben. Rudersport ist ein reiner Leistungssport für Eingeweihte, ein Mannschaftssport, der es dem Möchtegern-Star schwermacht, mehr zu scheinen, als selber zu leisten. Dies gilt im übrigen für viele andere Sportarten auch.

Im Sport geht es um sehr viel mehr als nur um Spitzensport. Vielleicht nähert man sich dem Ideal der Eigenleistung im Sport eher im persönlichen Engagement auch auf mittlerer Ebene als im zum Teil vermarkteten Höchstrekordsport. Hier paßten sich manche Star-Athleten schnell den Versuchungen und Ansprüchen der Publicity- und Erfolgsgesellschaft an. Die Gesetze der Selbstbespiegelung, des öffentlichen Narzißmus, auf die ich noch eingehen werde,[6] dringen anscheinend auch in die Kernbereiche eigentlicher Eigenleistungen ein. (Manche Verbandsfunktionäre und Spitzenstars sind ihnen auch im Sport schon erlegen.)

Für die Ausrichtung an der, für die Erziehung zur Eigenleistung ist freilich das Ideal einschlägig, nicht in erster Linie die teilweise überfremdete Wirklichkeit.

6 Vgl. H. Lenk: Eigenleistung, a. a. O., S. 123ff.

Ideale zählen für die Erziehung – und wir haben leider zu wenige, die das Eigenhandeln wirksam anregen und zugleich Jugendliche fesseln können. Der Sport als Ideal der Eigenleistung ist und bleibt hier exemplarisch – trotz mancher Überfremdung im Spitzenbereich. Im Sport geht es um viel mehr als bloß um Sport und Sportrekord. Immerhin muß auch der Spitzensportler seine Leistung noch eigenhandelnd erbringen ... auch ihm wird sie nicht geschenkt.

VOLKER GERHARDT

Die Moral des Sports[1]

1. Die Krise im Selbstverständnis des modernen Sports

Wann immer in diesen Jahren von »Sport und Ethik« die Rede ist, bekommt man Anklagen und Vorwürfe, feierliche Ermahnungen und strenge Forderungen zu hören. Neuerdings ergehen sich selbst die Sportler und ihre Repräsentanten, sobald die Moral zur Sprache kommt, in bitteren Selbstvorwürfen.[2] Das ist durchaus verständlich, denn der Sport ist offenkundig in eine Krise geraten, auch wenn es ihm äußerlich besser geht als je zuvor. Der breite Zulauf, das öffentliche Interesse, die internationale Betriebsamkeit,

1 Aufsatzfassung der ursprünglich für den 6. Juli 1989 geschriebenen, wegen einer Erkrankung dann aber erst am 2. Februar 1990 gehaltenen Antrittsvorlesung an der Deutschen Sporthochschule Köln.

2 Jüngstes Beispiel: die Referate auf dem Seminar des NOK im April 1989 in Hannover. Das Seminar stand unter der Frage »Erst das Siegen, dann die Moral?« (siehe dazu die inzwischen erschienene Dokumentation des NOK, Frankfurt am Main 1990). In seinem Eröffnungsreferat beklagte der Präsident des NOK, Willi Daume, das »ethische Vakuum« im Sport. Er warnte vor dem drohenden »Verlust der Humanität« und sprach im Anschluß an die Doping-Affäre um den 100-m-Sprinter Ben Johnson von einem »Höllensturz des Verdammten«. Dieser Sturz sei »zugleich auch ein Menetekel des kopflosen und manipulierbaren Sports selbst« gewesen. Ich zitiere nach dem Bericht von Neumann in der FAZ vom 15.4.1989 unter der kennzeichnenden Überschrift »Das ohnmächtige Gefühl über verlorenes Terrain wird spürbar«. Vgl. dazu jetzt auch N. Schulz/H. Allmer: Zur moralischen Krise im Sport. Phänomene – Aktionen – Aufgaben. In: Brennpunkte der Sportwissenschaft 1 (1989), S. 1–22.

die glanzvollen Wettkämpfe und eine weltweite mediale Permanenz können nicht davon ablenken, daß dem Sport sein gutes Gewissen abhanden gekommen ist. Das gesunde Selbstbewußtsein, in dem er sich jahrzehntelang präsentierte, weil doch der Sport, alles in allem, für eine gute Sache steht, ist brüchig geworden. Die Sportler und Repräsentanten zweifeln an sich selbst. Dabei muß man den Eindruck haben, daß die Selbstzweifel in der Tat die Substanz berühren: Professionalisierung und Industrialisierung des Sports, der zu einem großen Wirtschaftszweig geworden ist, lassen es *erstens* fraglich erscheinen, ob hier noch ein zweckfreies Spiel betrieben wird. Die Klagen über Spielertransfers und Ablösesummen, über Spitzengehälter und reine Schauwettkämpfe, über Werbung am Mann und den mit dem großen Geld verbundenen Verlust an Fairneß sind ja sattsam bekannt. Angesichts der ökonomischen Potenzen des Sports hat die olympische Losung »Dabeisein ist alles!« des Barons de Coubertin längst einen Hintersinn, der die ursprüngliche Absicht ins Gegenteil verkehrt.

Dem entspricht *zweitens*, daß der Sport, der schon lange kein Privileg der Oberschicht mehr ist, auch in der Breite nicht mehr bloß zum Ausgleich für die Belastungen in der Arbeitswelt betrieben wird. Seinen unter den Bedingungen einer Freizeitkultur gewachsenen Selbstzweck-Charakter hat er, zumindest in den hochentwickelten Ländern, verloren. Er ist zum Instrument der Selbstdarstellung privater Konsumenten, marktbewußter Produzenten und herrschender Gesellschaftssysteme avanciert und dabei schon lange nicht mehr auf die nationale Politik oder auf diverse Lokalpatriotismen beschränkt. Der Sport ist zum Leitmedium der Mode und damit selbst zur Mode geworden. Er signalisiert nicht nur besondere Leistungsfähigkeit, sondern auch einen exklusiven Lebensstandard. Selbst noch bei den randalierenden Fans ist er das Statussymbol für einen Überfluß an Zeit, Geld und Kraft, und auf den immer breiter und voller werdenden oberen Rängen der Alterspyramide ist er zum Attribut einer auf Dauer gestellten

Jugendlichkeit geworden. Man hat ihn als Attitüde habitualisiert und bis in die Accessoires hinein konfektioniert.[3] Innen wie außen wird alles zum Sport. Es wäre schön, wenn man dies als soziologischen Triumph des Sports deuten könnte; das Problem ist nur, daß der Sport in einer Kultur, die sich insgesamt als sportlich präsentiert, seine Identität zu verlieren droht. Was ohnehin alle machen, kann nichts Besonderes mehr sein.

Der gravierende Zweifel aber entsteht *drittens* mit der im Spitzensport längst offenkundigen, aber nun auch im Breitensport statistisch erhärteten Einsicht, daß der Sport gar nicht so gesund ist, wie man bislang gerne glaubte. Zwar steigert der Sport das Lebensgefühl; der Aktive spürt seine Kräfte wachsen und erfährt sich als leistungs- und widerstandsfähiger. In der Tat kann der Trainierte auch manche außersportliche Belastung besser ertragen. Aber im medizinischen Sinn gesünder wird man dadurch keineswegs. Noch nicht einmal bei der mit Abstand häufigsten Todesursache, bei den Kreislauferkrankungen, ergibt sich ein nachweisbarer medizinischer Effekt sportlicher Leistung. Wer Sport treibt, bekommt mit der gleichen Wahrscheinlichkeit einen Herzinfarkt wie der Nichtsportler – ein gewisses Bewegungsminimum vorausgesetzt.[4] Natürlich

3 Vgl. dazu V. Rittner: Gesellschaftliche und individuelle Ursachen einer gesteigerten Nachfrage nach Sportgütern und Dienstleistungen. In: Sportkonsum als Konsumsport? Die Kommerzialisierung des Sports und ihre Auswirkung auf den »Sportlichen Konsumenten«. Beiträge und Ergebnisse eines Expertengesprächs. Stiftung Verbraucherinstitut. Berlin 1987; ders: Soziale und kulturelle Bedingungen der Vermarktung des Sports. In: Brennpunkte der Sportwissenschaft 2 (1988), S. 75–82.

4 Hierzu vor allem die Ende 1989 vorab veröffentlichten Ergebnisse der Langzeituntersuchung von S. Blair vom *Kenneth H. Cooper's Institute for Aerobics Research in Dallas (The Journal of the American Medical Association, 10/1989),* über die in den Zeitungen inzwischen mehrfach berichtet worden ist (u.a. in: *Newsweek* vom 13. November 1989, S. 52). Entsprechende Ergebnisse hat bereits de Marées vom Institut für Sportwissenschaft der Ruhr-

sollte man gleich hinzufügen, daß dieses Minimum unter den Lebensbedingungen der modernen Zivilisation wohl durch nichts leichter, lustvoller und kreativer gesichert wird als eben durch den Sport. Gleichwohl gilt *medizinisch*, daß der aktive Sportler, insbesondere der Leistungssportler, nur die Hoffnung haben darf, daß ihn der Infarkt nicht mit gleicher Härte trifft. Da er aber mit nachweislich größeren Gelenk- und Bänderschäden rechnen muß, kürzt sich der ohnehin zweifelhafte Vorteil rasch weg. Mit Blick auf die in einer Gesellschaft insgesamt anfallenden Krankenkosten muß man sogar vermuten, daß der Sport die Ausgaben steigen läßt.[5]

Das sind gewiß noch in manchem ungesicherte Erkenntnisse.[6] Für sie spricht aber vieles, vor allem, wenn man bedenkt, daß die nunmehr schon seit Jahren mit dem Sport verbundene massenhafte Selbstmedikation dabei noch nicht berücksichtigt ist. Es ist noch gar nicht abzusehen, welche gesundheitlichen Folgen die weitverbreitete Leistungssteigerung durch Mineral- und Proteinkonzentrate sowie durch zentralnervöse und hormonelle Stimulantien haben wird. Das Doping im Hochleistungssport, dessen verheerende gesundheitliche Folgen nicht

Universität Bochum im Kolloquium »Hauptsache gesund?« des Arbeitskreises Kirche und Sport im April 1989 in Hachen vorgetragen: »Sportmedizin und Gesundheit – aktuelle Aspekte« (unveröffentl. Manuskript).

5 Vgl. dazu H. de Marées: Sportmedizin und Gesundheit – aktuelle Aspekte (unveröffentl. Manuskript).

6 Die vielfältigen Erkenntnisse über positive Auswirkungen sportlicher Betätigung auf Wohlbefinden und körperliche Gesundheit, die längst dazu geführt haben, daß der Sport ein unverzichtbarer Bestandteil von Therapie und Rehabilitation ist, müssen nicht im Widerspruch zu den in Anm. 4 erwähnten Ergebnissen stehen. Es kommt darauf an, was man unter dem Bewegungsminimum versteht und wie man es herbeiführt. Vgl. hierzu W. Hollmann/R. Rost/B. Dufaux/H. Liesen: Prävention und Rehabilitation von Herz-Kreislauf-Erkrankungen durch körperliches Training. Stuttgart 1983.

mehr bestritten werden können, ist bekanntlich nur die Spitze eines Eisbergs.[7] Was die Fitneßpräparate, die Dauerbestrahlung in den Sonnenstudios oder die nicht verbotenen Lokalanästhetika und die Kortikosteroide für Langzeitwirkungen haben, vermag noch niemand abzusehen. Nur soviel kann man heute schon sagen: Der Gesundheit dienen sie nicht.

Angesichts dieser Probleme ist es gewiß keine rhetorische Übertreibung, von einer *Krise des modernen Sports* zu sprechen. Und es kann auch kein Zweifel sein, daß es eine Krise ist, die das *Selbstverständnis* des Sports tatsächlich berührt. Damit aber hat sie zwangsläufig eine *moralische Dimension.* Denn ein *moralisches Problem* entsteht jedem, der *handeln muß* oder *handeln will,* sich jedoch erst zu vergewissern hat, *als was er sich eigentlich versteht.* Identitätssicherung unter Handlungsdruck – das ist das Grundproblem aller Moral. So muß es auch das Nationale Olympische Komitee (NOK) empfunden haben, als es das 1989 in Hannover durchgeführte Seminar unter eine Alternative stellte, die den Lebensnerv des Sports berührt: »Erst das Siegen, dann die Moral?«

2. Moral als Identitätssicherung durch Handlung

Nicht erst dieses Seminar hat gezeigt, daß sich auch die Vertreter des Sports die moralische Kritik am Verfall und an der Verkehrung seiner ursprünglichen Werte zu eigen ge-

7 Hierzu braucht nur insgesamt auf die verschiedenen Veröffentlichungen von Donike verwiesen zu werden. Siehe: M. Donike: Biomechanische Aspekte des Dopings. In: Brennpunkte der Sportwissenschaft 2 (1989), S. 36–47; vgl. dazu auch W. Hollmann: 38 Jahre sportmedizinische Forschungs-Ergebnisse und gesellschaftliche Bedeutung. In: Brennpunkte der Sportwissenschaft 2 (1989), S. 48–59. Im übrigen sei auf die Publikationsreihe im Sportteil der FAZ (Fakten, Fragen und Antworten zum Thema »Doping«) am 3., 10., 14., 17. und 23. Dezember 1988 hingewiesen.

macht haben.[8] Sie verlangen nunmehr präzisere Normen, striktere Kontrollen und härtere Sanktionen und erwarten dabei die tätige Mitwirkung der Gesellschaft, d.h. der Medien und der Mäzene, der Politiker und der Wissenschaftler sowie überhaupt des ganzen Publikums. Doch bei alledem hat man den Eindruck, als werde auf ein *von außen* kommendes Verlangen reagiert: *Hier* ist der Sport mit seinen eigenen Zielen, Regeln und Interessen, und auf der *anderen* Seite stehen die moralischen Ansprüche, denen man nun einmal, weil man soziale Anerkennung benötigt, zu genügen hat. Die kategorischen Imperative der Moral scheinen dem Sport wie eine fremde Autorität entgegenzutreten; zwischen beiden liegt eine Kluft, über die nur der schmale und schlecht gesicherte Steg des guten Willens führt.

Das ist freilich keine gänzlich ungewöhnliche Konstellation: Moralische Ansprüche entstehen im Gang gesellschaftlicher und individueller Entwicklung ursprünglich wohl nur durch Übernahme fremder Forderungen. Zumindest sind es Ansprüche von anderen, von Vater und Mutter, von herrschenden Autoritäten, prägenden sozialen Stereotypen und individuellen Vorbildern, die den Anstoß zu moralischen Forderungen geben. Die Außen-innen-Opposition zwischen mir (als dem Akteur) und dem anderen (als dem Kontrolleur) steht immer am Anfang. In

8 Seine Bemerkung über das »ethische Vakuum im Sport« erläuterte Daume auf dem NOK-Seminar folgendermaßen: »Jeder weiß, es ist kein Entkommen, keine Rückkehr möglich, wo aber denn hin, wenn nicht zurück, soll der Weg gehen? Sollte Sport nicht vielleicht ganz von moralischen Rücksichten befreit werden, weil dies nur eine lästige Bremse der Leistung ist? Oder brauchen wir eine neue, rigoristische Moral mit unbedingten Grundsätzen? Mit Sicherheit ist über den zukünftigen Weg des Hochleistungssports und insbesondere der Olympischen Bewegung das letzte Wort noch nicht gesprochen.« W. Daume: Begrüßung und Einführung zum Ethik-Seminar in Hannover. In: Dokumentation zum Ethik-Seminar des Nationalen Olympischen Komitees für Deutschland. Hannover 1989, S. 10.

komplexen Gesellschaften mit ihrem sektoriellen Gegeneinander unterschiedlicher Erwartungen ist es überdies gar nicht zu vermeiden, daß sich immer wieder neue Anspruchsgegensätze bilden, die oft nur durch Aneignung des Fremden, durch mitunter schmerzliche Anpassung an den Widersacher, überwunden werden können. Die Kluft zwischen äußeren und inneren Ansprüchen tut sich also immer wieder auf, und man kann gleich hinzufügen, daß ihre bewußte, moralischen Kriterien genügende Überwindung mit Sicherheit nirgendwo gelingt, wo der gute Wille fehlt. Dies gilt zunächst natürlich für das Handeln von Individuen, läßt sich aber auch auf das Verhalten von Organisationen übertragen.

So gesehen könnte man die Diskurs-Konstellation beim Thema »Sport und Ethik« für etwas ganz Normales halten. Normal ist sie jedoch nur für den ersten Anstoß der moralischen Frage. Die Frage selbst wird schon unter entscheidend veränderten Bedingungen gestellt. Wer sich ernsthaft fragt: »Was soll ich tun?«, der muß das Problem tatsächlich als *sein eigenes* erfahren. Die Norm, nach der er zu handeln sucht, darf nicht mehr *nur* die der anderen sein, sondern er muß sie schon als eine Regel auffassen können, der *er selbst* untersteht.

Was für die Frage zutrifft, gilt erst recht für die Antwort: Sie kann nur dort moralischen Ansprüchen genügen, wo sie aus *eigenem* Antrieb – und nicht bloß von außen genötigt – erfolgt. Um aber einer Norm von sich aus folgen zu können, muß man sie sich *zu eigen* gemacht haben. Bei juridischen Vorschriften mag es genügen, ihnen rein formal, also bloß äußerlich zu entsprechen: beim Recht kann die Folgeleistung notfalls ja auch erzwungen werden. Die moralische Handlung aber setzt ganz und gar auf die *Freiwilligkeit* des Akteurs. Da Freiwilligkeit nichts anderes besagt, als daß man aus *eigener* Einsicht und damit aus seinem *eigenen* Grund heraus handelt, bleibt sie nur dort gewahrt, wo man sich auch die Norm zu eigen gemacht hat. Die Freiheit besteht eben darin, daß man *sich selbst bestimmt*, daß man *von sich aus* etwas tut und dafür *seine* Gründe hat.

Und sofern diese Gründe nicht nur dem Eigensinn oder einer höchst persönlichen Kalkulation entspringen, sondern *wirkliche Gründe* mit dem Anspruch auf *allgemeine Geltung* sind, bekommen sie eine moralische Qualität.[9]

Man kann eine moralische Handlung geradezu dadurch definieren, daß in ihr eine *Norm zum Motiv,* d.h. zum *rationalen Beweggrund* eines Verhaltens wird. Moralisch ist folglich der Mensch, dem es gelingt, eine vernünftige Einsicht aus eigenem Antrieb zum Prinzip seines Handelns zu machen. Auf den Vorgang der *Aneignung,* der *Verinnerlichung* und *Anverwandlung* kommt es an, und zwar so, daß man in der praktischen Übernahme der als richtig erkannten Regel die Übereinstimmung *mit sich selbst* erfährt. Moral ist, wie gesagt, vor allem ein Problem der *Identitätsfindung und Identitätssicherung im Handlungsfeld.*

3. Moralisches Handeln benötigt Selbstbegriff und Situationsbezug

Es ist leicht zu sehen, daß diese Selbstfindung im moralischen Handeln nur gelingen kann, wenn die Allgemeinheit der ethischen Norm und die Besonderheit der individuellen Realität einander nicht fremd gegenüberstehen. Dabei reicht es keineswegs aus, daß sie über den *Regelcharakter* einer jeden Handlung und den zugrunde liegenden *Selbstbegriff* des Akteurs immer schon *begrifflich* miteinander verknüpft sind; die normativen Implikate im Selbstverständnis eines jeden Subjekts machen es gewiß erst möglich, daß allgemeines Gesetz und Individualität im Handeln zur Deckung kommen können.

9 Vgl. dazu V. Gerhardt: Selbstbestimmung. Über Ursprung und Ziel moralischen Handelns. In: D. Henrich/R. P. Horstmann: Metaphysik nach Kant? Stuttgarter Hegel-Kongreß 1987. Stuttgart 1988; ders: Was ist ein vernünftiges Wesen? In: H. Girndt (Hg.): Selbstbehauptung und Anerkennung. Spinoza – Kant – Fichte – Hegel. Sankt Augustin 1990.

Doch darin liegt lediglich eine notwendige formale Bedingung. Es muß eine *sachliche* Affinität hinzukommen, wenn ethische Norm und reales Handeln in eine praktische Beziehung eintreten können sollen. Man muß das Gebotene nicht nur *verstehen,* man muß es auch *wirklich können.* Dazu bedarf es in der Regel eines geschärften Urteilsvermögens und einer gewissen Übung, einer Vertrautheit mit dem Kontext und vor allem der Sicherheit im Umgang mit seinen eigenen Kräften. Eine Tat kann noch so gut gemeint sein: Wenn sie nichts mit der realen Handlungslage zu tun hat, wird sie wertlos. Seinen Sinn bezieht der moralische Imperativ daher immer auch aus der Bindung an eine *Situation.* Ist das nicht der Fall, kann die Norm nicht auf die konkreten Handlungsbedingungen bezogen werden, dann ist sie abstrakt und mithin folgenlos.

Nach einem gängigen Vorurteil hält man die folgenlose Abstraktheit für ein genuines Merkmal moralischer Gebote. Tatsächlich aber ist dies nur ein Kennzeichen jener *von außen* herangetragenen Appelle, die im moralischen Subjekt immer nur den jeweils anderen sehen, dessen konkrete Handlungswirklichkeit nicht weiter kümmert. Strenggenommen müßte eine solche bloß appellative Moral selbst als unmoralisch qualifiziert werden, denn das spezifisch moralische Problem entsteht überhaupt erst mit den Schwierigkeiten, die ein Subjekt mit *seinem eigenen* Handeln hat. »Was soll ich tun?« ist die auslösende Frage einer jeden Moral, und die Mitmenschen, die anderen, alle diejenigen, die ich *nicht* bin, gelangen in meine ethische Perspektive nur, sofern ich sie tatsächlich in irgendeiner Weise *als meinesgleichen* begreifen kann. Der Ausgangspunkt liegt also jeweils in *bestimmten* Problemen, die das *Ich* mit *sich* und *seinem Dasein* hat; zum Mitmenschen als einem moralischen Subjekt kommt das Ich stets nur über das Du als sein *alter ego.* Wie ich mich und den anderen verstehe, ist niemals unabhängig davon, wie ich mich *selbst* unter den jeweils spezifischen Realitätsbedingungen begreife.

Also muß eine ethische Forderung, wenn sie ernst gemeint ist, nicht nur spezifischen äußeren Umständen und Handlungslagen angemessen sein; es reicht auch nicht aus, wenn sie die besonderen physischen und psychischen Vermögen des Akteurs in Rechnung stellt; sie muß vor allem Raum für die *Selbsteinschätzung* des Handelnden lassen. Sein *Selbstbegriff* gehört wesentlich sowohl zur Genese wie auch zur Geltung eines jeden moralischen Urteils. Wozu ich moralisch verpflichtet bin, das hängt immer nur davon ab, als was *ich mich* in einer *konkreten Handlungssituation* verstehe: ob als Ehemann, der sein Wort gegeben hat, oder als Vater, der für seine Kinder zu sorgen hat, ob als Wissenschaftler, den sein Ethos auf die Erkenntnis verpflichtet, als akademischer Lehrer, dem es am Herzen liegt, daß man bei ihm auch etwas Brauchbares lernt, oder als Bürger, der politische Verantwortung für andere trägt. Alles dies sind mögliche Selbstbegriffe, die einer moralischen Frage bereits zugrunde liegen. Und wenn ein Konflikt die Grenzen dieser speziellen, dieser jeweils konkreten Selbstauffassungen sprengt, dann werde ich letztlich auf mein Selbstverständnis als *Mensch* und damit als ein *vernünftiges Wesen* zurückgehen müssen, um zu klären, was ich denn eigentlich tun soll. Doch auch in diesem äußersten Begriff meiner selbst als vernünftiges Wesen bleibe ich an den problemauslösenden Konflikt und damit an eine konkrete Handlungslage gebunden.[10]

Das bekräftigt noch einmal die Einsicht, daß eine moralische Norm nur dann Bedeutung gewinnen kann, wenn sie auf die *Realität einer Ausgangslage* bezogen ist. Moral als Ausführung eines kategorischen Imperativs, also als Gehorsam gegenüber einem Befehl, den man sich in dieser Unbedingtheit *nur selbst* geben kann, setzt *eine Affinität von Realität und Norm* voraus; denn man befiehlt sich selbst

10 Vgl. V. Gerhardt: Selbständigkeit und Selbstbestimmung. Zur Konzeption der Freiheit bei Kant und Schelling. In: H. M. Pawlowski u. a. (Hg.): Die praktische Philosophie Schellings und die gegenwärtige Rechtsphilosophie. Stuttgart-Bad Cannstatt 1989.

ernsthaft nur in der Erwartung, *sich auch selbst gehorchen zu können.* Man muß – alles in allem – *zu sich selbst kommen,* wenn man wahrhaft sittlich handeln will. Also muß es möglich sein, in sich selbst Norm und Realität zur Deckung zu bringen. Betrachtet man jedoch moralische Gebote lediglich als eine Auflage, die man von anderen erhält, so wird man bestenfalls konform, aber nie wirklich *gut.*

4. Eine genuine Moral des Sports

Dieses Beharren auf dem *Situations- und Selbstbezug,* auf der Bindung an den auslösenden *Konflikt* und an die sachliche *Konkretion,* klingt vermutlich selbst ziemlich abstrakt. Die Frage ist vor allem: Was bedeutet dies alles für den *Sport*? – Zunächst nur dies: *Wenn es dem Sport wirklich ernst mit der moralischen Frage ist, dann muß er sich auch selbst um Antworten bemühen.* Erörterungen zum Thema »Ethik und Sport« können nur dann praktische Konsequenzen zeitigen, wenn tatsächlich von der besonderen Handlungslage in Spiel und Wettkampf ausgegangen wird und die Aktiven das Moralproblem als *ihre eigene Angelegenheit* behandeln – als die Frage danach, *wer* sie als Sportler überhaupt sind und was sie eigentlich wollen.

Natürlich bleibt es jedem unbenommen, auch von außen Forderungen heranzutragen. Man wird jedem Politiker und Journalisten, vielleicht sogar einem Philosophen dankbar sein, wenn er allgemeine ethische Gebote, die eben auch die Sportler und ihre Funktionäre befolgen sollten, in Erinnerung bringt. Keine Ethik des Sports wird sich von den Maximen lösen können, die in einer Gesellschaft insgesamt als verbindlich angesehen werden. Aber: *Als Theorie kann eine Ethik des Sports nur überzeugend sein, wenn sie in ihren Prämissen die Eigentümlichkeiten sportlichen Verhaltens berücksichtigt, und sie kann praktisch wohl nur dann Geltungskraft haben, wenn sie selbst aus der Praxis des Sports erwächst.*

Um diese sowohl *theoretische* wie *praktische* Bindung an den Sport herauszustellen, spreche ich von der *Moral des*

Sports. Ethik ist nach unserem heutigen Verständnis eine wissenschaftliche Disziplin, die sich auf theoretische Aussagen über richtiges Verhalten beschränkt; Ethik kann man in philosophischen Seminaren lehren. *Moral* aber müßte man schon predigen; doch wer möchte sich dazu heute noch das gute Gewissen anmaßen? Will man eine Moral, genauer gesagt: eine moralische Haltung wirklich vermitteln, dann muß man sie *zeigen,* d.h., man muß sie *vorleben.* In ihr genügt das bloße Wissen nicht. Ob man eine Moral richtig versteht, zeigt sich letztlich nur darin, ob man nach ihr auch *selbst zu urteilen und zu handeln* versteht. In diesem Sinn käme es darauf an, eine *Moral* des Sports zu entwickeln, die aus der Logik sportlichen Handelns folgt und deren Regeln immer schon die Maximen dessen sind, der ernsthaft Sport betreibt.

Die größte Schwierigkeit bei diesem Zugang zu einer Moral des Sports hängt bezeichnenderweise mit jenem Problem zusammen, an dem die gegenwärtige Krise des Sports sinnfällig wird: Wir vermögen offenbar nicht mehr zu sagen, *was Sport eigentlich ist.* Das Selbstverständnis des Sports ist fraglich geworden. Nicht nur die Sportwissenschaftler zögern, eine Definition zu geben,[11] sondern auch die Sportler selbst wissen anscheinend nicht mehr, was sie eigentlich tun. Sie haben keinen sicheren Begriff mehr von sich selbst.[12] Wie soll es unter solchen Bedingungen mög-

11 Auf die Schwierigkeiten, eine adäquate Definition des Sports zu geben, hat Lenk immer wieder aufmerksam gemacht. Vgl. H. Lenk: Leistungssport: Ideologie oder Mythos? Zur Leistungskritik und Sportphilosophie. Stuttgart [u.a.] 1972. Daß aber auch er ohne eine »Arbeitsdefinition« oder »Rahmendefinition« nicht auskommt, belegt er in seinem neuen (zusammen mit Pilz geschriebenen) Buch »Das Prinzip Fairneß« (1989).

12 Ein Beispiel für viele ist Reichenbachs Artikel »Ben Johnson bleibt für mich ein Vorbild« in »Die Welt« (14. 1. 1989). Lange Zeit hatte ich angenommen, die abwertende Kritik am Sport sei im wesentlichen ein Metier derjenigen, die entweder keinen Sport treiben oder die Wert darauf legen, für Nichtsportler gehalten zu werden. So mußte man auch die nun schon seit Jahrzehnten

lich sein, von einem konkreten Selbstverständnis und einem situativ überzeugenden Begriff sportlichen Handelns auszugehen? Was kann es in einer so diffus gewordenen Ausgangslage noch bedeuten, »ernsthaft« Sport zu treiben und dabei auch noch von einer eigenen »Logik« sportlichen Handelns zu sprechen?

Doch: Geht die Krise tatsächlich so weit, daß wir, wenn wir Sport treiben, weder wissen, was wir tun, noch wirklich sagen können, als wer oder was wir uns verstehen? Sollten wir wahrhaftig zwischen dem Sport und anderen Tätigkeiten nicht mehr unterscheiden können? Mir scheint, wir können hier sehr wohl zureichende Antworten geben, vorausgesetzt, wir verstehen die Fragen so, wie sie im jeweiligen Handlungszusammenhang gemeint sind. Da geht es ja noch nicht um das metaphysische Wesen des Sports; da will man nicht gleich wissen, wer man als Sportler im Grunde eigentlich ist. Es ist weder das letztlich unauflösliche Rätsel unserer Selbsterkenntnis gestellt noch nach dem äußersten Sinn unseres Tuns gefragt. Wir möchten lediglich wissen, worin sich die sportliche Tätigkeit von anderen Tätigkeiten unterscheidet. Wenn – um nur ein Beispiel zu geben – sich jemand entscheidet, die Einladung zu einem Kongreßvortrag auszuschlagen, um statt dessen an einem Stadtmarathon teilzunehmen, steht er keineswegs gleich vor dem abgründigen Problem »Was ist eigentlich Sport? Und warum treibst du ihn?«. Genausowenig fragt er dabei gleich nach dem Wesen der Wissenschaft und nach dem Sinn von Kongreßvorträgen. Er möchte doch nur sich, seiner Familie oder seinen Kollegen klarmachen

geübte ideologische und literarische Kritik an den sogenannten Anpassungsfunktionen des Sports verstehen. Erst mit Aufnahme meiner Tätigkeit an der Deutschen Sporthochschule Köln habe ich feststellen müssen, daß die sich distanzierende Kritik am Sport, insbesondere natürlich am Leistungssport, gerade bei den aktiven Sportlern verbreitet ist. Da die abfällige Selbstkritik natürlich nicht dazu führt, auf Training und Wettkampf zu verzichten, tritt man mit einem schlechten Gewissen an. Dies ist eine im Einzelfall kuriose, aufs Ganze gesehen jedoch unerträgliche Situation.

können, warum er in diesem Fall das eine dem anderen vorzieht.

Damit ist eben die Handlungsebene gekennzeichnet, auf der wir uns normalerweise über unser Tun verständigen. Folglich werden auf ihr auch die moralischen Fragen erörtert. Denn solche Erörterungen beziehen sich auf nichts anderes als auf das Warum und Wozu, aus dem ich das eine tue und das andere lasse. Wenn die Rechtfertigung meines Handelns dem verständlich sein soll, der nach ihr fragt, muß sie in derselben Sprache formuliert werden können, in der sich die Handlungsalternative stellt. Es reicht also für die Klärung moralischer Probleme vollauf, wenn wir Begriffe gebrauchen, die im alltäglichen Lebenszusammenhang, also in einem pragmatischen Kontext[13], trennscharf genug sind, um von mir sinnvoll gebraucht und vor allem deutlich genug verstanden werden zu können. Und ich müßte mich sehr irren, wenn es in diesem Kontext nicht auch heute noch mit hinreichender Sicherheit möglich wäre, zwischen Sport und Nicht-Sport zu unterscheiden. Folglich ist unter diesen Ausgangsbedingungen auch eine Definition des Sports nicht ausgeschlossen. Es sind vor allem zwei Kriterien, die den Sport von anderen sozialen Verhaltensformen des Menschen abgrenzen.

13 Ich schließe hier an Überlegungen an, die Lenk wiederholt vorgetragen hat – mit Bezug auf das hier verhandelte Thema. Vgl. H. Lenk: Aspekte einer Pragmatisierung der Ethik – auch für die Sportethik. In: K. Cachay u. a. (Red.): Sport und Ethik. Clausthal-Zellerfeld 1985. Vielleicht ist es sinnvoll, die Bemerkung hinzuzufügen, daß man noch nicht notwendigerweise eine Position des »Pragmatismus« vertritt, wenn man dafür plädiert, in der philosophischen Analyse von einem pragmatisch verstandenen Lebenszusammenhang auszugehen. Von einem *pragmatischen* Ansatz auszugehen bedeutet vor allem nicht, auf die *Verbindlichkeit praktischer Probleme* zu verzichten. Gerade der pragmatisch erschlossene Lebenszusammenhang kann uns klarmachen, daß es darin praktische Fragen gibt, die unbedingte Verbindlichkeit mit sich führen und die alternative Entscheidungen fordern.

5. Erstes Kriterium: Sport als Spiel

Das *erste* liegt in dem konstitutiven Unterschied des Sports zur erfahrenen Lebenssicherung durch *Arbeit* und existentiellen *Kampf. Sport ist Spiel.* Bei allem *Ernst,* mit dem wir uns dem Sport hingeben können und den er im Training und im Wettkampf auch gewiß verlangt, ist doch der Sport *als Sport* ein von Not und elementarem Bedürfnisdruck befreiter Luxus. Ein Überschuß von Kräften wird spielerisch ausgelebt. *Als Spiel* ist der Sport eine *sich selbst genügende Tätigkeit,* in der es nicht um Existenzerhaltung, sondern um die Freude an der unmittelbaren Auslassung der eigenen Kräfte geht. Im Sport genießt der Mensch seine eigenen psycho-physischen Möglichkeiten. Schon von daher ist es verständlich, daß sportliche Tätigkeit auf Anspannung und Steigerung, auch auf Anstrengung angelegt ist, denn Möglichkeiten sind *a priori* grenzüberschreitend, und der Genuß, vor allem der im Sport so wichtige *Selbstgenuß,* braucht nicht nur Gegensatz, sondern sucht in allem die Intensität.

Daß der Sport als Sport weder Arbeit noch Existenzkampf ist, gehört alltagssprachlich zu den Voraussetzungen des korrekten Wortgebrauchs. Gleichwohl zögert man, ihn geradeheraus als Spiel zu bezeichnen, weil er ja mit so viel Anstrengung, Schweiß und kämpferischer Absicht verbunden ist. Und wenn dann noch hinzukommt, daß man, um überragende Leistungen zu erzielen, aus dem Sport eine Profession machen muß, dann, so scheint es, hat der Sport endgültig ausgespielt. Carl Diem z. B., der Spiel und Sport mit guten Gründen stets in ein enges Verhältnis gerückt hat, sah im Amateurstatus eine zwingende Bedingung für den Sport überhaupt.[14] Doch dieser Konsequenz liegt ein Mißverständnis zugrunde, das sich leicht aufklären läßt: Die Zweckfreiheit ist lediglich eine *interne* Voraussetzung des Spielens. Man *braucht* keinen Zweck zum Spielen. Man hat keine übergreifende Absicht *nötig,* um ein Spiel zu verstehen oder um sich daran zu beteiligen.

14 C. Diem. Wesen und Lehre des Sports. Berlin 1960, S. 10.

Das Spiel besteht in den Regeln, in denen es sich vollzieht – und in nichts sonst. *Der Sinn des Spiels liegt ganz und gar in seinem Vollzug.*[15] Folglich braucht man, um seine Eigenart zu begreifen, keinen darüber hinausweisenden Zweck. Insofern kann es tatsächlich »zweckfrei« sein.

Aber das schließt, wie wir wissen, keineswegs aus, daß wir als Spieler oder als Betrachter mit dem Spiel die unterschiedlichsten Zwecke verbinden. Der eine hat das Ziel, sich spielend *Abwechslung* zu verschaffen, der andere möchte etwas für seine *Gesundheit* tun, ein dritter will seine *Freunde* nicht verlieren, und vielleicht träumt jeder davon, auf diese Weise etwas zum *Ruhm* seines Vereins, seiner Stadt oder auch nur der eigenen Person beizutragen. Für andere wiederum ist ein Spiel nur interessant, weil sie gern eine *Wette* auf den Ausgang abschließen, weil sie *als Lehrer* auf einen Erfolg ihrer Bemühungen setzen oder *als Veranstalter* schon zufrieden sind, wenn alles klappt.

Das sind nur Beispiele für Zwecksetzungen, die mit einem einzigen zweckfreien Spiel verbunden sein können. Die möglichen Zwecke sind so vielfältig wie die denkbaren Absichten eines jeden, der als Mitspieler oder Schiedsrichter, als Veranstalter oder Zuschauer etwas beiträgt. Angesichts dieser prinzipiell unbegrenzbaren Vielfalt von Zielen und Einstellungen ist es geradezu marginal, ob es auch Spieler gibt, die ihren Einsatz professionell betreiben. Ob jemand für Geld oder seiner Gesundheit wegen teilnimmt, ist vom Standpunkt des Spiels betrachtet völlig gleichgültig. Das Spiel bleibt Spiel, solange es den Regeln entspricht.

Natürlich besteht unter dem Druck hoher Trainingseinsätze, lotterieartiger Gewinnerwartungen oder extremer psychischer Spannungen die Gefahr, daß Spieler, Trainer oder Organisatoren die Spielregeln mißachten. Wenn Interessen ins Spiel kommen, die die Tendenz zur Verselbständigung haben, wie dies bei jeder Politisierung oder

15 I. Heidemann: Der Begriff des Spieles und das ästhetische Weltbild in der Philosophie der Gegenwart. Berlin 1968, S. 53.

Kommerzialisierung der Fall ist, besteht das besonders hohe Risiko einer Ablenkung von der Logik und Disziplin des Spiels – dies aber nicht etwa deshalb, weil Politik, Kommerz oder Professionalität dem Spielcharakter *a priori* widersprächen, sondern weil unter dem Interessendruck die Achtung vor der Eigenständigkeit des Spiels nur zu leicht verlorengeht. Erst wenn die stets mit hineinspielenden externen Motive überhandnehmen und die genuine Lust am Spiel verdrängen, kommt es zu einem Widerspruch, aber nicht zum Spiel als solchem. Es ist der *Spieler*, der sich in einem Widerspruch *zu sich selbst* verfängt: Wem der externe Zweck so wichtig ist, daß er das dazu eingesetzte Mittel (in diesem Fall also das zweckfreie Spiel) in seiner Eigenart gar nicht mehr respektiert, der gerät in einen *Gegensatz zu sich selbst.* Man kann und darf also durchaus mit dem Spielen Geld verdienen – ebensogut, wie man hoffen darf, im sportlichen Spiel seine Gesundheit zu erhalten; aber man muß dabei tatsächlich *Spieler* bleiben und im Spiel tun, was das *Spiel als Spiel* verlangt.

6. Die Moral im Spiel

Angesichts der starken externen Motive ist das allerdings nicht immer leicht. Wir müssen zugeben, daß nicht eben wenige Spieler den Selbstwiderspruch einfach in Kauf nehmen, wenn es um große Summen oder hohes Prestige geht. Deshalb bedarf es in solchen Fällen der strengen Anweisung zur Beachtung der Regeln sowie eines ganzen Systems von Kontrollen und Sanktionen. Je höher die materiellen und ideellen Gewinnerwartungen sind, desto schärfer muß für die Einhaltung der Spielregeln gesorgt sein.

Das ist die organisatorische, genauer: die *polizeiliche* und *richterliche* Aufgabe, die entsteht, wenn große Interessen ins Spiel kommen. Sie dient unter sportlichen Bedingungen nur dem einen Zweck, nämlich das Spiel als Spiel zu schützen und einen regelgerechten Spielverlauf zu garantieren.

In diesen Aufgabenbereich fallen alle Maßnahmen zur Einhaltung der sogenannten *formellen Fairneß*, bei der es ganz allgemein um regelkonformes Verhalten geht.[16] Da man die Gesinnungen der Spieler weder prüfen kann noch ernsthaft prüfen möchte, bleibt zur Sicherung der formellen Fairneß nur ein juridisches Verfahren mit äußeren, schiedsrichterlichen Kontrollen und normierten Sanktionen.

Man darf aber nicht übersehen, daß alle äußeren Kontroll- und Sanktionsmechanismen stets auf einer Voraussetzung basieren, nämlich der, daß sich der einzelne Spieler tatsächlich auch *von sich* aus an die Regeln halten kann. Jede Belehrung oder Ermahnung, jede Verwarnung oder Strafe wäre vergeblich, wenn die Spieler nicht aus *eigener Einsicht* – also ohne von außen gestoßen oder gezogen zu werden – der Logik des Spiels folgen könnten. Verfügten sie nicht über die Fähigkeit, aus eigener Einsicht zu handeln, dann wären sie bloße Automaten, die vor dem Spiel programmiert und nach dem Spiel auf ein anderes Programm umgestellt werden müßten. Lassen wir offen, ob wir uns einen Gott denken können, der so mit uns verfährt. Mit Blick auf den Sport genügt uns das sichere praktische Wissen, daß *wir* vor einem Spiel so nicht eingestellt zu werden brauchen. Auch von anderen ist uns nur bekannt, daß sie zwar vorher ihre Instruktionen bekommen, vielleicht auch zwischendurch einen taktischen Rat oder einen Wink vom Spielfeldrand, aber *spielen müssen sie schließlich selbst*. Und damit, beim Spielen aus eigener Kraft und eigener Einsicht, sind wir endlich auch bei dem, was uns hier speziell interessiert: beim *Problem der Moral*. Die moralische Frage ist ja eben die nach dem *eigenständigen Verhalten* im Spiel und zum Spiel, an dem wir teilnehmen.

Dies gilt freilich nicht für alle Probleme selbständigen Verhaltens im Spiel und zum Spiel. Ausgenommen sind

16 Vgl. dazu erneut Lenk, der diese Unterscheidung ursprünglich vorgeschlagen hat: H. Lenk: Aspekte einer Pragmatisierung der Ethik – auch für die Sportethik, a. a. O.

natürlich die mit der normalen Durchführung üblicherweise verbundenen technischen und taktischen Entscheidungen. Daß ich zum Fußballspiel die Stiefel mit den Stollen anziehe, daß ich die Aufgabe eines Feldspielers von denen eines Torwarts unterscheiden, die Abseitsregel begreifen und eine Torchance erkennen kann – das alles setzt selbständige Leistungen des einzelnen voraus, ist für sich genommen jedoch noch nicht moralisch. Aber es wird augenblicklich eine *moralische Frage* daraus, sobald ich unerlaubterweise Stiefel mit größeren Stollen nehme, sobald ich behaupte, es sei nur die Hand des gegnerischen Torwarts und nicht meine eigene im Spiel gewesen, ich sei gar nicht in die Abseitsposition geraten, und der von mir geschossene Ball sei auch tatsächlich über die Torlinie gerollt. Kurz: *Wenn unser konkretes Verhalten gegenüber den einzelnen Regeln des Spiels in Frage steht, dann ergibt sich mit jedem denkbaren Konflikt ein moralisches Problem.* Dann nämlich muß sich zeigen, als was ich mich eigentlich verstehe: als einer, der um jeden Preis als Sieger dastehen will, oder als jemand, dem dies nur dann erstrebenswert erscheint, wenn alles auch mit rechten Dingen zugegangen ist. Dann muß ich mich entscheiden, ob es mir genügt, als Sieger allenfalls zu *gelten* oder wirklich Sieger im Spiel zu *sein. Die Moral des Spielers liegt in nichts anderem als darin, wirklich Spieler zu sein.*

Man sieht hier sehr gut, wie die moralische Frage sowohl mit einem adäquaten *Situations-* wie auch mit einem konsequenten *Selbstbegriff* verbunden ist. In den üblichen technischen oder taktischen Spielentscheidungen ist nur zu klären, was der Fall ist und ob der Fall der Regel entspricht; alles andere ergibt sich von selbst. In moralisch sensiblen Situationen ist aber gerade diese Selbstverständlichkeit gestört. Ich frage mich, ob es sich lohnt, sich an die Regel zu halten, oder ob ich nicht einfach bestreiten kann, daß sie hier anzuwenden ist. Eine Lösung kann sich hier nur ergeben, wenn ich meine *Rolle als Spieler* wirklich ernst nehme, eines Spielers, der sein Selbstverständnis in dieser Lage allein aus der regelkonformen Teilnahme am Spiel gewinnen kann. Und immer, wenn ich mich in einem Konflikt, der möglicherweise nur aus einer von mir selbst wahrgenommenen Handlungsalternative besteht, *selbständig*, d.h. ohne durch einen Schiedsrichter oder durch einen anderen Teilnehmer dazu gezwungen zu sein, für meine Rolle als Spieler entscheide, dann handle ich moralisch. *Die Moral des Sports liegt somit in der aus eigener Einsicht und eigenem Antrieb erfolgenden Garantie der Regeln durch mich selbst.* Moralisch zu sein heißt damit im Sport nicht mehr und nicht weniger, als *wirklich den Regeln entsprechend spielen zu wollen.*[17]

Es ist dies ein Wille, den wir jedem Spieler als Spieler unterstellen müssen und den wir folglich jedem einzelnen abverlangen können. Überflüssig zu betonen, daß sich auch die Organisatoren des Sports, ganz gleich auf welcher Ebene, diesen Willen zu eigen zu machen haben. Was immer von ihnen moralisch zu fordern ist, gilt stets der Gewährleistung und dem Schutz der Regeln des Spiels, als

17 Die Voraussetzung für moralisches Handeln liegt in jedem Fall in einem ernsthaften Willen. Etwas kann nur dann im moralischen Sinn »gut« sein, wenn es *wirklich gewollt* wird. Darin liegt der Sinn der kritischen Moralphilosophie Kants, der seine erste kritische ethische Schrift nicht grundlos mit folgendem Satz beginnen läßt: »Es ist überall nichts in der Welt, ja überhaupt auch außer derselben zu denken möglich, was ohne Einschränkung für gut könnte gehalten werden, als allein ein *guter Wille.*« I. Kant: Grundlegung zur Metaphysik der Sitten. In: Akademie-Ausgabe, IV. Berlin 1903, S. 393. In der Kant-Literatur wird leider immer wieder übersehen, daß es sich bei der Formel vom »guten Willen« um etwas handelt, das die Moral allererst *begründet, folglich in sich selbst noch nicht moralisch sein kann.* Der »*gute* Wille« heißt hier nichts anderes als »*reiner* Wille«. Der »reine Wille« ist aber eben der, der *wirklich* und *ernsthaft* etwas will. Prauss hat m. W. als einziger einen Interpretationsweg eingeschlagen, der in diese Richtung weist. Vgl. G. Prauss: Für sich selber praktische Vernunft. In: O. Höffe (Hg.): Grundlegung zur Metaphysik der Sitten. Ein kooperativer Kommentar. Frankfurt am Main 1989. Im übrigen verweise ich auf F. Kaulbach: Kommentar zu Kants »Grundlegung zur Metaphysik der Sitten«. Darmstadt 1988.

den wir den Sport verstehen. Wollten wir einen kategorischen Imperativ für den Sport formulieren, dann könnte er im Anschluß an Kant folgendermaßen lauten: *Handle nur nach derjenigen Maxime, nach der du zugleich wollen kannst, daß sie eine Verhaltensregel für alle Mitspieler sei.*[18] Damit ist etwas überaus Einfaches zum Ausdruck gebracht: Wenn man schon spielt, dann soll man auch die Regeln beachten, aus denen das Spiel besteht. Der Imperativ sagt daher nichts anderes als »Achte die Regeln!«. Und das heißt »Halte dich aus eigenem Antrieb an das vorgeschriebene Reglement!«.

7. Zweites Kriterium: Sport als Kampf

Damit ist ein *erstes* Ergebnis erzielt. Aber es reicht noch nicht aus, um den ganzen Umfang einer Moral des Sports zu erfassen. Denn es geht im Sport keineswegs bloß um die Einhaltung einzelner Regeln, sondern um einiges mehr. Um dieses Zusätzliche zu erfassen und in seiner Bedeutung zu verstehen, brauchen wir wiederum nicht auf große ethische Prämissen zu rekurrieren, um aus ihnen Grundsätze für den Sport zu deduzieren,[19] sondern wir haben zunächst *nur auf den Sport selbst* zu achten. Die Moral liegt auch hier, wie wohl überhaupt im Leben, in der *selbständig* und *ernst* ergriffenen Funktion.

Um sie zu erkennen, brauchen wir nur das angekündigte *zweite* Kriterium für die Abgrenzung der sportlichen Tätigkeit von anderen Tätigkeiten heranzuziehen. Auch dies, so möchte ich glauben, kommt in der alltäglichen Verwen-

18 Zum Vergleich sei eine der Formeln erwähnt, die Kant dem kategorischen Imperativ gibt: »Handle nur nach derjenigen Maxime, durch die du zugleich wollen kannst, daß sie ein allgemeines Gesetz werde.« I. Kant: Grundlegung zur Metaphysik der Sitten, a. a. O., S. 421.
19 So verfährt leider Apel in seinem ansonsten lesenswerten Beitrag über »Die ethische Bedeutung des Sports in der Sicht einer universalistischen Diskursethik«. In: E. Franke (Red.): Ethische Aspekte des Leistungssports. Clausthal-Zellerfeld 1988.

dung des Ausdrucks »Sport« zur Geltung: Der *Sport ist nämlich ein Spiel ganz besonderer Art.* In ihm geht es stets um ein *Messen psycho-physischer Kräfte,* um ein *sichtbares Höher-, Stärker- und Schneller-Sein,* es geht um *Sieg oder Niederlage* und damit stets um eine *kämpferische Auseinandersetzung. Der Sport ist, auch wenn dies angeblich empfindliche Gemüter nicht gerne hören, ein Kampf,* genauer gesagt: ein *Kampfspiel.* In ihm treten einzelne Personen oder Mannschaften *gegeneinander* an, um zu *gewinnen.* Dazu ließe sich vieles sagen. In unserem Zusammenhang muß eine kurze Bemerkung genügen: Die humanitäre Abwehr von Krieg und blutigem Streit, überhaupt von aller Brutalität und Gewalt, ist ein in vielfältigen Abstufungen erreichtes, wohl immer unvollständig bleibendes, mit Sicherheit stets gefährdetes, aber über alles andere zu setzendes Motiv, Produkt und zugleich Element der menschlichen Zivilisation. Es ist daher ein vorrangiges Ziel des Menschen, die Abwehr von Gewalt in allen Bereichen des Lebens zu institutionalisieren und zu kultivieren. Die alles andere überragende Bedeutung dieses Ziels kann aber nur verstanden werden, wenn wir illusionslos erkennen, wie gewaltsam und unbarmherzig die Natur mit ihren Geschöpfen verfährt. *Man erweist der Humanität, der Hoffnung auf politischen Frieden und dem Wunsch nach individueller Sicherheit einen schlechten Dienst, wenn man den im Ursprung grausamen, unerbittlichen und allemal tragischen Charakter des Lebens leugnet.* Gerade weil ihr Untergrund schrecklich ist, schätzen wir die Kultur, und wir brauchen zu dieser Wertschätzung gelegentlich wohl auch einen Blick in den Abgrund, über dem sie errichtet ist. Wahrhaft kultiviert werden wir selbst einen einzelnen Menschen nur nennen, wenn er den Anteil, den Schmerz, Haß und Todesfurcht auch an seinem eigenen Leben haben, nicht verdrängt, sondern *verwindet* – so wie man Verlust und Trauer verwindet und wie man mit Gefährdungen und Verletzungen fertig wird, die jederzeit wiederkommen können und die man deshalb nie vergessen sollte.

Der Sport als Kampf ist nun keineswegs, wie uns manche naiven Kritiker weismachen wollen, ein ritualisierter

Rückfall in die vorzivilisatorische Brutalität.[20] Er ist im Gegenteil, von Anfang an, ein Medium der Domestikation menschlicher Grausamkeit unter dem Primat der Kultur. Die Härte gegenüber sich und anderen, die Aggression vor und nach dem Sieg, auch der blutige Charakter mancher Auseinandersetzung sind nicht zu leugnen – erst recht nicht, wenn man auf die Anfänge blickt. Die Griechen ließen ihre Agonisten, ihre »Kämpfer«, bei den Olympien, Pythien, Isthmien und Nemeen mit einer für unser Empfinden abscheulichen Brutalität auftreten.[21] Und dennoch war dies bereits ein periodisch geöffnetes Ventil in einem kultisch umfriedeten Raum und damit bereits ein zivilisatorisch geordneter Umgang mit der Gewalt. Aus dem rohen Kampf auf Leben und Tod entwickelt sich der unter Regeln gestellte *Wettkampf,* der nicht einfach bloß unter der Auf-

20 Erinnert sei nur an die literarische Kritik, die seit den 60er Jahren wiederholt geäußert und die insbesondere bei gesellschaftlich engagierten und literarisch orientierten Kritikern des Sports mehr beredte als nachdenkliche Nachfolger gefunden hat. Hinter dieser Kritik steht in der Regel ein Irrtum, durch den sich vor allem Marcuse einen Namen gemacht hat: Marcuse identifiziert das »Leistungsprinzip« mit Freuds »Realitätsprinzip«, um es dann gegen das »Lustprinzip« auszuspielen. Sein Irrtum ist, das Realitätsprinzip für verzichtbar zu halten. Tatsächlich aber gehören Realitäts- und Lustprinzip notwendig zusammen – ein Zusammenhang, der insbesondere für eine adäquate Auffassung der Leistung von entscheidender Bedeutung ist. Siehe dazu: H. Marcuse: Triebstruktur und Gesellschaft. Frankfurt am Main 1975; G. Ueding: »Mein Spiel – mein Leben«. Sportlerautobiographien von Max Schmeling bis Franz Beckenbauer. In: O. Grupe (Hg.): Kulturgut oder Körperkultur? Tübingen 1990; K. D. Metz (Hg.): Sportgeschichten. Arbeitstexte für den Unterricht. Stuttgart 1978.

21 Vgl. dazu I. Weiler: Der Sport bei den Völkern der alten Welt. Darmstadt 1982; N. Elias: Die Genese des Sports als soziologisches Problem. In: R. Ende (Hg.): Circenses. Spiele auf Leben und Tod. Berlin 1988; M. Lämmer: Zum Verhalten von Zuschauern bei Wettkämpfen in der griechischen Antike. In: G. Spitzer/D. Schmitt (Red.): Sport zwischen Eigenständigkeit und Fremdbestimmung. Bonn 1986.

sicht von Agonotheten, also Kampfrichtern, ausgetragen, sondern eben immer auch betrachtet und als festlicher Höhepunkt *genossen* werden konnte. Das Element der *Ordnung* ist dabei ebensowenig zu übersehen wie die *Zähmung* durch den periodisierten und distanzierten Genuß. Mochte es im antiken Stadion auch noch so wild einhergehen: für die Griechen war es doch nur ein festlich vorgeführtes Exempel des Lebens und insofern ein artifizielles Moment ihrer Kultur. Dies gilt, trotz aller Unterschiede, auch noch für unsere Zivilisation.

Im Sport wird also der gewaltsame Gegensatz des Lebens unter ein vom Menschen diktiertes Gesetz gestellt, er wird beherrscht und dargeboten. Schon im formalen Reglement und in der ästhetischen Präsentation liegt ein humanisierendes Moment. Der Mensch spielt mit gewaltsamen Antagonismen in sich selbst *und* führt dies vor. Zumindest ein gedachtes Publikum gehört immer dazu. *Die im Sport trainierte und inszenierte Disziplinierung des wilden Gegensatzes der Natur ist daher ein originärer Akt der Zivilisierung.* Es gibt vielfältige Formen der kulturellen Selbstzähmung des Menschen: den *Mythos* und die *Religion,* die organisierte *Arbeit* und die *Kunst,* das *Recht,* die *Moral* und, alles in allem, die *Vernunft.* Aber: wir haben gute Gründe, diesem Kanon auch den *Sport* zuzurechnen. Dabei gehört es zu den Vorzügen des Sports, daß er den Gegensatz des Lebens selbst *zum Thema macht* und uns *spielerisch* gewährt, woran wir im tödlichen Ernst, wenigstens zum größeren Teil, zugrunde gehen müßten. Seien wir daher dankbar, daß der Sport uns erlaubt, etwas zu tun, was unserer Natur offenbar immer noch entspricht. Hier dürfen wir konkurrieren und triumphieren, hier dürfen wir auch extreme Kräfte gegeneinander aufbieten, ohne damit schon in Widerspruch zu unserem humanen Selbstbild zu geraten. *Im sportlichen Kampf erweist sich die kulturelle Kompatibilität von Natur und Vernunft im Menschen.*[22]

22 Zu diesem Verhältnis hat es in den letzten Jahren, vor allem unter dem Stichwort »Sport und Mythos«, eine Reihe von

8. Die Moral im Wettkampf

Was bedeutet es nun für die Moral, daß es sich beim Sport um ein *Spiel mit Wettkampfcharakter* handelt? Zunächst folgt aus der agonalen Grundsituation, daß sich der Stoff für moralische Konfliktlagen dramatisch vermehrt. Zeitraubendes Training, hohe Gewinnmotivation und die enorme affektive Aufladung in der entscheidenden Auseinandersetzung steigern die Gefahr von Regelverletzungen beträchtlich. Vor allem große Kämpfe werden zu einer moralischen Herausforderung par excellence. Die Verführung, in einem unbeobachteten Augenblick eine Regel zu mißachten, ein unlauteres Mittel einzusetzen oder sich gegen Entscheidungen von Kampf-, Punkt- oder Schiedsrichtern zu wenden, ist überaus groß. Deshalb bedarf es im Sport nicht nur scharfer polizei- und justizförmiger Kontrollen, sondern auch einer besonderen moralischen Stärke. Die wird aber auch hier keineswegs bloß von außen gefordert, sondern sie folgt aus der *Logik des sportlichen Kampfes:* Wer einen echten Wettkampf will, wer nicht aufgrund irgendwelcher Umstände, sondern wirklich aufgrund seiner Leistung in der Disziplin, in der er angetreten ist, der ersichtlich Bessere sein will, der benötigt immer auch eine besondere Kraft, seiner eigenen Einsicht zu folgen. Unter Wettkampfbedingungen ist es allemal schwerer, sich an die Regeln zu halten. Wem es aber gleichwohl gelingt, auch den unter höchster Anspan-

Beiträgen gegeben, die im Anschluß an die Arbeiten von Barthes meist kritisch gemeint waren, tatsächlich aber die weitreichende kulturelle Überschneidung von Natur und Vernunft im Sport aufgewiesen haben. Vgl. dazu vor allem die von G. Hortleder und G. Gebauer (1986) unter dem Titel »Sport – Eros – Tod« gesammelten Texte. Hier finden sich auch die beiden erwähnten Arbeiten von Barthes. Es wäre hilfreich, hier auf ältere Ansätze zurückzugreifen; erinnert sei an Autoren wie Huizinga, Ortega y Gasset, Plessner. Zum hier nur angedeuteten Verhältnis zwischen Sport und Kultur verweise ich auf das Buch »Sport als Kultur« von Grupe (1987).

nung vollzogenen Wettkampf in *selbständiger Wahrung* des vereinbarten Reglements durchzustehen, der stellt eine beachtliche moralische Integrität unter Beweis. Und wer sie hier unter extremen Bedingungen zeigt, der dürfte sie dann auch in anderen Lebenslagen erkennen lassen.

Es ist keineswegs bloß ein frommer Wunsch, in diesem Punkt auf eine Übertragung der moralischen Einstellung auf außersportliche Situationen zu setzen. Denn die affektgeladene Opposition im Wettkampf ist eine ständige Bedrohung des Spiels, das der Kampf gleichwohl immer bleiben muß. Deshalb genügt es nicht, daß der Spieler den Ablauf nur von innen betrachtet und sich regelkonform verhält. Gerade wenn er selbst integer, d. h. in diesem Fall: wenn er wahrhaft *Sportler und Wettkämpfer* sein will, hat er nicht nur auf die Einhaltung dieser oder jener Regel zu achten, sondern ihm muß am Reglement als Ganzem und damit am *Wettkampf als Spiel* gelegen sein. Wenn der Wettkampf nicht in direkten Kampf oder in eine Konkurrenz mit unlauteren Mitteln ausarten soll, muß unbedingt der *Spielcharakter der Gesamtsituation* gewahrt werden. Der sportliche Wettkampf muß insgesamt als Spiel bewußt bleiben, wenn er nicht an der Härte seiner inneren Gegensätze scheitern soll. Man hat also zu beachten, daß man seine Kräfte sinnvoll nur messen kann, wenn auch die äußeren Konditionen wirklich vergleichbar sind und die Teilnehmer am Spiel tatsächlich die gleichen Startchancen haben. Unter Wettkampfbedingungen geht es, moralisch betrachtet, also immer auch um die Gleichheit in der Ausgangslage und um die individuelle Angemessenheit der Anforderungen.

Das zweite Kriterium läßt somit in der Tat eine erweiterte Aufgabenstellung für die Moral des Sports erkennen: *Es geht nicht allein um die Befolgung einzelner Regeln, sondern um den Einsatz für den Sport überhaupt.* Unter den verschärften Bedingungen des Wettkampfs wird es zur Pflicht, das *Spiel als solches* zu wollen. Gerade weil der Kampf hinzugehört, kommt es darauf an, die Bedingungen und Grenzen des Vorhabens, zu dem man antritt, zu beachten. Dazu gehört das Bewußtsein, daß dies eben »nur« ein Spiel ist. Der kategorische Imperativ der Moral des Sports könnte somit ganz einfach lauten: *Handle nur nach derjenigen Maxime, nach der jeder andere bereit sein könnte, im Wettkampf gegen dich anzutreten.*

Diese Formel nimmt die erste vollständig in sich auf. Ihr Vorzug liegt nicht nur darin, daß sie dem Sport auch in seinen extremen Formen angemessen ist, sondern vor allem darin, daß sie den Sport auch in seinen Voraussetzungen und Zielen erfaßt. Das ist nicht bloß *im* Wettkampf, sondern auch *davor* und *danach* bedeutsam. Denken wir nur an eine in der agonalen Grundsituation des Sports naheliegende Gefahr: Im Kampf kann man jederzeit auch als *Person* in Frage stehen.

Im Wettkampf wird nämlich aus dem Mitspieler notwendig ein *Gegner.* Jeder hat den anderen als *Widersacher* ernst zu nehmen, wenn er das Spiel ernsthaft spielen und infolgedessen auch gewinnen will. Im Kampf ist es nur konsequent, wenn ich den Opponenten angreife oder alles daransetze, ihn hinter mir zu lassen. Und da es zur *Logik des Spiels* gehört, ist es auch eine Sache der Moral, alles daranzusetzen, das Gegenüber zu bezwingen. *Wer im sportlichen Kampf nicht wirklich auf Sieg setzt, wer die Herausforderung nicht annimmt und die Opposition nur vortäuscht, der muß sich in der Tat einen moralischen Vorwurf gefallen lassen.* Auch im Spiel gibt es Pflichten, und zu diesen gehört die Mobilisierung aller Kräfte, damit sich wirklich erweist, wer der Bessere ist. Wer diesen strukturellen Antagonismus der Kräfte aus humanitärer Gesinnung zu schlichten oder zu mildern versucht, der hat vom Sport nichts begriffen (und man muß befürchten, daß er auch vom Menschen nicht viel versteht).

Aber gerade *weil* das so ist und so sein muß, stellt sich im Kampf jederzeit ein moralisches Problem besonderer Art: Die notwendige *Gegnerschaft* darf unter keinen Umständen zur Feindschaft werden. Natürlich kann und soll man sogleich betonen, daß auch dieses Gebot der Funktion des Spiels entspringt. Es dient zunächst ja nur der

Sicherung von Spieler und Spiel. In der Feindschaft verliert sich nämlich die für das Spiel konstitutive ästhetische Distanz zum existentiellen Kampf auf Leben und Tod; der Spieler gibt sein Selbstverständnis als Spieler preis; er bricht damit nicht nur das Versprechen, unter dem er angetreten ist, sondern er verrät auch sich selbst: Ehe er sich durch Verzicht auf die Rollendistanz im Spiel real selbst gefährdet, hat er selbst schon das Vertrauen in seine Person unterminiert. Und das dürfte nicht nur für das Spiel Bedeutung haben. Denn wenn sich im Wettkampf schon zeigt, daß man sich auf ihn nicht verlassen kann, darf in entscheidenden Lebenssituationen wohl auch nicht mehr erwartet werden.

Es ist mir wichtig zu betonen, daß auch noch die Tabuierung der Feindschaft und die damit verbundene Anerkennung des anderen als einer unter dem gleichen Gesetz angetretenen *Person* aus der *Logik des Spiels als Wettkampf* hergeleitet werden kann. Nur so nämlich sehen wir, wie weit wir in unseren moralischen Forderungen kommen, wenn wir uns nur auf das stützen, was dem Sport eigentümlich ist. *Die Funktionen des Spiels und des Wettkampfs implizieren einen Kanon moralischer Prinzipien, mit denen der Sport selbst steht oder fällt.* Wo echter Sport ist, müssen auch diese Prinzipien sein, und wo sie nicht sind, kann es auch keinen Sport mehr geben. »Sportsmanship« ist für sich selbst schon eine moralische Kategorie.[23]

9. Die exemplarische Funktion des Sports für Moral und Kultur

Aber: Nachdem so entschieden betont ist, wie weit man mit einer funktionalen Herleitung einer Moral des Sports gelangen kann, ist am Ende auch auf ihre Grenze aufmerk-

23 J. Keating: Sportsmanship as a Moral Category. In: Ethics 75 (1964), S. 25–35. Meine These läßt sich wohl weitgehend mit den scharfsinnigen Überlegungen von Heringer zur Deckung bringen.

sam zu machen. Denn daß ich den Gegner immer auch als *Person* wahrzunehmen und zu achten habe, folgt nicht allein aus den Funktionen von Wettkampf und Spiel. Was eine Person ist und wie ich mit ihr umzugehen habe, das kann und darf ich nicht allein im Sport erfahren. Ich muß mich vielmehr in allen anspruchsvollen Lebenslagen als Person begreifen können, muß nicht nur wissen, daß ich ein Mensch bin, sondern auch, was dies für mein Verhalten in allen bewußten Lebenslagen bedeutet. Und es bedeutet – um es auf eine kurze Formel zu bringen –, daß ich überall, wo ich mich ernsthaft herausgefordert sehe, mich selbst als ein *vernünftiges Wesen* verstehe.[24]

Damit aber bin ich auf ein Selbstverständnis verwiesen, das nicht nur unter sportlichen Bedingungen entstehen kann und auch keinesfalls nur hier gelten darf. Vernünftig habe ich immer zu sein, sofern ich nur bewußt handeln kann. Und mein Selbstbegriff als Mensch ist besonders dort gefordert, *wo das Spiel an eine Grenze kommt.* Mag es auch mit Schiller so sein, daß der Mensch nur dort ganz Mensch ist, wo er spielt; er wird nie wirklich Mensch sein, wenn er es *nur* dort ist, wo er spielt. Die Humanität kann nämlich gebieten, einem Spiel ein Ende zu setzen. Unter Umständen, wie unlängst in Sheffield, hat man es abzubrechen. Andere Bedingungen, wie sie heute in manchem Motorsport gegeben sind, raten an, es erst gar nicht anzutreten. Spätestens hier zeigt sich, daß es auch moralische Normen gibt, denen ich nicht nur *im* Sport zu folgen habe, sondern denen der *Sport als Ganzer* untersteht. An ihnen bestätigt sich, daß auch eine Moral des Sports, sosehr sie primär aus den besonderen Erfordernissen von Spiel und Wettkampf zu entwickeln ist, von den moralischen Prinzipien in der

Vgl. H. J. Heringer: Regeln und Fairneß. Woher bezieht der Sport seine Moral? In: O. Grupe (Hg.): Kulturgut oder Körperkultur? Sport und Sportwissenschaft im Wandel. Tübingen 1990.

24 Vgl. dazu V. Gerhardt: Selbständigkeit und Selbstbestimmung. Zur Konzeption der Freiheit bei Kant und Schelling, a. a. O., und ders.: Was ist ein vernünftiges Wesen?, a. a. O.

umgebenden Gesellschaft nicht zu trennen ist. Der Sportler ist eben immer auch ein Kind von Eltern, ein Verkehrsteilnehmer, Kollege, Freund, Ehemann oder Vater und in alledem ein Mensch mit vernünftigen Ansprüchen an sich selbst. Davon darf auch eine Moral des Sports nicht ablenken.

Wer den Eindruck hat, daß hier der eingangs geschilderte Gegensatz von internen Erwartungen und externen Forderungen wieder aufbricht, daß hier der Sport schließlich doch fremden Normen unterworfen werden soll, der sei nur daran erinnert, daß es letztlich immer ein Mensch ist, der sich sportlich betätigt. Und es hat, so denke ich, Folgen für die Moral, daß es ausgerechnet ein dem Anspruch nach *vernünftiges Wesen* ist, das so viel Wert darauf legt, zu spielen und seine Kräfte im sportlichen Wettkampf zu messen.

Gesetzt, es gelänge, den Sport und seine Moral so zu betrachten, wie ich es hier versucht habe, dann müßte es auch möglich sein, der eingangs umrissenen *Krise des Sports* gelassener zu begegnen: Gegenüber ihren Kritikern brauchen die Sportler und ihre Vertreter lediglich das Selbstvertrauen aufzubringen, das ihnen aus dem *funktionalen Ethos des Sports* selbst zukommt. Wenn sie nur den Sport selbst *ernst nehmen* und ihn als *den* Selbstzweck betreiben, der er trotz aller mitspielenden politischen, sozialen und persönlichen Zwecke immer noch bleibt, haben sie allen Grund, auf die *selbstregulativen* Kräfte zu setzen, aus denen die Moral des Sports erwächst. Und diese Moral erlaubt auch heute noch im Sport, trotz aller Zweifel, nicht nur eine Schule der Moral, auch nicht nur, wie Martin Kriele es genannt hat, eine »Schule der Freiheit«[25], sondern alles in allem *eine Schule der Humanität* zu sehen. Es ist dies freilich eine Humanität, die den Menschen nicht verharmlost und die anerkennt, daß er ein in jeder Hinsicht *exzentrisches*, not-

25 Vgl. dazu »Der Sport ist das populäre Training des Rechtsgedankens«. In: M. Kriele: Die demokratische Weltrevolution. Warum sich Freiheit durchsetzen wird. München 1987, S. 101.

wendig mit sich selbst experimentierendes Lebewesen ist, das überall nach *Extremen* strebt und eine *zeitweilige Mitte* allenfalls dort findet, wo es ihm gelingt, die selbsterzeugten Spannungen auszuhalten.[26] Humanität ist das, wozu sich der Mensch nicht ohne Anstrengung, Schmerz und Verlust selbst erzieht. Daß diese disziplinierende Arbeit an sich selbst nicht nur mühevoll und riskant ist, sondern gleichwohl *auch Freude* machen kann, dies ist nirgendwo eindrucksvoller zu erfahren als im Sport. *In ihm wird die menschliche Kultur exemplarisch.*[27]

Um diese These zu erläutern, bedürfte es eines weiteren Beitrags. Ich begnüge mich daher abschließend mit einer schlichten Übersetzung meiner These von der exemplarischen Funktion des Sports für die menschliche Kultur – als Ankündigung weiteren Nachdenkens: *Der Sport ist nicht mehr, aber auch nicht weniger als das leibhaftige Beispiel der menschlichen Kultur.* Und wenn wir dieses Beispiel verstehen wollen, reicht es nicht aus, es bloß theoretisch zu betrachten. Wir müssen vielmehr in der Lage sein, uns ihm auch praktisch zu überlassen. Als Philosoph hat man sich natürlich damit zu begnügen, das Beispiel auf *Begriffe* zu bringen, als Sportler aber hat man das Beispiel zu sein. Auch darin liegt eine Moral des Sports.

26 Von hier aus wird die besondere Bedeutung einer *anthropologischen Fundierung* nicht nur der Philosophie des Sports, sondern der Sportwissenschaft überhaupt erkennbar. Darauf hat nach Grupe neuerdings vor allem Meinberg mit guten Gründen aufmerksam gemacht. Vgl. O. Grupe: Philosophisch-anthropologische Grundlagen des Sports. In: H. Lenk/G. Moser/E. Beyer (Hg.): Philosophie des Sports. Schorndorf 1973, sowie E. Meinberg: Warum Theorien sportlichen Handelns Anthropologie benötigen! In: Sportwissenschaft 17 (1987), S. 20–36.
27 O. Grupe: Sport als Kultur. Zürich 1987.

ELK FRANKE

Sportliche High-Tech-Leistungen und das Verantwortungsbewußtsein eines Steinewerfers

Einleitung: Ethik – Eine Modeerscheinung?

In der Wochenzeitung DIE ZEIT war zu lesen: »Weniges erlebt zur Zeit einen solchen Nachfrageboom wie Ethik. Es scheint, daß jeder Bereich des öffentlichen Lebens eine eigene Ethik braucht: Verkehrsethik und Medienethik, Wirtschaftsethik und Umweltethik, Ethik der Technikfolgeabschätzung (und so könnte man ergänzen, Ethik der Biomechanik, Motorik und Trainingswissenschaft des Sports ... etc.). Woher aber soll diese Menge Ethik kommen?«[1]

Und schon vorher hatte Becker in der FAZ festgestellt: »Es grassiert eine Art ›Ethikfieber‹. Kaum ein Verband, der nicht seine ›Ethiktagung‹ veranstaltet. Die organisierte Bemühung um das allgemein Gute ist auf dem Vormarsch.«[2]

Ethik als eine Modeerscheinung, Kongreßprogrammatik als Spiegel der gesellschaftlichen Aktualitätenbörse? Ist dies eine angemessene Beurteilung der zunehmend feststellbaren Sensibilität für ethische Fragen in der Gesellschaft und in den angewandten Wissenschaften? – Sicherlich nicht, und eine solche Überzeichnung ist auch nicht die Absicht der beiden Autoren bzw. gleichartiger Stimmen. Vielmehr möchten sie durch ihre ironische Kritik auf Gefahren hinweisen, die sich ergeben, wenn der ethische Diskurs die philosophischen Zirkel verläßt. Wenn Ethik, aufgeladen mit lebenspraktischen Erwartungen, verwaltet von geschultem Fachpersonal, zum Instrument wird, durch das offensichtliche Defizite einer modernen Indu-

1 M. Barth: Ethik im Angebot. In: DIE ZEIT, Nr. 31/1994, S. 8.
2 W. Becker: Das Ethik-Fieber. In: FAZ vom 20. 11. 1987.

striegesellschaft und darin eingebunden des kommerzialisierten Wettkampfbetriebs ausgeglichen werden sollen.

Dabei erscheint diese Vorstellung nicht einmal so abwegig. Leben wir nicht in einer Zeit, zu deren Markenzeichen es geradezu gehört, mit der zunehmenden Ausdifferenzierung und Parzellierung auch eine arbeitsteilige Expertenkultur entwickelt zu haben. So wie es in der Schule als Wegbereiter auf diese Welt der Moderne neben dem Mathematik-, Physik- und Geschichtslehrer inzwischen (insbesondere in den neuen Bundesländern) den Lehrer für Ethik gibt, so könnte sich auch die Politik und der Sportbetrieb seine Ethikberater leisten nach dem Muster, das ein Physiker einmal so formulierte: »Wir haben unsere Mondlandung hinter uns, jetzt seid ihr dran, unsere moderne Industriegesellschaft wertmäßig zu ordnen.«[3]

Mit diesen etwas überspitzten Beispielen wollte ich andeuten, was Sie nicht erwarten können. Ich werde Ihnen weder den richtigen moralisch vertretbaren Weg im technikgestützten Trainings- und Wettkampfbetrieb aufzeigen noch ein Set von Handlungsregeln präsentieren, durch deren Beachtung ein geeignetes Instrument zur moralischen Beurteilung eigener Arbeitshandlungen entwickelt werden kann.

Die Zurückhaltung hat u. a. zwei Gründe, einen pragmatischen (1) und einen prinzipiellen (2).

1. Zum einen soll schon im Vorfeld der Eindruck vermieden werden, Fachleute »fürs Moralische« seien immer Geisteswissenschaftler, die als Moralprediger die Sünden der anderen, der Bewegungs- und Trainingswissenschaftler, anprangern. Eine solche Trennung in zwei Wissenschaftskulturen lenkt von der eigenen Verantwortung der Geistes- und Sozialwissenschaften im Sportbetrieb ab, vertieft das wechselseitige Nicht-Verstehen und läßt schnell eine moralische Scheidelinie der Scheinheiligkeit und Ab-

3 Vgl. H. Lenk: Über Verantwortungsbegriffe und das Verantwortungsproblem der Technik (unveröffentl. Manuskript) Karlsruhe 1986, S. 3.

wehr entstehen. Wissenschaftsethik der Sportwissenschaft darf nicht nur ein Thema für die anwendungsorientierten Naturwissenschaften sein, sondern muß immer auch die selbstkritische Reflexion der Geistes- und Sozialwissenschaften des Sports miteinschließen.

2. Zum anderen gibt es einen prinzipiellen Grund. Er liegt darin, daß eine Ethik immer eine *Theorie* des moralischen Handelns ist und nicht das moralische Handeln selbst bestimmt. Entsprechend fragt sie nicht nach dem konkreten moralischen Gehalt im Handeln, sondern untersucht die *Bedingungen der Möglichkeit von Moral in Handlungskontexten,* also die prinzipiellen moralischen Voraussetzungen. Das heißt, eine Ethik betreibt nicht selber Moral, sondern sie entwickelt als Theorie der Moral Maßstäbe zur Beurteilung von Normen.[4]

Bezogen auf die Thematik dieses Beitrags bedeutet das: Im Mittelpunkt der Überlegungen stehen keine konkreten praxisrelevanten Moralvorschläge des technikgestützten Wettkampfs, sondern *Analysen* der *normativen Rechtfertigung* sportwissenschaftlich bestimmter Wettkampfpraxis.

Es geht also im folgenden immer um eine doppelte Frage: zum einen um die *Analyse der Bedingungen* wettkampfsportlichen Handelns im technologischen Sportbetrieb und zum anderen um die *Analyse der moralischen Rechtfertigung* dieser Handlungen.

Da insbesondere die Analyse moralischer Rechtfertigung nur auf dem Hintergrund des Fachwissens um die Spezifik technikgestützter Handlungsforschung angemessen durchgeführt werden kann, ist der folgende Beitrag nicht als Belehrung, sondern als ein Angebot zur dringend notwendig gewordenen Kooperation zwischen Geistes- und Naturwissenschaften des Sports anzusehen.[5]

4 Vgl dazu vor allem A. Pieper: Ethik und Moral. München 1985.

5 Vgl. auch E. Franke: Wissenschaftsimage – Doping – Handlungsfolgenabschätzung. In: dvs-Informationen 1/1992, S. 13–20; E. Franke: Der Hochleistungssport – eine Enklave grenzenlosen Fortschrittsdenkens. Einführung in die Tagung »Grenzen im Sport. Risikoentwicklung im modernen Sport«. Osnabrück 1993.

Wie ein Überblick über die Fachtagungen und Publikationen zeigt, ist dies zwar punktuell versucht worden, aber dann meist wieder abgebrochen worden.[6] Ohne Übertreibung kann man deshalb sagen: Wissenschaftsethik ist in der Sportwissenschaft (bisher zumindest) kein Thema!

Im folgenden soll in zwei Schritten auf die Gefahren dieses Diskussionsdefizits verwiesen und Vorschläge zu seiner Überwindung unterbreitet werden: Im ersten Schritt wird ausgehend von den allgemeinen Problemen moralischer Verantwortung in technologischen Systemen die besondere Brisanz ethischer Defizite im modernen technik- und wissenschaftlich gestützten Trainings- und Wettkampfbetrieb skizziert. Im zweiten Schritt werden Probleme und Lösungsvorschläge zeitgenössischer Wissenschaftsethiken dargestellt und das Modell für eine interdisziplinäre funktionale Wissenschaftsethik der Sportwissenschaft vorgestellt.

1. Sport(wissenschaft)liche Problemstellung

1.1. Der »homo sportivus«

Zu den wesentlichsten Merkmalen sportlicher Handlungen gehört die Beobachtung, daß es trotz aller Professionalisierungs- und Kommerzialisierungstendenzen niemals ein Stellvertreterhandeln geben kann, die sportliche Handlung letztlich immer eine authentische, realkörperliche, individuell zurechenbare Leistung sein muß.

Für unser Thema von Bedeutung ist, daß dieses konstitutive Merkmal sportlicher Handlungen gleichsam naturalisiert auch zu einem bestimmten Bild des Verhältnisses

6 Vgl. u. a. ASP-Tagung 1987 in Trier; K. Willimczik: (Irr-)Wege einer Ethik der Sportwissenschaft. In: Spectrum der Sportwissenschaften 1 (1989) 1, S. 5–25; J. R. Nitsch/K. Willimczik: Prinzipien einer Berufsethik für Sportwissenschaftler. In: Sportwissenschaft 20 (1990), S. 317–323, sowie die dvs-Tagung zu Risiko-Entwicklungen im modernen Sport in Osnabrück 1993.

Mensch–Umwelt innerhalb der traditionellen Sportwissenschaft geführt hat, das *»akteursorientiert«* genannt werden kann. Philosophisch unterlegt durch anthropologische Theorien zum *homo faber, homo ludens* … etc. und tradiert durch die traditionelle Sportpädagogik auf der Suche nach dem Wesen des Sports, entstand das Bild vom Athleten als eines sich seiner inneren und äußeren Umwelt aktiv untertan machenden dynamischen willensstarken Gattungswesens.[7]

Eines Wesens, das letztlich gegründet ist auf zwei Prinzipien:

– den Glauben an die *Autonomie menschlichen Handelns* und

– die Vorstellung, die äußere Welt in Form von Werkzeugen, Technik und Wissenschaft sei ein *Instrument* in den Händen des (autonomen) Menschen.

In gleichsam faustischem Sinne macht sich der Athlet seine Umwelt untertan, wobei *citius, altius, fortius* als reale Grenzerfahrungen subjektiven Handelns und Technik als Organverlängerung sowie Wissenschaft als Katalysator des individuellen Leistungsstrebens erscheinen. Dieses traditionelle Mensch-Umwelt-Bild der Sportwissenschaft, das insbesondere von der anthropologisch orientierten Sportpädagogik bis in die Gegenwart tradiert wird, verdeckte bisher weitgehend eine Entwicklung, die in der Wissenschaftssoziologie als Übergang vom *Werkzeug*denken zum *System*denken bezeichnet wird.

1.2. Die »Leonardo-Welt«

Konrad Lorenz hat diese Veränderung anschaulich an den Geräten beschrieben, die der Mensch für seine Jagd bzw. den Kampf benutzt: War es zunächst der Stein, später der

7 Dieser Gedanke bildet die Grundlage der Theorie der Leibesübungen und ist trotz einzelwissenschaftlicher Modifizierungen in den vergangenen zwei Jahrzehnten immer noch von zentraler Bedeutung in der Sportpädagogik.

Speer (*Werkzeug*-Ebene), so folgte am Ausgang des Mittelalters die Wurfmaschine, das Gewehr, die Kanone (*Maschinen*-Ebene), und in unserem Zeitalter sind es die Raketen, wie es anschaulich und beängstigend der Golfkrieg zeigte (*System*-Ebene).

Es ist jener Prozeß in der Welt der Moderne, die der Philosoph Mittelstraß nach dem großen Renaissance-Ingenieur, Wissenschaftler und Künstler Leonardo da Vinci als die »Leonardo-Welt« bezeichnet und die in besonderer Weise durch die wechselseitige Verknüpfung von Technik und Wissenschaft zur sogenannten *»Technologie«* bestimmt wird.[8] Diese bewirkt nicht einfach die quantitative Fortführung traditioneller Relationen und Abhängigkeitsmuster, sondern stellt in mehrfacher Hinsicht eine qualitative Veränderung des Wechselverhältnisses Mensch–Natur dar.

Die neuzeitliche Verknüpfung von Technik als Mittel der Naturbeherrschung und Wissenschaft als Ausdruck aufgeklärter Vernunft hat in der modernen Technologie auch eine neue Form von instrumenteller Vernunft entstehen lassen. Eines ihrer gravierenden Merkmale ist die Fähigkeit, Natur nicht nur – wie in klassischer Zeit – zu formen, technisch in Dienst zu nehmen, sondern auch die Fähigkeit, Natur selbst wieder zu produzieren. Dies kann u. a. in zweifacher Weise geschehen:

– zum einen durch aktiven Eingriff in die Evolution, wie z. B. in der Gen-Technologie, oder

– zum andern durch die Produktion neuer Natur, die es vorher auf der Erde so nicht gab, wie z. B. in der Grundlagenforschung der Atomtechnologie.[9]

8 Vgl. dazu auch H. Lenk: Zur Sozialphilosophie der Technik. Frankfurt am Main 1982; G. Ropohl: Technologische Aufklärung. Beiträge zur Technikphilosophie. Frankfurt am Main 1991; Ch. Hubig: Technik- und Wissenschaftsethik. Berlin 1993.

9 E. Franke/A. Richartz u. a.: Der Hochleistungssport in der Risikogesellschaft und seine ethische Rechtfertigung. In: M. Bührle/M. Schurr (Hg.): Leistungssport: Herausforderung für die Sportwissenschaft. Schorndorf 1991, S. 292–300.

Auch wenn diese grundsätzlichen Möglichkeiten moderner Technologie scheinbar außerhalb des aktuellen Handlungsalltags liegen, wirken sie sich dennoch stärker auf ihn aus, als allgemein angenommen wird. Dies wird erst dann deutlich, wenn man die Dynamik des technologischen Fortschritts etwas genauer an den Strukturmerkmalen *Raum-Zeit-Wissen* bzw. *Information* analysiert.

Ohne besondere Erregung registrieren wir, daß der Mensch in die Makro- und Mikrowelt eingreift, daß Raketen über Millionen von Kilometern in das All geschickt werden oder die Gen-Forschung weitere Plazierungen von Erbanlagen auf den menschlichen Chromosomen angeben kann. Bei diesen Meldungen gehen wir von unserer handlungsbestimmten Raum-Welt aus und plazieren die Informationen ebenso an den Rändern unserer Vorstellung wie Diskussionen über Halbwertzeiten von Atommüll. 10 000 oder 500 000 Jahre Reststrahlung werden ebenso wie 5 Millionen Kilometer oder 100 Lichtjahre zwar zur Kenntnis genommen, haben aber letztlich keine informative Bedeutung für die Einschätzung der Dynamik des technologischen Fortschritts, die sich in diesen Angaben verbirgt.

Dieses weitgehende Desinteresse an möglichen realen Folgen des technologischen Fortschritts für den konkreten Handlungsalltag änderte sich gesellschaftspolitisch erst nach dem Atomunfall von Tschernobyl und anschaulichen Szenarien über die Folgen der Gen-Technologie. Tschernobyl ist damit auch mehr als nur ein statistisch eigentlich noch nicht einzuplanender Unfall. Es ist das Konkretwerden einer neuen raum-zeitlichen Komplexität moderner Technologie.[10] Die Tatsache, daß Pilze noch über Jahre verseucht sind, obwohl die Ursache über 1 000 Kilometer entfernt lag und die Auswirkungen weder gesehen noch geschmeckt werden können, signalisierte dem Menschen, daß moderne technologische Welt nicht mehr mit den traditionellen Mustern realer raum-zeitlicher Handlungs-

10 Vgl. u. a. U. Beck: Risikogesellschaft. Frankfurt am Main 1986.

erfahrung erfaßt werden kann. Daß Technik als Organverlängerung nicht nur instrumentell nach eigenem autonomem Willen zur Naturbeherrschung eingesetzt wird, sondern in zunehmendem Maße notwendig ist, um diese Natur überhaupt wahrnehmen und kontrollieren zu können. Das heißt, es findet eine Delegation autonomen Wollens in Technologie statt, die selbst wiederum nur durch Technologie gesteuert werden kann.

Die Folge davon ist, daß die Wahrnehmungs- und Handlungssicherheit des Menschen nicht mehr allein in realerfaßbaren Handlungskontexten gefunden werden kann, sondern in zunehmendem Maße an das Wissen bzw. die Informationen über die Bedingungen von technologischen Zusammenhängen gebunden ist – was sich im dritten Strukturbegriff, dem *Wissen*, zeigt.[11]

War die Menschheitsgeschichte in wesentlicher Weise geprägt worden von dem Drängen des vernunftbegabten Menschen, sein Wissen zu vermehren, haben wir heute eine Stufe erreicht, auf der deutlich wird, daß nicht schon die quantitative Vermehrung von Wissen eine Qualität darstellt, sondern immer nur die Balance von Wissen und Nicht-Wissen in bezug auf bestimmte Lebensbereiche. Es zeigt sich die paradoxe Situation, daß der Zuwachs an Wissen nicht etwa, wie lange erhofft, den Anteil an Nicht-Wissen reduziert, sondern jede Erweiterung des menschlichen Wissenshorizontes auch wieder zu neuem, vorher nicht vorstellbarem Nicht-Wissen führt.

Die daraus erwachsene Fortschrittsdynamik hat mit dem Informationszeitalter eine neue Dimension erreicht, seitdem auch die Wissensbereitstellung-Beschaffung-Verarbeitung und Wissensbewahrung selbst wieder technolo-

11 Vgl. dazu vor allem die Einzelbeiträge in H. Lenk: (Hg.): Wissenschaft und Ethik. Stuttgart 1991; G. Ropohl: Technologische Aufklärung. Beiträge zur Technikphilosophie. Frankfurt am Main 1991; J. Mittelstraß: Leonardo-Welt. Über Wissenschaft, Forschung und Verantwortung. Frankfurt am Main 1992; W. Ch. Zimmerli (Hg.): Technologisches Zeitalter oder Postmoderne? München 1988.

gischen Effizienzgesichtspunkten folgt. Die sich daraus bildenden Wissenssysteme vermehren ihr Wissen explosiv. *»Datentechnik wird von Wissenstechnik überholt.«*[12]

Die Verbindung von Technik und Wissenschaft in den verschiedenen Formen von Technologie schafft eine grenzenlose, sich immer wieder selbst aufschaukelnde Dynamik. Fortschritt ist nach Jonas »daher nicht eine ideologische Verzierung der modernen Technologie und auch nicht bloß eine von ihr angebotene Option, die wir ausüben können, wenn wir wollen, sondern ein in ihr selbst gelegter Antrieb, der sich über unseren Willen hinweg (obwohl meist im Bunde mit ihm) als ›Modus operandi‹ auswirkt«.[13]

Oft wird übersehen, daß die sich dabei ergebenden Probleme nicht nur Fragen technologischer Machbarkeit sind, sondern manchmal unbemerkt auch Fragen nach der *Willensfreiheit* des Menschen und damit seiner Verantwortung gegenüber sich selbst und seiner Umwelt implizieren.

1.3. Die Verantwortung in der »Leonardo-Welt«

Die von Konrad Lorenz skizzierte Entwicklungslinie ist nicht nur eine metaphorische Beschreibung der Technikentwicklung, sondern impliziert auch eine Aussage über die Möglichkeiten einer Handlungsverantwortung. Das Bild vom Menschen, der sich seiner selbst geschaffenen Werkzeuge bedient, ist auch Ausdruck bestimmter Vorstellungen über die Entscheidungsmöglichkeiten des Subjekts. Zentraler Gedanke war, wie oben angedeutet, die Instrumentalisierung des Werkzeugs durch ein autonomes Subjekt in überschaubaren Raum-Zeit-Bezügen. Bezogen auf die Frage der Handlungsverantwortung bedeutet es: die *Verantwortung* für dieses *Werkzeug-Handeln* stützt sich immer auf ein authentisch erworbenes Wissen über die

12 H. Lenk: Zur Sozialphilosophie der Technik. Frankfurt am Main 1982, S. 48.

13 H. Jonas: Technik, Medizin und Ethik. Frankfurt am Main 1987, S. 20.

Bedingungen und Folgen *konkreter* Handlungserfahrungen. Das heißt, es gibt eine direkte Zuschreibungsmöglichkeit der Handlungsverantwortung.

Deutlich davon zu unterscheiden ist der *Umgang mit Maschinen.* Er ermöglicht nicht mehr in gleicher Weise eine Handlungskalkulation durch die Subjekte. Mit dem Gebrauch von Maschinen werden nicht nur Instrumente der eigenen Handlungsvorstellung untergeordnet, sondern das Subjekt gebraucht mit der Maschine gleichsam immer auch *»objektivierte Handlungsschemata«*[14], deren immanente Zweckverbindungen oft gar nicht reflektiert, sondern nur noch akzeptiert werden können. So kann ich mich zwar für oder gegen die Benutzung eines Pkws entscheiden, akzeptiere jedoch mit der Fahrt in einem Diesel-Pkw auch die umstrittene Zweckhaftigkeit dieses Motors (z. B. unter ökologischen Gesichtspunkten). Während ein Hammer als Werkzeug zunächst »wertneutral« ist, also nur durch meinen Gebrauch eine werthafte Bedeutung erhält, ist dies bei Maschinen durch die ihnen eigenen immanenten Mittel-Zweck-Verknüpfungen nicht mehr gegeben. Maschinen lassen sich unter denjenigen Werten, die die Qualität dieser Verknüpfung bestimmen, zwar als Instrument rechtfertigen, wobei jedoch diese Rechtfertigung durch unser begrenztes Wissen (z. B. über die Umweltverträglichkeit eines Dieselmotors bzw. die nicht mehr erfaßbaren Handlungsspätfolgen einer globalen ökologischen Belastung) deutlich relativiert wird.

Kann man also sagen, daß beim Umgang mit Maschinen, z. B. dem Auto, noch ein begrenzter Dispositionsspielraum für die handelnden Subjekte besteht, relativiert sich dieser Handlungsspielraum im Blick auf *wissenschaftliche* und *technische* Systeme, in die wir im Informationszeitalter immer schon eingebunden sind.

»Solche Systeme werden weder bloß genutzt, noch bloß bedient oder ausgelöst, sondern wir leben in diesen Syste-

14 Ch. Hubig: Technik- und Wissenschaftsethik. Berlin 1993, S. 55.

men … (Systeme der Datenkommunikation, der Kulturindustrie …, der Medizintechnik) … Diese Systeme repräsentieren also nicht bloß Handlungsschemata, sondern stellen die Bedingungen der Möglichkeit selbst, den Entwurf und die Realisierung von Handlungsschemata bereit.«[15]

Fragt man mit dem Blick auf die paradigmatischen Systemvoraussetzungen nach der Rechtfertigungsmöglichkeit in der Subjekt-Handlungsbeziehung, zeigt sich, daß es auf dieser Ebene nicht mehr um die Handlungsmöglichkeit der Subjekte geht, sondern um die *Bedingungen der Möglichkeit* ihres Handelns.

Daraus folgt: Die bisher benutzte Werkzeug-Maschinen-System-Metaphorik[16] darf nicht historisiert als eine reale Entwicklungskette interpretiert werden, sondern stellt ein Modell dafür dar, in welcher Weise in einer Welt der Moderne der Mensch auf verschiedenen Stufen handeln kann bzw. sich Verantwortungszuschreibungen ergeben können:

1. Stufe: *Explizite reale* Handlungserfahrung mit *direkten* Rechtfertigungsmöglichkeiten für Voraussetzungen, Ablauf und Folgen des Handelns (*Werkzeug*-Paradigma).

2. Stufe: *Explizite instrumentelle* Handlungserfahrung unter Einschluß *impliziter* Handlungsvoraussetzungen mit *begrenzten* Rechtfertigungsmöglichkeiten (*Maschinen*-Paradigma).

3. Stufe: *Komplex-vernetzte* Handlungserfahrungen unter weitgehender *Relativierung* individueller Rechtfertigungsmöglichkeiten (*System*-Paradigma).

1.4. Die »Werkzeug-Verantwortung« in der »System-Welt« des Sports

Betrachtet man auf dem Hintergrund der bisherigen Darstellung die Frage moralischer Rechtfertigungsmöglichkeiten im modernen Sportbetrieb, wird das besondere

15 Ebenda, S. 57.
16 Vgl. ebenda.

Dilemma der Akteure und die spezifische Verantwortung der sie begleitenden Verbände und Sportwissenschaft sichtbar.

Aus struktureller Sicht handeln viele Athleten

– zum einen in einem hochdifferenzierten funktionalen System (der Stufe 3), entsprechen oft einem Jet-Piloten, der eine Stunde fliegen kann, weil 20 Personen dies vorbereiten und ihn begleiten, und

– zum anderen wird durch die akteursorientierte authentische Handlungsorientierung der Modelle des *homo sportivus* der Eindruck erweckt, der Athlet könne seine Handlungsverantwortung auf der Stufe 1 wahrnehmen, die der »Werkzeug-Ebene« des Steinwerfers entspricht.

Bedeutsam ist nun, daß diese Diskrepanz zwischen systemrelevantem Handeln und akteursorientierter »Werkzeug-Verantwortung« keine Frage eines Informationsdefizits ist, das man durch eine Aufklärung des Athleten einfach überwinden kann, und er dadurch einsieht, daß er nicht nur einen Speer, sondern in Wirklichkeit einen Steuerknüppel in der Hand hat. Vielmehr handelt es sich hierbei um eine strukturelle Diskrepanz, die durch mehrere Faktoren verstärkt wird. Ich möchte nur zwei nennen:

– durch die eindeutige Betonung der traditionellen Tugendmoral des Wettkampfsports, nach der die individuelle Moralauffassung des Athleten, z. B. seine Fair-play-Einstellung, die Basis des Wettkampfes darstellt,

– und die Eigenweltlichkeit des Wettkampfes. Mit Bezug auf sie gelten weder die Kinderschutzbestimmungen einer Industriegesellschaft für Wettkampf und Training (allein entscheidend ist der freie Wille eines 10jährigen Kindes und seiner Eltern), noch ist die Körperverletzung wie im Boxen oder die Beleidigung eines Schiedsrichters auf dem Rasen eine öffentlich-rechtliche Handlung, sie werden nach eigenen Gesetzen des Sports bewertet.[17]

17 Dazu genauer E. Franke: Dopingdiskurse: Eine Herausforderung für die Sportwissenschaft. In: K.-H. Bette (Hg.): Doping im Leistungssport – sozialwissenschaftlich betrachtet. Stuttgart 1994,

Das heißt, und dieser Aspekt ist jetzt besonders wichtig: *Akteure handeln in einer Sonderwelt, die durch citius, altius, fortius bestimmt wird mit Werkzeugen, die die Leistungen moderner System-Technologie widerspiegeln, in einem Verantwortungsbewußtsein, das dem des Steinewerfers entspricht.*

Für die diese System-Technologie mitgestaltende Sportwissenschaft ergibt sich daraus nun eine exklusive Situation: sie kann die Dynamik moderner Technologie, die letztlich nur die virtuelle Unendlichkeit des Fortschritts kennt, einbringen in ein nach oben offenes Handlungssystem. Da dabei das allgemeine Leistungsprinzip des Sports nur selten zu einem relativen wird, gibt es auch keine prinzipiellen Stop-Regeln auf der Handlungsebene von Wettkampf und Training hinsichtlich individueller Leistungssteigerung.

Dies bedeutet: Für die Sportwissenschaft hat dies verführerische Konsequenzen. Sie kann, ausgehend vom wissenschaftlichen Versprechen wertneutraler Wahrheitssuche, geprägt durch die (oben skizzierte) technologische Dynamik, einem Handlungsfeld Ergebnisse anbieten, das durch Regeln einer Sonderweltlichkeit allein dem Leistungsimperativ verpflichtet ist und von einem auf Mehrwert ausgerichteten Wirtschaftssystem gestützt wird.

Es wird deutlich: Die Sportwissenschaft besitzt, anders als viele andere angewandte Wissenschaften, ein Wirkungsfeld, in dem sich das Fortschrittsdenken der Moderne noch weitgehend ungebremst scheinbar grenzenlos entwickeln kann.[18]

S. 67–101; E. Franke: Semiotik des Sports – Eine übersehene Variante in der Theoriediskussion. In: G. Friedrich/E. Hildenbrandt/J. Schwier (Hg.): Sport und Semiotik (Schriften der Deutschen Vereinigung für Sportwissenschaft, 61). Sankt Augustin 1994, S. 33–67.

18 Vgl. dazu J. Halfmann/K. Japp (Hg.): Riskante Entscheidungen und Katastrophenpotentiale. Elemente einer soziologischen Risikoforschung. Opladen 1990; W. Krohn/J. Weyer: Die Gesellschaft als Labor. Risikotransformation und Risikokonstitution durch moderne Forschung. In: ebenda; E. Franke: Wissenschafts-

Faßt man diesen ersten Abschnitt zusammen, kann man also sagen: Die allgemeine Dynamisierung der modernen Wissenschaft zeigt sich für die Sportwissenschaft in besonderer Weise durch drei potenzierende Implikationen ihres Gegenstandes:

– Grenzüberschreitung, Risikobereitschaft und Folgenlosigkeit (in alltagsweltlichem Sinne) als wesentliche Handlungsprinzipien des Wettkampfsports

– führen in der Vernetzung mit einer technologischen Sportwissenschaft zu einer in der Alltagswelt sonst kaum noch möglichen (grenzenlosen) Fortschrittsdynamik,

– woraus für die Sportwissenschaft als Motor der Leistungssteigerung folgt – versteht sie sich nicht nur als instrumentalisierte Ingenieurswissenschaft –, sie muß für ihre eigenen Arbeiten und damit für den Wettkampfsport in besonderer Weise »Stop-Regeln« entwickeln.

2. Wissenschaftsethische Lösungsmöglichkeiten

2.1. Idealistische Leid-Vermeidungs-Ethik

Wie schon ein kurzer Überblick über aktuelle wissenschaftsethische Diskussionen zeigt, ist die klassische Trennung in wissenschaftsimmanente Untersuchungsprozesse und wissenschaftsexterne Anwendungsverfahren nur noch in wenigen Bereichen möglich. Vertrat E. Teller (der Konstrukteur der Wasserstoffbombe) noch die Auffassung: »Der Wissenschaftler ist nur verantwortlich für das Wissen, dessen Entwicklung und Erklärung, aber nicht dafür, wie man es anwendet«[19], hat sich gerade durch

image – Doping – Handlungsfolgenabschätzung. In: dvs-Informationen 1/1992, S. 13–20; E. Franke: Der Hochleistungssport – eine Enklave grenzenlosen Fortschrittsdenkens. Einführung in die Tagung »Grenzen im Sport. Risikoentwicklung im modernen Sport«. Osnabrück 1993.

19 Vgl. H. Lenk: (Hg.): Wissenschaft und Ethik. Stuttgart 1991, S. 9.

die Mitwirkung von Experten nicht nur die gesellschaftspolitische Welt, sondern auch die Welt der Wissenschaft verändert. Das Manhattan-Projekt der Atomforschung, das im Bau der Bombe mündete, oder das Milgram-Experiment in der Psychologie wurden zu Musterbeispielen für die Gefährlichkeit solchen separaten Bereichsdenkens und führten u. a. zur Forderung nach einer Verantwortung der Wissenschaft auch für die *Folgen*, die durch ihr *Wissen* in *Anwendungsbereichen* entstehen können.

Einen wesentlichen Anteil zur vertieften Selbstbeobachtung der Wissenschaft für die *Folgen* ihres Handelns hatten u. a. auch die Arbeiten des Club of Rome, die vielfältigen ökologischen Studien und die explizit auf die Zukunft ausgerichtete Leid-Vermeidungs-Ethik von Jonas.[20] Durch Beispiele aus der Ökologie, Medizin und modernen Technikphilosophie gelang es ihnen, die uns heute vertrauten Risikodiskussionen über die Folgen der Industriegesellschaft anzuregen. In ihrem Umfeld wird auch der moderne Wettkampfsport kritisiert. Ich selbst habe einmal die allgemeine Zukunftsverantwortung der Menschen für ihr ökologisches Kapital verglichen mit der Zukunftsverantwortung von Eltern für das einmalige körperlich geistig-seelische Kapital ihrer Kinder und versucht, aus diesen Überlegungen zu einer generellen sogenannten advokatorischen Leid-Vermeidungs-Verantwortung des Menschen Stop-Regeln für die sportwissenschaftliche Forschung zu entwickeln.[21]

Obwohl ich weiterhin der Meinung bin, daß diese Diskussionen über die möglichen Folgen der verschiedenen technologischen Wissenschaften zu einer unverzichtbaren Sensibilisierung insbesondere der angewandten Wissenschaften geführt hat, bin ich heute skeptisch geworden, ob

20 H. Jonas: Das Prinzip Verantwortung. Versuch einer Ethik für die technologische Zivilisation. Frankfurt am Main 1979.

21 E. Franke: Ethik im modernen Sport. Eine sportphilosophische Problemskizze. In: S. Rinderknecht (Red.): Menschenwürde und Sportethos. Berlin 1984, S. 27–42.

es auf diesem Weg tatsächlich gelingt, konkrete wissenschafts-ethisch relevante Veränderungen zu erreichen. Aus dem Defizit an moralischer Zukunftsorientierung erwächst häufig die Vorstellung einer Ethik als Reparaturinstanz der Gesellschaft, in der nicht selten rezeptologische Hoffnungen, gepaart mit utopischen Erwartungen, zu einer breiten Aufwertung geisteswissenschaftlichen Denkens führen, in dem freischwebende universelle Wollens- und Sollensaussagen eine abstrakte Zukunftsverantwortung suggerieren. »Ethik und Technologiefolgenabschätzung bewegen sich damit ... in einem wenig wissenschaftsfähigen Meinungsfeld ›zwischen Unwissenheit und Anmaßung von Wissen‹.«[22]

Die Folge ist ein oft unbemerkter Bumerangeffekt: Die Forderung, Wissenschafts- und Technikfolgen in den Reflexionsprozeß miteinzubeziehen, verkehrt sich in das Gegenteil, weil die universalistisch geprägte Zukunftsorientierung leicht zu einer Abkopplung der Ethik-Diskurse von den wissenschaftlichen Regularien, den kontingenten Fakten führt mit der Konsequenz: Die abstrakte Ethikreflexion über die Folgen des Wissenschaftsbetriebs bleibt folgenlos für dessen immanenten Ablauf.[23]

2.2. Realistische Wissenschaftsethik »mittlerer Reichweite«

Zum Abschluß soll daher ein Modell vorgestellt werden, das eine Konkretisierung des bislang meist global gebrauchten Verantwortungsbegriffs enthält. Es orientiert sich an jüngsten Arbeiten von Spinner (1991) und Hubig (1993).

Grundlage für ihre Wissenschaftsethik ist eine Kritik an zwar gut gemeinten, aber oft wenig realistischen Verant-

22 H. F. Spinner: Die Wissenschaftsethik in der philosophischen Sackgasse. Ein Reformvorschlag mit geänderter Fragestellung. In: H. Lenk (Hg.): Wissenschaft und Ethik. Stuttgart 1991, S. 157.
23 Vgl. dazu vor allem den sehr differenzierten Beitrag von Spinner, a. a. O.

wortungsethiken, wie sie Jonas u.a. entwickelt haben. Gegenüber dieser leicht pharisäerhaften Wissenschaftsethik setzt Spinner eine »neue Akzeptanzformel«, die besser überprüfbare Richtlinie: *»Wissenschaft und Technik sind so weit und so lange verantwortbar, als sie steuerbar bleiben.«*[24]

Dies bedeutet: Wissenschaftsverantwortung ist zu einem wesentlichen Teil eine Frage der *Steuerbarkeit* und *Kontrollmöglichkeit* des Forschungs- und Anwendungsprozesses, und zwar auf den jeweiligen Entscheidungsstufen eines Forschungsprogramms. Wie dies zu verstehen ist, läßt sich in Anlehnung an Hubig über verschiedene Matrixmodelle und Entwicklungsbäume verdeutlichen, auf die hier nur verwiesen werden soll.[25] Sie müßten anhand konkreter Beispiele für die einzelnen Wissenschaftsbereiche der Sportwissenschaft spezifiziert werden.

Wichtiger erscheint mir in diesem Zusammenhang, die Rahmenbedingungen einer solchen *wissenschaftsethischen Position mittlerer Reichweite* hervorzuheben. Denn nicht nur der Verweis auf die abgestufte Verantwortung im Entscheidungsprozeß einer Wissenschaft, sondern auch die Bedingungen, unter denen diese Entscheidungen grundsätzlich möglich sein müssen, ist eine Frage realistischer Wissenschaftsethik. Diese ist nur entwickelbar, wenn ein zentraler Gedanke beachtet wird: *Steuerung und Kontrolle im Wissenschaftsprozeß sind nur dann verantwortungsvolle Handlungen im wissenschaftsethischen Sinne, wenn es auch Handlungsalternativen, also einen Möglichkeitsspielraum gibt.*

Dies bedeutet, daß eine solche Wissenschaftsethik mittlerer Reichweite weniger festlegt, welche Handlungsprinzipien in normativer Weise beachtet werden müssen,

24 H. F. Spinner: Die Wissenschaftsethik in der philosophischen Sackgasse. Ein Reformvorschlag mit geänderter Fragestellung. In: H. Lenk (Hg.): Wissenschaft und Ethik. Stuttgart 1991, S. 158.
25 Ch. Hubig: Technik- und Wissenschaftsethik. Berlin 1993, S. 58, 86, 91, 138, 173f.

sondern gleichsam in umgekehrter Weise für die Offenheit, die prinzipielle Entscheidungsmöglichkeit plädiert, wobei drei Optionen von besonderer Bedeutung sind:

a) Das Streben nach einem Optimum an Wissenstransparenz

Die Ausdifferenzierung der modernen Wissenschaft verläuft, wie wir gesehen haben, umgekehrt proportional zu ihrer Wissenstransparenz. Die sich daraus entwickelnde Expertenkultur schafft nicht nur im produktiven Sinne kollektives Spezialwissen, sondern dieses ist aus entscheidungsrelevanter Sicht immer auch Herrschaftswissen.[26] Soll es kontrolliert werden, ist es nötig, daß dieses Herrschaftswissen gleichsam demokratisiert wird. Ein wichtiger Schritt auf diesem Weg ist die Popularisierung entscheidungsrelevanten Spezialwissens – und zwar als genuine Aufgabe der Fachwissenschaft. Das heißt, die bisher im vorigen Kapitel global angesprochene und kritisierte idealisierte Folgenverantwortung der Wissenschaft konkretisiert sich hier zu einem Gebot zur Optimierung der Transparenz und Popularisierung zumindest jenes Wissens, das gleichsam als Gelenkstelle von Handlungsentscheidungen erscheint.

b) Die Sicherstellung von alternativem Wissen

Neben dieser allgemeinen Aufforderung, jenes insbesondere anwendungsrelevante Wissen der Sportwissenschaft in ihren Wirkungszusammenhängen auch für Laien transparent zu machen, tritt zur Sicherstellung echter Wahlfreiheit im Wissenschafts- und Anwendungsprozeß die Forderung nach Sicherstellung von »alternativem« Wissen. Dies bedeutet, den Forschungsprozeß nach beiden Seiten der Trial-and-Error-Erkenntnisgewinnung offenzuhalten, d.h. nicht nur Erkenntnisfortschritte, also die verifikationsrelevanten Ergebnisse herauszustellen,

26 J. Habermas: Technik und Wissenschaft als »Ideologie«. Frankfurt am Main 1968.

sondern auch die möglichen falsifikatorischen Gründe zu präzisieren.[27] Auf diese Weise wird je nach Abnehmer (Forscherkollege, Trainer, Eltern von Leistungssportlern oder erwachsene Athleten ...) im Sinne der unterschiedlichen Formen wissenschaftlichen Wissens eine »echte« bzw. bessere wissensgestützte Wahlmöglichkeit geschaffen.

Ein kurzes Beispiel soll dies verdeutlichen: Im Turnen werden, um weiterhin benotbare Differenzierungen zu erhalten, alle vier Jahre die Leistungsanforderungen erhöht. Dies ist ohne die begleitende Sportwissenschaft nicht möglich, wobei sich die Frage ergibt, wieweit sie im Sinne der im ersten Teil dargestellten Fortschrittsschraube diesen Prozeß stützen darf und wann sie gegensteuern muß. Wenn Gert-Peter Brüggemann (Köln) über Computersimulationen den Turnern abrät, den doppelten Jägersalto zu versuchen, da die Beanspruchung der Muskeln, Bänder und Sehnen zu hoch ist, dann ist dies zweifellos ein Beispiel dafür, wie durch Folgensimulation Handlungsgrenzen markiert werden und damit die prinzipielle Wahlmöglichkeit des Athleten erweitert wird.

In vielen Sportarten, u. a. auch dem Turnen, reicht aber diese eher punktuelle Grenzmarkierung nicht mehr aus, sondern sie muß gleichsam verlängert werden in ein umfassendes Belastungsszenarium, wie es insbesondere dann von der Wissenschaft verlangt werden kann, wenn es sich um minderjährige Athleten handelt. Hier hat die Wissenschaft inzwischen die Aufgabe, die Wahlentscheidung von Eltern talentierter Kinder nicht nur im Sinne eines Optimierungswissens (über Karrieremöglichkeiten) zu beeinflussen, sondern sie ist als Institution gefordert, das bisher gewonnene »Falsifikationswissen« solcher Karrieren, also

27 Vgl. auch J. Halfmann/K. Japp (Hg.): Riskante Entscheidungen und Katastrophenpotentiale. Elemente einer soziologischen Risikoforschung. Opladen 1990; O. Höffe: Versuch über Wissenschaft, Technik und Umwelt. Moral als Preis der Moderne. Frankfurt am Main 1993.

auch das mögliche Scheitern, ebenso aufzubereiten und in Entscheidungssituationen zu präsentieren.[28] Gerade weil Wissenschaft prinzipiell immer zukunftsoffen sein sollte, kann ein solcher institutioneller Selbstzweifel auch nicht als normative Fessel angesehen werden, sondern stellt eine zeitgemäße Form von verantwortungsvollem Handeln (im Sinne einer Erweiterung und Präzisierung von Handlungsmöglichkeiten) dar. In letzter Konsequenz bedeutet dies: Die Sportwissenschaft erreicht vielleicht erst dann den Übergang von einer affirmativen anwendungsrelevanten Ingenieurswissenschaft zu einer verantwortungsvollen Grundlagenwissenschaft, wenn sie sich nicht nur als Steigbügelhalter, sondern auch als eine Art *»Greenpeace«* des modernen Sportbetriebs versteht.

c) Die Unabhängigkeit als Institution

Schließt Wissenschaftsethik immer die Produktion von Alternativwissen und die permanente Aufforderung zur Selbstreflexion ein, dann setzt dies auch eine gewisse Unabhängigkeit der Sportwissenschaft als Institution voraus. Dies wird partiell nur dann erreicht, wenn nicht nur das eigene Arbeiten, sondern auch seine Bedingungen, d. h. die Verflechtungen mit dem organisierten Sport, dem DSB, Gesundheitseinrichtungen etc., in die selbstkritische Reflexion mit aufgenommen werden.[29] Denn nur dadurch ist sichergestellt, daß individuelle Kritik, wenn dies geboten erscheint, auch fachwissenschaftlich instal-

28 Ausführlicher: E. Franke: Ethik im modernen Sport. Eine sportphilosophische Problemskizze. In: S. Rinderknecht (Red.): Menschenwürde und Sportethos. Berlin 1984, S. 37–42.

29 Dies bedeutet natürlich nicht, daß ein möglichst großer Grad an institutioneller Autonomie der Sportwissenschaft gleichsam automatisch auch zum produktiven Selbstzweifel führt. Dieser muß vielmehr in wissenschaftsimmanenten Diskursen personell und institutionell so etabliert werden, daß insbesondere auch jüngere Kollegen zum systemkritischen Denken angeregt werden und dies ohne Nachteil für ihre Karriere praktizieren können.

liert werden kann, Querdenken im Sinne einer *Greenpeace-Kultur des Sports* nicht als Nestbeschmutzung, sondern Ausdruck der Selbstreflexion einer Expertenkultur erscheint.

Fazit

Fragt man sich abschließend, wie diese Voraussetzungen erfüllt werden können, wird deutlich – Wissenschaftsethik in dem hier skizzierten Sinne ist nur möglich nicht außerhalb oder vielleicht gegen die Naturwissenschaften des Sports, sondern nur mit ihnen. Dabei muß jedoch deutlicher, als es bisher in der Sportwissenschaft erkennbar wurde, zwischen der individualethischen Ebene des Athleten und der systemrelevanten Ebene des modernen Sportbetriebs unterschieden werden.[30]

Gerade weil viele trainings- und wettkampfrelevante Implikationen nicht mehr individuell steuerbar sind – der medienorientierte Persönlichkeitskult suggeriert hier ein altes Muster des *homo sportivus,* das real gerade so meistens nicht mehr vorhanden ist –, müssen in der Sportwissenschaft auch auf institutioneller Ebene Voraussetzungen für die Tolerierung und Etablierung von wettkampfsportbezogenem Alternativ-Wissen geschaffen werden. – Und auf diesem Hintergrund sollte die gestern morgen hier beschworene enge Verbindung von IAT[31] und Sportwissenschaftlicher Fakultät in Leipzig sehr aufmerksam beobachtet werden. Gerade weil das IAT per definitionem angewandte Auftragsforschung betreibt, gilt für diese Institution uneingeschränkt die durch das Emblem dieser

30 Vgl. dazu E. Franke: Sportverbände – Relikt oder Voraussetzung für einen Sport der Moderne? Betrachtungen aus institutionenethischer Sicht. In: J. Hinsching/F. Borkenhagen (Hg.): Modernisierung und Sport (Schriften der Deutschen Vereinigung für Sportwissenschaft, 67). Sankt Augustin 1995, S. 207–223.
31 Institut für Angewandte Trainingswissenschaft e.V.

Tagung symbolisierte vertikale und horizontale Leistungs- und Trainingsoptimierung.

Eine Fakultät, die sich wie bei einem Tandem an der Erarbeitung dieser Optimierungs-Fakten beteiligt, verspielt vielleicht jenen genuinen Auftrag universitärer Forschung, den wir gerade in der Sportwissenschaft in Zukunft vermehrt benötigen – die Produktion von expertengestütztem Alternativ-Wissen bzw. der Entwicklung von Alternativ-Szenarien. Ähnlich wie in der Ökologiediskussion, der Verkehrs- oder Atomforschung reicht der Verweis auf die Würde des Individuums als Absicherung gegenüber technologischem Maximierungsdenken nicht mehr aus. Die Sportwissenschaft ist gefordert, nicht nur als Reaktion auf kritische Journalistenfragen, sondern auch von sich aus einen glaubhaften Wissenschaftspluralismus zu präsentieren. Deshalb mein Rat an die Fakultät und das IAT: Fahren Sie auf eigenen Rädern mit klar erkennbaren Profilen. Nutzen Sie das vorhandene Wissen zum Aufbau eines unabhängigen, selbstkritischen Netzwerkes alternativen Wissens, durch das sich erst echte Steuerungs- und Kontrollmöglichkeiten auf den verschiedenen Entscheidungsebenen ergeben.

Wissenschaftsethik erschöpft sich nicht, wie gezeigt werden sollte, in Moralkodizes oder Appellen an die Würde des Menschen, sondern muß strukturell verankert werden in einem Prozeß, für den spezifisches Faktenwissen benötigt wird. – Und in diesem Sinne möchte ich Sie als Naturwissenschaftler des Sports einladen, sich aktiv am Aufbau einer realistischen, steuerungs- und kontrollorientierten Wissenschaftsethik der Sportwissenschaft zu beteiligen.

III

Von der Mechanisierung des Körpers zur Mythenmaschine – Der Sport als kultureller Kitt

NIKLAS LUHMANN

Der Körper als Fluchtpunkt der Sinnlosigkeit

[…]
Der letzte, großangelegte Versuch der victorianischen Epoche, Sexualität soweit wie möglich zu negieren, wird nur noch ironisch behandelt und als ein kaum noch zu begreifender Irrweg angesehen. An die Stelle der medizinischen Semantik tritt teils eine klinisch-therapeutische Bemühung um orgasmische Vollbefriedigung, die ihre eigenen Paradoxien erzeugt; teils, kaum bewußt, aber um so deutlicher zu erkennen, die Semantik des Sportes. Körperaktivismus symbolisiert Jugend – im Sexualverhalten wie im Sport. Es geht um Leistung und um Leistungsverbesserung, aber nicht um Leistungen, die man schuldig ist, sondern um solche, die man freiwillig erbringt. Die Verbesserungsfähigkeit erfordert ihrerseits Mühe und Aufmerksamkeit und, wie bei allen Körperleistungen, Training. Der Vollzug ist angewiesen auf räumlich-zeitliche Ausdifferenzierung aus dem Alltagsgeschehen. Das Verhältnis zum Partner muß »fair« sein, muß auch ihm eine Chance geben. Und wie beim Sport ermöglicht auch hier der Rückzug auf ein sozial als sinnvoll definiertes Körperverhalten, den Sinnunsicherheiten in allen übrigen Lebensbereichen auszuweichen.

Die Gleichheit der Geschlechter wird mehr denn je betont, und die erheblichen Unterschiede im Sexualerleben von Mann und Frau kommen dadurch nicht recht zur Geltung. Die Betonung der Gleichheit hat, paradoxerweise, das Resultat, daß das Sexualgeschehen und die es abbildende Liebessemantik nach der Façon des Mannes interpretiert werden. Sein Sexualerleben und Verhalten hat den Vorzug der prägnanteren Gestalt, des spektakulären Geschehens, des deutlich sichtbaren Anfangs und

Endes. Es eignet sich besser als Zugriffspunkt für orgasmuszentrierte Therapien. Auch die Vorstellung der Ausdifferenzierbarkeit sexuell orientierten Verhaltens scheint sich an den Mann, nicht an die Frau zu halten. Wenn eine Frau liebt, sagt man, liebt sie immer. Ein Mann hat zwischendurch zu tun.

Mit all dem tendiert der Privatbereich gegenüber gesellschaftlichen Anforderungen zur Ausdifferenzierung und zur Entspannung (auch dies im übrigen ein »männliches« Symbol).

[...]

Eine heute verbreitete Klage meint: der Körper sei mit Gewalt zum Schweigen gebracht worden. Dann müßte man den Körper bedauern und wiederbeleben, was nicht gleich heißen muß, ihn als Waffe des Protestes oder als stummen Zeugen des Kulturverfalls zu mißbrauchen. Eher dürfte es jedoch überzeugen, von einer stärkeren Differenzierung des Interpenetrationsprozesses auszugehen, die den alten multifunktionalen, spontanen *und* dinghaften, sinnlichen *und* semantischen Körpergebrauch in vielen Hinsichten obsolet werden läßt. Statt dessen scheint es mehr als je zuvor auf ein *generalisiertes* Bereitstellen von Körperpotential *als solchem* anzukommen: auf Jugend.

Das schließt keineswegs aus, macht es vielmehr gerade plausibel, daß auch der Körper in sozialen Zusammenhängen spezifischer, sozusagen »körpergemäßer« eingesetzt werden kann. Eine dieser Möglichkeiten ist, über Körperlichkeit eine Feinabstimmung und ein Tempo der Verhaltenskoordination zu erreichen, das über bewußte Kontrollen nicht möglich wäre. Das vielleicht prägnanteste Beispiel dafür ist der Tanz. Auch gemeinsames Musizieren ermöglicht diesen Zusatzgewinn eines – man weiß nicht woher – präzisierten Körperverhaltens. Nicht zufällig ist hierfür die Vorgabe eines Rhythmus erforderlich, der eine ausreichende Zeitspanne des unmittelbaren (bruchlos anschließenden) Erinnerns und Antezipierens ausleuchtet. Bei einem gemeinsamen Hand-in-Hand-

Arbeiten, zum Beispiel Sägen, muß ein solcher Rhythmus im Vollzug erst geschaffen werden; dafür sind die Koordinationsanforderungen dann auch weniger kompliziert. In anderen Fällen, etwa beim Ballspiel, mag es darauf ankommen, die Extrapolationen des Partners und den sich darin anbahnenden Rhythmus als Täuschungsgrundlage zu benutzen, nämlich ihn zu erahnen – und zu durchkreuzen. All diesen Fällen ist gemeinsam, daß in der Körperabstimmung selbst eine Art Mehrwert liegt, und daß die Tätigkeit auch deswegen, ja beim Tanz eigens deswegen gesucht wird.

Ein davon zu unterscheidender Bereich moderner Körperkultur ist der Sport. Am Sport fällt zunächst die extreme Reduktion weiterreichender Sinnbezüge auf, die dann als Grundlage dient für ein komplexes Arrangement von Leistungsbewertungen, Leistungsmessungen, Notierungen, Vergleichen, Fortschritten und Rückschritten. Eine Zulieferungsindustrie, ein mitlebendes Zuschauerinteresse usw. schließen an. Damit ist nicht nur (einmal mehr) belegt, daß Reduktionen den Aufbau von Komplexität ermöglichen, die dann durch die Reduktionen nicht mehr kontrolliert werden kann. Vielmehr scheint sich der Körper geradezu als Fluchtpunkt der Sinnlosigkeit zu eignen, wenn er nicht in der puren Faktizität beharrt, sondern unter dem Gesichtspunkt von Sport zum Ausgangspunkt einer eigenen Sinnsphäre dient. Der Sport braucht und verträgt keine Ideologie (was aber keineswegs ausschließt, ihn politisch zu mißbrauchen). Er präsentiert den nirgendwo sonst mehr so echt in Anspruch genommenen Körper. Er legitimiert das Verhalten zum eigenen Körper durch den Sinn des Körpers selbst – zwar nicht askesefrei, aber im Grunde doch als genaues Gegenstück zur Askese, nämlich nicht negativ, sondern positiv. Und er tut dies, ohne sich an Sinndomänen anderer Provenienz anhängen zu müssen. Gewiß: Sport gilt als gesund; aber auch dieser Sinnbezug verweist wieder nur auf den Körper selbst.

[…]

WOLFGANG KASCHUBA

Sportivität: Die Karriere eines neuen Leitwertes

Anmerkungen zur »Versportlichung« unserer Alltagskultur

Daß Sport gesund ist und schick obendrein, das haben wir nun fast alle begriffen. Bis auf kleine Minderheiten, die sich verstockt resistent zeigen, ist die Gesellschaft allmählich auf den sportlichen Geschmack und damit in Bewegung gekommen. Wie früher über Auto- oder Zigarettenmarken läßt sich heute über die Produkte und Signets der Sportausrüster angeregt konversieren, mit fachmännischer und -fraulicher Geste auf den Bestand des eigenen Schuh- und Kleiderschranks und – ganz beiläufig – auf den guten Mittelplatz beim letzten Stadtmarathon verweisend. Wohl nur mehr dem Ethnographenblick, der in unserer Kultur ständig neue Mythen und Riten vermutet, scheint eben dies bemerkenswert: die völlige Selbstverständlichkeit der gegenwärtigen Sport- und Körperwelle und ihre unglaublich rasche Etablierung in festen kulturellen Verhaltensmustern. Sportlichkeit bedarf als äußere Erscheinungsform wie als innere Einstellung offenbar keiner besonderen Erklärung mehr, ihr Warum und ihr Wie verstehen sich unter uns aufgeklärten Zeitgenossen ganz von selbst.

Bis vor wenigen Jahren noch hätte man bestimmte Alltagsszenen doch wohl ganz unbedenklich wie folgt interpretiert: Wenn ein Mensch auf der Straße schnell lief, wenn er rannte, hatte er es ganz einfach eilig. Wenn sich jemand physisch anstrengte, seine Muskeln einsetzte, um etwas zu heben oder zu bewegen, so tat er dies in aller Regel im Zusammenhang mit körperlicher Arbeit. Diese Deutungen gründeten auf ebenso einfachen wie komplexen Erfahrungszusammenhängen; sie galten historisch quasi »schon immer«, gehörten zu den basalen Übereinkünften und Prinzipien unserer Alltagslogik.

Heute indessen scheint diese Logik zweifelhaft, ja ungültig: Die Laufenden und Rennenden – sie joggen; jene, die Gewichte heben und ihre Muskeln wölben – sie betreiben Krafttraining oder *Bodystyling*. Die einen rennen *nicht* etwa deshalb, weil sie es eilig hätten. Sie haben im Gegenteil viel Zeit, Freizeit, genauer gesagt: freie Sport-Zeit. Und die anderen arbeiten mit und an ihren Muskeln meist gerade, weil sie *nicht* körperlich arbeiten.

Man muß diese neue Normalität wohl so explizit konterkarieren, um sich überhaupt klarzumachen, wie »unnormal« sie noch bis vor kurzem gewesen ist. Kulturanthropologisch gesprochen sind damit Grundprinzipien gesellschaftlichen Alltagsbewußtseins innerhalb von kaum ein, zwei Jahrzehnten auf den Kopf gestellt – und wir merken es kaum mehr. Anders gesagt: »Sportivität« als eine demonstrative Bezugnahme auf Praxisformen, Symbole und Werte des Sports – sie ist als gesellschaftliches Verhaltens- und Deutungsmuster in der Tat allgegenwärtig und selbstverständlich. Spielende, laufende, sich möglichst sportiv gebende Menschen gehören zur gewohnten Alltagsszenerie unserer Straßen, Parks, Spazierwege. Denn auch dies ist kennzeichnend: Im Unterschied etwa noch zu den sechziger Jahren lebt die sportliche Betätigung längst nicht mehr im räumlichen Ghetto der Vereine und Sportanlagen, also in einem abgesonderten Freizeit-Reservat. Nein, sie macht sich mit großem Nachdruck mitten in der Gesellschaft breit, beansprucht öffentlichen Raum und öffentliche Anerkennung. Und zweifellos hat sich diese soziale und moralische Legitimationsforderung mittlerweile auch in hohem Maße durchgesetzt. Dies wäre ein erstes Indiz für die neue Qualität: die Tatsache nämlich, daß sich das Verhaltensmuster »Sport« in unserer Alltagswahrnehmung bereits selbst erklärt, selbst rechtfertigt. Wir haben den Sinn, die Logik solchen Verhaltens akzeptiert: Joggen steht längst nicht mehr im Geruch der »Zeitvergeudung« und der »Spinnerei«, es ist gesellschaftsfähig, ist als buchstäblich sinnvoll akzeptiert; eher scheint umgekehrt die sportliche Abstinenz unter zunehmenden Erklärungsnotstand zu geraten.

Eine zweite ganz alltägliche, auch statistisch belegte Beobachtung: Ganz offensichtlich geht die Sportwelle quer durch die gesamte Bevölkerung, zwar nicht gleichmäßig, doch sind jedenfalls beide Geschlechter davon erfaßt, die verschiedensten Schichten und Altersgruppen, Städter wie Dorfbewohner. Sozial gesehen kann man jedenfalls auch im Blick auf den außerhalb des Vereinsgefüges praktizierten »privaten Sport« längst nicht mehr von einem exklusiven Freizeitmuster sprechen. Allerdings kann und muß man weiterhin nach der sozialen Spezifik solch sportlicher Praxismuster und Werte fragen.

Dritte Beobachtung: Wenn auch »privat«, also außerhalb der Vereine betrieben, muß diese neue, angeblich »freiere« Sportlichkeit offenbar dennoch in ganz bestimmten Formen organisiert sein. Auch der nicht-institutionelle Sportbetrieb hat sich längst seine Regeln und Rituale geschaffen. Wir lesen die »organisierenden« Anzeigen täglich in den Zeitungen: jene Hinweise auf Lauftreffs, Volkswandertage, Athletic-Studios und Fitneß-Center, auf neue Programme und Breitensportangebote der Vereine. Hinzu kommt die Flut der popularwissenschaftlichen Bücher über Gesundheit durch Bewegung, über den sozialen Wert der Fitneß, über die neue Lust am Laufen, über die Körper, die angeblich wiederkehren. Auch wer sich allein trimmt, muß dies »ernsthaft« und »ordentlich« tun, muß zumindest sich selbst organisieren: sein spezielles Trainingsprogramm, seinen Zeitplan, seine Ausrüstung, seine Ernährung, sein Familienleben – auch seine ganz persönliche Trimm-Ideologie, die sich dann von der des Nachbarn unterscheidet wie ein Ei vom andern.

Vierter Eindruck: Wer sich da bewegt, wer läuft, Tennis spielt, Ski fährt, tut dies in ganz bestimmten äußeren Formen und Stilen, zumal in der Kleidung: Die sportliche Silhouette ist gefordert; schon die sorgfältig in Form und Farbe gestylte Ausrüstung signalisiert die »teure« Lieblingsbeschäftigung, macht die einzelne Sportart identifizierbar. Wer kann schon heute noch ein solch schlichtes »Allzweckgerät« wie eine Turnhose kaufen, die früher gleich für zwei Dutzend Sportarten paßte? Man gehe mit diesem bescheidenen Anliegen einmal in eine dieser neuen schicken Sportboutiquen – das kann richtig peinlich werden ... Mit diesem Drang zu exquisiteren Formen ist zugleich viel Spontanes und Provisorisches verlorengegangen, selbst Kinder »spielen« Sport nicht mehr ohne die »richtige Ausrüstung«. Das Geschäft mit dem Körper und am Körper – es blüht.

Traditionen und Transformationen: Zwischen historischem Spiel und moderner Sportkultur

Alles das sind uns selbstverständlich gewordene Alltagsphänomene, vorgelebt von einer Handvoll Spitzensportler und Profis, nachgeahmt oder auch selbst kreiert von Millionen von Freizeitsportlern. Und Millionen sind es in der Tat: Ob nun ein Drittel der Bundesdeutschen regelmäßig Sport treibt oder gar bereits 45%, wie jüngste Umfragen behaupten, sei einmal dahingestellt. Jedenfalls sind allein in den 64000 Vereinen des Deutschen Sportbundes über 20 Mio. Mitglieder registriert, die zwar sicherlich nicht alle aktiv, doch jedenfalls im unmittelbaren Einflußbereich des Sports und der Sportideologie engagiert sind; 7 Mio. oder 36% davon sind Frauen – 1950 waren es gerade 324000. Außerhalb dieser traditionellen Vereinslandschaft bewegen und stählen sich in rund 4500 kommerziellen Fitneß-Studios angeblich über 2 Mio. Aktive, davon sogar 65% Frauen. Und das ständig wachsende Heer der nichtorganisierten Freizeitjogger, -squasher, -skifahrer, -tennisspieler, -gymnasten, -schwimmer, -fußballer, -tänzer beiderlei Geschlechts läßt sich statistisch kaum erfassen.

Die Zahlen sind bekannt, doch man muß sich wohl nochmals die soziale Dimension klarmachen: Sport, in diesem Umfang und mit dieser Intensität betrieben, als ein Alltagsthema und eine Alltagsbeschäftigung gewiß der Mehrheit der Bevölkerung, nimmt man den Medien-Sportkonsum noch hinzu – das ist kulturgeschichtlich wie kultursoziologisch betrachtet etwas völlig Neues, überdies noch eine Freizeitkultur, die von beiden Geschlechtern und von der gesamten Gesellschaft bundesweit in gemeinsamen Formen und nach gemeinsamen Modellen praktiziert wird.

Kritiker sprechen deshalb ja auch davon, daß gerade der Freizeitsport heute immer mehr zu einem veranstalteten, manipulierten Massenkult ausarte, daß er weniger neue Freiheiten schaffe, als vielmehr umgekehrt neue Normen und neue Zwänge produziere: physische Überforderung, Freizeit-Streß, kulturelle Suchtgefahren. Man mag dieses pauschale Verdikt mit gutem Recht für bequem und arrogant halten: Die »Massenhaftigkeit« von Verhaltensweisen erscheint intellektuellen Ästheten ja oft als etwas Unschönes – besonders, wenn es ihnen in ihrem toskanischen Kulturparadies in der massigen Gestalt von Neckermann-Reisenden begegnet. Daß solche »Massenhaftigkeit« gleichwohl die Begleiterscheinung von etwas sein kann, das sich durchaus auch als »Demokratisierung von Kultur« begreifen läßt, mit allen Konsequenzen wirtschaftlicher wie kultureller Natur – das übersieht der Feingeist gern.

Nun kommt solche Sportkritik ja nicht nur aus dieser Ecke. Und in mancher Hinsicht ist das Bild vom Massenkult kaum zu bestreiten. Denn es geht offensichtlich längst nicht mehr um ein begrenztes Praxisfeld »Feierabendsport«, sondern um ein komplexes kulturelles Bedeutungsfeld »sportlichen Lebens« insgesamt: Sport nicht mehr als eines von vielen freizeitgestaltenden Mustern, sondern als eine Art lebensweltliches »Sinn-Syndrom«, als Norm und Maßstab sinnvoller Alltags- und Lebensgestaltung. Kulthaft wirkt es insofern, als so manche Verhaltensmuster in der Tat etwas Weihevolles an sich haben: von der Bewegung bis zur Kleidung ästhetisch durchgestylt und rituell überformt, nicht mehr hinterfragbar, weil einem höheren Zweck der Gesundheit, der Schönheit oder der Leistungsfähigkeit geweiht.

Extrem zugespitzt zeigt sich das etwa beim momentan in beiden Geschlechtern grassierenden Bodybuilding-Fieber, von dem bereits rund 1 Mio. Bundesdeutscher erfaßt sein sollen. Da werden Muskelgebirge zum »Körperrelief« modelliert, und ein beziehungsreiches Selbstverständnis spricht sogar vom »Kunstwerk Körper«; Männer stehen stundenlang vor dem Spiegel und üben sich damit in einer Pose, die bisher als »Eitelkeit«, als dezidiert »weibliches« Verhaltensmuster verpönt war; der drei Tage vor dem Wettkampf beginnende Flüssigkeitsentzug riecht förmlich nach Askese und Selbstkasteiung, nach einer Bereitschaft zum Leiden, die fast katharsishafte Züge trägt.

Man kann derartiges für verrückt erklären – oder genau umgekehrt für ausgesprochen vernünftig und sinnvoll, wie das natürlich die Aktiven ihrerseits tun: die Kraftarbeit als systematisches Training der muskulären Körperfunktionen, der Spiegel und die Selbstbeobachtung auch als eine Form der Aufweichung verhärteter männlicher Rollen, die Askese als intensive Körper- und Selbsterfahrung. Es sind also völlig konträre Deutungen möglich: von außen betrachtet die Vermutung des Körperkults, von innen die Selbstinterpretation als Körperkultur. In anderen Disziplinen des Freizeitsports begegnen uns ja ganz ähnliche Diskrepanzen zwischen äußerer Erscheinung und innerem Selbstverständnis. Und da fast jeder irgendeinen Sport treibt, hat er auch jeweils gute, vernünftige Erklärungen für »seinen« Sport gleich bei der Hand.

Interessant daran ist nun, daß diesem Vorwurf kulthaft überzogener Sportpraxis in allen Disziplinen fast gleichlautende Erklärungen entgegengehalten werden. Insbesondere zwei Hauptmotive tauchen immer wieder auf: der »Spaß an der Bewegung« und die »gesundheitliche Wirkung« (in einer Repräsentativumfrage aus dem Jahr 1987 nannten 75% der Sporttreibenden das erste und

54% das zweite Motiv). Diese beiden Erklärungen scheinen als Begründungsmuster fest in den Köpfen verankert, und es handelt sich bei ihnen keineswegs nur um bloße Stereotypen oder um beliebig austauschbare Argumente. Vielmehr ist es die – meist unbewußte – Bezugnahme auf zwei zentrale ideen- und kulturgeschichtliche Legitimationsstränge der »modernen Körperkultur«: auf eine ältere Idee der Spiel- und Sportkultur einerseits und auf das etwas jüngere Motiv des Zivilisationsdiskurses um Gesundheit andererseits. Dazu nur ein kurzer Ausflug in die Geschichte, um diese Traditionen wenigstens in Stichworten zu rekapitulieren.

Die Spielkultur bildet im vormodernen Alltags- und Festtagsleben ein Interaktionsmuster, in dem sich ganz deutlich das Bedürfnis nach »Soziabilität« ausdrückt, nach einem besonders engen sozialen und emotionalen Kontakt, wie er sich nur in bestimmten Situationen und Figurationen herstellen läßt. Dafür halten die rituellen Formen des gemeinsamen Festes und Spiels quasi die Modelle bereit. Bereits Johan Huizinga[1] skizzierte solche Figuren des historischen Spiels als ganz besonders produktive und formenschaffende Antriebsmomente von »Kultur« überhaupt – bedeutsam vor allem im Blick auf die historische Volkskultur und ihre symbolische Darstellung von Gruppenbeziehungen und Gruppenordnungen, etwa in Gestalt von Dorfbräuchen, von Jugendriten oder von Wettspielen zwischen Berufsgruppen wie Dorfgemeinden.

Läßt man die andersgeartete adelige und höfische Körperkultur einmal beiseite, so wird das populäre Spiel dann im 18. Jahrhundert von den bürgerlichen Eliten als »Sport« neu entdeckt, vor allem in den englischen *Public schools* als neue Form »sozialen Lernens« eingeführt. Damit wird das Spielerische freilich auch verregelt und systematisiert, die Spielelemente weichen zunehmend den

1 J. Huizinga: Homo Ludens. Vom Ursprung der Kultur im Spiel. Reinbek 1987.

Kampfregeln und Leistungsnormen. Hier scheint die Nahtstelle oder Bruchstelle zwischen alter Spielkultur und neuer Sportkultur sehr deutlich. Es ist kein einfacher Übergang, sondern eine Transformation in andere soziale Zusammenhänge und Zwecke. Sport meint nicht mehr eine lebensweltlich geprägte Spielkultur, er bezeichnet nun vielmehr einen zunehmend vereinheitlichten Sektor im Vergesellschaftungsprozeß der Moderne: allgemein gültige Prototypen und Regeln sportlicher Praxis, dazu pädagogische Modelle, die fest in gesamtgesellschaftliche Erziehungs- und Bildungssysteme eingebunden sind. Das ist der eine Strang.

Der andere entwickelt sich aus jenem zivilisationsgeschichtlichen Konzept »Gesundheit«, wie es vor allem durch den Medizin-Diskurs der Aufklärung begründet wird. Bereits seit dem 18. Jahrhundert propagieren die Ärzte und die sich formierende Schulmedizin ihre Regeln einer körperlichen Diätetik und Hygiene, die dann bald auch als staatliche Gesundheitsprogramme über Gesundheitsbücher und Reinlichkeitslehren in die Köpfe eingeimpft werden, auch durch die Assanierung der großen Städte und Anti-Seuchenprogramme, durch Körpertaxinomien und die medizinische Symptomatik und Diagnostik. Durch genaues Registrieren und Steuern der körperlichen wie der seelischen Bedürfnisse soll der zivilisatorische Schritt von einem bisher eher sinnlich-empirischen zu einem nunmehr intellektuell-analytischen Verhältnis zum eigenen Körper getan werden.

Ganz im Sinne der bürgerlichen Fortschrittsidee wird eine kontrollierte Balance von psychischem und physischem Befinden gesucht, wird körperlich-geistige Leistungsfähigkeit und Leistungsbereitschaft gefordert, wird vor allem das Prinzip der »Eigenverantwortlichkeit« für die Gesundheit neu entdeckt. »Gesundheit« ist damit scharf von »Krankheit« abgegrenzt, sie repräsentiert nun einen objektiven Wert »an sich«; und der Gebrauch und die Pflege des Körpers haben sich diesem sittlichen Gebot unterzuordnen.

Diese beiden anthropologischen Grundmotive ziehen sich in Variationen durch die gesamte Entwicklungsgeschichte des »modernen« Sports. Sie finden sich in der Gesundheits- und Turnbewegung der deutschen Spätaufklärung und der Romantik, als über Leiblichkeit und Leibesertüchtigung, über Sinnlichkeit und Körpererfahrung nachgedacht wird, als sich zur geistigen die körperliche Bildung, zur Innerlichkeit die äußere Natürlichkeit gesellen soll, als Gutsmuths und Jahn ihre neue Pädagogik der »wahren Leibhaftigkeit« verkünden – als aus der Bewegung der Körper aber auch ein paramilitärisches Turnen und eine nationale Bewegung in den Freiheitskriegen gegen Napoleon werden: körperliche Gesundheit und geistige Disziplin als Mittel der nationalen »Gesundung«.

Sie finden sich fast hundert Jahre später in der Spiel- und Wanderkultur der Jugendbewegung wieder, als der wilhelminischen Gesellschaft von den bürgerlichen Söhnen ein Spiegel vorgehalten wird, der die Vätergeneration politisch-moralisch verkrustet und körperlich-sinnlich erstarrt zeigt im Stehkragen des »Untertanen«. Es ist eine Kritik an Obrigkeitsdenken und rationalistischem Erwerbs- und Karrierestreben, die bewußt auch mit Mitteln der Körperkultur und der Körpersymbolik vorgetragen wird. Die »Lichtgestalt« und die lockere »Kluft«, das Wandern und die »natürliche Kost« als Gegenbotschaft gegen die industrielle Norm der vom Maschinentakt bestimmten, in Fabriken wie Büros eingezwängten Körper, all das meint Befreiung auch des Geistes durch die Befreiung der Körper – bis diese Jugendbewegung dann ihre Köpfe freiwillig wieder in die nationale Disziplin der Väter und ihre Körper in die Kompanien des Ersten Weltkriegs eingliedert.

Auch in der Körperkultur der Weimarer Republik, in dieser neuen Sport-Massenkultur, bleiben Körpererziehung und Gesundheit zentrale Bestimmungszwecke. In der gerade erkämpften Freizeit, die den unterbürgerlichen Schichten nun Raum für eigene Bedürfnisse zu bieten beginnt, werden Fußball, Handball, Leichtathletik,

Schwimmen, Rudern und Radfahren erst zu wirklichen Massensportarten. In ihnen wird der Ausgleich zur Arbeit gesucht, Erholung, gesünderes Leben in »Licht und Luft«.

Und parallel zu den bürgerlichen Sportverbänden wächst auch die Arbeitersportbewegung zur Massenbewegung heran. Sie entwickelt sich zu einer eigenständigen Körperkultur, die den Körper nicht nur für den nächsten Arbeitstag fit machen will, sondern den Menschen helfen soll, gegen das kapitalistische Leistungs- und Konkurrenzdenken eigene Bedürfnisse zu entwickeln und diese sportlich wie gesellschaftlich-politisch einzufordern und auszuleben. Es ist eine Absage an die bürgerliche Körperdisziplinierung und Leistungsorientierung: Die Sportfeste und Arbeiterolympiaden finden vielfach ohne Stoppuhr, Maßband und Ergebnistabelle statt, dagegen mit spielerischen Übungen, in Gruppenformen, mit symbolischen Gesten der Solidarität.

Schließlich – im Nationalsozialismus – wird Sport eine »von oben« organisierte und dirigierte Massenbewegung der kollektiven Körperstählung und Willensschulung, werden die rassisch »gesunden« und militärisch disziplinierten Körper zum führbaren und verführbaren Gesamtkörper der »Volksgemeinschaft« – wohl die schwerste und vielfach ungelöste Hypothek einer Geschichte der Körperkultur in Deutschland.

Sinn und Sinnlichkeit: Identität durch Sport?

Soweit die Geschichte, die in mancher Hinsicht noch in die Gegenwart hereinragt. Im klassischen »Sinnstreit« etwa der Sport- und Sportpädagogik-Diskussion sind die Konflikte um jene historisch-zivilisatorischen Sinnstiftungsmotive vielfach bis heute virulent: Askese oder Hedonismus, Korrektur und Disziplinierung des Leibes oder spielerische Befreiung der Körper? – Anderes ist inzwischen natürlich längst Vergangenheit: Sport steht heute in einem veränderten gesellschaftlichen Kontext, ist von anderen materiellen und sozialen Lebensverhältnissen geprägt. Und es liegt eben auch all jenes dazwischen, was sich seitdem an »moderner Freizeitkultur« entwickelt hat.

Aber läßt sich dieses im Vergleich zur Geschichte heute so völlig überdimensionierte Sportbedürfnis nur aus dem Mehr an Freizeit erklären? – Dafür gibt es inzwischen doch wohl zu viele Freizeitangebote, als daß wir plötzlich alle gemeinsam auf den Sport verfallen müßten. Oder ist es dieser neue Vorsatz, nun gesünder leben zu wollen? – Gewiß nicht nur, denn dann müßten die Verhaltensänderungen in anderen Bereichen – etwa bei Ernährung, Alkohol, Rauchen, Autofahren, Umwelt-Ökologie – ja wohl ähnlich konsequent aussehen wie im Sport. Also ist dieses Sporttreiben doch ökonomisch motiviert, die »Sportwelle« letztlich ausgelöst durch Kulturindustrie und Freizeitindustrie? – Ohne Zweifel ist das ein Riesenmarkt, ein Millionenvergnügen und ein Milliardengeschäft zugleich, und die Massenmedien spielen als Multiplikatoren und Inszenatoren dieses Sportspektakels eine tragende Rolle. So bestimmt die Freizeitindustrie fraglos die Dynamik und die Moden wesentlich mit. Doch selbst sie scheint kaum in der Lage, eine solche Sport-Massenbewegung einfach aus dem Boden zu stampfen, sie einfach »industriell zu machen«.

Oder ist der Sport deshalb zum festen Bestandteil unserer lebensweltlichen Praxis geworden, weil er defizitäre menschliche Grundbedürfnisse im Bereich körperlich-sinnlicher Erfahrung abdecken kann, ohne deren Befriedigung wir tatsächlich nicht mehr »im Besitz unseres Körpers« sind? In diese Richtung deuten in der Tat nicht wenige Hinweise, die uns die Forschung in letzter Zeit gibt.

Die Kulturanthropologie etwa zeichnet in der Zivilisationsgeschichte die Linien einer somatischen Kultur nach, also einer kontinuierlichen Beziehung zu Sinnlichkeit und Körperlichkeit, die für den sozialen Aufbau und für die Stabilität der Beziehungen des Individuums zu seiner

Umwelt konstitutiv war und ist: der Körper als ein Medium der Kommunikation, als zusätzliche Verständigungshilfe neben der Sprache; unsere Mimik und Gestik als »semi-autonome« Verständigungsmittel mit unserer Umwelt, ohne die wir uns auch bei aller Beredsamkeit kaum hinreichend verständlich machen könnten; der Körper mithin als Träger unseres Selbst.

Auch Jean Piagets oder Erik Eriksons psychologische Forschungen zum Problem von Identität und Selbst-Konzeption weisen in diese Richtung. Im Zusammenhang von Lebenszyklus und Identität kommt ganz bestimmten physischen Formen der sozialen Selbsterfahrung und Selbstwahrnehmung entscheidende Bedeutung beim organischen Aufbau von Lebensweltbezügen und persönlicher Identität zu. Das Kind, der Jugendliche, der Erwachsene entwickeln jeweils bestimmte körperliche Präsenz- und Repräsentanzbedürfnisse, ohne die sich seine Erfahrungssysteme und seine Erfahrungsfähigkeiten nicht entfalten, ohne die schwere Störungen im Persönlichkeitsaufbau entstehen.

In der Geschichtswissenschaft – vielfach inspiriert von Norbert Elias' Arbeiten – betrachtet man den »Prozeß der Zivilisation« mittlerweile auch als einen langgezogenen soziogenetischen Dressur- und Konditionierungsakt der Körper und der Sinne. Forschungen etwa zur Geschichte der sozialen Hygienisierung oder zur Entstehung der industriellen Arbeitsdisziplin vermitteln wichtige Einblicke in jene gesellschaftlichen Disziplinierungsprozesse des 18. und des 19. Jahrhunderts, welche die physische und somatische Erfahrungsorganisation des »modernen« Menschen nachhaltig beeinflußt haben.

Auch die Ethnologie und die neuere Volkskunde geben aufschlußreiche Hinweise zur symbolischen Körperrepräsentanz in den verschiedenen Kulturen. Sie zeigen, wie sich das Selbstbild und das Fremdbild des Menschen in körperlichen Habitusformen, in kulturell geformten und körpersprachlich ausgedrückten Signalen vermitteln. Wie ich gehe, schaue, spreche, mich kleide, esse, welches

Maß an Sicherheit oder Unsicherheit ich über Gesten und Haltungen bei jeder dieser Alltagshandlungen »verkörpere« – das erst macht mich für meine Umwelt identifizierbar.

Schließlich bestätigen auch neuere soziologische Untersuchungen etwa zum Identitätsaufbau junger Industriearbeiter, wie wichtig für das Selbstverständnis gerade von Gruppen mit niedrigen Bildungsqualifikationen und Ausbildungsstandards immer noch die traditionellen Körperbilder sind: Körperkraft, Gewandtheit, Geschicklichkeit und stabile Konstitution. Das zieht sich von der Arbeitssphäre bis in den Freizeitbereich des Sports und der Jugendgruppen hinein, und es erscheint dort immer noch als ein wesentliches Definitionsmerkmal von Persönlichkeit und Männlichkeit – im Sinne einer Identität, die wesentlich auf Körperkraft, körperlicher Arbeitsfähigkeit sowie körperlicher Durchsetzungsfähigkeit aufgebaut ist.

So könnte also ein erstes Resümee lauten: Sport scheint in der Tat »postindustrielle« menschliche Grundbedürfnisse anzusprechen. Als bewußte Beschäftigung mit unserem Körper, als soziales und kulturelles Training ist er heute offensichtlich um so wichtiger, als durch die technologischen Veränderungen der Arbeits- und Alltagswelt, durch die »Zivilisierung« unserer Leiblichkeit, durch deren Neutralisierung mittels Deodorants, Kleidung, Düften uns die Wahrnehmung des eigenen wie des fremden Körpers offenbar nur mehr gedämpft und gefiltert möglich ist. Der Körper als Kommunikationsinstrument im wörtlichen Sinn – er verliert gewissermaßen seine Sprachfähigkeit, wenn er nicht durch künstliche, jedoch notwendig ergänzende sinnliche Formen der Körperkultur »in Übung« gehalten wird.

Kann man in dieser Richtung noch weitergehen? Wäre der Sport, gerade indem er in solch stilisierter, kulthaft übersteigerter und damit demonstrativ betonter Form betrieben wird – wäre er also »der« Schlüssel zur Wiedergewinnung verlorener sozialer und kultureller Identität?

Ein Weg zudem jenseits von Klassengrenzen, von Geschlechts- und von Altersschranken, weil die klassischen wie die klassenspezifischen Formen der Sportsozialisation hier außer Kraft gesetzt sind und endlich Prinzipien wie »Individualität« und »Selbstverwirklichung« in ihr Recht treten können? Derart zugespitzt, ergibt das dann zwar eine hübsche, griffige These, und sie wird in manchem Sammelband und auf mancher Tagung zum Körperthema neuerdings auch eifrig traktiert. Nur, so ist zu fürchten, wird sie sehr weit nicht tragen. Denn sie berührt mit diesem Bedürfnismotiv, mit dieser kulturanthropologischen Deutung der Körperlichkeits- und Sportwelle, lediglich Teilaspekte eines sehr viel komplexeren und widersprüchlichen Vorgangs: des aktuellen Wandels und der ideologischen Neubewertung nämlich von kulturellen Leitsektoren und Leitbildern in unserer Gesellschaft.

»Sportivität« – das ist heute eine Chiffre, die für sehr viel mehr steht als nur für vordergründige Phänomene im Bereich von Sportpraxis, von Körpererfahrung, von Gesundheitspflege. Sie beinhaltet darüber hinaus auch Vorstellungen eines neuen kulturellen Habitus im Sinne »postmaterieller« Lebensorientierungen, also Vorstellungen etwa von geistiger Flexibilität und von sozialer Offenheit, von Eleganz und Sensibilität, von Individualität und Aktivität – meint also Modelle einer »verfeinerten« ästhetischen und kulturellen Praxis im Sinne eines umfassenden Lebensstils. Damit symbolisiert die neue Sportlichkeit nunmehr Werte, wie sie bisher vorwiegend durch die Fähigkeit zu exklusivem Konsum oder durch die Teilhabe an der »Hohen Kultur« zu realisieren waren. Pointiert gesagt, charakterisiert das Attribut »sportiv« heute nicht mehr wie noch in den sechziger Jahren jenen eher robust, wetterfest und freundlich-naiv gezeichneten Typus des herkömmlichen Vereinssportlers, sondern es bezeichnet erheblich höherrangige, »seriösere« Werte. Der Tennisschläger erzielt mittlerweile ebenso viele Statuspunkte wie die elegante Uhr von Cartier, das Squash-Spielen kann als Ausweis von Intellektualität jederzeit den Theaterbesuch ersetzen. Sportlichsein bezeichnet nicht mehr ein privates Hobby, sondern verrät ernsthafte Kultiviertheit, »ist« selbst Kultur. – Längst haben die Werbepsychologen, deren Hand stets den »Puls des Zeitgeistes« fühlt, die damit verbundene nahezu unbegrenzte Anwendungsmöglichkeit des Signets »Sportivität« erkannt.

Diese Aufwertung und diese Metamorphose scheinen gute gesellschaftspolitische und ideologische Gründe zu besitzen. Was könnte wohl besser die Idee einer klassenlosen, nachindustriellen Freizeitgesellschaft verkörpern als jener schöne Schein der »demokratischen Sportgesellschaft«: die sportlich-lässige Kleidung, die alle überall tragen; die fürsorglichen Trimm-dich-Appelle, die sich an alle richten; der Manager, der beim Volkslauf neben dem Arbeiter keucht. In der Bewegung der Körper scheinen die individuellen Erfahrungen und Bedürfnisse zu verschmelzen; dazu noch die gemeinsame Sorge um die Rückhandpeitsche von Steffi und die Psyche von Boris ... da werden soziale und kulturelle Gemeinsamkeiten vorgespiegelt, die unser Alltagsleben in den warmen Dunst einer locker trabenden und vereint schwitzenden Trimm-Nation tauchen.

Erst bei genauem Hinsehen merkt man, daß es mit der bundesdeutschen Spiel- und Sport-Demokratie so weit nicht her ist. Im Gegenteil: die vermeintlich so legere Szene des Freizeitsports entpuppt sich als heimliches Aufmarschfeld neuer gesellschaftlicher Leistungsnormen und subtiler kultureller Statuskämpfe. Sichfithalten – das gilt jetzt als ein wesentliches Gestaltungselement der privaten Lebensführung. Andererseits ist es jedoch keineswegs mehr eine »Privatsache«, sondern eine gleichsam staatsbürgerliche Pflicht, argumentativ gestützt durch Stichworte wie Leistungsfähigkeit, Eigenverantwortung, Gesundheitskosten. Fit und leistungsbereit sein, das gilt als moralische Pflicht und ethische Maxime zugleich – und wer das nicht begreift, dem hilft der Verweis auf die schärferen Anforderungen des Arbeitsmarktes buchstäblich auf die Sprünge. Sichfithalten – das gilt als Regel nun für alle. Andererseits aber zeigen sich dabei eben »feine Unterschiede« im Wie: die Sportkultur als soziale Distinktionsübung, als ein Gesellschaftsspiel »Wer bin ich?«.

Gerade die scheinbar so egalitäre Welle des »privaten Sports« demonstriert in exemplarischer Weise etwa die unterschiedlichen Freiheiten in der »Freizeit«, also in der zeitlichen Disposition der sportlichen Betätigung; sie verdeutlicht qua Kleidung und Ausrüstung die unterschiedlichen sozialen Konsummöglichkeiten und Geschmacksmuster; und sie unterstreicht das Trennende, die Schichtspezifik von Kulturstilen im Hinblick auf Motive und Einstellungen: »Wenn ich morgens nicht eine Runde schwimme, habe ich am Schreibtisch einen leeren Kopf.« – Das Fließband an der Stelle des Schreibtisches würde uns den Satz doch wohl unsinnig erscheinen lassen. Dabei ermöglicht der Freizeitsport diese kulturelle Distinktion nicht obwohl, sondern weil er gemeinsame Spielräume und Übungsfelder vorgibt. Erst durch die »Tuchfühlung« beim Joggen oder im Athletic-Studio werden die sozialen Unterschiede in den Lebensstilen so besonders kontrastfähig. Nichts belegt dies nachdrücklicher als das unglaublich hoch entwickelte »Markenbewußtsein« der Kinder und Jugendlichen, das vom Tennisschläger bis zum Schi, vom Basketballschuh bis zur gesamten Garderobe jenen Statuscode der Initialen, Streifen und Krokodile so perfekt beherrscht. Da geht es nicht mehr um den altmodischen Idol-Effekt beim Uwe-Seeler-Fußballstiefel, sondern um komplexe persönliche Selbstdarstellungsbedürfnisse, um symbolische Entwürfe sozialer Identitätswünsche.

Dieses scheint der eigentliche Kern: »Sportivität« betrifft nicht mehr eine begrenzte Sportpraxis, sondern steht als Chiffre für einen gesamten Lebensstil; sie verkörpert ein neues, umfassendes Leitmuster unserer Alltagskultur. Man kann da durchaus von einem kulturellen Paradigmenwechsel sprechen, der für die gesamte Gesellschaft stilbildend und sinnstiftend wirkt.

Motive: Individuelles Bedürfnis oder soziale Leistungsnorm?

Im Rahmen eines kleinen Forschungsprojekts wurde diesem Phänomen nachgegangen, um seiner Widerspiegelung in den »subjektiven« Motiven von Sporttreibenden einmal etwas näherzukommen. Dabei wurde eine begrenzte Serie von Befragungen und Interviews mit Fußballern, Jogger/innen, Teilnehmer/innen an Volksläufen und Bodybuilder/innen durchgeführt. Selbstverständlich lassen sich daraus keine wirklich repräsentativen Ergebnisse gewinnen, aber wohl dennoch bezeichnende Aussagen über individuelle Motive wie soziale Orientierungen in diesem Bedeutungsfeld der »neuen Sportlichkeit«. Ich will versuchen, die natürlich meist in Kombination genannten Referenzmotive einmal in fünf Gruppen zu sortieren und ihren Hintergrund etwas zu beleuchten:

Eine erste Antwortgruppe gilt der Orientierung an ästhetischen Vorbildern und an eigenen Körperidealen. Schlank sein, fit sein, schön oder jedenfalls ansehnlich aussehen – solche Motive werden sehr offen und sehr häufig genannt. Dies, die schlanke und elegante Figur, sei auch das alte und neue Körperideal der Mittelklassen, behaupten amerikanische wie bundesdeutsche Untersuchungen zur Entwicklung sozialer Körperleitbilder. Und sie weisen zugleich darauf hin, wie sehr die wachsende intensive Beschäftigung mit dem eigenen physischen »Selbst« entsprechende narzißtische Einstellungen befördern kann – Einstellungen zum Kultgegenstand »Körper«, die mitunter zwanghaft werden: um jeden Preis so aussehen müssen, wie die Selbst-Projektion vorgibt.

Dazu braucht man als Beleg gar nicht den vielstrapazierten Kampf von Erwachsenen in der *Midlife-crisis* um »Jugendlichkeit« zu bemühen. Eine empirische Studie in San Franzisko ermittelte jüngst, daß dort bereits fast 80% aller Mädchen des vierten Schuljahres (also im Alter von etwa zehn Jahren) mit einem eigenen Diät- und die meisten auch mit eigenem Gymnastikprogramm leben. Also bei Kindern schon Essen, Bewegung und Leben nach Plan, weil das Schlankheitsdiktat es so will? – Sicherlich wird man da differenzieren müssen: Unterhalb der durch die Werbung vorgegebenen Normen können sich in solchen Orientierungen durchaus auch individuelle Sinngebungen formulieren. Solange sich ästhetische Ideale nicht repressiv verselbständigen, mögen sie als Persönlichkeitsentwürfe und Selbstbilder auch produktive Formen von Lebensenergie, von Aktivität freisetzen. Dennoch handelt es sich dabei in jedem Fall um Vorstellungen, die den herkömmlichen Geltungsbereich einer freizeitbezogenen Sportpraxis weit überschreiten und ihn bereits auf die Ebene komplexer Lebensentwürfe ausdehnen. Und man mag zumindest skeptisch sein, inwieweit sich dabei noch eine subjektiv steuerbare Balance zwischen spielerischem Bewegungsbedürfnis und instrumenteller Körperdisziplinierung finden läßt.

Die zweite Motivgruppe verweist auf den Gesundheitszweck – durch körperliche Übung gesünder und »wacher« leben, einen Ausgleich zu Arbeit und Alltagsstreß finden. Da schimmern noch deutlich die Argumente jenes historischen Gesundheitsdiskurses vom therapeutischen Nutzen der Körperkultur und von der Selbstverantwortung für einen gesunden Körper hindurch. Nichts anderes suggeriert im Grunde genommen ja auch unsere moderne Variante »Wer trimmt, lebt länger«. Und wir sind uns sicherlich darüber im klaren und darin einig, daß dieses Motto ebenso nützlich sein wie es problematische Wirkungen zeitigen kann. Denn aus der einst schlichten Ermunterung zum Sporttreiben ist ein regelrechtes sozialpolitisches und sozialpsychologisches Programm geworden, das die Hoffnung vermitteln mag, über Sport und Körperbewußtsein die je individuellen Lebenschancen selbst aktiv mitgestalten und mitbestimmen zu können. Die Soziologin Agnes Heller[2] spricht vom »Kult des Körpers«, der jenen »des Geistes« abgelöst und der als Ge-

2 Psychologie heute, Mai 1985.

sundheitspostulat wahrhaft »mythische Dimensionen« angenommen habe. Ihr erscheint die verheißene gesundheitliche Wirkung des Sports so nicht mehr als Angebot, sondern bereits als Gebot, als soziale Pflichtübung: Wer nicht trimmt, verspielt leichtfertig seine Lebenschancen.

Zudem lenkt dieses Trimm-dich-Programm die Energien der aktiven Lebensgestaltung und Lebensvorsorge zwangsläufig mehr in den privaten, individuellen als in den öffentlichen, politischen Bereich. Es kann durchaus suggerieren: die Stadtluft ist ohnehin kaputt und dein Computer-Arbeitsplatz nicht eben gesundheitsförderlich – macht nix: Hol dir deine Gesundheit eben auf dem Trimm-dich-Pfad zurück! Damit sei der individuelle Nutzen sportlicher Aktivität keineswegs bestritten, jedoch gewarnt vor allzu selbstgenügsamen, entpolitisierenden Trimm- und Sportideologien, die eine Lösung individueller wie gesellschaftlicher Probleme in das Privatleben und auf einsame Waldpfade verlagern. Auch da scheint die Sportidee manchmal auf dem besten Wege, komplexe Gesellschafts- und Umweltfragen in wohlgemeinte Körpertüchtigungstherapien aufzulösen.

Drittes Motiv ist der Sport als kommunikative Praxis, als Gruppenerfahrung. Dies ist sicherlich eine der auffälligsten Seiten und Wirkungen der Sportbewegung: die neuen Freizeitgruppierungen und die neuen Kommunikationsformen, die als informelle oder organisierte Strukturen entstehen – sei es nun in der traditionellen Vereinsform, in Gestalt spontaner Kontakte oder in der seit einiger Zeit so beliebten Form der »wilden Sportgruppen«, die zwar eine feste Gruppenform wollen, Statuten und Vorsitzende jedoch ablehnen. Viele Freizeitsportler/innen betonen, daß es ihnen gerade um diesen Kontakt, um diesen Gruppeneffekt auch gehe, wenn sie sich »trimmen«; daß sie sehr ungern nur allein ihre Runden drehen oder ihre Übungen machen und dies lieber im Familien-, Freundes- oder Bekanntenkreis tun. Auch sportpädagogisch wird ja vielfach versucht, diese Seite der Gruppenerfahrung systematisch weiter zu entfalten und diesbezüglich neue Modelle für den Vereins- wie den »privaten« Sport zu entwickeln.

Mir scheint dies die vielleicht wertvollste »kulturelle Innovation« zu sein, die wir der Sportwelle verdanken – jene neuen, aktiven sozialen und soziablen Verhaltensmuster, die sich eben nicht mehr in der alten, recht hermetischen Form familiärer Vereins-Geselligkeit erschöpfen. Kommunikation und Kontakt sind da nicht beiläufige Begleiterscheinung und Folge sportlicher Praxis, sondern werden zunehmend zum eigenständigen oder gar eigentlichen Motiv sportlichen Interesses: Sport als soziales Kontaktmodell – wenngleich vorwiegend innerhalb schichtspezifischer Grenzen, denn »soziale Distinktion« läßt sich, wie gesagt, auch im Trainingsanzug üben.

Als ein viertes Motiv wird der Wunsch genannt, die sinnlich-emotionale Erfahrungsdimension auch als körperliche Fähigkeit zurückzugewinnen. Das scheint im Moment ein unaufhaltsamer Trend: das Joggen nach dem Motto von Fritz Perls, einem der US-Väter der Trimm-Bewegung, »Loose your head and come to the sense«; die vielen Vereins- und Volkshochschulkurse oder die freien Gruppen mit ihren Gymnastik-, Bewegungs-, Biorhythmus- und Meditationsprogrammen; auch neue Konzepte wie das »Sensationsturnen«, Turnen als sensitives Bewegungserlebnis in der Gruppe, durch das taktile, emotionale wie soziale Erfahrungen vermittelt werden sollen. Auf solchen Sinn und solche Sinnlichkeit verweisen ja auch die neue Begeisterung für das Tanzen und die Tanzfilme. »Rückgewinnung der Körperlichkeit« sei das, verkünden die Protagonisten. Nachdem der Körper im Zivilisationsprozeß immer weiter objektiviert, letztlich ent-sinnlicht und un-sinnlich gemacht worden sei, werde er nun gewissermaßen rehabilitiert, wieder als »Sinnesinstrument« brauchbar, werde ihm nicht zuletzt auch seine erotische Spannung wiedergegeben.

Manches davon erscheint in enger Nachbarschaft zu jenem Drang nach neuer »Innerlichkeit«, zu einem Eskapismus in individuelle Befindlichkeiten. Sport als esoterische Veranstaltung mit tendenziell psychotherapeutischer Funktion? – Ich gestehe da Skepsis ein: Es ist, wenn ich diese Szene recht übersehe, im Kern eine eher bürgerlich-intellektuelle Mode und überdies eine Botschaft, die in mancher Hinsicht zumindest altbekannten und wohlvertrauten Melodien folgt – die jugendbewegten Rhythmen und Reigen lassen grüßen!

Die fünfte Antwortgruppe zielt auf Leistungsfähigkeit und Grenzerfahrung – jenes »Ich will wissen, wo ich stehe, will mir beweisen, daß ich es schaffe«. Solche Formulierungen kommen besonders häufig von Teilnehmer/innen an den Stadtmarathons und Volksläufen. – Das »Abenteuer Langlauf«, von Medizinern bereits als Gefahr der »Laufsucht« diagnostiziert, als ein »Abenteuer Körper«? Leistungsgrenzen und Erfahrungsgrenzen auf einer Art von »Körperexpedition« suchen? Wenn der Alltag keine Herausforderung bietet, sich »sportlich« selbst solche schaffen?

Daß damit die Grenze zu einem spielerisch betriebenen Sport längst überschritten ist, liegt auf der Hand. Und es ist offensichtlich nicht die Bewegung selbst, die gesucht wird, sondern das Gefühl dabei und danach, nach jenem vielbeschworenen »Sieg über sich selbst« – Selbstdisziplinierung und Selbstüberwindung als eigentliches Motiv. Hier gilt das Wort von der »Droge Sport«: jene Sucht nach körperlicher Erfahrung als einer physischen und vor allem auch psychischen Grenzerfahrung, als einer permanenten Suche nach Selbstbestätigung. Das ist die eine und nicht zufällig vor allem von Männern repräsentierte Seite des Leistungsmotivs – Freizeitsport als neues Reservat des alten »Machismo«.

Die andere Seite korrespondiert eng mit dem industriellen Leistungs- und Arbeitsbegriff. Schon die äußeren Formen der sportlichen Praxis nehmen deutlich die Gestalt industrieller Arbeitsformen an, sie sind in ihrem Rhythmus und Zeittakt nicht mehr subjektiv und bis zu einem gewissen Grade spielerisch bestimmt, sondern spiegeln leistungsorientierte, »verobjektivierte« Normen wider. Zeitkalkulationen der Bandarbeit bei Daimler-Benz können kaum abstrakter und normativer sein als heutige Trainingspläne – von Freizeitsportler/innen wohlgemerkt, denn dies ist ja längst nicht mehr nur ein Phänomen des Spitzen- und Profisports.

Jenes »Ich will es schaffen« ist bereits als Formulierung, als Sprachbild verräterisch: Der leistungsfähige Körper deklariert sich damit selbst als leistungswillige Arbeitskraft. Denn bewiesen werden soll durch die sportliche Energieleistung nicht nur die körperlich gute Konstitution, sondern vielleicht mehr noch der Wille und die subjektive Bereitschaft zur Leistung an sich – auch als ein Ja zur Übertragung des sportlichen Kampf- und Konkurrenzprinzips in ein soziales Verhaltensprinzip für Berufswelt und Arbeitsmarkt. So erscheinen die vorgeblich sportlichen Normen als verdeckte Re-Formulierung industriegesellschaftlicher Leistungsnormen: nicht mehr »Fremddisziplinierung in der Arbeitssphäre«, wie das für unsere gesamte Industriegeschichte galt, sondern nun »Selbstdisziplinierung in der Freizeitsphäre« – auch und gerade als freiwillige persönliche Vorleistung für die Berufsarbeit.

»Sportivität« als symbolische Aufarbeitung von Wirklichkeit?

Soweit die wesentlichen Antwort- und Motivgruppen, die als Begründung für eigene Freizeitsport-Aktivitäten angegeben werden.[3] Jenes zuletzt genannte Motiv, der Leistungsgedanke, erscheint dabei als das bei weitem problematischste, weil dort die Ideologisierung sportlicher Werte und Muster in einer besonders gefährlichen Weise erfolgt. Da wirkt sich der neue Allgemeingültigkeitsanspruch des Leitbildes »Sportivität« am fatalsten aus, weil

3 Das entspricht im übrigen auch weitgehend Ergebnissen jüngerer Repräsentativumfragen, wie sie etwa vom B.A.T.-Freizeit-Forschungsinstitut in Hamburg 1987 durchgeführt wurden (Zahlen nach: Südwest Presse vom 28. 10. 1987).

es gewissermaßen als »U-Boot« vom Arbeits- in den Freizeitsektor geschickt und wieder zurückgeholt werden kann. Sein Auftrag und seine Botschaft sind Einübung von Selbstdisziplin, von Leistungsbereitschaft und Askese – eine Einstellung, die so scheinbar als »freiwillige«, »spielerische« Freizeithaltung entsteht, um dann von der Sportidee zur Lebensmaxime auszuwuchern: der Jogger als Marathon-Man auch in der Büroarbeit. »Karrierebewußte Manager wissen wohl schon seit längerem vom Zusammenhang zwischen sportlichem und beruflichem Erfolg«, resümierte die FAZ unlängst die Diskussionen auf einem Symposium des Instituts der Deutschen Wirtschaft zum Thema »Sport als Faktor beruflicher Leistung«.

Nun soll keineswegs behauptet werden, daß es nur diese Motive seien, die im heutigen Freizeitsport eine Rolle spielen, und daß sie sich nur in dieser Weise schlüssig erklären ließen. Die normative, die »negativ« vergesellschaftende Wirkung des Freizeitsports ist gewiß nicht unausweichlich. Doch tritt diese Strömung gegenwärtig eben stark, ja dominant hervor. Und wenn das so ist, dann erhält die Frage nach der sozialen Reichweite und der kulturellen Geltung des Leitwertes »Sportivität« ein besonderes Gewicht. Wen betreffen diese Moden und Normen eigentlich? Wer orientiert sich in seinem Alltagshandeln tatsächlich daran? Ist das eher ein Mittelschichtsphänomen oder doch ein allgemein ansteckender Trend? Und gibt es Gegenindikationen, die gegen den Normen- und Leistungsvirus immunisieren können?

Darüber können Repräsentativumfragen sicherlich keinen hinlänglichen Aufschluß geben, und fundierte empirische Untersuchungen liegen dazu offenbar noch nicht vor. Auch um nicht ganz so kritisch-pessimistisch zu enden, seien Andeutungen dennoch wenigstens in zwei Richtungen versucht, in denen sich optimistischere Vorzeichen und Entwicklungschancen einer vielleicht unangestrengteren, weniger ideologisierten Sportkultur andeuten: zum einen im Blick auf die weibliche Sportpraxis und zum andern in sozialer Perspektive.

Geschlechtsspezifisches Körperverhalten, besonders der Raum beanspruchende Männerkörper, das ist ja ein nun allseits diskutiertes Alltagsphänomen, seien es die lässig auf den Stuhllehnen ausgebreiteten Männerarme, die gleich drei Sitze im Kino oder im Café in Anspruch nehmen, oder jener »raumgreifende« Cowboy-Gang der männlichen Jugendlichen auf der Straße, der ihre Schultern körpersprachlich auf wenigstens das Doppelte verbreitert. In älteren Sportarten wie dem Fußball scheint dieser Mythos männlicher Körperlichkeit noch besonders ausgeprägt und unverändert gültig. Die Betonung der »gesunden Härte«, des Körperkontakts und des Zweikampfs, der Sprach- und Körperrituale im Zeichen der »Kameradschaft« – all das verweist auf traditionelle Muster männlicher Körperrepräsentanz. Ähnliches läßt sich beim Joggen interessanterweise gerade bei Versuchen des gemeinsamen Laufens von Paaren und Ehepaaren beobachten. Manchmal klappt der Paartrab, meist jedoch stürmt ein männlicher Held voran, und etwas später keucht eine Freundin oder Gattin hinterher, mit – von Anstrengung, Ärger, Unzulänglichkeitsgefühlen? – gerötetem Gesicht. Kurz: Bewegung scheint bei den Männern fast automatisch den Knopf »Power on« zu drücken und das Programm »Konkurrenz« einzuschalten.

Frauen hingegen geben als Motive für ihre sportliche Betätigung (da vielleicht ehrlicher als Männer) zunächst meist körperlich-ästhetische Motive oder gesundheitliche Gründe und den einfachen Wunsch nach mehr Bewegung an. Zunehmend häufig wird aber auch der Wunsch ausgedrückt, durch den Sport eine intensivere, selbstbewußtere Körperwahrnehmung vermittelt zu bekommen. Dabei geht es offenbar gar nicht mehr so sehr um die Beherrschung spezifischer körperlicher Selbstverteidigungstechniken als vielmehr um ein allgemeines Gefühl größerer subjektiver Stärke und Alltagssicherheit in einer zunehmend konkurrenzhaft und gewalttätig erlebten Gesellschaft. Immerhin: 65% der Athletic-Studio-Besucher sind Frauen, fast 1,5 Mio., natürlich überwiegend den jüngeren Generationen angehörend.

Auch das ist nun gewiß kein Ausdruck sportimmanenter Bedürfnisse mehr, sondern ganz deutlich eine Reaktion auf außersportliche Erfahrungen, auf alltägliche Situationen mit Bedrohungs- und Angstgefühlen. Über die intensivere Ausbildung und Erfahrung des eigenen Körpers sollen sich auch mehr soziale Sicherheitsgefühle entwickeln und gleichsam in die Umwelt ausstrahlen: körpersprachliche weibliche Sicherheitssignale, die quasi präventiv schützen. Beides zusammen – der Wunsch nach besserer körperlicher Konstitution (eben nicht einfach: der männliche Kraft- und Leistungskomplex) und die gewachsene physisch-psychische Selbstsicherheit (nicht einfach: das männliche Konkurrenzmodell des Ellbogen-Trimmens) – könnte ein besonderes weibliches Wertemodell in dieser »neuen Körper- und Bewegungskultur« werden: Sportlichkeit als lockere, unaggressive, zurückhaltende und zugleich (selbst-)bewußte Körperlichkeit.

Zum andern schließlich geht es um die Frage nach der sozialen Spezifik sportlicher Einstellungen und Praxen. Sicherlich gilt jenes alte soziologische Schema längst nicht mehr so absolut: der Fußball etwa als typischer Unterschichts- oder Arbeitersport, Tennis und Reiten hingegen als Hobby der gehobenen Mittel- und der Oberschichten. Der generelle Wandel der Freizeitkultur, der Einfluß der Massenmedien und auch die neuen Sportstättenprogramme haben da soziale Öffnungen und Durchlässigkeiten bewirkt; »bunter« und »weißer« Sport vermischen sich auf den Bildschirmen wie auf den Sportfeldern.

Doch eine »demokratische« Sportgesellschaft haben wir deshalb noch lange nicht. Vor wenigen Jahren noch wurde bei Befragungen festgestellt, daß in den nach Bildung und Einkommen definierten Ober- und Mittelschichten jeweils rund 40 bis 50% ihrer Mitglieder regelmäßig oder gelegentlich Sport trieben, während der Anteil bei den zur Unterschicht gerechneten Bevölkerungsgruppen nur knapp 20% betrug.[4] Einige Gründe dieser Abstinenz liegen auf der Hand: die weit größere Nähe zu körperlicher Arbeit bei nicht oder niedriger qualifizierter Tätigkeit, die geringere Dispositionsmöglichkeit in der Zeit- und Freizeitorganisation, die materiellen Voraussetzungen des Sports natürlich (Ausrüstungskosten, Mitgliederbeiträge etc.). Vor allem jedoch sind es kulturelle Barrieren und Traditionen, die das sportliche Engagement steuern. Die Schwelle des Reitvereins oder des Tennisclubs überschreiten zu können ist mehr als eine finanzielle immer noch eine soziale und kulturelle Frage. Welcher Arbeiter käme schon auf die Idee, Tennis zu seinem Freizeitsport machen zu wollen – wenn nicht gerade sein Fußballverein inzwischen auch eine kleine Tennisabteilung aufmacht –, von Reiten, Segeln, Golf und anderen »feinen« Sportarten gar nicht zu reden. Noch immer wirkt das soziale und kulturelle Umfeld dieser Disziplinen wie ein »sozialer Numerus clausus«. Geregelt über die Mechanismen jener »distinktiven Kultur« der Sprachen, Moden, Lebensstile, werden entweder soziale Zugehörigkeitsgefühle vermittelt (»mein Sport«) – oder Fremdheitsgefühle (»nichts für mich«).[5]

Französische Kultursoziologen und Ethnographen wie Bourdieu[6] und Boltanski[7] haben in diesem Zusammen-

4 Vgl. D. Grieswelle: Sportsoziologie. Stuttgart 1978.

5 Das zeigen auch die Sozialprofile der »großen« Sportarten: Beim Fußball waren 1978 noch 53% der Sporttreibenden Unterschichts- (US), 44% Mittelschichts- (MS) und 5% Oberschichtsangehörige (OS); beim Skifahren 11% US, 53% MS, 36% OS; beim Schwimmen 17% US, 72% MS und 11% OS (vgl. die entsprechenden EMNID-Umfragen bei D. Grieswelle: Sportsoziologie. Stuttgart 1978).

6 P. Bourdieu: Sport and social class. In: Social Science Information 17 (1978), S. 819–840; ders: Historische und soziale Voraussetzungen des modernen Sports. In: G. Hortleder/G. Gebauer (Hg.): Sport – Eros – Tod. Frankfurt am Main 1986.

7 L. Boltanski: Die soziale Verwendung des Körpers. In: D. Kamper/V. Rittner (Hg.): Zur Geschichte des Körpers. München/Wien 1976.

hang detaillierte Untersuchungen der »somatischen Kultur« in der französischen Gegenwartsgesellschaft begonnen und sind dabei zu erstaunlichen Ergebnissen gelangt: Im Bereich des Medikamentenverbrauchs wie der Einstellungen zur Krankheit, des Umgangs mit Kosmetik wie gerade auch im Freizeit- und Sportverhalten bilden sich eindeutige »Klassenstile« ab, scharfe Profile eines jeweils eigenen kulturellen Klassenhabitus. Arbeiterinnen und Arbeiter entwickeln nach wie vor ein eher instrumentelles Verhältnis zum Körper, in dessen Rahmen etwa das Kranksein nur bei wirklicher physischer Arbeitsunfähigkeit akzeptiert wird. Ganz anders sind da die Angestellten und die Intellektuellen mit ihrem fürsorglich-narzißtischen Verhältnis zu jedem Symptom von körperlichem Unwohlgefühl, das sie ihrem Freund, dem Hausarzt, beredt schildern können. Als ganz ähnlich erweist sich das unterschiedliche Verhältnis zum Sport – im Hinblick auf die Motive wie auf die Körperästhetik, auf die Präferenz für Gruppen- oder Individualsport wie auf die Beziehung von Sport und Alltag. Pointiert gesagt: Trimm-dich-Übungen im Betrieb oder für den Beruf nach Art des joggenden Personalchefs würden die meisten Arbeiter/innen bei sich selbst für eine milde Form von Geisteskrankheit halten. Sport ist für ihr privates, ihr Nicht-Arbeitsleben da, er erfüllt soziale, gesellige, gruppenbezogene Funktionen.

Das meint »Körperkultur als Klassenhabitus«: Sage mir, wie du dich kleidest, welche Pillen du nimmst, welche Sportarten du treibst – und ich sage dir, wo du sozial hingehörst. Körperlichkeit entpuppt sich da als Parameter eines Systems von Werten und Verhaltensmustern, in denen die sozialen Unterschiede und die sozialen Unterscheidungen deutlich sichtbar gemacht werden – wie beim Theaterbesuch, wie bei den Tischsitten, wie im Kleidungsstil. Es zeigt sich keineswegs eine Auflösung, sondern vielmehr eine Formen- und Funktionsverwandlung, eine weitere Ausdifferenzierung schichtspezifischer Wertorientierungen. Und nur der, der sich darin nicht abgrenzen will, für den also auch der Sport nicht »Distinktionsprofite« abwirft, keine Punkte im Statusspiel, nur der wird ganz schlicht seine körperlichen, geselligen, sozialen Bedürfnisse voranstellen, wird sich seine Variante des Freizeitsports unangestrengt selbst schaffen.

Das mag ein wesentlicher Grund dafür sein, weshalb sich die als »Unterschicht« apostrophierten Gruppen bislang offenbar noch am wenigsten auf jenes Muster der Sportivität eingelassen haben, weshalb dort Mannschafts- und Gruppensportarten nach wie vor hoch im Kurs stehen, weshalb Sport ohne anschließende Geselligkeit selten ist, weshalb Sport dort zwar ernsthaft betrieben wird, jedoch immer noch zum »Leben« und nicht zum »Arbeiten« gehört. Jenen Kult um »Fitneß und Outfit« findet man dort jedenfalls seltener.

Auf solche »Besinnungen« an historischen Modellen wie an gegenwärtigen Alternativen hoffe ich für den Sport insgesamt – auf Alternativen eben auch, wie sie besonders im Bereich der »wilden Sportgruppen« entstehen, wo doch manches nach unverkrampfter Spielfreude, nach Bewegung mit Witz und Phantasie aussieht.

»Im Trend«, weil auch im Vereins- wie im Schulsport mitverbreitet und gefördert, liegt derzeit sicherlich noch das andere: die »Versportlichung des Alltags«, der Freizeitsport als Feld der symbolischen Aufarbeitung von Wirklichkeit – von Bedürfnissen und Konflikten, die aus den anderen Bereichen des Arbeits- und Familienlebens, der Erziehungsinstitutionen und der Politik auf den Freizeitsektor abgedrängt sind. Deshalb besitzt der Sport eine alltags- und lebensorganisierende Wirkung wie nie zuvor. Und deshalb muß man die dortige Artikulation neuer gesellschaftlicher »Sinnbedürfnisse« gewiß besonders ernst nehmen – mit Sympathie, aber auch mit kritischem Blick. Der Sport als Kristallisationspunkt und als Spiegelfläche sich wandelnder sozialer und psychosozialer Bedürfnisse: das scheint mittlerweile die Hauptsache an dieser angeblich einst »wichtigsten Nebensache der Welt« zu sein

VOLKER CAYSA

Körpertechnik als Grund der Selbstmächtigkeit im Sport

Entgegen den Prinzipien ihrer kritischen Stammväter war paradoxerweise der Wahlspruch der Aufklärungsbewegung von 1968: »Habe Mut, dich deines eigenen Körpers zu bedienen!« Der hedonistisch-dionysische Gebrauch der Körper war in der Studentenrevolte Mittel des Protestes gegen eine triebfeindliche Dressur des Körpers und seine lustunterdrückende Abrichtung für den Produktionsprozeß.

In Verbindung mit der Dialektik der Aufklärung, der auch diese Aufklärung unterliegt, hat Foucault gezeigt, wie aus der damit verbundenen »sexuellen Revolution« eine Dialektik des Sexes entstand, wie aus der Aufklärung über den Sex als Mittel der Befreiung der Körperlichkeit ein Instrument der Herrschaft über die Körper wurde. Die Aufklärung der modernen Gesellschaft ist daher von der Sexualisierung ihres öffentlichen Lebens begleitet, die per Kulturindustrie vermarktet wurde. Diese hat nun aber in Verbindung mit Sport und Mode eine Körperindustrie erzeugt, die sich uns anfänglich, analog dem Sexdiskurs, als Befreiungsbewegung vorstellte und sich jetzt als Mittel der Unterwerfung erweist.

Wie der »gute Sex«, so ist der »gute Körper« und der »gute Sport« zu einem »Muß« geworden. Aber wie beim Sex stellt sich die Frage: Ist das Sport, was als Sport wahrgenommen wird? Es gibt Sex, es gibt Leiber, es gibt Sport – wie sind sie möglich? Was geschieht mit den Körpern, mit dem Sport im Zeitalter ihrer technischen Reproduzierbarkeit? Wird im Sport der alte Traum der Metaphysiker, gegenüber dem Körper Souveränität zu gewinnen, technische Wirklichkeit? Und wenn ja, wie und wodurch?

Zunächst gehen wir davon aus, daß Sport wesentlich durch Körpertechniken möglich wird. »Der Sport ist ein Spiel mit den Techniken des Körpers.«[1] Unter Techniken des Körpers werden hier »die Weisen« verstanden, mit und in denen »sich die Menschen in der einen wie der anderen Gesellschaft traditionsgemäß ihres Körpers bedienen«[2]. Körpertechnik ist in diesem Kontext als »eine traditionelle, wirksame Handlung« zu betrachten, die durch Nachahmung zu dem Können, zu der »Kunst, sich des Körpers zu bedienen« führt.[3] Techniken des Körpers sind »tradierte motorische Handlungsreihen, die in einer spezifischen Kultur zur Bewältigung lebenspraktischer Aufgaben ausgebildet werden«[4].

Der Körper wird in diesem Kontext als »das erste und natürlichste Instrument des Menschen« bestimmt, insofern er sich im Handeln immer schon seines Körpers bedient – und zwar als Mittel und als Zweck seines Handelns. Insofern ist die Identität von Körperhandeln und Körpertechnik im Handeln in einem elementaren Sinne immer schon grundlegend vorausgesetzt. Wenn der Körper »das erste und natürlichste technische Objekt und gleichzeitig technische Mittel des Menschen« ist, dann ist alles körperliche Handeln immer schon als körpertechnisches Handeln zu verstehen und jede Körperhandlung auch als Technik des Körpers zu analysieren.

Als »ein Habitus« im Sinne von »Gewohnheiten«, dem »Bestehenden«, dem »Erworbenen«, variieren Körpertechniken nicht nur mit den Individuen und deren Nachahmungsvermögen, sondern »vor allem mit den Gesell-

1 G. Gebauer/H. Lenk: Der erzählte Sport – Homo ludens und auctor ludens. In: G. Gebauer (Hg.): Körper- und Einbildungskraft. Inszenierungen des Helden im Sport. Berlin 1988, S. 151.

2 M. Mauss: Die Techniken des Körpers. In: M. Mauss: Soziologie und Anthropologie. Band 2. München/Wien 1975, S. 199.

3 Vgl. ebenda, S. 203, 205.

4 G. Gebauer/H. Lenk: Der erzählte Sport – Homo ludens und auctor ludens, a. a. O., S. 150.

schaften, den Erziehungsweisen, den Schicklichkeiten und den Moden, dem Prestige«[5]. Der Habitus vermittelt zwischen dem Sozialen und dem Biologischen, zwischen Mensch und Natur, Individuum und Umwelt. Als ein Habitus regeln Körpertechniken, wie wir uns und unsere Umwelt wahrnehmen und beherrschen; wie wir uns körpertechnisch-habituell verhalten, bestimmt, wie wir uns selbst sehen, wie wir anderes und andere sehen und wie wir von anderen gesehen werden. Mit den Körpertechniken sind nicht nur Formen des Umgangs des Menschen mit sich selbst und seiner Umwelt gegeben, sondern sie vermitteln wesentlich, wie wir uns und andere in diesen Verhaltensformen wahrnehmen und in dieser Wahrnehmung »herstellen«. Körpertechniken sind in diesem Sinne nicht nur Umgangs- und Verhaltensformen, sondern ebenso Wahrnehmungs- und Herstellungsformen unseres Selbst und seines Anderen. Denn die Körpertechniken ermöglichen nicht nur »die Hemmung unbeherrschter Bewegungen«, die »Kontrolle von Emotionen« und die »Erziehung des Sehens«, sondern auch die Formierung der Sprache. Die Sprache als »Fortsetzung der Körperinstrumente auf höherer, symbolischer Ebene« führt die Leistungen der Körpertechniken »über den Körper hinaus; sie beruht ebenfalls auf einem Habitus, der zur Beherrschung der Umwelt führt: zur Erzeugung komplexer Kontexte, in denen Interpretationen der Welt – und in gewissem Sinn die Welt selbst – hergestellt werden«[6].

In Zusammenhang mit der von Foucault analysierten Biomacht in modernen Gesellschaften läßt sich zeigen, daß die im Sport angewandten Körpertechniken Individualisierungs- und Universalisierungstechnologien sind, die sowohl biopolitisch wie auch selbsttechnisch handhabbar sind. Der Mensch erfindet sich im Sport gerade zwischen diesen Polen; er wird dadurch, wie er z.B. Kör-

5 M. Mauss: Die Techniken des Körpers, a.a.O., S. 202.

6 G. Gebauer/H. Lenk: Der erzählte Sport – Homo ludens und auctor ludens, a.a.O., S. 151.

pertechniken anwendet, das, was er sein kann. Seine kulturelle Existenz ist die Art und Weise der Anwendung von Techniken. Wie jemand körpertechnisch mit sich umgeht, wie er sich zu seinem Körper verhält, wie er mit ihm verfährt, zeigt, ob seine Fähigkeit, sich selbst nach Regeln zu gestalten, ein biopolitisches Instrument oder eine selbstpolitische Kunst ist.

Biotechnologien zielen für Foucault auf die normative Modellierung von Körpern, der die Vorstellung von tendenziell beliebiger technischer Manipulation und Perfektionierung der Körper zugrunde liegt und die zum Verschwinden unserer traditionellen Körpervorstellungen, zum Tod des Körpers führen, indem er technologisch reproduziert wird. Der Körper wird hier nicht nur funktional zur Erfolgs- als Zweckrealisierung eingesetzt, sondern er wird einem Effektivierungs- als Rationalisierungsprozeß unterworfen und demzufolge als produziertes und produzierendes Mittel zielgerichtet auf wirtschaftlichen Erfolg hin getrimmt. Er selbst scheint da keinen Wert zu haben, sondern Wert hat er nur als erfolgreiches Mittel zum Zweck. Die Selbsttechnologien zielen im Gegensatz dazu darauf, sich um den Körper zu sorgen, ihn nicht nur als Mittel, sondern ebensosehr als Zweck zu betrachten, das Objekt sozusagen ebensosehr als Subjekt begreifbar zu machen.

Nun entspräche es gewiß nicht den Tatsachen, die Techniken, die im Sport angewandt werden, dualistisch in Biotechnologien, die auf die Produktion von Biomacht (oder genauer sogar auf die Herstellung von Bioherrschaft), und in Selbsttechnologien, die auf die Gestaltung von Selbstmächtigkeit (unter Einschluß der Selbstbeherrschung) zielen, oder in Instrumente der Biopolitik und in solche der Selbstpolitik zu unterteilen.

Vielmehr geht es uns darum, zu zeigen, daß hier die Übergänge fließend sind, daß es kein »Entweder-Oder«, sondern ein »Sowohl-Als-auch« gibt, daß das Verhältnis von Selbst- und Biopolitik bei der Anwendung von sportlichen Techniken eines ist, das sich ständig umkehrt, das sich ständig in sich verkehrt. Es ist nicht damit zu rechnen, daß der Sport seinen biopolitischen Charakter durch die Entfaltung neuer Selbsttechnologien jemals völlig beseitigen könnte. Wohl aber kann diese Biopolitik durch Selbsttechnologien verändert werden, kann sie wesentlich modifiziert werden in Richtung einer Selbstpolitik. Aber diese Transformation kann sich zu einem späteren historischen Zeitpunkt auch nur als ein Aspekt der Perfektionierung einer universalistischen Biopolitik mittels Individualisierung durch Selbsttechnologien erweisen. Eine Sporttechnik kann als Selbsttechnik entstanden sein und wird durch den Sport zum biopolitischen Instrument. Aber auch die Umkehrung vollzieht sich alltäglich. Skepsis ist da allemal angebracht, aber nicht ein apokalyptischer Kulturkritizismus, weil er den Blick auf Selbstgestaltungsmöglichkeiten im Sport versperren würde. Natürlich ist festzustellen, daß die Techniken der Biopolitik gerade durch den Sport uns Normierungen vorgeben, die die freie, selbstgewollte und selbstbewußte Entscheidung und Gestaltung über unsere Körper verhindert. Aber Biotechnologien, nachdem man sie erlernt hat, können so gehandhabt werden, daß man sie als Selbsttechnologien gerade gegen die Macht anwenden kann, die sie produzieren. Wie Techniken zu bewerten sind, ob als Biotechnologien oder als Selbsttechnologien, hängt auch davon ab, wie wir mit ihnen spielen, wie wir sie praktizieren, ob wir sie bis zu dem Punkt beherrschen, an dem wir ihre Wirkung umkehren können. Die Möglichkeit der Umkehrung von Bio- in Selbsttechnologien ergibt sich nicht nur durch Zurücknahme der quantitativen Steigerung des Trainings von Athleten, sondern auch in der Zurücknahme des Tempos, der Verlangsamung von Bewegungsabläufen, z. B. mit Hilfe von Geschwindigkeitsbegrenzungen in bestimmten Sportarten oder auch durch Temporeduktion, indem man an die Stelle des Joggings, das schon längst wieder zum Running geworden ist, nun das Walking setzt, um die ursprüngliche Idee des Joggings als Laufform zwischen Nicht-Gehen und Nicht-Rennen zu retten. Dabei ist aber zu bemerken, daß diese Temporeduktion, diese »verlangsamte Körperaktivierung« eine körpertechnologisch vermittelte und deshalb auch keine »nicht-technologische« ist.[7]

Um aber die Problematik der Umkehrung von Bio- und Selbstmacht auf den Punkt zu bringen, könnte man auch sagen: Wer frei sein will von den Mächten der Biopolitik, muß die durch sie geförderten Selbsttechnologien beherrschen und souverän mit ihnen umgehen können, um sie zur Selbstpolitik und Selbstsorge zu nutzen. So könnte sich ein neues Selbst- und Machtbewußtsein bei den Individuen durch Sport entwickeln. Im Mittelpunkt einer solchen neuen Selbstmächtigkeit steht ein Können, das darin besteht, sich selbst Maße zu geben, sich selbstbewußt zu mäßigen und sich in diesem Sinne zu beherrschen. Dieses Können ist eine Bedingung der Möglichkeit für die Konstituierung einer anderen Macht, die als solche zugleich Kritik der bestehenden Mächte ist und in der Kritik in dem Können besteht, selbstbewußt anders zu sein.[8] Durch solch ein Können konstituiert sich nicht nur eine reflexiv kritische Macht als Macht des Andersseins, sondern auch eine Kritik als Macht – nämlich als Macht der anderen, die nicht andere beherrschen, aber sich selbst beherrschen.

7 Vgl. K.-H. Bette: Körperspuren. Zur Semantik und Paradoxie moderner Körperlichkeit. Berlin/New York 1989, S. 83f. Es ist klar, daß diese Temporeduktion auch ein anderes Verhältnis zum Raum, in dem wir uns bewegen, zur Folge hat, den wir dann nicht mehr nur durchhasten, überfliegen, durchfahren, schnellstmöglichst hinter und unter uns lassen, und dadurch für uns und für andere nichtig machen, ja vernichten, sondern den wir dann in seiner ganzen Weite und Enge, in seiner Ferne und Nähe erleben, *erfahren* und nicht nur so schnell wie möglich *durchfahren.*

8 Vgl. V. Caysa: »Was ist Kritik?« Über die Geburt der Philosophie aus dem »Geist« der Kritik und die Zukunft der Philosophie nach Nietzsche. In: Jahresschrift der Förder- und Forschungsgemeinschaft Friedrich Nietzsche e. V., Band III 1992/93. Halle/Saale 1994

Macht meint in diesem Kontext nicht Verfügungsgewalt über andere Menschen und Dinge von andern, meint nicht die Beherrschung anderer durch Besitz und Eigentum, sondern Macht ist hier als Verfügungsgewalt über sich selbst, als Selbstbesitz und Selbstaneignung im Anderswerden bestimmt. Durch die Macht, die durch Selbstbeherrschung und Selbststilisierung im Möglichkeitsfeld des einzelnen liegt, erhält der einzelne auch wieder die Möglichkeit zurück, seine Selbstmächtigkeit gegenüber einer verwalteten und kolonialisierten Lebenswelt zurückzugewinnen.

Dieses Streben nach Selbstmächtigkeit kann sich anfänglich als dionysisch-anarchische Forderung, tun zu können, was man will, artikulieren, aber sie wird keine dauerhafte Gegenmacht werden, wenn man nur danach begehrt, sofort das zu haben, was man bisher nicht hatte, und nicht lernt, sein Begehren zu mäßigen, um nicht nur unmittelbare Bedürfnisse zu befriedigen, sondern um die Bedürfnisstruktur des einzelnen übersteigende Strategien zu realisieren, die zwar seine Existenz ermöglichen, die aber von ihm als nicht unmittelbar existenznotwendig begriffen werden.

Die Macht der Kritik und ein kritisches Machtpotential werden wesentlich durch die Selbstmächtigkeit der Individuen in deren (sportiver) Existenz möglich, die sich in der Selbstbeherrschung als Selbstregierung begründet. Die damit verbundene Fähigkeit, sein Leben selbstbewußt anders zu führen, ist aber als hervorbringendes Können selbst eine Kunst, die als Lebenskunst Regeln folgt, die lehrbar und lernbar sind.[9] In diesem Kontext wird der Sport positiv als Lebenskunst wahrnehmbar. Die damit

9 Wobei allerdings beachtet werden muß, daß dieses Erlernen einer Lebenskunst selbst eine Entscheidung voraussetzt, die nicht erlernbar ist und die zunächst nur ein Wollen zum Können setzt, das sich wiederum im Denken gründet. Die Entscheidung für eine Lebens-Art ist nicht von einer Denkweise zu trennen, eine Denk-Art ist eine Lebens-Art.

verbundene Ethik des Andersseins gründet sich im Ethos der Selbstbeherrschung, das als Können selbst eine grundlegende Macht als Kritik der bestehenden Verhältnisse im exemplarischen Verhalten der einzelnen darstellt. Dieses Ethos der Selbstbeherrschung verzichtet nicht heuchlerisch und illusionär auf Herrschaft, Macht, Kritik und Aufklärung, sondern hebt sie in der Existenz des einzelnen auf, um sie neu zu stiften. Demzufolge ist dieses Ethos der Selbstbeherrschung weder »nachtechnisch« noch »vortechnisch« noch »nichttechnisch«, sondern auf eine neue Art und Weise hochtechnisch, insofern sie am Telos eines universellen ökologischen Ethos orientiert ist. Freilich bedeutet dies einen anderen Umgang auch mit unseren bisherigen Technologien der Selbstbeherrschung, der damit beginnt, daß wir uns zur Technik und den damit verbundenen Macht- und Herrschaftsstrukturen nicht mehr naiv, naturwüchsig, unkritisch verhalten, sondern kritisch reflexiv mit dem Ziel, neue Techniken zu entwerfen und nicht bei einer abstrakten Technikkritik stehenzubleiben.

Biopolitisch funktionalisiert, stellen sich Selbsttechnologien des Sports oftmals nur als gesundheitspolitische Dressur-, Disziplinierungs-, Regierungs-, Überwachungs-, Versicherungs-, Verwaltungs-, Domestizierungs-, Rationalisierungs- und Kolonialisierungstechniken dar. Die Sportpraktiken werden aber dann nur unter dem Gesichtspunkt der industriellen Disziplinargesellschaft wahrgenommen und nicht auch unter dem Gesichtspunkt, daß in einer nachindustriellen Normalisierungsgesellschaft die Norm der äußerlich auferlegten Disziplin und Kontrolle mit der der freiwilligen Selbstbeherrschung, Selbstkontrolle, mit der der Selbstgestaltung verbunden ist. Der Sport als Sozialtechnologie der Gesundheits- und Versicherungsindustrie des Sozialstaates, die uns zur Arbeit an uns aufruft, erscheint notwendig als Biotechnologie. Dagegen erscheint ein nicht staatlich verordneter Sport, in dem man sich freiwillig um sich sorgt, als Selbsttechnik. Selbsttechnologien sind in diesem Kontext nicht nur als sportpolitische Normalisierungsstrategien einer fundamentalistischen Biopolitik zu deuten, sondern auch als Techniken, die den Individuen durch individualisierte Anwendung Selbstpolitik ermöglichen könnten. Diese Art der Selbstgestaltung schließt die Sorge um sich, in der sich die Sorge um den anderen realistisch stiftet, von vornherein ein. Sie ist demzufolge nicht individualistisch-narzißtisch ausgerichtet, sondern hat von vornherein den Bezug zum anderen. Die damit verbundenen Selbsttechnologien sind immer auch Techniken der Gemeinschaftlichkeit, der gegenseitigen Hilfe und Unterstützung, der Sorge um den Anderen nicht nur im Sinne der Freundlichkeit, sondern im Sinne der Freundschaft. Der Begriff der Sorge um sich und der Selbstsorge ist also nicht im Sinne der Arbeitsabschnittsgemeinschaft von Profis zu verstehen, die einander bestenfalls faire Kollegen im gemeinsam ausgeübten Job, ansonsten aber statt Freunde Feinde fürs Leben sind und für die in ihrem Job gilt: »Jeder für sich allein, nur wenn geschäftlich notwendig – dann gemeinsam!« Die Selbsttechnologien des Sports als Techniken der Selbstsorge sind Gestaltungs- und Daseinsweisen unserer Existenz, sie stehen für unterschiedliche Lebensformen und Lebensstile wie auch für grundverschiedene Weisen, sich zum Anderen, zur Mit-Welt zu verhalten, sie sind Haltungen, Arten, in der Welt zu sein. Sie regeln das Verhältnis von Körper-Sein und Körper-Haben und bestimmen, wie wir dieses Verhältnis wahrnehmen, ob wir es erkennen können und wie wir es bewerten. Wir sind Körper, indem wir Körper haben. Wir haben für uns den Körper, den wir wahrnehmen. Wir nehmen unseren Körper so wahr, wie wir mit ihm umgehen. Wir gehen aber im Sport niemals mit unserem Körper a-technisch um. All unsere sportlichen Aktivitäten werden von elementarem Wissen bestimmt, wie sie auszuführen sind, welchen charakteristischen Mustern sie zu genügen haben, welche Regeln zu beachten sind. Der Körper ist da nicht einfach Selbstzweck, sondern immer auch Mittel zum Zweck, um eine bestimmte Bewegung auszuführen. In diesem Sinne verhalten wir uns wohl in jeder Sportpraxis instrumentell, und es zeugt daher von falschem Bewußtsein, wenn man jede Art Instrumentalisierung im Sport ablehnt.[10] Das hieße im Grunde, das Sporttreiben sein zu lassen und entsprechend der Auffassung einiger Heideggerianer in der Gelassenheit den eigentlichen Sport zu entdecken, also die Wahrheit des Sports darin zu sehen, den Sport Sport sein zu lassen und gar keinen Sport zu treiben. Aber nicht jede instrumentelle Handhabung des Körpers ist mit »Verdinglichung« und »Entfremdung« gleichzusetzen. Zweifelsohne führt die immer bessere technologische Beherrschung der Körper im Sport auch dazu, daß der Sport, z. B. in sogenannten Fun- und Extremsportarten, immer sicherer und planbarer vermarktet werden kann. Aber weil der menschliche Körper durch die Weiterentwicklung von Körpertechnologien im Sport immer besser unter die Logik des Marktes subsumiert werden kann, ist daraus nicht der Schluß zu ziehen, daß echter, nichtentfremdeter Sport ein nichttechnischer Sport wäre. Diese Art von Maschinenstürmerei führt eher dazu, daß man Körpertechniken und Körpertechnologien im Sport systematisch nur negativ betrachtet und nicht auch sieht, was sie positiv ermöglichen. Gerade in einer körperfetischistischen Gesellschaft halte ich es aber für ein positives Können, seinen Körper nicht nur elementar technisch, sondern auch hochtechnologisch zu beherrschen. Der Körperfetischismus unseres Alltags beweist doch, daß viele zwar Körper sein wollen, daß sie aber nicht wissen, wie man mit ihm richtig umgeht, um ihn wirklich zu

10 Vgl. H. J. Schaller: Instrumentelle Tendenzen in der Sportpädagogik. In: Sportwissenschaft 22 (1992) 1, S. 11. Vgl. zur Instrumentalisierungsdebatte in der Sportpädagogik insgesamt: S. Güldenpfennig: Sport: Autonomie und Krise. Sankt. Augustin 1996, S. 169–179, sowie J. Court: Der pädagogische Sinn des Sports und die Instrumentalisierungsfrage. In: Sportwissenschaft 26 (1996) 2.

haben. Um diesen Umgang mit dem Körper zu vermitteln, brauchen sie aber Unterstützung in Form von Regeln und Wissen, wie was zu tun ist. Der Wille zum selbstbestimmten Umgang mit dem Körper ist aber immer auch technisch vermittelt, und die Körpertechniken des Sports sind hier durchaus positiv zu bewerten.

Wie der Körper als Objekt instrumenteller Verfügung nicht dadurch verschwindet oder zum Schweigen gebracht wird, sondern umgeformt und neu zur Sprache kommt, so ist der Sport nicht als entfremdeter zu betrachten, wenn er positiv als eine instrumentelle Praxis analysiert wird. Im Gegenteil: Will man die Sportpraxis verändern, muß man gerade auch die Techniken analysieren – und nicht bloß denunzieren –, mit denen bestimmte Bewegungen im Sport vollzogen werden. Denn die Körpertechniken stehen im Zentrum der Praxis des Sports, diese Praktiken bestimmen seine Praxis.[11] Im Spannungsfeld von Sportpraxis und Körpertechniken werden beide biopolitisch instrumentalisiert oder selbstpolitisch handhabbar, hier werden Körpertechniken erfunden oder zu Körpertechnologien gemacht, indem sie per Verwissenschaftlichung der Sportpraxis sicherer, rationaler und effektiver gemacht werden, wodurch die Sportpraxis wiederum formalisiert wird. Ähnlich der Kunst erscheint daher die sportliche Praxis als »eine Art Materialgestaltung, in der formale Qualitäten herausgearbeitet werden«, indem z.B. spontanem Bewegungsdrang eine Form gegeben, der Bewegungsrausch in einen Stil verwandelt wird. In diesem Sinne ist also Sport nicht nur ein technisches Können, sondern eine stilvolle Kunst, die mit der Kunst existentiell verbunden werden sollte, sein Leben (ökologisch) zu führen, eine Lebenskunst. Ist vielleicht in dem allzuoft anzutreffenden Leistungs-, Rekord- und Perfektionierungswahn von Sportlern nicht

11 Vgl. G. Gebauer: Ästhetische Erfahrung der Praxis: das Mimetische im Sport. In: E. König/R. Lutz (Hg.): Bewegungskulturen. Sankt Augustin 1995, S. 191f.

nur ein Wille zum Erfolg und zum Können, sondern auch ein Wille zur Kunst versteckt? Und zwar derart, daß man bestrebt ist, seinen Körper kunstvoll zu inszenieren, ja sogar ihn als Gesamtkunstwerk zu präsentieren? Dieses Phänomen ist doch schon längst nicht mehr auf Mode, Sex und Showsport beschränkt. Gerade diese Vermarktung des Willens zur Kunst muß man im Zusammenhang mit der Verwirklichung der Idee, die Sorge um den Körper im Sport auch als Kunstwerk zu begreifen, sehen. Sicherlich, betrachtet man die Geschichte des Sports im 20. Jahrhundert, wird man schnell Beispiele finden, die belegen, wie dieser Wille zur Kunst im Sport als Wille zum Gesamtkunstwerk biopolitisch instrumentalisiert wurde. Aber zu fragen wäre doch auch, ob der Sport und der Umgang mit dem Körper in ihm auch selbstpolitisch im Sinne einer Philosophie der Lebenskunst zu begreifen wäre, die gerade einem totalitären und biopolitisch-rassistischen Gebrauch der Körper entgegensteht.

Der selbstbewußte *homo sportivus* als mündiger Athlet[12] wäre dann eine Art Körper- oder Leibtechniker, dem nicht nur das Wissen und die Kunstfertigkeit eigen ist, etwas Bestimmtes herzustellen, sondern der ein Wissen davon hat, wie man sich selbstbewußt herstellt. Die Anwendung des Wissens auf eine konkrete Aufgabe bestünde demzufolge hier darin, sich per Sport selbst herzustellen. Dazu braucht es nicht nur ein hohes Maß an sportlicher Erfahrung, sondern vor allem die Fähigkeit, sich selbst zu bestimmen, eigene Maße zu wählen, und die Fertigkeit, diese Maße ästhetisch umzusetzen. Der Versuch, sich selbst herzustellen, darf demzufolge nicht daran orientiert sein, wie wir bisher anderes herstellten, sondern sein Maß ist die Suche nach der leiblichen Vernunft auch im Sport. Dies aber produziert ein ganz ande-

12 Ich greife hier eine Idee von Hans Lenk auf. Siehe H. Lenk: »Mündiger Athlet« und »demokratisches Training«. Zur Begründung eines Trainingskonzeptes. In: H. Gabler u.a. (Hg.): Praxis der Psychologie des Leistungssports. Berlin [u.a.] 1979.

res Wissen von uns selbst, als wir es bisher kennen, ein Sich-Wissen im Anderssein.

Über Selbsttechnologien vermittelt sich wesentlich, wie wir uns physisch und psychisch erfahren. Selbsttechnologien sind Selbsterfahrungsformen, die sich in der Askese[13] gründen, die wiederum darauf zielt, sich in Form zu bringen, d. h. seinem Sporttreiben nicht irgendeinen, sondern seinen Stil zu geben. Dieses In-Form-Sein besteht in der Kunst, sich im selbst gewollten, selbst vollbrachten und erfolgreichen Anderssein zu erfahren. Das bedeutet natürlich immer auch, daß sich durch Selbsttechniken das Selbsterlebnis per reflektierter und stilisierter Selbsterfahrung versachlicht.

Die Attraktivität des Sports ist noch immer mit der Illusion des Zurückgewinns von (nichtinstrumenteller) »Natürlichkeit«, von Bewegungsfreiheit, von physischer und psychischer Enthemmung verbunden. Gerade auf dieser (unmittelbaren) »Ursprünglichkeit«, die keine ist, auf diesem anscheinend unmittelbaren Genuß des eigenen körperlichen Könnens im unmittelbaren Handeln, beruht das mit dem Sport oft artikulierte Freiheitsgefühl. Der Sport hat hier nicht nur Kompensations-, sondern ebenso Enthemmungs- und Freisetzungsfunktionen. Auf dieser Ebene stellt sich in Verbindung mit der Entfaltung einer erlebnisorientierten Freizeitgesellschaft sicherlich die Frage, ob es damit zu einer »Lockerung der Affektkontrolle«[14] kommt, die mancher nur als Zurücknahme der erreichten Zivilisierung als Sexualisierung und gewalttätige Rebarbarisierung des Alltags betrachtet. Es muß aber beachtet werden, daß es gerade in der Vermittlung durch den Sport und dessen Vertechnisierung zu

13 Zum Begriff der Askese siehe W. Schmid: Auf der Suche nach einer neuen Lebenskunst. Die Frage nach dem Grund und die Neubegründung der Ethik bei Foucault. Frankfurt am Main 1991, S. 260–269.

14 Vgl. N. Elias/E. Dunning: Sport im Zivilisationsprozeß. Münster o. J., S. 138.

einer apollinischen Gegenbewegung im Unterschied zum Streben nach einem dionysischen Körpererlebnis gekommen ist, so daß eher davon gesprochen werden muß, daß gerade in der Vermittlung durch den hochtechnisierten Sport in den sogenannten Fun-Sportarten eine neue Stufe der Affektkontrolle erreicht wird und beispielsweise durch extreme Risikotechniken verhandene Affektdefizite kompensiert werden, indem diese gesteigerte Affektkontrolle mit einer solchen Virtuosität übersteigert wird, daß in dieser Art von Hyper-Apollinik per Super-Askese eine neue Art von dionysischem Rausch entsteht, der durch eine kaum nachvollziehbare, existentielle Affektfreisetzung gekennzeichnet sein muß, die mystischen Erlebnissen gleicht. Grundlage dieser mystischen Zustände sind aber nun nicht mehr elementare Techniken des Körpers,[15] die die »Kommunikation mit Gott« ermöglichen soll, sondern Körper-Hochtechnologien.

Insofern das Erleben von Körperlichkeit und damit verbundener Bewegungsfreiheit im Sport ein Können ist, erweist er sich nicht nur als durch Handeln nach Regeln vermittelte Unmittelbarkeit, sondern auch als Schule der Körperlichkeit und nicht als uneingeschränktes Lob der Körperlichkeit, sondern als Stilisierung von Körperlichkeit nach bestimmten Maßen und innerhalb bestimmter Grenzen.

Im Sport ist man sein »freier Herr«, indem man freiwillig »Knecht« ist. Die vitalen Impulse, die uns das Selbsterlebnis eines Wettkampfes vermitteln, sind immer verbunden mit dem Reglement, dem Moralkodex, den Techniken, denen wir uns freiwillig unterwerfen, weil ohne sie der Sport kein Sport für uns wäre und sein könnte. Sport ist für uns immer schon zivilisierter, und deshalb ist Sport erst Sport für uns, wenn nach Regeln um Sieg und Niederlage gekämpft wird. Diese Tatsache sollten wir nicht nur negativ bewerten, denn sie bedeutet auch, daß nicht nur das zu erreichende Ziel, der Sieg, im Sport

15 Vgl. M. Mauss. Die Techniken des Körpers, a. a. O., S. 220.

zählt, sondern auch der Weg entscheidend für die Bewertung einer sportlichen Leistung ist. Demzufolge bringen wir z. B. manchem Verlierer eine größere Bewunderung entgegen als dem Sieger, weil der Verlierer beispielsweise der bessere Techniker ist.

Die »Wallungen« des Körpers werden im Sport freiwillig rationalisiert, Regeln unterworfen und in ein habituelles Schema gebracht. Die Macht des körperlichen Begehrens, die Macht der Lust wird durch Sport in praktikable Selbstgestaltungs- und Selbstbeherrschungsformen durch Selbsttechniken gebracht, die den Übergang vom Dionysischen zum Apollinischen im Sport ermöglichen. Der Sport bewegt sich per Selbsttechnologien, die sich in der Sorge um sich gründen, im Spannungsfeld von Dionysischem und Apollinischem, von fremdbestimmter und selbstbestimmter Lebensführung, von entfesseltem und gefesseltem Trieb. Der Sportler selbst erscheint da oftmals als von seinem und durch sein Treiben entfesselter und gefesselter Prometheus, der sich selbst per Selbsttechnik in den Sport als *scientia sexualis* und *ars erotica* einspannt. Diese Spannungsfelder stellen sicherlich immer Gefahren dar, sie können aber durch den Begriff der Selbstsorge zum Rettenden werden. Der Sport als in der Sorge um sich wahrgenommene Körpertechnik ist daher nicht als abstraktes Antikonzept zu bestehenden Zivilisationsformen zu betrachten, sondern als konkreter Entwurf einer anderen, selbsttechnologischen Art und Weise, Sport zu treiben. Denn durch die praktizierten Methoden in einer Sportart wird bestimmt, wie man mit seinem Körper umgehen, wie man über ihn verfügen kann, was man in der jeweiligen Sportart mit seinem Körper ausprobieren und gestalten kann. Wir bewundern im Sport nicht einfach sichtbare Körper, sondern Körper, die in Aktion sind, die sich in bestimmter Art und Weise bewegen können. Körper bewundern wir im Sport, die körpertechnisch und selbsttechnologisch inszeniert sind und die nicht einfach, unmittelbar »da« sind.

Der Streit darüber, welche Körper- und Selbsttechnologien in einer Sportart erlaubt sind oder nicht, ist demzufolge nicht nur ein Kampf darum, wie man sich z. B. Vorteile gegenüber seinen Konkurrenten verschafft, was ein nicht unwesentlicher Aspekt der Dopingdebatte ist, sondern auch ein Streit darum, nach welchen Normen wir uns technisch zu unserem Körper zu verhalten haben, welche Schönheitsideale und Geschmacksurteile gelten sollen, wie die Peinlichkeitsschwellen und öffentlichen Formen intimen Körperkontaktes bestimmt werden sollen.

Die im Sport anzutreffenden Bio- und Selbsttechnologien sind daher auch immer als Körpertechniken einer Lust- und Unlustökonomie zu betrachten, durch die z. B. die Ernährung, das sexuelle Verhalten, die Erholung wie auch andere Vergnügungen nicht nur sportlichen Zielstellungen, sondern auch allgemeinen Wertvorstellungen angepaßt werden. Zu dieser Körperökonomie gehört natürlich die überall anwesende Medizin, die uns nicht nur sagt, wie Krankheiten zu vermeiden sind, um sportliche Höchstleistungen zu erreichen, sondern wie körperliche Ressourcen erschlossen werden können, wie bestimmte Muskelgruppen versorgt und geschult werden müssen. Durch diese praktizierte Körperökonomie wird aus der Lustpraktik Sport eine Versagungspraktik, aus der Leistungslust wird eine Leistungspflicht, aus Selbsttechniken werden Biotechniken, indem wir Fremdzwänge sportmedizinisch als Selbstzügelungsmodelle wahrnehmen.

Die Dialektik des Sports besteht darin, daß durch die beschriebenen Mechanismen der Sport als Gegenwelt zur Berufswelt im Sinne dieser Berufswelt instrumentalisiert wird, daß er Funktionen für den Erfolg in der Berufswelt hat und demzufolge der vermeintliche Freizeitsport immer mehr den Imperativen des beruflichen Erfolgs und der Leistungsideologie der Erwerbsarbeitszeit unterliegt, was sich dadurch verstärkt, daß der Freizeitsport immer mehr an den Normativen des Hochleistungssports orientiert ist und das Sichfithalten immer mehr zur harten

Arbeit (an sich) wird. Der Übergang von der Körperökonomie zur Leibesökologie bleibt da natürlich auf der Strecke, die »sanfte« Sorge um sich wird durch die leistungsorientierte und fremdbestimmte Arbeit an sich verkonsumiert.

Aber der biopolitische Konsum von Selbsttechnologien enthält auch die Möglichkeit einer apollinischen Wende im Sport, die wesentlich durch Selbsttechnologien als Technologien der Lust zu bestimmen sind, worunter man nach Foucault bewußte und gewollte Praktiken zu verstehen hat, mit denen die Menschen sich nicht nur nach Regeln verhalten, sondern mit denen sie sich transformieren, sich selbstbewußt gestalten, ihr Leben zu einem Werk machen, dessen Ethik durch die Ästhetik ihrer Stilisierungen geprägt ist. Die Extreme dieser Techniken der Selbstsorge sind Selbstversessenheit oder Selbstvergessenheit, Selbstkult oder Selbstentsagung, die aber gerade durch neue Selbstpolitik mittels des Sportes aufgehoben werden könnten.

Als Selbsttechnologien gehandhabte Körpertechniken haben aber nicht nur die Möglichkeit der Selbstpolitik, sondern auch eine neue Art von Auto-Mobilität zur Konsequenz. Durch die Technikentwicklung ist nicht nur der Sport als Automobilsport entstanden, sondern er ist selbst eine bestimmte Art von Auto-Mobilität geworden – nämlich durch Technik. Der Automobilsport beweist, daß die für den modernen Sport grundlegende Idee der körperlichen Selbstbeweglichkeit problematisch wird. Man bewegt sich mit immer höherer Geschwindigkeit, aber man selbst sitzt in der Bewegungsmaschine. Die Technikentwicklung führt hier also selbst zum Abbau körperlicher Selbstbewegung im Sport und im Alltagsleben, was sich in der Versitzung unserer Bewegung – infolge ihrer Verbequemlichung per Auto, Bahn und Flugzeug – zeigt. Klar ist, daß auf diesem Hintergrund jede körperliche Selbstbewegung schon als Sport verstanden wird, darunter Laufen im Sinne von Gehen, Treppensteigen, was eine eigenartige Dialektik von alter Bewegungskultur und neuer

Sportkultur zur Folge hat und eine Umwertung unseres traditionellen Sportverständnisses hin zur Offenheit für die alltägliche Bewegungskultur und deren Körpertechniken bewirkt, die den Traditionalisten als Untergang des »abendländischen Sports« erscheint. Die (angeblich) nichttechnische körperliche Selbstbewegung wird wieder zur eigentlichen sportlichen Leistung, wie Messners Ersteigung des Mount Everest ohne Sauerstoffmaske, oder aber die körperliche Selbstbewegung wird mit neuester Technik verbunden, wie dem Mountainbike oder den Inline-Skates, und selbsttechnologisch angewendet.

GUNTER GEBAUER

Von der Körpertechnologisierung zur Körpershow

In der Zeit, in der der Sport entstand, an der Schwelle des 19. Jahrhunderts, waren die wissenschaftlichen und technischen Entwicklungen im Begriff, die Fähigkeiten des menschlichen Körpers zu entwerten. Als ein spezielles Feld der technischen Formung des Körpers übernahm der Sport die Fortschrittsideologie der Ingenieurwissenschaften, die sich anschickten, den Körper auf der Grundlage eben des Prinzips Fortschritt zu einem Anachronismus zu machen. Sein oft etwas pathetisch vorgetragener Anspruch, am technischen Fortschreiten beteiligt zu sein, ließ seine Situation lange Zeit doppeldeutig erscheinen: ein typisches Feld der Moderne, aber ein Feld der Ersatzhandlungen, ein Feld des unmodern gewordenen Körpers, eine Art Reservat für Männer.

Solange der Sport den Amateuren, d.h. den Liebhabern, vorbehalten blieb, die ihn aus reinem Vergnügen betrieben, war er für die Insider eine höchst lustvolle Tätigkeit, zeitlich *nach* der Arbeit betrieben in einer Gemeinschaft von Gleichgesinnten, die sich hier ihr Leben verschönerten. Von *außen* erschien er wie eine Spielwiese von herumtollenden wilden Jungen, die eigentlich Erwachsene sein sollten, als eine Verweigerung von Klugheit, die eher zum Geldverdienen und würdevollen Verhalten geraten hätte. Mit der Zeit ist der Sport alt geworden. Das liegt nicht an seinem Ernst – richtige Spiele sind immer ernst –, sondern an seiner Verzahnung mit den Sorgebereichen des Lebens: mit der Ökonomie, dem Geldverdienen, dem Streben nach sozialen Positionen, weiterhin an seiner politischen Bedeutung, seiner Wichtigkeit für die Selbstdarstellung der Person und an dem großen Raum, den er im öffentlichen Interesse erhalten hat. Er ist *wichtig* geworden, er ist keine Nebensache mehr; von ihm wird Können und Virtuosität, aber auch Willen und Verbissenheit verlangt.

Der Amateur ist entwertet worden, er gilt nichts mehr. War diese Kennzeichnung früher ein liebenswürdiger Ehrentitel, mit dem eine passioniert betriebene Freizeittätigkeit geschmückt wurde (Amateurtheater, Amateurmusiker, auch Hobbyfotograf usw.), so dient sie heute zum Abqualifizieren stümpernder Darbietungen. Alleiniger Maßstab ist heute professionelles Können. Noch die geringste Regung privaten Interesses kleidet sich im Profilook. Einladungen werden von Partyprofis gestaltet, Lauftreffs und Triathlon-Veranstaltungen verlangen Profiniveau; in Allradautos für den Wüstenprofi durchqueren Hundeprofis die Städte auf der Suche nach Auslauf für ihre Profihunde. Im Zuge dieser Entwicklung kann Sport nicht mehr ohne weiteres als ein Herumtollen betrieben werden, sondern er wird immer mehr zu einer Gelegenheit, einen hohen Stand des motorischen Könnens und der technischen Kenntnisse darzubieten. Wer in seinem Sport einen so hohen Aufwand betreibt, muß große Teile seines Zeitbudgets dafür zur Verfügung stellen. Im Gegenzug hegt er oder sie die Erwartung, daß die Umgebung die gezeigten körperlichen Fähigkeiten bewundert und ihnen applaudiert. Mit dem großen Engagement im Sporttreiben geht der Anspruch auf gesellschaftliche Zustimmung einher. Tatsächlich wird die Sport-Verrücktheit von der Umgebung eines Freizeitprofis akzeptiert. Damit ist sie *keine* Verrücktheit mehr, nur noch ein Abrackern, wenn auch ein ungewöhnliches. Ein solcher ernsthaft betriebener Sport fügt sich, auch wenn Frauen an ihm teilnehmen, insbesondere in ein männliches Weltbild ein.

Die Ausübung individueller Leidenschaften im Sport ist in den Gesellschaftskörper integriert worden, hineingenommen in die Hierarchie der sozial anerkannten Tätigkeiten. Noch in den fünfziger Jahren befanden sich die sportlichen Passionen am Rande der gesellschaftlichen

Werte. Die Entwicklung des Sports war weit entfernt davon, sich mit der allgemeinen Entwicklung der Gesellschaft zu decken. In der Gegenwart ist eine vollkommen neue Situation entstanden: Der Fortschritt *im* Sport ist für die Gesellschaft wichtig geworden. Er hat das Skurrile verloren; er ist Teil des Fortschritts der Gesellschaft geworden, ein besonderer Teil zwar, aber ein immer stärker beachteter, nämlich ein Feld des Fortschritts des Körpers. Wie schon seit langer Zeit in der Geschichte des Sports zielt heute eine zunehmend wichtiger werdende *biotechnologische* Strategie auf die Verbesserung des Menschen. Es soll *mehr* aus dem Menschen gemacht werden – der unverbesserte Mensch gilt als ein Anachronismus.

Technologisierung des Körpers

Man versteht die neue Rolle des Sports in unserer Zeit, wenn man den neuen Stand der Fortschrittsideologie begreift. Im 19. Jahrhundert bedeutete Fortschritt die Aufwertung der Maschine, des Mechanischen, des Unlebendigen, das eine immense Vergrößerung der Kräfte bewirkte: die Dampfmaschine, der mechanische Webstuhl, dann im 20. Jahrhundert der Verbrennungsmotor, schließlich die Elektrizität. Immer weiter fort vom menschlichen Körper, vom Lebendigen entwickelte sich die Technik. Zuerst hatte sie noch eine gewisse Ähnlichkeit mit dem Körper, dann gab sie diese zugunsten abstrakter nicht-menschlicher Modelle auf. Der Körper war abgehängt, das schwächste Glied in der Kette der Technikverwendung. Dieses Mißverhältnis begann schließlich den technologischen Apparat zu bedrohen, gleich von zwei Seiten: Menschen werden gebraucht als Bediener der Maschine *und* als Konsumenten der hergestellten Güter.

Spätestens seit dem Ersten Weltkrieg wurde die Verbesserung körperlicher Fähigkeiten Angriffspunkt industrieller Techniken. Zuerst von der pharmazeutischen Industrie[1]: Zur Steigerung der menschlichen Leistungsfähigkeit stellte sie Aufputschmittel und Stärkungspräparate her, aber auch Psychopharmaka zur Erzeugung von Euphorie, Aggressivität und Abbau von Hemmschwellen – dies alles als ersetzende und unterstützende Maßnahmen mit dem Ziel, den Menschen optimal mit der Maschine zu verschalten. Der große Schub kam dann insbesondere mit der Produktion von Sexualhormonen, mit der Herstellung von Substanzen, die der Körper selbst produziert, freilich in einer normalen, d.h. für die angestrebten Ziele nicht ausreichenden Menge. Es wurde also eine *Über*produktion leistungsfördernder Substanzen angestrebt, weit über die naturgegebenen Möglichkeiten des Körpers hinaus. Mit diesem neuen Entwicklungsschritt wird die Natur selbst simuliert: Sie wird nicht nur gesteigert, sondern besser gemacht, als sie selbst jemals sein könnte.

Daß man überhaupt auf diesen Gedanken verfallen konnte, war vom Sport schon lange vorbereitet worden. Er hatte den Weg zu dieser Entwicklung gebahnt: Im sportlichen Training geht es darum, den Körper mit Hilfe seiner eigenen Anstrengungen weit über seine normalen Fähigkeiten hinaus zu verbessern, indem seine Produktion von Muskelzellen, roten Blutkörperchen, Nervenbahnen, Blutgefäßen usw. so optimiert wird, daß die Natur gleichsam durch sich selbst überlistet wird und Fähigkeiten entwickelt, die weit über die Lebensnotwendigkeit hinausschießen. Im Sport ist das Lebendige zum Angriffspunkt von Technologie geworden. *Sein* Fortschrittsprinzip ist die *Simulation* natürlicher Prozesse. Im Training wird der Körper künstlich unter extrem erschwerte Überlebensbedingungen gestellt, an die er sich durch die Produktion höherer Leistungsfähigkeit anpaßt. So soll es beispielsweise im Höhentraining zu einer Anpassung des Organismus an Lebensbedingungen in 2000

1 Dieser Zusammenhang wird eingehend beschrieben von J. Hoberman. Sterbliche Maschinen. Aachen 1994.

Metern Höhe kommen, mit dem Ergebnis einer Steigerung der Ausdauerleistung.

Gegenwärtig wird der bisher letzte Schritt dieser Entwicklung über die Simulation hinaus vollzogen. Es geht nicht mehr um die Steigerung des fertigen Menschen, sondern um die Verbesserung der *Schöpfung des Lebendigen* durch die Gentechnologie. Überholt ist der gesamte Entwurf des Menschen; er ist veraltet im Verhältnis zu der Möglichkeit, daß Menschen jetzt einen besseren Plan von sich selbst machen können. Die neue Utopie vom Menschen in der Genetik findet im Sport eine eindrucksvolle Analogie, ja sogar eine Vorform, die einen Vorgeschmack auf das gibt, was kommen wird: Die besten Athleten zeigen, was der Mensch aus sich machen kann. Die Genetik erreicht diese Errungenschaften noch viel besser, effizienter und ganz ohne Anstrengungen, einzig durch Manipulation. Spitzensport ist eine Illustration der kommenden Möglichkeiten.

Verkörperlichung der Technik

Es gibt neben der Verbesserung des Menschlichen noch eine *zweite* Tendenz, die den Sport zu einem avancierten Teil des gesellschaftlichen Fortschritts werden läßt. Die hergestellten Güter müssen das Interesse des Konsumenten wecken. Technische Funktionen allein können zwar eine gewisse Faszination ausüben, aber für eine Kaufentscheidung, die oft einschneidenden Konsumverzicht in anderen Bereichen zur Folge hat, reichen diese nicht aus. Ein Auto wird von den meisten nicht wegen seiner technischen Eigenschaften (z.B. wegen eines querliegenden Noppenmotors) gekauft, sondern vor allem wegen der Emotionen, die der Wagen auslöst: die Beschleunigung, Geschwindigkeit, die Form der Karosserie, die Eleganz und Kraft, die Leichtigkeit und Vergnüglichkeit des Umgangs. Die Gefühle, die ein technisches Gerät auslöst, sind eminent körperlich; sie werden oft mit Bezug auf Körpereigenschaften beschrieben (das »schnurrende Geräusch« des Motors, die »geschmeidige Beschleunigung«, die »nachgiebige Lenkung«). Technik wird erst dann richtig schön und macht Lust aufs Kaufen, wenn sie mit menschlich-körperlichen Zügen ausgestattet wird und Gefühle hervorruft. Auch für diese Tendenz ist der Sport ein wichtiger Wegbereiter – nirgendwo wird die Verkörperlichung von Technik so deutlich gezeigt.

Historisch gesehen, hat der Sport die Vereinigung des Körpers mit der Technik in zwei Schritten herausgebildet. Im *ersten* Schritt wurde der Körper der Athleten selbst zu einem technischen Ding gemacht: zu einer perfekt funktionierenden Maschine. Jede kleinste Bewegung des Athleten muß sitzen; seine Schritte sind gleichmäßig wie ein Uhrwerk; die Abfolge der Gesten wird wie durch ein hyperpräzises Laufwerk gesteuert. Der Athlet kommandiert sich selbst bis in die allerkleinsten körperlichen Reaktionen; alles läuft reibungslos. Er besitzt die wunderbarste aller Maschinen. Das sieht eindrucksvoll aus, aber das Maschinenhafte kann auch unheimlich, gelegentlich sogar abstoßend wirken. Erst richtig zur Geltung kommt es, wenn das spezifisch Menschliche an der Maschine zum Vorschein kommt. Zuerst war es das Leiden: Emil Zatopek mit seinem schmerzverzerrten Gesicht, die Tour de France als »Tour der Leiden«, die Tortur des Bergsteigens. Heute will der Zuschauer Leidenschaften aller Art sehen, vor allem den Ausdruck von Freude, das Schauspiel des bewegten Gesichts, die Zelebrierung von Triumph in der Feier des Erfolgs. Das Innere muß sichtbar gemacht werden.

Erst in den letzten Jahren ist dieser *zweite* Schritt vollzogen worden: Die Körpermaschine des Athleten wird zugleich Bühne für den Ausdruck von Emotionen. Der Athlet hat die Maschine simuliert – nun überflügelt er sie, weil er, *besser als jede Maschine,* zusätzlich Empfindungen ausdrücken kann. Dieser zweite Schritt erscheint als ein notwendiger, weil der Sport in das System von Konsum und Verkauf integriert worden ist. Der Maschinen-Athlet für sich genommen hat noch keinen hohen Werbewert. Was der Athlet verkauft, sind nicht nur seine Leistungen, sondern in erster Linie die *Bilder* von sich und seinen Emotionen. Das ist aber nur die eine Seite; noch wichtiger ist, daß mit Hilfe dieser Bilder wiederum Konsumprodukte verkauft werden sollen. Die Verkörperlichung von High-Tech *und* von Gefühlen im Athleten erzeugt das ideale Klima für die Werbung.

Werbung

Sportübertragungen im Fernsehen bieten eine Show des Sports, durchwoben von Werbespots. Werbung ist der Kern des Sports für Zuschauer. Sie ist das Zentrum, um das herum sich die Sportereignisse anordnen. Wenn man die Entwicklungen des Spitzensports der letzten Jahre verstehen will, muß man bei den Wirkungen ansetzen, die die Werbung auf die Fernseh-Welt des Sports hat, die ihrerseits die wirklichen Ereignisse beeinflußt. Vor dem Fernseher sitzend, suchen wir, die Zuschauer, hohe Leistungen und Leidenschaften der Athleten; wir sind empfangsbereit für das Spektakel der Empfindungen. Die Werbung ihrerseits spricht den Konsumenten dadurch an, daß ihre Bilder emotionale Qualitäten besitzen. Sie finanziert die Übertragungen, bezahlt die Sportler und die Ausrichtung der Wettkämpfe – dafür erhält sie vom Konsumenten dessen Zeit und Sensibilität, d. h. seine Gefühlsbereitschaft.

Auf den Bildern der Werbung werden schöne Menschen gezeigt, wie sie ein wohliges Leben führen. Wir sind eingeladen, uns an dieser Behaglichkeit zu beteiligen. Die Bilder von der Festlichkeit des Alltagslebens – glänzende Karossen, fließendes Bier, schäumendes Shampoo, duftende Haut, gewaschene Wäsche – tauchen immer wieder zwischen den Bildern des Sports auf. Auch in den Sportarenen begegnen uns immer wieder vertraute Personen, die Ausnahmeathleten, an die wir ganz nahe herangebracht werden. Auf ihre Maschinenkörper können wir uns verlassen; sie sind noch viel prachtvoller gestylt als die Werbemenschen; dafür müssen sie sich in schrecklichen Kämpfen durchsetzen. Die Berichterstattung der Sportereignisse selbst ist mit Hilfe von Medientechniken emotionalisiert worden, die bisher Mafiafilmen, Detektivserien und Musicals vorbehalten waren. Ein Wettkampf ist nicht mehr nur ein Wettkampf, sondern eine Geschichte, mit Vorspann, eigener Hymne, Studiogästen, Persönlichkeitsporträts, Rückblenden. Ein Boxkampf wird zu einer »Frage der Ehre« hochstilisiert. Der Zuschauer wird unter Spannung gesetzt, in das Geschehen hineingezogen – sein Empfindungsapparat wird auf höchste Empfangsbereitschaft eingestellt. Mitten in die brodelnde Erregung hinein dann die Werbung mit ihren Pastellbildern von dem uns allen zulächelnden, erschwinglichen Glück. Ihr Thema ist die Verbesserung des Lebens, jedenfalls soweit man es sich finanziell leisten kann. Werbung und Sport sind zwei kommunizierende Röhren: die Machbarkeit des Lebensglücks und die Verbesserung des Lebendigen im Sport.

Dabei stören keinesfalls die »unterstützenden Maßnahmen« – der Alkohol für das Privatleben und das Doping für den Sport, beide in der Rolle des unverzichtbaren freundlichen Helfers. Beide machen ähnliche utopische Versprechungen: Sie stellen Zustände des Menschen in Aussicht, die in der Gegenwart zwar nur mit Hilfsmitteln, aber in einer unbestimmten Zukunft für jeden und ohne negative Folgen Wirklichkeit werden können. Gegenüber solchen scheinbar unproblematischen Verheißungen regt sich Skepsis. Die Werbung erscheint gerade wegen der Unbestimmtheit und inneren Widersprüchlichkeit ihrer Versprechungen wenig glaubwürdig. Die für die Werbung unschätzbare Eigenschaft des Sports besteht darin, daß er diese Glaubwürdigkeitslücke zu überbrücken vermag. Er zeigt leibhaftig, wie die Utopie der Verbesserung des Menschen Wirklichkeit wird. Eine ganze Wahrheitsapparatur, bestehend aus Weiten- und Zeitmessung, Zielfotos, Kampfgericht usw., garantiert die Glaubwürdigkeit der

Rekorde, der noch nie dagewesenen Leistung. Sie drückt den Ereignissen, die der Zuschauer mit eigenen Augen gesehen hat, das Siegel der Wahrheit auf. Von dieser Garantie, daß es wirklich so gewesen ist, profitiert die Werbung. Daher spielen sich die Sponsorenfirmen als die größten Bekämpfer jedes Dopingverdachts auf – was freilich nicht heißt, daß sie sich unumwunden *gegen* Doping aussprechen; sie wollen von den Verdächtigungen vor allem nichts hören.

Sport erscheint in dieser Perspektive unverzichtbar für die Werbung. Umgekehrt ist Werbung auch unverzichtbar für den Sport. Er hätte eine ganz andere Qualität, insbesondere nicht ein so hohes Leistungsniveau, wenn er die Unterstützung der Werbung in bezug auf Einnahmen, Öffentlichwirksamkeit, Medienpräsenz, Imagebildung usw. nicht hätte. Aus unterschiedlichen Motiven brauchen Sport und Werbung einander. Athleten werden mit Hilfe der Werbung finanziert, direkt oder indirekt; dafür sind sie Garanten der zentralen Botschaft der Werbung. Wer an den Sport glaubt, glaubt auch an die Zukunft, eine bessere Zukunft. Zwar sind die großen Utopien der Gleichheit und Gerechtigkeit unter den Menschen verflogen; auch nimmt man die Forderung nach Humanität in der Gesellschaft nicht mehr sehr ernst, aber die kleinen Utopien des Alltags, die Versprechungen, daß es mit dem privaten Leben bergauf und daß es dem Körper aufgrund der Segnungen der biologischen Wissenschaften immer besser gehe, werden inbrünstig geglaubt. Der Sport befindet sich an der Spitze *dieses* Fortschritts. Sein Beglaubigungssiegel wiegt schwer. Er lädt zur Selbstverbesserung ein. Die Zukunft beginnt am eigenen Körper. Alles andere – soziale Verbesserungen, Kampf für Gerechtigkeit und Gleichheit – verliert zunehmend an Gewicht. Einige Tendenzen in der ökologischen Bewegung, obwohl dem Spitzensport durchaus nicht zugeneigt, teilen mit diesem über alle Differenzen hinweg die Verengung des Blicks auf die vom Körper her bestimmte Zukunft, nur von der anderen Seite, der Gefahrenseite her gesehen.

Mode

In der Vergangenheit, bis in die siebziger Jahre, war Mode eindeutig eine Angelegenheit der Kleidung, Verhüllung, Verschönerung, eine Behandlungsweise des Körpers im Spiel von Zeigen und Verhüllen. Die gegenwärtige Situation ist eine ganz andere: Mode ist nicht mehr nur *am* Körper, sondern der Körper selbst ist Mode. Als Modegegenstand ist der Körper sogar noch wichtiger als der ganze Chic, der darüber gezogen wird. Der Kern der aktuellen Mode ist die Sportlichkeit der Körper. Deswegen ist in der Nacktheit ein noch größerer Ausweis des Modischen: ausgezogen zeigt er erst richtig seine Geformtheit, legt er die ganze Lebensführung der mit ihm sich darstellenden Person offen – die kalkulierte Ernährung, das auf bestimmte Körperpartien zielende Training, das Gesundheitsbewußtsein, die Sauberkeit, die Düfte der Haut. Der nackte Körper allein erlaubt schon, den sozialen Rang einer Person einzuschätzen. Mit seinen Einzelheiten drückt er aus, wohin die Person sozial gehört. Der Körper ist ein Bündel gesellschaftlicher Zeichen; der soziale Rang wird gleichsam vom nackten Körper her aufgebaut und setzt sich über die umhüllenden Bekleidungsschichten fort, von der Unterwäsche bis zum Mantel.

Früher verlief der Vorgang des sozialen Erkennens genau umgekehrt, von außen beginnend; am Pelz erkannte man schon, wen man vor sich hatte. Der soziale Rang war wie ein über die Schultern geworfenes Gewand, das von außen her das Innere erschließen ließ. Aber die wirkliche Beschaffenheit des Körpers war dabei nicht so wichtig; wichtiger war der Geist, von dem er beseelt war. Unter der Haut des Körpers war noch dieses Andere, was man mit etwas altertümlichen Ausdrücken benennt, wie Überzeugungen, Haltung, innerer Kern. Es kam nicht so sehr darauf an, wie man körperlich aussah, sondern auf das, was im Inneren war. Diese Betrachtungsweise trifft auf den sportlich-modischen Körper nicht mehr zu. Ein sportlicher Geist kann unmöglich in einem unsportlichen Körper sitzen. Ebenso wie eine gesundheitsbewußte Haltung und eine asketische Lebenseinstellung nimmt er direkt *körperliche* Gestalt an; er verkörperlicht sich. Sportlichkeit, Gesundheitsbewußtsein und asketische Einstellung sind Werte und zugleich körperliche Erscheinungen und Haltungen. Sie gehen in die Beschaffenheit des Körpers ein.

In eins mit diesem Vorgang der Verkörperlichung von – einst als »inneren« aufgefaßten – Werten ist der Körper zu einer Art Bollwerk geworden. Dessen Aufgabe ist es, die Person wie eine Rüstung gegen Krankheit, Altern, Verlust von Attraktivität, Untüchtigkeit zu schützen. Haut, Muskeln, Haare werden fit gemacht für die Abwehr von allem, was die Person bedrohen könnte. Die Härte seines Panzers wehrt auch das sozial Unerwünschte ab, verschließt gegen alles, was man nicht sein, wozu man *nicht* gehören will – das Verfettete, das Erschlaffte, das Abgespannte, auch gegen Merkmale anderer sozialer Klassen, zu denen man nicht gerechnet werden will.

Drei Funktionen hat also der Körper übernommen, die vorher in andere Instanzen ausgelagert waren:

– den symbolischen Ausdruck, der eine soziale Position anzeigt;

– die Verkörperlichung von Haltungen, die man früher als innere ansah;

– die Abwehr von Furcht vor natürlichen oder sozialen Bedrohungen.

Soziale Positionierung, Haltung und Rüstung zusammen machen den Körper zum wichtigsten Teil der Person: Er ist die soziale *Form* der Person. Er ist kein Adams- oder Evakostüm, sondern eine mit Rangabzeichen versehene gesellschaftliche Hülle. Selbst ohne Kleidung ist er jemand. Ausgezogen unterscheiden sich die Menschen immer noch, es gibt keine Gleichheit der Nackten. Noch nie war die soziale Ungleichheit so weit vorgedrungen, bis in das Kreatürlichste des Menschen. Man hat den Körper, den man verdient.

Distinktionen

Im Sport ist der Körper eine Bühne, auf der die soziale Position und damit die Distinktionen, die Unterschiede zu anderen Positionen, dargestellt werden. Mehr noch: Mit der Sportaktivität, die man ausübt, trägt man zur Herstellung der eigenen sozialen Position bei. Sie setzt die Positionsbestimmung, die traditionell ihren Schwerpunkt in Bildung und Beruf hatte, in den Freizeitbereich fort. In dieser Perspektive ist der Sport nicht mehr ein unabhängiges, klassenübergreifendes Spiel mit Sonderrechten, sondern eine Weiterführung der im Ernstbereich der Gesellschaft erworbenen Merkmale in den Bereich des Unernsten. Freizeitsport ist nicht klassenlos. Im Gegenteil, die Sportpraxis in der Freizeit ist von Trennlinien durchzogen. Zum einen gibt es sehr stark markierende Grenzen zwischen den verschiedenen Gruppen der Sportarten: Der Kraftsport (Ringen, Gewichtheben, Amateurboxen) wird fast ausschließlich von unteren sozialen Klassen getrieben, Tennis und Volleyball von den mittleren und höheren Klassen. Zum anderen gibt es feinere, von außen kaum sichtbare Grenzziehungen *innerhalb* derselben Sportart: Im Tennis werden die Sportler durch die Art und Weise klassifiziert, wie und wo sie diesen Sport ausüben – ob in einem feinen traditionellen Club mit strenger Aufnahmekontrolle, in der Tennisabteilung eines dem Breitensport verpflichteten ehemaligen Turnvereins, in einer neu gegründeten Vereinigung von Freizeitsportlern oder in einer kommerziellen Sportanlage.

Zu den Merkmalen, Symbolen, Praktiken und Lebensweisen, die soziale Klassen voneinander unterscheiden und mit deren Hilfe ihre Angehörigen sich selbst von den jeweils anderen Klassen abgrenzen, zu diesen Distinktionen gehören heute auch jene des Freizeitsports. Der Körper und sein Gebrauch im Sport sind zu einem Bestandteil des »kulturellen Kapitals« geworden.[2] Die sportlichen

2 Nach der Sozialtheorie von Pierre Bourdieu werden soziale

Praktiken sind immer weniger ein soziales Bindemittel, das eine Nation zu einigen vermöchte. Diese skeptische Feststellung betrifft insbesondere den Freizeitsport; sie gilt nicht für die Leidenschaften der Zuschauer im Spitzensport. Die passionierte Anteilnahme an Sportarten wie Fußball und Leichtathletik, die durch alle Klassen hindurch betrieben werden, trägt über die sozialen Grenzen hinaus, sowohl was die Sehbeteiligung als auch was die Gespräche über Sportereignisse angeht. Hier wirkt der Sport noch am ehesten vereinigend, wie ein großer Stammtisch. Klassenübergreifend, aber weitgehend auf Männer beschränkt. Das Schauinteresse am Spitzensport ist vor allem eine männliche Angelegenheit; das Gerede über Sport ist eine Art »Klatsch unter Männern« (R. Paris). Frauen sind viel stärker an eigenem Sporttreiben interessiert. Die Gemeinschaftsutopie des Sports – seit der Jahrhundertwende bis in die fünfziger/sechziger Jahre lebendig – wird heute nur noch gelegentlich, insbesondere bei großen Fußballereignissen und Olympischen Spielen, Realität.

Eine wichtige Botschaft des Sports war es einmal, daß dieser mit dem sozialen Rang einer Person nichts zu tun habe. Daher sollte er keine Gelegenheit bilden für eine Positionsverbesserung, für materiellen Verdienst oder sonstige soziale Vorteile. Durch Sport sollte man nicht reich werden (das sollte der Arbeit vorbehalten bleiben). Daß man ehemalige Sportgrößen mehr oder weniger notdürftig versorgte (Zigarrengeschäft, Tankstelle), paßte zu diesen Vorstellungen. Das Modell war das großmütige Kräftemessen feiner Herrschaften. Fair play hieß, daß man den Sieg nur unter einwandfreien Umständen haben wollte. Dies, weil man einen *wirklichen* Sieg anstrebte, d.h., man wollte *selbst* davon überzeugt sein, daß man der

Klassen aus spezifischen Zusammensetzungen von ökonomischem und kulturellem Kapital der sozialen Subjekte gebildet. Siehe insbesondere P. Bourdieu: Die feinen Unterschiede. Frankfurt am Main 1987.

Beste war. Mit dieser Konzeption drückte sich eine sehr anspruchsvolle Vorstellung vom Gewinnen aus. Im heutigen Spitzensport gilt eine andere Maxime: Das Körper-Kapital soll maximal genutzt werden; es soll soviel wie möglich aus ihm herausgeholt und an Gewinn erzielt werden. Franziska van Almsicks Eltern sind im Verein mit der BILD-Zeitung dafür ein eindrucksvolles Beispiel. Das Körper-Kapital ihrer noch ganz jungen Tochter wurde gleich nach den ersten Erfolgen an mehrere Sparten der Unterhaltungsindustrie verkauft. Das Leben ihrer Tochter wurde in eine Show verwandelt. Scheinheilig beklagt dieselbe Presse, die ihre Spalten mit Klatsch und Tratsch über die Person der Schwimmerin füllt, den Verlust der Unbekümmertheit »Franzis«. Das Ergebnis ist eine maßlose Überforderung einer sportbegabten Jugendlichen, teilweise selbst erzeugt durch Werbeverträge und Verpflichtungen gegenüber den Medien, verstärkt von Verbandsvertretern und Politikern, die die erwarteten Erfolge für ihre Zwecke nutzen wollen.

Spitzensportler werden durch ihre sportlichen Leistungen, und durch diese allein, in die Welt von Filmstars und Models katapultiert, in der sie sich kaum noch zurechtfinden. Sie werden mit Repräsentationsaufgaben beladen, für die sie keine Voraussetzungen mitbringen. An einer Veränderung des bestehenden Zustands ist freilich niemand, der am System des Spitzensports beteiligt ist, wirklich interessiert. Sie alle sitzen auf demselben Ast – Athleten, Sponsoren, Werbefirmen, Sportpolitiker, Journalisten –, und niemand will ihn absägen. Der Spitzensport freilich ist nur so lange bei den Zuschauern attraktiv, wie er in deren Augen eine freudvolle und leidenschaftliche Angelegenheit der Jugend ist, bei der es vor allem auf die Werte des Sports ankommt. Wenn das Publikum bemerkt, daß die Athleten die Lust an ihren sportlichen Betätigungen und Aufgaben verloren haben, reagiert es mit Enttäuschung. Nichts ist betrüblicher als das Spektakel eines Athleten, der seinen Sport nicht mehr liebt, sondern möglichst schnell möglichst viel Geld verdienen will. Die Erwartung der Zuschauer zwingt alle am Sportsystem Beteiligten, zumindest so *zu tun,* als seien sie für die Werte des Sports, für seine Repräsentationsaufgaben, gegen Doping und Unfairneß, gegen alles, was die Zuschauer zum Abschalten bewegen könnte. Daher halten sie – genau parallel zum Werteverfall im Sport – eine Rhetorik in Gang, die eben jene Werte preist, die sie selbst bedenkenlos preisgeben. Diese Spaltung des Spitzensports in eine Show auf der einen und in eine moralisierende Rede auf der anderen Seite zeigt deutlicher als jedes zeitgenössische Theaterstück den Zustand der Gesellschaft.

GUNTER GEBAUER

Die Mythen-Maschine

Der Held, das Bild, der Ruhm

Der Sport ist von seinem Beginn an eine männliche Angelegenheit. Wenn im Krieg die Helden Griechenlands mit dem Töten innehielten, vertrieben sie sich die Langeweile mit athletischen Spielen. Für Achill, Odysseus und Aias gehörten Krieg und Spiele zusammen. Die rechte Würze in das Heldenleben vor Troja brachte die Mischung aus Wettkampf und Kampf ums Leben, soweit ihnen überhaupt das Leben blieb. Tod wurde oft und paarweise ausgeteilt: Patroklos gegen Hektor, Hektor gegen Achill, Achill gegen Paris – immer blieb einer im Staub zurück. Zweikämpfe wohin man blickt – die griechische Kultur ist von der Kraft der Konfrontation überzeugt. Dem Kampf wird legitime Vaterschaft von allen Dingen bezeugt. Im Kampf wird der Held geboren, oft als toter Held. Ob der Agon Krieg oder athletischer Wettstreit war, lief im großen und ganzen auf dasselbe hinaus.[1]

Die Olympischen Spiele machen keine Ausnahme: Kurz vor dem dritten Olympiasieg war Arrhichion im Würgegriff seines Gegners dem Tode nah, doch bevor er starb, brach er diesem eine Zehe und zwang ihn zur Aufgabe. Philostrat, der diese Geschichte genüßlich erzählt, fügt die Maxime hinzu: »Das ist das Größte überhaupt, den Sieg mit dem Leben zu erkaufen.« Arrhichions Leichnam wurde bekränzt, und er konnte als Sieger »ins Gebiet der Seligen hinübergehen«. Tote, die ihr Leben für den

1 Vgl. J.-P. Vernant: Der Krieg der Städte. In: Ders.: Mythos und Gesellschaft im antiken Griechenland. Frankfurt am Main 1987, S. 27–50.

Sieg gegeben hatten, standen in Olympia höher im Kurs als Verlierer.

Wo es einen Helden gibt, ist auch ein Dichter. Keine Tat ist so großartig, wie sie im Siegesgesang aussieht. Ruhm, das Wichtigste am Olympiasieg, wurde in den Medien erschaffen: Eintragung in das offizielle Siegerverzeichnis, Aufstellung einer Statue im heiligen Bezirk, Anfertigung von Siegeshymnen in Auftragsarbeit, bei berühmten Olympiasiegern Ausgabe von Gedenkmünzen und Wahl zum Heerführer.[2] In speziellen Fällen, wie bei Philipp von Kroton, dem schönsten Griechen seiner Zeit, wurde ein besonderer Kult gestiftet. Von dem berühmtesten Ringer der Antike, Milon von Kroton, wird erzählt, er habe sein Standbild selbst in die Altis von Olympia getragen.

Die Sieger haben ihre Sänger; in deren Fach fällt die Aufgabe, packende Züge, pathetische Gesten und Superlative zu erdenken. Beispielsweise, wie ungeheuer der Olympiasieg ist: daß man bei der Siegerehrung auf der Stelle vor Freude sterben würde (so geschehen beim Fünfkämpfer Ainetos); daß man auch sterben würde, wenn man seine Söhne siegen sehen würde (wie im Fall von Chailon, immerhin einer der Sieben Weisen). Die mythologische Bildproduktion war um Olympia herum kaum noch zu bremsen. Der Sieger erhielt gottähnliche Züge, der Verlierer blieb namenlos. Pindar sieht sich schließlich veranlaßt, zur Mäßigung zu rufen; so in seiner 5. Olympischen Ode (übersetzt von dem Olympier Goethe): »Du dann, Olympussieger ... Wünsche nicht, ein Gott zu sein.« Vergebliche Warnung – die Macht der Bilder war stärker. Nichts ist so verführerisch, wie die überirdischen Züge eines Gottes anzunehmen, aufgehängt zwischen Himmel und Erde, zwar noch sterblich, aber doch schon göttlich.

Die Götter selbst erhielten ursprünglich ihre leiblichen

2 Vgl. H. Buhmann: Der Sieg in Olympia und in den anderen panhellenischen Spielen. Diss., München 1975.

Züge von den Olympiasiegern.[3] Dies geschah in dem historischen Prozeß, der im frühen Griechenland zu den ersten bildlichen Darstellungen der Götter führte. Als Vorbild für die menschlichen Erscheinungen der Götter nahmen die griechischen Bildhauer die vollkommensten menschlichen Gestalten ihrer Zeit, die Olympiasieger. Das Bild der Götter wurde nach dem Bild der Helden des Sports entworfen. Die Religion integrierte so die Züge des Athletischen, und umgekehrt galt die körperliche Perfektion der Athleten als ein Merkmal des Göttlichen. Die Kraft und Schönheit der Sporthelden wurde Gestaltungsprinzip der Religion und erhielt selbst religiöse Züge. Den herausragenden Athleten wurde aufgrund ihrer körperlichen Vollkommenheit Teilhabe am Göttlichen zugesprochen. Als Bild der Welt der Unsterblichen erhielt der olympische Held seinen Anteil am Göttlichen.

In dieser alten Tradition sind die Bilder der Götter-Athleten keine Abbilder; sie sind nicht Porträts vergleichbar. Ihre erste Form ist die von Idolen, Standbildern mit einem Eigenleben, Verdoppelungen der Person. An der Stelle des lebendigen Menschen kann das Idol als Platzhalter des Siegers zeigen, wer und was dieser einmal war. Ursprünglich wurde das Idol auf einem Grab errichtet: Der *kolossos* war als Standbild ein Double des Toten; er galt als eine übernatürliche Erscheinung: »In die Erde eingelassen, in die Erdtiefe eingewurzelt, in der Unbeweglichkeit festgehalten«, hatte es die Aufgabe, die ungreifbare, umherirrende *psyché* festzubannen.[4] Aufgrund dieser Eigenschaft des Doubles vermittelt er zwischen der Welt der Lebenden und jener der Toten. Die Griechen haben freilich die Affinität des Grabsteins mit den Toten schnell vergessen, »um davon nur noch dessen sichtbare Form hervorzuheben«[5].

3 Siehe hierzu den von J.-P. Vernant entwickelten Gedankengang: J.-P. Vernant: Mythe et pensée chez les Grecs. Paris 1985, S. 323–351.
4 Ebenda, S. 336.
5 Ebenda, S. 337.

Der Koloß zielte auf Überwindung des Menschlichen. In der langen Reihe, die mit dem *kolossos* beginnt, stehen der Doppelgänger, der künstliche Mensch, der Golem, der Homunkulus und, als Letztgeborener dieser Familie, der Terminator.

Mit der Produktion von Idolen und Bildern durch Dichter und Bildhauer ist der Weg gefunden, die Sporthelden in unmittelbare Nähe zu den Göttern zu bringen. Der Gewinner ist immer der Größte. Alle Helden haben das Ziel der Vergrößerung. Der Sieg verdoppelt den Helden – neben ihn wird das Idol oder das Bild seiner Person gestellt. Er führt eine Doppelgänger-Existenz: ein reales Leben und eines des Scheins, das ihm von künstlerischen Schöpfern verliehen wird. Es entsteht eine ständige Spannung zwischen Schein und Wirklichkeit: Gibt es ein Leben hinter dem Idol? Die Furcht vor seiner möglichen Unwirklichkeit quält seine Bewunderer. Er selbst lebt in dem permanenten Verdacht gegen sich selbst: ob er überhaupt existiert, ob er nicht Fiktion, eine Erfindung seiner Macher ist. Als deren Produkt wird er als »das Bild einer unumstößlichen Ordnung« vorgeführt. »Wer siegte, durfte den Göttern gleich sein«, aber die Sieger wußten, »daß es keine Götter gab, denn sie, die sich deren Maske aufsetzten, kannten sich selbst.«[6] Eine unerträgliche Situation: Wenn es die Götter nicht gibt, ist es auch mit denen, die ihnen gleichen, nicht weit her. Mit dieser Spannung von Erhöhung und Unwirklichkeit kamen die Helden des Sports im Unterschied zu Helden anderer Sparten bisher noch am besten zurecht. Sie wenigstens haben etwas, was sie *wirklich* besitzen können, was vor aller Augen ist – ihren Körper. Ein Blick auf die Geschichte des Heldentums zeigt eine merkwürdige Doppelheit: Helden können inbrünstig an sich glauben und einen Augenblick später von schwärzesten Selbstzweifeln zerfressen werden.

6 P. Weiss: Die Ästhetik des Widerstands. Frankfurt am Main 1983, S. 9f. Die zitierten Passagen sind Reflexionen über die Kampfdarstellungen des Pergamon-Altars.

Alle Epochen der europäischen Geschichte, die Helden hervorgebracht haben, geben eine Antwort auf die Frage nach deren Wirklichkeit. Aus der griechischen Antike stammt das Grundrezept, dem gemäß der athletische Körper als deren Garant gilt. Darauf griff auch das frühe Christentum zurück, als die ersten Gemeinden *ihre* Helden brauchten, um durchzuhalten – sowohl gegen die Lüste des Fleisches als auch gegen die Pein der Verfolgung. Paulus schreibt im Korintherbrief von sich, er kämpfe »so wie ein Faustkämpfer ... ich schinde meinen Leib und mache ihn gefügig«. Die Christin Perpetua sah sich, bevor sie in Karthago den Märtyrertod starb, in Athletenkleidung: Als Faustkämpferin »triumphiert sie über ihre Henker, und ein Engel, der wie der Präside des Wettkampfs gekleidet ist, reicht ihr die Siegespalme«[7]. Für die christlichen Helden war die Unwirklichkeit auf Erden kein Problem. Aber auch sie brauchten Bilder und körperliche Doubles, die der Nachwelt überliefert werden und den Kontakt mit dem Himmel herstellen. Reliquien lieferten nicht nur die Märtyrer, sondern auch die anderen Helden des Christentums, die heiligen Männer der Spätantike, wahre Athleten der Askese. Sowenig ihre Erfahrung des Göttlichen und innerweltliche Bewährung den Leistungen der Sporthelden glichen – auch sie lebten als Helden in Bildern, Erzählungen und Inszenierungen weiter. Die Märtyrerpalme als Auszeichnung für vorbildliches Leiden erhielten die Geschundenen, aber die Auferstehung verwandelte die zerstörten Körper in triumphierende Supermänner.

Weniger auf Athletik als aufs Herrschen versessen, vereinnahmten die Römer die wichtigsten Macher der Staatshelden: die Geschichtsschreiber. Ihr größter Held, Caesar, schrieb sicherheitshalber seine eigene Geschichte,

7 P. Veyne: Was faszinierte die Griechen an den Olympischen Spielen? In: G. Gebauer (Hg.): Olympische Spiele – die andere Utopie der Moderne. Frankfurt am Main 1996, S. 39–61, hier S. 43f.

um so sich als Hauptheld krisensicher für die nächsten Jahrtausende zu plazieren. Jedem Caesar sein eigener Historiograph; daran wird später die Renaissance anknüpfen. Vorher aber mischen sich die Schöngeister ein, die Romandichter. Allen voran Chrétien am Hof von Troyes, offizieller dichterischer Verschönerer der Wirklichkeit der Ritter: Ähnlichkeit mit lebenden Personen kommt nicht vor, ist aber beabsichtigt. Ideologische Aufrüstung tat not; die Überlegenheit des Ritterstandes war zur Zeit der Abfassung der großen Ritterepen aufgrund des Verlustes ihrer sozialen Funktion in arge Bedrängnis geraten.

In Chrétiens Romanen stürzt sich der Ritter in eine Kette ebenso edler wie haarsträubender Abenteuer. Er bringt sein Leben in Gefahr, verwirklicht auf diese Weise die höchste Tugend seines Standes und stellt sich haushoch über die Stadtbürger, die *vilains*. Der forsche Ausritt bringt die Lancelots, Percevals und Erecs in ein wahres Feenland, nach Aremorika, auf die Heide in Brokeliande, in einen Märchenwald mit Zauberquelle, Waldschrat, Riesen und verwunschener Burg, in der sie nun endlich das Wichtigste vorfinden, das Burgfräulein. Ein ganzer gesellschaftlicher Stand, jener der Ritter, die wiederum von den Darstellungen ihrer epischen Modelle beeinflußt werden, sieht das Bestehen von Heldentaten in Abenteuern als seinen Beruf an.

Die heldische Probe mit anschließender Verehelichung hat einen höchst realistischen Hintergrund, der die Abenteuersuche als Lebensnotwendigkeit erscheinen läßt[8]: Mit dem Beginn des Handels und mit zunehmender Zentralisierung des Feudalstaats hatten die Ritter Stellung und Funktion eingebüßt. Ganze Scharen junger Ritter zogen los ins Abenteuer, vor allem aber auf die Suche nach einer reichen Erbin. Alle Mittel der Fiktion wurden eingesetzt, um die *queste de l'aventure* zu adeln. Wieder ist es ein Me-

8 Im folgenden beziehe ich mich auf die Darstellung von M. Nerlich: Kritik der Abenteuer-Ideologie. Berlin 1977.

dium, der Ritterroman, der die Helden macht, diesmal in Form einer christlich-ethischen Glorifizierung. Die Fiktion füllt eine leere Rüstung und läßt diese als Vorbild einer langen Reihe von bewundernden Nachfolgern vorausreiten, bis sie in der Figur des Antihelden Don Quichote endgültig zerscheppert.

Ganz ausdrücklich benannt, ja gefordert, wurde der heldenproduzierende Autor in der Renaissance. Deren Helden – und es gab sehr viele davon – verlangen geradezu ihre Mythologisierung. Wie in der Antike bot die körperliche Gestalt und Leistung höchsten Anlaß zur Bewunderung. Der gewaltige Körper, mit Größe, Kraft und Stärke ausgestattet, war noch wichtiger als alle sonstigen Taten dieser Kraftnaturen. Von jemandem wie Leon Battista Alberti, Architekt, Künstler, Handwerker und Gelehrter in einer Person, wurden noch mehr als alle sonstigen Leistungen seine ungeheuren körperlichen Kräfte und Geschicklichkeiten gerühmt – eine Anerkennung, die in Jacob Burckhardts Geschichte der Renaissance in Form einer naiven Bewunderung nachwirkt: »Von seinen allseitigen Leibesübungen und Turnkünsten wird Unglaubliches berichtet«; so soll er »mit geschlossenen Füßen den Leuten über die Schultern hinweg« gesprungen sein, »die wildesten Pferde« sollen unter ihm »geschaudert und gezittert« haben.[9] Dichter und Humanisten verherrlichten die Sieger von Duellen. Als Medienmacher hatte der Historiker schon genügend Selbstbewußtsein, um rechtzeitig Material für die Austeilung des Ruhms anzufordern. So mahnte Angelo Poliziano (1491) den König Johann von Portugal »in betreff der Entdeckungen in Afrika ... beizeiten für Ruhm und Unsterblichkeit zu sorgen und ihm das Material zum ›Stilisieren‹ ... zu übersenden«[10].

Als größter Held aller Zeiten, der Tatendurst, Kriegsglück und den höchsten jemals erreichten Stand der Zivi-

9 J. Burckhardt: Die Kultur der Renaissance in Italien. Stuttgart 1922, S. 104f.
10 Ebenda, S. 113.

lisation in einer Person vereinigt, wollte Ludwig XIV. gelten. An diesem Programm wurden alle Medienmacher seines Königreichs beteiligt. Von ihm als Mittelpunkt der Welt gingen alle Strahlen des politischen und historischen Handelns aus. Gezeigt wurde dieser Anspruch in zahllosen Herrscherbildern und in der theatralischen Inszenierung, die seinem Handeln bis in die kleinste Regung welthistorische Bedeutung geben sollte. Sein Hofhistoriker Pellisson entwarf das wohl anspruchsvollste Projekt, das sich je ein Schriftsteller zur Heldenverherrlichung ausgedacht hat[11]: Noch während die geschichtlichen Ereignisse geschehen, fertigt der Geschichtsschreiber aus diesen, wie aus einer Rohstoffmasse, bedeutende Staatshandlungen an. Der König handelt, der Historiker verwandelt das Geschehen fast simultan in staatlich lizensierte Wundertaten. Nie zuvor war es so deutlich geworden, daß der Held eine Simulation des Helden ist. Ludwig XIV. glaubte so sehr an die Wirkung seiner Bilder, daß seine wirkliche Person sich unter die Macht der Königsporträts beugte. Das Heldenbild war stärker geworden als die Originalperson. Je größer der Held, desto stärker die Abhängigkeit von seinen Bildern.

Auch der erste Held der neuzeitlichen Leibesübungen, F. L. Jahn, gab sich hemmungslos seinen Größenphantasien hin.[12] Im Vergleich zum französischen König wirkte diese Selbstverherrlichung grotesk überzogen, eine Parodie von Versailles in der Gartenlaube. Aber der Turnvater hatte begriffen, daß man eine Chance darauf hat, ein Held zu werden, wenn man die Produktion eines Heldenbildes von seiner Person zustande bringt. Damit nicht genug: Er schuf sich mit den Turnbrüdern eine Gemeinde, die sich zur Verehrung dieses Bildes hergab. Der auf Jahn

11 Zum folgenden siehe L. Marin: Le portrait du roi. Paris 1978.

12 Siehe A. Richartz: Turner, auf zum Streite! Die Bedeutung von Gruppenphantasien für die frühe Turnbewegung. In: G. Gebauer (Hg.): Körper- und Einbildungskraft. Inszenierungen des Helden im Sport. Berlin 1988, S. 83–115.

als Vater eingeschworene Männerbund spann Vorstellungen von »grandioser körperlicher, geistiger und sittlicher Überlegenheit«[13]. Auf der Hasenheide traten die ersten heroischen Turner, in grauer Turnkleidung uniformiert, an und versprachen einander, ihr Leben im Krieg gegen Frankreich hinzugeben. Als das phantasierte Opfer dann real werden sollte, packte die Turner im Lützowschen Freikorps das große Schlottern – Jahn mußte frühzeitig nach Hause geschickt werden. Was ihn nicht daran hinderte, weiter alle Register der Selbstheiligung zu ziehen, bis ihm als »Alter im Barte« der selbstgepflanzte Lorbeer allmählich wegtrocknete.

Besser als das Turnen ist der aus England stammende Sport zur Produktion von Helden geeignet. Aufgrund seiner Logik des Überbietens erscheint der Rekord als das Einmalige, als ein menschheitsgeschichtliches Ereignis. Man muß nur daran glauben. An Gläubigen herrschte kein Mangel. Seit den zwanziger Jahren dieses Jahrhunderts haben die Gemeinden der Sporthelden nicht aufgehört, sich zu vergrößern. Weihe und Würde kommen aber nicht von selbst – wenn man keine Götter und heiligen Spiele hat, muß man für die Größe der Sporthelden hart arbeiten. Der Sport wurde religiös in der Wolle eingefärbt: Der Rekord wurde *das Wunder.*[14] Der Körper des Sportlers, leibhaftig vor den Gläubigen, lebende Reliquie, beglaubigt das wunderbare Ereignis. Mit dem Rekord tritt der Sportheld in die Legende ein. »Heute könnt ihr unsterblich werden«, titelte BILD vor dem Spiel der Fußball-Nationalelf gegen England bei der letzten Europameisterschaft.

13 Ebenda, S. 104.

14 Dieser Gedanke wird bereits entwickelt von A. Jolles: Einfache Formen. Darmstadt 1958 (zuerst 1930). Wiederaufgenommen und aktualisiert wurde er von H. U. Gumbrecht: Faszinationstyp Hagiographie. In: Ch. Cormeau (Hg.): Deutsche Literatur im Mittelalter. Kontakte und Perspektiven, Stuttgart 1977, S. 37–84.

Mit dem Erzählmuster der Legende wird der frühchristliche Märtyrer im Sporthelden fortgesetzt: Am Anfang ist der Heilige ein ganz unscheinbares Kind, bis ein einschneidendes Erlebnis seine Berufung sichtbar werden läßt. Eines Tages ereignet sich wie ein Donnerschlag sein erstes Wunder. Inzwischen erwachsen geworden, widmet er sich seiner Wundertätigkeit. Er tut seine Werke nicht für sich, sondern widmet sie einem Höheren – Gott, seinem Land oder den BILD-Lesern. Der Wundertäter des Sports beschenkt mit seinen Rekorden und Siegen sein Publikum und erntet im Gegenzug Verehrung. Kennzeichnend für den Helden ist aber auch, daß er mit menschlichen Schwächen geschlagen ist, die ihm ein böses Ende hätten bescheren können. Diese Ambivalenz erhöht die Faszination von Heiligen und Sporthelden – in den menschlichen Schwächen können sich die Gläubigen wiedererkennen.

Das Legendenmodell hat lange im Sport gewirkt, grob geschätzt von den Zwanzigern bis zum Ende der sechziger Jahre, als das Fernsehen die früher dominierenden Medien Zeitung und Radio mit der Live-Übertragung ablöste. Im Pantheon der frühen Jahre traten die Helden als Verkörperungen eines Typs auf. Jeder Typ besaß besondere körperliche und charakterliche Eigenschaften. Für jedes Fach des Heldischen gab es *einen* Menschen, der hineinpaßte. Auch die Heroisierung der Spiele von 1936 fällt unter dieses Modell, mit der Besonderheit, daß das Heldenmonument noch viel höher aus der menschlichen Sphäre hinausgebaut wurde – mit gepanzerten Körpern und blicklosen Travertingesichtern, jenseits der Wolken.

Jeder große Held dieses Pantheons hat seinen schmükkenden Beinamen:

Der Harte: Paavo Nurmi, der Schweiger, kam aus den finnischen Wäldern, wurde zum Mythos der Langstrecken, läuft mit der Stoppuhr in der Hand nur noch gegen sich und die Zeit; undurchdringlich, fremd in dieser Welt, letztlich unbegreiflich.

Der Bezaubernde: Johnny Weissmüller, begnadeter Schwimmer, schöner Mann mit unwiderstehlichem Charme, Hollywood-Tarzan, Verführer: fünfmal verheiratet; der Reichtum zerrinnt, die Ehen brechen auseinander, nicht ehrlich.

Der Naturmensch: Jesse Owens, Enkel eines Sklaven, scheint die Schwerkraft aufzuheben, beherrschte den Sprint und den Weitsprung bei den Spielen 1936, erreicht scheinbar mühelos die unglaublichsten Leistungen, hohe Bewegungseleganz, unbekümmerte Offenheit; verrät Naivität wie ein erstauntes Kind.

Der Leidende: Emil Zatopek, genannt »tschechische Lokomotive«, unschlagbarer Langstreckenläufer, unsäglich schmerzensreiche Mimik, bildhaft gewordene Selbstüberwindung; macht aus seinem Körper einen Roboter, unmenschliches Trainingsprogramm.

Der Stratege: Fritz Walter, aus dem Pfälzer Wald, Regisseur der deutschen Mannschaft beim WM-Sieg 1954, hält die Fäden des ganzen Teams in der Hand; letztlich Werkzeug in der Hand eines viel größeren Lenkers: Sepp Herberger.

Der Kämpfer: Uwe Seeler, Hamburger Arbeitersohn, gibt nie vor dem Schlußpfiff auf, reißt die deutsche Nationalmannschaft voran, unermüdlich nach dem Motto: Blut, Schweiß und Treten; kämpft, egal wo es was zu kämpfen gibt.

In den siebziger Jahren übernimmt das Fernsehen die Inszenierung des Sports: live und aus nächster Nähe. Damit verschwindet die Entrücktheit der Helden; der Heiligenschein gerät ins Trudeln. Sporthelden gehören weniger in die Sparte der Heiligen, sondern in die große Abteilung »Prominenz«. Als Vorbote der neuen Helden kann der junge Cassius Clay gelten. Seine unablässig verbreitete Botschaft »Ich bin der Größte« war die erste gelungene *Selbst*inszenierung eines Sportlers als Held. Als er dann tatsächlich den Weltmeister-Titel gewann, noch dazu in der vorhergesagten Runde, hatte er seine Medienpräsentation in der Hand. Unvorhergesehen war dann freilich der Einbruch der politischen Wirklichkeit in sein Leben.

Die modernen Sporthelden unterscheiden sich von ihren Vorgängern durch einen deutlichen Schub Smartheit. Ihnen stehen auch neue ökonomische Möglichkeiten offen. Geld macht helle. Vorbei ist die Zeit der schwachen Kopfrechner. Die Champs kennen ihren Wert und wissen, wie man ihn durch geschickte aktive Medienpolitik erhöht. Sie wissen, wie man durch suggestiven Umgang mit den Medien auf sich aufmerksam macht und dabei gleichzeitig seinem Gegner die Nerven raubt. Obwohl ihre Größe stärker als je zuvor von den Medien gemacht wird, verstehen es die modernen Helden, wie Franz Beckenbauer, Carl Lewis, Jürgen Klinsmann oder Boris Becker, eine ganze Palette wichtiger Darstellungsstrategien zu ihrem Vorteil einzusetzen.

Sport, das haben viele Athleten begriffen, verkauft sich am besten als Kulturgut. Frühere Helden hätten nicht gewagt, sich im Theater blicken zu lassen. Heute sind Theaterdirektoren stolz darauf, einen Fußballtrainer zu duzen. Wenn doch alles Unterhaltungskultur ist, dann ist Fußball auch nicht blöder als Oper: Beckenbauer ehrte Bayreuth mit seiner Präsenz. Sporthelden sind insbesondere politische Vorzeigeobjekte. Zunächst dienten sie der Regierung zur Erhöhung ihrer Popularität (Kohls Besuch bei der WM in Mexico 1986). Heute gilt die umgekehrte Richtung: Sporthelden lassen sich von Politikern besuchen, um so zu zeigen, daß sie ein ernst zu nehmender Faktor des öffentlichen Lebens sind (Kohls Besuch bei der EM in England 1996).

Dem Publikum wird das versprochen, was es von ihnen erwartet: Unterhaltung. Ein Opfer kriegen die Fans nicht. Wenn im Spiel die Knie kaputtgehen, dann nicht für Deutschland, sondern weil der Sportler selbst den Titel für sich haben wollte. Im Grunde sind die Sporthelden des Jetzt bescheidener und realistischer als ihre Vorgänger, die über die aufopferungsvolle Tat in die Legende eingingen.

In den letzten Jahren zeichnet sich die endgültige Emanzipation der Athleten vom Religiösen ab. Nicht mehr in der Verlängerung der Figur des Heiligen, sondern als Kultfigur führen sich die Sporthelden auf. Sie zeigen das Idol vor, das sie darstellen, und produzieren Bilder von sich. Zugleich wissen sie, daß ihr Publikum diese Bilder von ihnen verlangt. Zwei Spielvarianten können hierbei unterschieden werden. Eine naive, populäre Strategie, die sich dem Bild unterwirft, und eine raffinierte, die sich vom Bild distanziert.

Das naive Spiel mit dem Helden macht aus seinem Körper ein Kultobjekt. Auf der Bühne des Sports wird der Körper regelrecht in Szene gesetzt – der Bilderbuch-Körper ist der eigentliche Held der sportlichen Show. In einem Wechselspiel von Exhibitionismus und Voyeurismus zeigen sich die Athleten demonstrativ als Körperwesen. Auf der Bühne erscheint allein der Körper, wie ein Double der Athleten – ihre Person bleibt außen vor; sie mischt sich nicht ein. Hingegen wird ihr Körper mit allen Übertreibungen, zu denen der Sport fähig ist, gezeigt: als exzessive bildliche Darstellung eines männlichen Körpers. Männer zeigen sich als Supermänner; die Sprinter strotzen mit gewaltigen Oberarmen, wie sie früher die Boxer hatten; die Boxer verwandeln den Männerkörper in Mastprodukte, die Bodybuilder in Muskelmaschinen.

Der Körper wird zum Mythos; der Held ist Statue geworden, mit einer Sonnenbrille vor dem leblosen Gesicht, scheinbar ohne Empfindungen, als sei er ein mechanischer Körper. Nach dem Sieg bricht übergangslos eine exzessive Triumphgestik aus ihm hervor. Schlagartig verwandelt sich die Kampfmaschine in einen emotionalen Menschen. Bei Michael Johnson ist dieser humane Moment nur von kurzer Dauer – bereits im Interviewraum bilden seine Gesichtszüge wieder ein ausdrucksloses Bild. Er spricht mit einer betonungsfreien Computerstimme, als sei er eine künstliche Person, als imitiere er sich selbst. Er ist nichts als seine Oberfläche, nichts als sein Bild, das er vollständig kontrolliert. Von seiner körperlichen Erscheinung her ist er ein Verwandter des Terminators, eine Fiktion, die den Übergang vom Menschen zur Maschine markiert: ein Titan-Corpus, der sich auf Befehl mit den Muskeln und der Haut Arnold Schwarzeneggers überzieht. Zwar sind die Sportlerkörper so etwas wie Masken, aber sie sind wirklich; sie sind nichts anderes als sie selbst: bis an die äußersten körperlichen Möglichkeiten ausgereizt.

Die *raffiniertere* Variante hat schon vor einiger Zeit der Stabhochspringer Sergej Bubka eingeführt. Seine Fähigkeiten lagen weit über dem Weltrekord. Statt aber ein für allemal den für ihn möglichen Rekord zu springen, begnügte er sich jahrelang damit, die Bestleistung Zentimeter um Zentimeter zu erhöhen. Bei jedem neuen Rekord erhielt er einen fünfstelligen Dollarbetrag. Jedesmal tat er so, als sei die jeweilige Rekordhöhe das Beste, was für Menschen erreichbar sei. Er spielte die Aufführung eines neuen Weltrekords. Er spielte mit seinem Idol, anstatt sich diesem zu unterwerfen. Zu einem Kulthelden wird der Athlet aber erst, wenn auch das Publikum seinen Part im Spiel wahrnimmt: wenn es sich, wie es beim Kultfilm geschieht, selbst inszenieren kann – als Zuschauer, der einem sich selbst spielenden Helden zusieht.[15] Eine wahre Show machen die Leichtathleten aus den Zuschauern und aus sich, seitdem der Dreispringer Willi Banks eine theatralische Einlage erfand: Vor dem Anlauf wenden sie sich an das Publikum, als seien sie Dompteure; sie fordern das Publikum zu rhythmischem Klatschen auf. Sobald die Anfeuerungen den Grad des Frenetischen erreicht haben, rennen sie los. Bei weiten Sprüngen feiern sie mit ekstatischen Gesten sich selbst und animieren das Publikum dazu, sich seinerseits zu feiern. So entsteht die perfekte

15 Dieser Gedanke geht auf den Berliner Medientheoretiker Lutz Huth zurück. Er hat ihn in seinem Vortrag »Der Kultfilm als Inszenierung« auf dem 6. Internationalen Kongreß der Deutschen Gesellschaft für Semiotik in Passau 1990 vorgetragen. Er ist für eine Veröffentlichung in der Zeitschrift *Kodekas* vorgesehen.

Gesellschaft der Individuen: Jeder bejubelt sich selbst, alle sind begeistert und spielen die Begeisterten. Alle sind in ihre Spektakelfunktion eingesetzt.

Bei den Olympischen Spielen in Atlanta war deutlich zu beobachten, wie sich ein neues Heldenschema wohl endgültig durchgesetzt hat. Die neue Produktionsweise des Heroischen wirft auch ein Licht auf die Fußballdarstellung in Deutschland. Sport ist der Markt, auf dem die Athleten, die Werbefirmen, die Medienmacher und die Konsumenten kaufen und verkaufen: Tore gegen Geld, Geld gegen Werbung, Werbung gegen Bilder, Bilder gegen die Beteiligung der Zuschauer. Alle haben etwas davon, aber alle zahlen auch. Alles, was im Spiel ist, hat seine Mythen – die Sportler mit ihren Leistungen, der Reichtum, die Produkte, für die geworben wird, die Bilder, sogar der Einsatz der Zuschauer. Allein der Held bewirkt, daß der große Tausch funktioniert. Er muß alle Mythen wirklich machen. Das neue Element ist, daß die Mythen schon vor dem Helden entstehen. Nach dem alten Heldenschema waren die Ereignisse zuerst da. Wenn sich die Pulverdämpfe gelichtet hatten, wurde das mythische Ereignis gesponnen. Im nachhinein erklärte man (meistens der Sieger) das Geschehen zur unerhörten Begebenheit. Dann wurde der Thron errichtet, auf den der Held gesetzt wurde. Das neue Schema kehrt die Reihenfolge um: Am Anfang ist der Mythos. Eine ganze Mythenmaschinerie konfektioniert Mythen von der Stange. Wie am Fließband werden mythische Verkleidungen geschneidert: Instant-Mythen für Wegwerfhelden mit der Lebensdauer eines Bundesliga-Wochenendes.

Schwer machen es sich die Schöpfer solcher Rollen nicht. Man denkt sich etwas aus, was es noch nicht gibt, und kreiert den ersten Menschen, der dies nun endlich schafft. Beispielsweise: die Läufe über 200 m und 400 m bei den Olympischen Spielen zu gewinnen. Alle möglichen anderen Kombinationen gab es schon, nur diese eine noch nicht. So schwebte dieser potentielle Mythos über Atlanta. Die Zuschauer warteten darauf, daß er eintreffen würde – daß Michael Johnson ihn wirklich machen und sie verzaubern würde. Die entscheidende Frage war: Wird er es schaffen, daß der Mythos wahr wird? Wenn der Mythos erfüllt wird, ist das Unerhörte, das Noch-nie-Dagewesene wirklich. Die Botschaft des Helden ist: Der Mythos lebt.

Dieser Realitäts-Kick ist ein unschätzbarer Propagandaerfolg für die Mythen. Was vorher noch wunderbare Erzählung war, kaum glaubwürdig – jetzt wird es Ereignis. Der Sportheld wird geradezu unersetzbar als Erzeuger für Wirklichkeit – niemand kann ihm hier Konkurrenz machen. Mit seiner Tat wird die wunderbare Erzählung in der Alltagswirklichkeit verankert. Vor den Augen der Zuschauer erhält ihre Welt eine neue Schicht Wirklichkeit: Sie wird durch den erfüllten Mythos verzaubert. Der Sport erzeugt einen mythischen Realismus. Die am häufigsten gebrauchte Floskel in Atlanta war: Ein Traum wird wahr – *dream come true*. Die Goldmedaillen des US-Teams sagten den Amerikanern: Superman lebt, und wir fühlen uns schon viel besser als Amerikaner – »Gönnen wir uns etwas zügellosen Chauvinismus«[16]. Helden sind ein Mittel, die Nation und die Konsumenten in Stimmung zu bringen.

Allein ist der Held nichts. Neben den Mythenmachern braucht er die Zuschauer. Ihre Wünsche nach der Wirklichkeit der Mythen werden angestachelt, ihre Emotionen werden von den Medien auf Hochtouren gebracht; alle Gefühle und Wünsche sind auf Empfang gestellt: »Fiebern Sie mit!« So werden die Zuschauer zu Fans gemacht: Fans für die Mythen, für alle Mythen, die im Spiel sind – die der Sportler, der Werbung, des TV-Senders und der Fans von sich selbst. Fans bilden eine Gemeinde für die Helden; sie zelebrieren Riten der Anrufung, sie kaufen die Schuhmarke ihres Helden, sie trommeln die Erfüllung des Mythos herbei. Die Leistung der Fans ist dieses Tamtam.

16 Der Leitartikler Michael Elliott in *Newsweek* (22.7.1996) unter der Überschrift: »Let's End the Long Whine«.

Sie glauben an den Helden, sie betteln darum, daß er ihnen Wirklichkeit gebe. Die Fans sind die idealen Konsumenten.

Werbung nimmt in Deutschland einen immer größeren Teil der Öffentlichkeit ein. Wo sie sich mit dem Sport verbindet, tendiert sie dazu, die Zuschauer-Konsumenten zu Fans zu machen. Dafür braucht sie dringend Helden. Die Fans sind bereit: Sie haben ihre Sinne geöffnet für die Werbebotschaften, die an sie gerichtet sind – von der Bäckerinnung bis zur Unterwäsche. Die Fans warten auf die Erfüllung von Mythen, sie erwarten mit Tamtam die Verzauberung ihrer selbst und ihrer Wirklichkeit.

Wie bei jeder magischen Welt gibt es auch gegenüber jener der Sporthelden einen zweiten Blick, der in der Kutsche die Möhre erkennt und in dem Prinzen den Frosch. Die unangenehmste Wahrheit des Sports, die in jedem großen Wettkampf erneuert wird, ist die definitive Niederlage im Kampf gegen das Alter und den Tod. In der üblichen Hagiographie dienen die gescheiterten, gestürzten, überholten Sieger von gestern zur Erhöhung der neuen Helden. Es gilt als tragisch, wenn die alten Kolosse zertrümmert werden. Tatsächlich ist dies nur ein flüchtiges Ereignis – die geschlagenen Helden treten ab, und das Publikum behält von ihnen nur das Bild in Erinnerung, das sie auf dem Zenit ihres Könnens gezeigt haben. Tragisch ist der Moment, in dem sie leibhaftig wieder auftauchen und die Zeichen ihres Alterns, ihrer Zerstörung, die vom Sport geschlagenen Marken an ihrem Körper und Geist vorzeigen. Aus der Maske der strahlenden Helden entsteht vor den entsetzten Zuschauern wieder der Märtyrer, seine Reliquien werden zu kaputten Knochen.

Wer immer den Einfall hatte, den alten Muhammad Ali in Atlanta das Olympische Feuer entzünden zu lassen, stellte der heldengeilen Weltöffentlichkeit den schwer gezeichneten Menschen vor Augen, geschunden von der Militärpolitik seines Landes, der Rassendiskriminierung durch seine Mitbürger und von seinem viehisch grausamen Sport. Als er mit gesenktem Kopf, alle Kraft sammelnd, mit der zitternden rechten Hand, dann die Linke dabei zu Hilfe nehmend, die Fackel hob, war er kein Götterliebling mehr, nur noch ein trauriger, sterblicher Epimetheus, ein Körper gewordener Rückblick auf die jüngste Geschichte seines zerrissenen Landes.

Der Gott in der Maschine

Nichts fürchtet unsere Gesellschaft so sehr wie Gewalt, aber sie vergöttert das Boxen. Neuerdings organisiert RTL eine Mischung aus Bundespresseball und Ganoventreff in Form von Boxweltmeisterschaften. Im Mittelpunkt stehen dabei die Sportstars, deren Nähe die Stars des Showgeschäfts suchen, die wiederum von Spitzenpolitikern hofiert werden, an die sich die Busineß-Stars heranmachen. Zusätzlich zeigt sich im Parkett das Pack im Frack, das ungezählte Jahre Zuchthaus auf sich versammelt. Die Herren Becker und Stich sitzen ausnahmsweise benachbart, durch die Ehepartnerinnen voreinander gesichert. Die Steffi-Graf-Freunde werden von dem Erpresser ihres Vaters nebst Callgirl Nicole aufgeräumt gegrüßt. Bubi Scholz, endgültig wieder frei und wieder mit Frau, wird in Berlin als Ehrengast umjubelt. Margarethe Schreinemakers bricht nach der Niederlage Rockys, dessen Gewalttätigkeiten gegen Frauen die ganze Länge ihrer Show füllen könnten, in Tränen aus. Axel Schulz wirkt wie ein freundlicher Zusteller, der an das Steuer eines ins Schleudern geratenen Trucks gedrückt worden ist. Im Körper seines Gegners Botha steckt mindestens so viel Doping wie Alkohol in den Adern der Zuschauer.

RTL kann sich rühmen, die Schmuddelecke des Berufsboxens zu einer Bühne unserer Gesellschaft herausgeputzt zu haben. Ein wahres Fest des Sports verlangt allerdings mehr als nur ein Zusammentreffen der Prominenten aller Sparten. Es erzeugt Schauder, Zauber und Erregung mit Hilfe von Dunkelheit, Laser- und Feuerspielen, schwülstiger Musik, Wolkenwabern, Nationalhymnen, Zelebration der Heroen. In dieser dunklen, höhlenartigen Welt mit ihren Ritualen geschieht die Initiierung der Zuschauer in die Verehrung der Sporthelden. RTL sendet die Eleusinischen Mysterien mit Werbeeinblendungen.

Dem von den Privatsendern entfesselten Fernsehen geht es nicht um Informationsübermittlung und Berichterstattung, sondern um die Produktion von Ereignissen, in denen sich die Gesellschaft aufführen und wiedererkennen kann: ran, Champions League, Formel 1, Masterturniere, Golden Four, Boxweltmeisterschaften, deren Titel von obskuren Verbänden verliehen werden. Im Zentrum der Erregung stehen die prominenten Sportler. Aber sie sind nicht die Herren der Kämpfe. Sie werden gemacht: Sie sind Produkte wie das Spektakel selbst, Heilige vom Dienst.

Nicht viel anders als die Heiligen der kirchlichen Legenden besitzen die Sporthelden eine Aura. Menschen wie du und ich, werden sie nach einem unscheinbaren Leben während der frühen Kindheit mit ihrer ersten Wundertat hochgewirbelt in den Stand des Heiligseins. Ihr eigentliches, wirkliches Leben beginnt mit der Legende: Im Medium der Erzählung blühen ihre Taten auf, geschieht das Unbegreifliche, wachsen sie in den Himmel und fordern zur Nachahmung heraus. Das Medium transformiert das Leben der Heiligen in eine Folge von Wundern, macht die Umgebung, in der sie leben, bedeutsam, erhöht ihre Freunde und Wegbereiter, verleiht den von ihnen getragenen Kleidungsstücken die Würde von reliquienartigen Gegenständen.

Wie der Heilige exemplarischer Mensch ist, so ist der Sportheld herausgehobenes Individuum. Auch seine Existenz ist die innerhalb eines Mediums, allerdings des *technischen* Mediums Fernsehen, egal, wie sehr er von der Autonomie seines Wirkens überzeugt ist. Steffi Graf sagt von sich: »Wie ich bin, weiß niemand«, sie selbst wahrscheinlich am wenigsten. R. Beckmann von SAT 1, eine gute Exemplifizierung der These vom Priestertrug, fordert die Klubmanager dazu auf, »Fußball als Kultveranstaltung zu inszenieren«.

Henry Maske war in DDR-Zeiten nichts als ein guter Boxer, im Kanal von RTL ist er »der Held des Rituals«, ja sogar »der Heilsbringer« *(Süddeutsche Zeitung)*. Was außer dem Erfolg qualifiziert ihn, den sauberen, technisch korrekten, unspektakulären Boxer, zu einem hohen Unterhaltungswert und damit zu Gagen, mit denen er früher sämtliche Intershops der DDR hätte leerkaufen können? Sein Trainingsfleiß und technisches Vermögen, seine in bester Trainertradition der DDR herausgebildeten Boxerqualitäten sind es gewiß nicht. Im Gegenteil, nichts von seiner wirklichen Arbeitsleistung wird sichtbar gemacht. Kaum jemand vor dem Fernsehschirm weiß etwas über den Erwerb des sportlichen Vermögens der Helden. Kaum jemand will es wissen. Es ist, als sei ihm alles zugeflogen, wie vom Himmel geschickt.

In dieser Welt der ewigen Bühne fliegen den Helden ihre Eigenschaften zu – niemand arbeitet, auch nicht die HeiligenkollegInnen aus den anderen Branchen. Das macht sie alle ähnlich: Filmstars fahren in Autos vor, Models feiern aufgeregt ihre Schönheit, TV-Entertainer regredieren in die Kinderstube, Politiker regieren mit karnevalistischem Flair oder in einer schwäbischen Sonderklasse des Club Mediterranée. Überall herrscht die Stimmung von Betriebsausflügen. Wer sich im Fernsehen als Ulknudel geoutet hat, sieht seine Popularitätskurve nach oben zeigen.

Auf der unbekannten Rückseite der öffentlichen Fernsehwelt unterwerfen sich die Athleten einer gnadenlosen Trainingsdisziplin. Sergej Bubka trainiert »mit der Besessenheit eines Uhrwerks« *(taz)*: gymnastische Übungen, Bodenturnen, Schnelligkeits- und Techniktraining, Anlaufübungen, Sprünge über die Latte, auf Höhe, dann Arbeit an der Hantel. Sein Training ist exakt in einem Plan festgelegt, der auf wissenschaftlich fundierter Methodik aufgestellt wurde. Es wird von Betreuern überwacht, gemessen, aufgezeichnet, ausgewertet. In der Rhythmischen Sportgymnastik wird kleinwüchsigen, minderjährigen Mädchen die Arbeitslast von Spitzenballerinen zugemutet, unter der Kontrolle von Trainerinnen, Müttern und Videokameras. Die Mädchenkörper, selbst technische Artefakte, sind Gegenstand extremer Technologisierung, die das Wiegen des Körpergewichts unter Aufsicht auf drei Stellen hinter dem Komma einschließt.

Wohin man auch schaut, in jeder Disziplin wird das Wunderding Sportlerkörper in Arbeitspensen hergestellt, die die normale Vorstellung übersteigen. Zum Zwecke ihrer Leistungssteigerung werden Trainingspläne von Wissenschaftlern ausgearbeitet. Psychologen, Biochemiker, Ernährungsexperten, Psychologen – alle dienen der technischen Verbesserung des menschlichen Körpers. Die Leistungsentwicklung wird in der Regel für ein ganzes Jahr mit exakt vorherbestimmten Leistungsgipfeln vorhergeplant. Jede Woche zehn bis zwölf Trainingseinheiten mit je zwei bis drei Stunden sind die Norm in nahezu jeder Sportart.

In dieser technischen Apparatur steht der Athlet zwar im Mittelpunkt, aber nur insofern, als es um seine Leistungssteigerung geht. Für die Verheißung einer grundlegenden Umgestaltung des eigenen Körpers tritt er in den Dienst einer Maschinerie mit dem Ziel, sich selbst maschinengleich zu machen. In seinen Vorstellungen ist der nicht-bewußte, aber angestrebte Fluchtpunkt die optimal funktionierende Maschine mit bisher ungeahnten Kapazitäten, Reaktionsmöglichkeiten, Geschwindigkeiten und einer nahezu unbegrenzten Belastbarkeit. Die Maschine hat heute viele bisher allein dem Menschen vorbehaltene Fähigkeiten in sich aufgenommen. Aber trotz aller Wandlungsfähigkeit kann sie sich keinen menschlichen Körper und keine Emotionen erschaffen.

In der Maschinerie des Trainings erzeugt sich der Athlet neu: Er macht sich zu einem maschinenartigen Menschen, zu einer künstlichen Selbstschöpfung hohen Ranges: zu einem reibungslos funktionierenden Körper mit gewaltiger Leistungsfähigkeit. Sporthelden galten auch in der Vergangenheit als außergewöhnliche Individuen. Doch in den letzten Jahrzehnten hat sich sowohl im Sport als auch in der Gesellschaft allgemein ein grundlegender Wandel vollzogen. Zu der Selbstschöpfung des Athleten tritt ein entscheidender zweiter, abermals technischer Prozeß hinzu: seine Erzeugung als Held auf dem Fernsehschirm. In die TV-Bilder ist die technische Herstellung des Athleten so vollkommen integriert, daß man sie überhaupt nicht mehr bemerkt.

Ein Blick zurück macht den Kontrast zu den Sporthelden alter Prägung deutlich: In der traditionellen Heldendarstellung werden dem Athleten – von Fritz Walter bis Uwe Seeler – alle Eigenschaften des klassischen Individuums zugesprochen. Dieses gilt als Quelle seiner Handlungen, in denen es sich authentisch ausdrückt. Als autonomes Wesen handelt es seinem Willen gemäß und ist für seine Handlungen verantwortlich. Ohne viel Aufhebens ist dieser schöne Schein aus den Heldenbildern verschwunden.

Bemerkt worden ist nur die zunehmende Versinnlichung des Sports, die Intensivierung der Verehrung der Helden und die Steigerung ihrer Qualitäten, nicht jedoch die grundlegende Veränderung, die sie zu Individuen eines ganz neuen Typs machen. Noch kostbarere Kultobjekte als je zuvor, sind sie unendlich weit entfernt von der Sportpraxis der normalen Sterblichen. Ihre Taten erscheinen unbegreiflich. Es gibt keine Erklärungsbrücke zwischen den Personen, wie wir sie in Interviews oder in privaten Situationen sehen, und ihrer alles beherrschenden Macht, die mit Beginn eines Wettkampfs sogleich wirksam wird.

Anders als bei den klassischen Helden lassen sich ihre Leistungen nicht auf besondere, benennbare Fähigkeiten, auf einen Ursprung in den Helden zurückführen. Zwar sind ihre Leistungen exemplarisch, aber sie sind nutzloser denn je zuvor. Sie repräsentieren nichts. Während sich die wirtschaftliche Lage ihres Landes und ihrer Fans drastisch verschlechtert, streben ihre Einkünfte in die Zone von

Hollywood-Gagen. Pädagogisch sind sie sinnlos geworden, da sie als Vorbilder nicht mehr verwertbar sind.

Für die Folgen ihrer Handlungen sind sie verantwortungslos. Mit der Verschuldung der öffentlichen Hände, die ihre Bühnen bauen, haben sie nichts zu tun. An den extremen Risiken ihrer Schußfahrten sind sie völlig schuldlos – ein toter Sportler hat seine Legende sicher (Beispiel Senna). Die Gewalt im Fußball ist offenbar eine Schicksalsmacht, mit der die Spieler nicht anders als die Fans leben müssen, und gegen die man sich nur wehren kann, indem man selbst gewalttätig wird. Für ein heimtückisches, spielentscheidendes Handspiel wird nicht der größte Fußballer seiner Zeit, sondern Gott persönlich verantwortlich gemacht (»die Hand Gottes«). Es spricht ja nicht nur reine Albernheit aus dieser gemeinen (weitgehend akzeptierten) Ablehnung von Schuld. Sportidole verstehen sich nicht mehr als Verursacher ihrer Taten.

Sie sind nicht autonom Handelnde, sondern werden getrieben von Kraftströmen, die durch sie hindurchfließen. Merkmal der *number one* ist nicht Kontrolle der eigenen Handlungen und ihrer Wirkungen, sondern ein Sichhingeben an das Schicksal, das diese Position verleiht. In einer solchen Darstellung des Helden ist kein Raum für Ethik – das hieße ja, eine Distanz zu sich selbst einnehmen. Steffi Graf weiß nichts von den Betrügereien ihres Vaters, und natürlich ist sie – Verdienerin eines zweistelligen Millionenbetrags jährlich – an allem ganz unschuldig. Was können Katrin Krabbe und Grit Breuer dafür, daß sie Kondome mit Fremdurin in sich eingeführt und dieses als Ergebnis eigenen Pinkelns abgeliefert haben? Da Samantha Riley in Australien ein Schwimmidol ist, war sie bei der Kurzbahn-Weltmeisterschaft in Rio nicht gedopt, sondern hat versehentlich von ihrem Coach eine Tablette gegen die Kopfschmerzen von dessen Frau erhalten. Zwar hat Jennifer Foschi anabole Steroide eingenommen, wurde »aber freigesprochen, weil angenommen wurde, sie sei ohne ihr Wissen gedopt worden« *(FAZ)*.

Sportheroen werden nicht mit den Folgen ihrer Handlungen konfrontiert. Ihre Person hat keine innere Konsistenz, die notwendig wäre, um Entscheidungen zu treffen und die Folgen des eigenen Handelns für andere abzuschätzen. Sie sind vollkommen mit der Gegenwart beschäftigt; sie sind reine Präsenz. Hinter ihren Handlungen kommen immer wieder unvermutet höhere Mächte zum Vorschein. Das verantwortungslose Individuum ist der neue Aspekt der Sporthelden in der Gegenwart. Das Publikum glaubt (wieder) an das Schicksal. Es wird ständig Zeuge des Glückswechsels, der Peripetien der Helden.

Angesichts dieses Ausgeliefertseins der Athleten haben ihre emotionalen Reaktionen an Heftigkeit zugenommen. Wettkämpfe sind Spektakel der Gefühle. Wenn die Sporthelden auch nicht als Individuen authentisch sind, so sind ihre Emotionen doch wirklich. Diese sind – anders als bei Kino- und Bühnenhelden – nicht gespielt. Und auch wieder anders als im Drama sind die Personen, die ihre wirklichen Emotionen zeigen, auf doppelte Weise – im Training und im Medium – technisch erzeugt. Aber auch sie sind exemplarische Individuen; diese Qualität erhalten sie vor allem durch die Aufführung ihrer Gefühle. Was im Sport genossen wird, ist gerade die Verbindung von Emotionen und Technik. Daß diese Allianz zustande kommt, beruht auf der Wirkung der Einbildungskraft des Fernsehens.

Maßgeblich für die TV-Sportdarstellung sind die Bildausschnitte, die Blickwinkel der Kamera, ihre Nähe zum Geschehen, die Wiederholungen, die durch Schnitte, Aspektwechsel, Bildvariation und Einblendungen bewirkte Dramaturgie. Auf diese Weise werden die Ereignisse und Sporthelden technisch erzeugt – als Bilder einzelner Augenblicke. Zwischen den Bildern wird ein Zusammenhang hergestellt; dies in einem ausschließlich vom Medium bestimmten Prozeß. Welche Verknüpfungen dabei erzeugt werden, ist eine Frage der TV-Regie. Dabei entsteht eine unter medialen Gesichtspunkten produzierte *Serie* von Bildern mit einer eigenen, fernsehgerechten Kontinuität. SAT 1 konzentriert sich im Bundesliga-Fußball auf ein Arsenal feststehender Typen: ein bollernder Rehhagel mit verquälten Kunstneigungen, ein orakelnder, böser Onkel Beckenbauer, ein nölender, öliger Mehmet Scholl, ein dreister, aber verletzter Lothar Matthäus, im Hintergrund ein unangenehmer Chor von Zwangsreservisten, präsentiert in der Art einer Krankenhausserie mit der Frage: Wann geht der Trainer?

Die Bilderserien des Fernsehens produzieren Nähe und Erhöhung zugleich. Angestrebt wird die maximale Wirkung auf die Zuschauer. Das Unwahrscheinliche, das Erstaunliche soll gezeigt werden, nicht die Vorbereitung, die Entstehung, das Wachsen, nicht die Arbeit, die die Leistungen begreiflicher, und nicht die Technik, die die Erzeugung der Bilder durchschaubarer machen könnten. Bilder ohne Erinnerung, ohne Entwicklung, Bilder einer reinen Gegenwart, mystifizieren sich selbst und verbergen die technischen Produktionsprozesse. Fernsehen wirkt im Sport als ein Sakralisierungsmedium.

Die TV-Bilder wirken als Vorbilder auf die Athleten. Auf dem Bildschirm sehen diese, wie sie wirklich sind, mehr noch: wie sie zu sein haben. Was sie dort erkennen, die Idole des Marktes, werden für sie selbst verbindlich. In diesen liegt die Einheit ihrer Person, ihr Zusammenhang. Wenn die Yuppie-Sportschau *ran* ihre Lieblingsfrage nach der Trainerentlassung stellt, bricht bei Bayern München die Panik aus. Je höher die Sporthelden steigen, desto mehr werden sie zu ihrem eigenen Bild. Sakralisiert werden von den Fernsehbildern Menschen und Dinge. Wenn der Kamerablick auf bekannte Personen fällt, macht er sie zu Prominenten; den Dingen verleiht er eine Aura, die sie als kostbar und begehrenswert erscheinen läßt. Am wertvollsten ist die Vereinigung von Mensch und Ding im exemplarischen Körper des prominenten Athleten.

Am Körper des Sporthelden entfaltet sich die höchste Aktivität des Zuschauers. Von seiner Sehaktivität verlangt das Medium Fernsehen ohnehin schon eine starke eigene Beteiligung: Aus den vielen flimmernden Lichtpunkten auf dem Bildschirm formt er in seiner Wahrnehmung erkennbare Sehgestalten. Man kann sich diesen Vorgang als ein Abtasten vorstellen, bei dem die Blicke wie in einer taktilen Aktivität die Flimmerpunkte zu Leuchtskulpturen zusammenfügen. Von dem, was der Bildschirm zu bieten hat, geht eine Art Angebot aus, es zu berühren, es auszugestalten und mit Bedeutung und Gefühlen auszufüllen. Es ist eine Aufforderung an den Zuschauer, aus sich herauszutreten und an der Herstellung der Gestalten mitzuwirken. In den fertiggestellten Bildern entdeckt er dann Spuren von sich selbst. Kaum ein Wahrnehmungsangebot gibt dem interessierten TV-Seher so viele positive Möglichkeiten wie der Sport, sich an der Erzeugung der Fernsehbilder zu beteiligen. Seiner taktilen Blickaktivität wird geschmeichelt; seine Einbildungskraft erhält freie Bahn, sich angesichts der plastischen Sportlergestalten zu entfalten.

Exemplarische Körper, von einer Aura umgeben, Helden in packende Handlungen verwickelt, von der Wahrnehmung mit plastischen Eigenschaften ausgestattet, bieten dem Zuschauer Gelegenheit genug, aus sich herauszutreten und das Gesehene mit seinen Emotionen und Phantasien zu versehen. An den Sporthelden bewundert er die Eigenschaften, die er aus seinem eigenen Inneren beigesteuert hat. Er verbildlicht in ihnen seine Gefühle. Ein TV-Programm, das sich über Werbung finanziert, findet hier ein ideales Betätigungsfeld für seine Zuschauer. Im Spektakel des Sports fließen die Aktivitäten von Athleten, Medium und Zuschauern zusammen. Die technische Herstellung der Sporthelden und ihrer Bilder wird weitgehend überdeckt von den Emotionen der Athleten und Zuschauer. Die Werbung ist in dieser Dramaturgie der große Katalysator. Sie setzt die Fähigkeit des Mediums zur Sakralisierung ein und verleitet die Zuschauer zum Einsatz eigener Gefühlsbeiträge.

Auch die Stars in anderen Bereichen des öffentlichen Lebens profitieren von der heiligenden und versinnlichenden Wirkung der Fernsehbilder. Die Spektakularisierung der Gesellschaft ist ein untrügliches Zeichen dafür, daß die Bedeutung des Politischen der Diskussion, des Arguments, der Auseinandersetzung um Ziele deutlich abgenommen hat. Die Sporthelden haben aber nicht den Platz der Politik eingenommen; sie haben niemanden verdrängt, sondern das Eingehen der Politiker auf die TV-Inszenierung, ihr Versuch, Politik als Talkshow zu betreiben, hat den Sporthelden den größeren und herausgehobeneren Platz verschafft. Sie sind im Medium Fernsehen einfach viel besser als Politiker.

Wenn man das Fernsehen als Leitmedium der Information der Gesellschaft über sich selbst akzeptiert, fördert man eine Öffentlichkeit, die sich in theatralischen Szenarien darstellt, von den Zuschauern genossen und mit Gefühlen begleitet wird. Die großen Sportereignisse sind geradezu eine Domäne der Theatralisierung der Gesellschaft. Das Publikum hat hier Gelegenheit, seine Gefühle und Phantasien in Bilder zu fassen. Den Sporthelden bietet dieses Spiel besonders günstige Bedingungen. An ihnen stellt sich ein neues Verhältnis von Mensch und Technik dar.

Der klassische Sportheld hatte sein mythologisches Vorbild in der Gestalt des Prometheus. Dessen Mythos – er stahl den Göttern das Feuer – machte ihn zum Helden der Moderne: als Überbringer der Technik an die Menschen. Er steht für Fortschritt und Selbstbestimmung der Menschen und für die Erhebung gegen die Götter. Mit ihm verbindet sich die Ratio, die Vorausschau und Klarheit des Denkens – ein Prinzip, das Nietzsche Apollon zugedacht hatte. Genau umgekehrt der vom Fernsehen sakralisierte neue Sportheld: Seinen Ursprung als Held verdankt er der Technik. Selbst ein Produkt maschinenartiger und elektronischer Herstellung, bringt er der Technik die Qualität des Emotionalen. Wurde bisher die Maschine als seelenlos dargestellt, stattet der Sportheld die Technik mit Gefühlen und Affekten aus. Was er den Menschen zugunsten der Maschine nimmt, ist »das Generell-Menschliche«, »das Spiel mit dem Rausch« (Nietzsche).

Aber auch dieses ist nach griechischer Mythologie wieder göttlichen Ursprungs; es ist das Dionysische. Als Überbringer des Rausches an die Maschinen ist dieser umgedrehte Prometheus ein Abgesandter des Dionysos. Aber als eine Revolte sind die Handlungen des Sporthelden nicht zu deuten. Die Menschen haben nichts dagegen, wenn das Dionysische auf die Maschinen übertragen wird. So menschlich wie im Sport war die Technik noch nie.

KURT WEIS

Die Priester der Muskelkraft

Über die Olympischen Spiele als Religionsersatz

Priester sollten sie sein, Priester, die sich in schweißtreibender Tätigkeit im Dienste der neuen Athletenreligion verzehrten. So erwartete es Pierre Baron de Coubertin (1863–1937), Gründervater der Olympischen Spiele der Neuzeit. Immer wieder sprach er von der *religio athletae,* in seinen Rundfunkvorträgen zur Vorbereitung der Spiele 1936 in Berlin sagte er es ganz deutlich: »Das erste und wesentliche Merkmal des alten wie des neuen Olympismus ist: eine Religion zu sein.« Wie eine Religion hatte er die modernen Spiele gegründet und sich dazu auf die antike Geschichte berufen. Dabei hatte er Größeres im Sinn. Sport war ihm nur Mittel zum Zweck, die Jugend zu verbessern. Erst die Jugend Frankreichs, dann die der ganzen Welt.

Coubertin war entsetzt über den körperlichen, seelischen und moralischen Zustand der französischen Jugend. Den Krieg 1870/71 hatte man verloren. Voller Neid glaubte der Baron, nach England und dessen sportlichen Colleges schauen zu sollen. Er beschloß, den Sport als Sozialisationsmittel zu nutzen. Und um ihn attraktiv zu machen, stattete er ihn aus mit allen Attributen und Ritualen einer neuheidnischen humanistischen Zivilreligion zur Verehrung des jugendlich-menschlichen Körpers – Fahnen, Flammen, Fackeln, Feiern, Eide.

Für Coubertin war die neue »sportliche Religion«, das »sportliche Evangelium« zur Ergänzung oder Ersetzung eines an Tod und Jenseits orientierten Christentums, eine sozialgeschichtliche Notwendigkeit. Die christliche Kirche hatte spätestens mit der Französischen Revolution von 1789 ihre prägende, sozialisierende und kulturell einende Kraft verloren. Der christliche Kult füllte die Lebenswelt nicht mehr. Als Coubertins Sonntagsreden mit den hehren humanistischen Idealen wirkungslos blieben, setzte er mit einigem Zögern auf die (Seiten-)Altäre seiner neuen olympischen Religion nicht mehr den humanistisch gebildeten Kraftmenschen, sondern den nationalistischen Kult des Vaterlandes.

Das zündete. Kult und Wettkampf der Nationen brachten die olympische Idee für die »Spiele der Jugend der Welt« zum Leben. Inzwischen sind diese Spiele ein wirtschaftlicher Erfolg und Selbstläufer geworden. Die Sonntagsreden werden weiter gehalten, und die Nationen kämpfen gegeneinander mit Staatsathleten, Werbeträgern der Wirtschaft, Doping und, gelegentlich, Boykott.

Immer wieder sprach Coubertin von den Athleten als »Priestern der Religion der Muskelkraft«, die ihre Regeltreue an das menschliche Gewissen als höchste existierende Instanz zu binden, ihren Eid auf die Fahnen der Nationen respektive die olympische Fahne zu leisten hatten. Das verweltlichte Jahrhundert sollte sich wieder einer Religion erfreuen, die aus alten Quellen trank.

Ob kräftige Gewichtheber heute wohl die olympische Idee verkörpern? Ob ein Carl Lewis sich nicht nur als »King Carl«, sondern auch als Priester oder gleich als Gott fühlen mag, wenn er sich inmitten des ihn umrankenden Personenkultes von seiner Fangemeinde und seinen Geldgebern dafür feiern läßt, daß er jetzt in Atlanta zum vierten Male bei Olympischen Spielen an den Start gehen kann, seinen Ruhm, die Zahl seiner Goldmedaillen, seine Kontostände und die Ehre des Landes zu mehren?

Sport und Religion scheinen Welten voneinander getrennt zu sein und haben doch viel Gemeinsames. Beide sind sie soziale Institutionen mit hochritualisierten Handlungselementen. Beide schaffen »Auszeiten« aus der Alltagshektik. Sie können Staaten und Gesellschaften als Staatsreligion und Volksreligion, als Staatssport und Volkssport dienen. Sie können sich in einigen Funktionen ablösen, ergänzen, überlagern, gegenseitig verstärken oder durchdringen. Abhängig von religiösen und militärischen, kulturellen und sozialen, politischen und wirtschaftlichen Einflüssen, ändert sich der gesellschaftlich geprägte Gebrauch des Körpers. Religionen haben ihre Kulturen, Religionskulturen ihre Gesellschaften, Gesellschaften ihre Körperkulte und ihren Sport geformt. In Sport und Körperkulturen spiegelt sich unsere Gesellschaft wider.

Religionen sind sinnvermittelnde Handlungssysteme, gesellschaftliche Teilbereiche und bei uns an Bedeutung abnehmende gesellschaftliche Institutionen. Und der Sport? Sport ist ein sinnvermittelndes Handlungssystem, ein gesellschaftlicher Teilbereich und eine an Bedeutung immer noch zunehmende gesellschaftliche Institution.

In seinen stark ritualisierten Veranstaltungen hat der Sport quasireligiöse Elemente. Absichten werden symbolisch verarbeitet, die nicht beobachtbaren Dinge auf der Ebene der sichtbaren Welt vorgeführt, so daß sich die Wissenden über den Stand des Geschehens informieren können: vom Einlauf der Mannschaften in Vereinsfarben über Wimpeltausch, Nationalhymne, Ruhe vor dem Startschuß, Anfeuerung durch die Zuschauer, wilde Umarmungen und Körperkontakte, Siegerehrungen und Siegesfeiern, Funktionärswahlen, Sitzungen in Vereinen, Verbänden, Nationalen Olympischen Komitees wie auch in der mächtigen Greisenriege des Internationalen Olympischen Komitees, des IOC. Coubertin bezeichnete auch dieses Gremium bewußt als »Priesterkollegium«. Aber, als wollte er den späteren Herren und Hütern der Olympischen Bewegung etwas ins Stammbuch schreiben, idealisierte er es unter der Überschrift »Apotheose des Olympismus« als ein »Kollegium uneigennütziger Priester, denen weder plattes Streben nach materiellem Profit noch das Bedürfnis eigen ist, sich künstlich über ihre eigene Bedeutung hinaus zu erheben«.

Im Sport sind viele Bereiche der Gesellschaft, von der Politik über die Wirtschaft bis zu den Medien, mit Einflüssen und Interessen verwoben. Wegen seiner Offenheit für die Aufgaben anderer sozialer Institutionen wird er oft funktionell überlastet. Der Sport ist überall gefordert, wo andere – von der Familie über die Pädagogik bis zur Politik – zu versagen scheinen, und so soll er also auch der Charakterbildung und der Gesundheit, der Lebensfreude und der Staatsräson dienen. Es versteht sich, daß der Sport aufgrund dieser Vielseitigkeit und Offenheit besonders ideologieanfällig ist, leicht zu vereinnahmen für Weltanschauungen und Religionen, pädagogische und politische Lehren und Gesellschaftsordnungen vom rechten bis zum linken Extrem. Neben sozialer Institutionalisierung und hochgradiger Ritualisierung stellt die ideologische Instrumentalisierbarkeit eine weitere Gemeinsamkeit von Sport und Religion dar.

Olympische Spiele sind der Höhepunkt unserer Art von Sport, eine eigene wandernde Institution, weltweit verbreitet, die sich jeweils in einem Land zu einer bestimmten Zeit besonders manifestiert. Dabei können die Spiele zum Spielball der Weltpolitik wie auch zum Motor von Innenpolitik werden.

In den USA ist oft diskutiert worden, wieweit sich Sport zu einer eigenen Zivilreligion entwickelte. Das Konzept der »Zivilreligion« hatte 1967 Robert N. Bellah durch seinen provokanten Essay über »Civil Religion in America« in der Zeitschrift *Daedalus* in die Diskussion eingeführt. Nach Bellah ist Zivilreligion als Bürgerreligion neben dem Christentum oder anderen Religionen »eine Sammlung von Glaubensvorstellungen, Symbolen und Ritualen mit Bezug auf heilige Dinge, die in einem Kollektiv institutionalisiert wurden«.

1954 war durch den berühmten Zusatz *»under God«* zum »Pledge of Allegiance« aus dem amerikanischen Fahnensalut ein treueschwurähnliches Gebet geworden. Der neue zentrale Bestandteil lautete *»one nation, under God«*. So wurden erst die Politik und dann der Sport christlich oder durch häufige Anrufung Gottes zumindest irgendwie religiös verbrämt und vereinnahmt. Die Amerikanisierung von Gott und der Welt schritt fort. Gott wurde dabei wie jemand, der sich nicht wehren kann, schnell in die eigenen Interessen eingebunden und dann als jemand, dessen Autorität unangreifbar ist, als Legitimation vorgeschoben. Ein Phänomen, das alle Religionskulturen kennen. Amerika, zum Zweck der Religionsfreiheit von religiösen Siedlern einst gesucht, wurde gesellschaftlich, politisch und sportlich wieder Gottes Land. Die Absicht, auf dem Globus im Kalten Krieg gegen die Sowjets und auf dem Sportplatz im sportlichen Wettkampf gegen die Konkurrenz zu gewinnen, mobilisierte die inhaltliche und verbale Gottergebenheit. Sport wurde in den Vereinigten Staaten nun ausdrücklich als *civil religion* analysiert.

In Deutschland erscheint eine Betrachtung des Sports als Zivilreligion ungewöhnlich. Religion ist hier kein öffentliches Thema, sie gilt als Privatsache. Die Welt ist aufgeteilt: Religion gehört zur Kirche, Politik zum Staat, Soziologie zu den Gesellschaftswissenschaften, Sport zu den Athleten. »Die religiöse Frage ist für diese säkularisierten Geister tabu; und sie ernsthaft und radikal aufzuwerten scheint ihnen bedenklich – vielleicht auch als eine Barbarei und ein Rückfall in das Mittelalter«, wie Eric Voegelin in seinem Buch über die politischen Religionen schon vor sechzig Jahren schrieb.

Dabei finden wir allerorten tief in der Gesellschaft verankerte Rituale mit zivilreligiösen Elementen: die religiös-gesellschaftlich-familienpolitische Verquickung im deutschen Weihnachtsfest, die amerikanische Entsprechung des *American Thanksgiving*, das »God Save the Queen« im Commonwealth, die Verehrung der heiligen Jungfrau Maria als »Polens Königin« und die religiösen Formulierungen auf allen amerikanischen Münzen und Dollarnoten seit 1956 *(»In God We Trust«)* sowie die vielen Anrufungen Gottes in offiziellen Erklärungen amerikanischer Präsidenten in Zeiten von Krise und Krieg wie etwa beim Golfkrieg.

Einigen Leuten ist das Konzept der Zivilreligion inzwischen zu heikel geworden. Sowohl Robert N. Bellah, der politische Soziologe der amerikanischen Religion der

Weißen, als auch Harry Edwards, der berühmte schwarze Sportsoziologe, rieten mir unlängst bei Gesprächen an der Berkeley-Universität, das Konzept lieber nicht auf den Sport anzuwenden. Dabei weist Edwards seit Jahrzehnten besonders eindringlich auf die religiösen und quasireligiösen Funktionen des amerikanischen Sports hin.

Sport ist ohne Zweifel der Bereich, in dem Zivilreligionen und ihnen verwandte Erscheinungen in ihrer ausdrücklichsten und pervertiertesten Form überleben. Solange andere Religionen lebendig existieren, ist Zivilreligion im hier gemeinten Sinne keine eigenständige Religion; in atheistischen Gesellschaften, wie Teilen der früheren Sowjetunion und einigen ihrer Satelliten, diente Sport mit allen seinen nationalistischen Ritualen aber schon dazu, religiöse Funktionen ganz im Sinne des Kollektivbewußtseins zu erfüllen, wie es der soziologische Gründervater Emile Durkheim, ein Landsmann und Zeitgenosse Coubertins, beschrieben hatte.

Klarer waren da die Absichten Coubertins. Er rief die modernen Olympischen Spiele vor hundert Jahren ausdrücklich als neuheidnische Ersatzreligion ins Leben. Das Christentum hatte einst das alte Heidentum überwunden und dabei auch die alten Olympischen Spiele auf massiven Druck christlicher Bischofskonferenzen 394 nach Christus verboten. Gegen das moderne humanistisch-athletische Neuheidentum begehrt das Christentum auf seinen Rückzugsgefechten inzwischen nicht mehr auf, die traditionell christlichen Teile der Erde fördern derzeit vielmehr mit ihren politischen und geistlichen Führern den neuen olympischen Sport.

Den Plan einer Wiederbelebung der alten Olympischen Spiele Griechenlands hat Coubertin nicht erfunden. Er fand sich schon in den verschiedenen Erziehungsprogrammen der Französischen Revolution und ist dort wohl zum ersten Mal gedacht worden. Das war ein gezielter Rückgriff auf die Zeiten vor dem Christentum. Coubertin wollte ein erzieherisches Vakuum füllen. Sein

Anliegen gehört zu den großen Plänen, mit religionsähnlichen Gebilden die Welt zu verbessern, denen wir im Zentrum Frankreichs nach der Revolution immer wieder begegnen. Coubertin war erfolgreich. Allerdings verdrehte der laufende Austausch von Zielen und Mitteln seine Absicht bis zur Unkenntlichkeit. Jedes für den Zweck eingesetzte Mittel wurde zum Ziel, für dessen Durchsetzung ein neues Mittel zu finden war. Die letzten Mittel, der politische Kult der Nation und der wirtschaftliche Erfolg, mauserten sich in ihrer beabsichtigten Eigendynamik zum wohl unbeabsichtigten Selbstzweck. Zusammengefaßt zeigt der Weg sechs Stufen:

(1) Ursprüngliches Ziel Coubertins: Verbesserung der Jugend und der Menschheit;

– das Mittel: erneuerte Sozialisation.

(2) Um diese Sozialisation zu erreichen und zu verbessern:

– das neue Mittel: Sport.

(3) Um Sport zu fördern und zu verbessern:

– das neue Mittel: die Form (und der Inhalt?) einer Religion.

(4) Um die religiöse Form einzurichten und zu propagieren:

– das neue Mittel: moderne Olympische Spiele.

(5) Um die Olympischen Spiele zu etablieren und zu sichern:

– das neue Mittel: der Kult der Nation.

(6) Um den schwindenden Kult der Nation und die Spiele am Leben zu halten:

– das neue Mittel (und das endgültige Ziel): wirtschaftlicher Erfolg.

In unserer am Profit orientierten Welt erreichte diese Entwicklung erst sicheren Boden, als sie nicht nur politischen, sondern auch wirtschaftlichen Gewinn abwarf. Dies geschah durch Übertragungen und Werbeeinblendungen im Fernsehen. Die Zahlen zeigen die Entwicklung. Um die Olympischen Sommerspiele senden zu dürfen, zahlten Fernsehsender dem Internationalen Olympischen Komitee:

München 1972:	17,7 Mio. US-Dollar
Los Angeles 1984:	über 200 Mio. US-Dollar
Seoul 1988:	über 400 Mio. US-Dollar
Barcelona 1992:	über 600 Mio. US-Dollar
Atlanta 1996:	über 800 Mio. US-Dollar
Sydney 2000 (mit Salt Lake City 2002):	1,25 Mrd. US-Dollar.

Mit seinen offiziellen Bildern vom sozialistischen Menschen hat der Sport im ehemals vermeintlich real existierenden Sozialismus Coubertins Ideale viel häufiger als der Westen zitiert und propagiert. Im Osten war der Sport als neuheidnische Staatsreligion erfolgreich geworden. Er sollte gleichzeitig die fünf bekannten gesellschaftlichen und kulturellen Aufgaben einer Religion erfüllen: Er sollte als Kulturträger dienen – dafür wurde seine Theologie (oder Doktrin) weiter ausgefeilt. Er wurde für Moral und Ethik herangezogen. Er sollte die Menschen identitätsfördernd einen, und schließlich sollte er ihnen richtige Erlebnisse schenken.

Darüber hinaus war der Sport in der DDR vorrangiges Staatsziel geworden, um der DDR internationales Ansehen und ihren Bürgern ein stolzes DDR-Nationalgefühl zu schaffen. Die entsprechend unangreifbare Sonderrolle von Stars wie Katrin Krabbe war noch Jahre nach Wende und Vereinigung zu spüren. Der Vorzeigebereich sportlicher Medaillenerfolge, dem alles andere nachgeordnet wurde, entwickelte sich tatsächlich zur Durchbruchstelle für die internationale politische Anerkennung. Das in der DDR mit viel größerem geheimdienstlichen und wissenschaftlichen Aufwand als in anderen Ländern des Ostens oder Westens betriebene Doping zeigt, wieweit die Menschenversuche an Sportlern aus Coubertins Athletenpriestern kranke Marionetten machten.

Auf der östlichen Seite waren Sport und sportlicher (Welt-)Erfolg als zivile Ersatzreligion zur Staatsreligion erhoben, an deren identitätsstiftendem Erfolg sich alle

Bürger freuen sollten, die das große sozialistische Staatsgefängnis nicht verlassen durften.

Auf der westlichen Seite waren Sport und sportlicher Erfolg eine von vielen zivilreligiösen Nebenerscheinungen auf dem bunten Markt des westlichen Pluralismus.

Die olympische Bewegung ist unterdessen inhaltlich so verkümmert, daß der Ruf nach einer Reformation an Haupt und Gliedern laut wird. Die Olympischen Spiele und das IOC wird das kaum berühren. Auf der Weltausstellung von Sevilla, der Expo 1992, war neben den großen Staaten der Welt auch das IOC mit einem Pavillon vertreten. Den Eingang schmückte ein überlebensgroßer Torso von Miguel Berrocal mit dem dreisprachigen Hinweis: »Die innere Kraft dieses Sportlertorsos ... läßt uns an die Universalität der Olympischen Bewegung denken, in der die Sportler der ganzen Welt auf ein einziges Ziel hin miteinander vereint sind.« Ich sah dort ästhetisch eindrucksvolle, übermenschengroß aufgeblähte, golden glänzende Muskeln. Arme und Beine, Gesicht und Hirn fehlten aber. Die Muskelmasse war sich selbst genug und diente in ihrer Kopflosigkeit dem Eindruck von Kraft und Reichtum.

Was werden wir jetzt in Atlanta erleben? Auf jedem Dollar, jedem Dime, der in der Hauptstadt des Coca-Cola-Imperiums für Spiele und Teilnehmer ausgegeben wird, steht »*In God We Trust*«. Ob sie den Gott vom Olymp meinen oder den vom Sinai, von Golgatha, vom Capitol Hill oder einfach den von den Tresoren in Fort Knox?

[Ausführliche Nachweise finden sich bei Kurt Weis: Sport und Religion: Sport als soziale Institution im Dreieck zwischen Zivilreligion, Ersatzreligion und körperlich erlebter Religion. In: J. Winkler/K. Weis (Hg.): Soziologie des Sports. Opladen 1995, S. 127–150.]

Auswahlbibliographie

Im Quellenverzeichnis enthaltene Titel werden hier nicht noch einmal aufgeführt. Die folgende Auswahl beschränkt sich vor allem auf die bundesdeutschen sportphilosophischen Debatten der letzten vierzig Jahre. Eine systematisch-historische, internationale und möglichst vollständige Dokumentation der sportphilosophischen Texte, die noch zu leisten ist, kann und will sie nicht ersetzen.

Alkemeyer, Th.: Körper, Kult und Politik. Von der »Muskelreligion« Pierre de Coubertins zur Inszenierung von Macht in den Olympischen Spielen von 1936. Frankfurt am Main/New York 1996.

Alkemeyer, Th., u.a. (Hg.): Aspekte einer zukünftigen Anthropologie des Sports. Clausthal-Zellerfeld 1992.

Apel, K. O.: Die ethische Bedeutung des Sports in der Sicht einer universalistischen Ethik. In: Apel, K. O.: Diskurs und Verantwortung. Frankfurt am Main 1988.

Bachleitner, R.: Zur kulturellen Aneignung der Natur durch das Sportsystem. In: Kultursoziologie 3 (1994) 5.

Ders.: Körperlose Kultur – kulturlose Körper oder: Sport zwischen Unkultur und Kultur. In: Spektrum der Sportwissenschaften 1995/1.

Baitsch, H., u.a. (Hg.): Sport im Blickpunkt der Wissenschaften. Berlin [u.a.] 1972.

Becker, P. (Hg.): Sport und Höchstleistung. Reinbek 1987.

Beckers, E.: Körperfassaden und Fitness-Ideologie. Wiederkehr des Körpers in der Fitness-Bewegung? In: Brennpunkte der Sportwissenschaft 1988/2.

Berr, M.-A.: Technik und Körper. Berlin 1990.

Bette, K.-H.: Körperspuren. Zur Semantik und Paradoxie moderner Körperlichkeit. Berlin/New York 1989.

Ders.: Theorie als Herausforderung: Beiträge zur systemtheoretischen Reflexion der Sportwissenschaft. Aachen 1992.

Bette, K.-H./Schimank, U.: Doping im Hochleistungssport. Frankfurt am Main 1995.

Dies.: Auszeit vom Alltag, Freistoß für die Seele. In: Psychologie heute, Juli 1996.
Bette, K.-H. (Hg.): Doping im Hochleistungssport – sozialwissenschaftlich betrachtet. Stuttgart 1994.
Boschert, B./Gebauer, G. (Hg.): Texte und Spiele. Sprachspiele des Sports. Sankt Augustin 1996.
Brecht, B.: Der Kinnhaken und andere Box- und Sportgeschichten. Frankfurt am Main 1995.
Bröskamp, B.: Körperliche Fremdheit. Zum Problem der interkulturellen Begegnung im Sport. Sankt Augustin 1994.
Cachay, K.: Sport und Gesellschaft. Schorndorf 1988.
Cachay, K./Digel, H./Drexel, G. (Red.): Sport und Ethik. Clausthal-Zellerfeld 1985.
Cachay, K./Drexel, G./Franke, E. (Red.): Ethik im Sportspiel. Clausthal-Zellerfeld 1990.
Caysa, V.: Über Drogen und Sport. Die Dopingproblematik im Kontext einer ökologischen Ethik. In: Kultur und Kritik 6/1994.
Ders.: Die technische Geburt der Körper im Sport. In: Hubig, Ch./Poser, H. (Hg.): Cognitio humana – Dynamik des Wissens und der Werte. Band 1. Leipzig 1996.
Ders. (Hg.): Sport ist Mord. Texte zur Abwehr körperlicher Betätigung. Leipzig 1996.
Coubertin, P. de: Der Olympische Gedanke. Schorndorf 1966.
Court, J.: Achtung als Problem der Sportethik. In: Zeitschrift für philosophische Forschung 47 (1993) 3.
Ders.: Die Anthropologie, der Sport und das Glück. In: Sportwissenschaft 25 (1995) 3.
Ders.: Der pädagogische Sinn des Sports und die Instrumentalisierungsfrage. In: Sportwissenschaft 26 (1996) 2.
Dieckert, J./Petersen, U./Rigauer, B./Schmücker, B. (Hg.): Sportwissenschaft im Dialog. Bewegung – Freizeit – Gesundheit. Aachen 1993.
Diem, C.: Wesen und Lehre des Sports und der Leibeserziehung. Berlin 1960.
Dietrich, K./Heinemann, K. (Hg.): Der nicht-sportliche Sport. Schorndorf 1989.
Digel, H.: Sport verstehen und gestalten. Reinbek 1982.
Dreßen, W. (Hg.): Selbstbeherrschte Körper. Berlin 1986.
Ehalt, H. Ch./Weiß, O. (Hg.): Sport zwischen Disziplinierung und neuen sozialen Bewegungen. Wien [u.a.] 1993.
Eichberg, H.: Der Weg des Sports in die industrielle Zivilisation. Baden-Baden 1973.

Elias, N./Dunning, E.: Sport im Zivilisationsprozeß. Studien zur Figurationssoziologie. Hg. von W. Hopf. Münster o.J.
Franke, E.: Theorie und Bedeutung sportlicher Handlungen. Schorndorf 1978.
Ders.: Sportler-Ethik als »Charakter-Ethik« oder »Handlungs-Folgen-Ethik«? In: Brennpunkte der Sportwissenschaft 1/1989.
Ders.: Sportphilosophie II. In: Haag, H./Grupe, O./Kirsch, A. (Hg.): Sport Science in Germany. Berlin [u.a.] 1991.
Franke, E. (Hg.): Ethische Aspekte des Leistungssports. Clausthal-Zellerfeld 1988.
Friedrich, G./Hildenbrandt, E./Schwier, J. (Hg.): Sport und Semiotik. Sankt Augustin 1994.
Gabler, H./Göhner, U. (Hg.): Für einen besseren Sport. Themen, Entwicklungen und Perspektiven aus Sport und Sportwissenschaft. Schorndorf 1990.
Gebauer, G. (Hg.): Körper- und Einbildungskraft. Inszenierungen des Helden im Sport. Berlin 1988.
Ders.: Die Aktualität der Sportphilosophie. Sankt Augustin 1993.
Ders.: Olympische Spiele – die andere Utopie der Moderne. Olympia zwischen Kult und Droge. Frankfurt am Main 1996.
Gerber, E. W. (Hg.): Sport and the body. Philadelphia 1972.
Gerhardt, V./Lämmer, M. (Hg.): Fairneß und Fair Play. Sankt Augustin 1993.
Gerhardt, V./Wirkus, B. (Hg.): Sport und Ästhetik. Sankt Augustin 1995.
Grupe, O.: Bewegung, Spiel und Leistung im Sport. Grundthemen der Sportanthropologie. Schorndorf 1982.
Ders.: Sport als Kultur. Osnabrück 1987.
Grupe, O. (Hg.): Einführung in die Theorie der Leibeserziehung und des Sports. Schorndorf 1980.
Ders. (Hg.): Kulturgut oder Körperkult? Sport und Sportwissenschaft im Wandel. Tübingen 1990.
Grupe, O./Gabler, H./Göhner, U. (Hg.): Spiel, Spiele, Spielen. Schorndorf 1983.
Güldenpfennig, S.: Sport: Autonomie und Krise. Sankt Augustin 1996.
Guttmann, A.: Vom Ritual zum Rekord. Das Wesen des modernen Sports. Schorndorf 1979
Ders.: Ursprünge, soziale Basis und Zukunft des Fair play. In: Sportwissenschaft 17 (1987) 1.
Ders.: The Erotic in sports. New York 1996.

Haag, H.: Sportphilosophie. Frankfurt am Main 1995.
Haag, H. (Hg.): Sportphilosophie. Ein Handbuch. Schorndorf 1996.
Habermas, J.: Soziologische Notizen zum Verhältnis von Arbeit und Freizeit. In: Plessner, H./Bock, H. E./Grupe, O. (Hg.): Sport und Leibeserziehung. München 1967.
Hägele, W.: Reflexionen zur Sportwissenschaft. München 1996.
Heinemann, K. (Hg.): Texte zur Ökonomie des Sports. Schorndorf 1984.
Heringer, H. J.: Regeln und Fairneß. In: Sportwissenschaft 20 (1990) 1.
Hinsching, J./Borkenhagen, F. (Hg.): Modernisierung und Sport. Sankt Augustin 1995.
Hoberman, J.: Sterbliche Maschinen. Doping und die Unmenschlichkeit des Hochleistungssports. Aachen 1994.
Hopf, W.: Kritik der Sportsoziologie. Lollar/Lahn 1979.
Hortleder, G.: Sport in der nachindustriellen Gesellschaft. Eine Einführung in die Sportsoziologie. Frankfurt am Main 1978.
Hortleder, G./Gebauer, G. (Hg.): Sport – Eros – Tod. Frankfurt am Main 1986.
Huizinga, J.: Homo Ludens. Vom Ursprung der Kultur im Spiel. Reinbek 1987.
Jünger, F. G.: Die Perfektion der Technik. Frankfurt am Main 1946, S. 147–151.
Ders.: Sport. In: Jünger, F. G.: Die Spiele. Frankfurt am Main 1953.
Kamper, D./Rittner, V. (Hg.): Zur Geschichte des Körpers. München/Wien 1976.
Kamper, D./Wulf, Ch.(Hg.): Die Wiederkehr des Körpers. Frankfurt am Main 1982.
Klein, M. (Hg.): Sport und Geschlecht. Reinbek 1983.
Ders.: Sport und Körper. Reinbek 1984.
Ders.: Sport und soziale Probleme. Reinbek 1989.
Klein, M. (Red.): Sport, Gesundheit und die »neue« Bewegungs- und Körperkultur. Clausthal-Zellerfeld 1986.
König, E.: Körper – Wissen – Macht. Berlin 1989.
Ders.: Kritik der Technologisierung des Körpers im Sport. Unveröffentlichte Habilitationsschrift. Berlin 1995.
König, E./Lutz, R. (Hg.): Bewegungskulturen. Ansätze zu einer kritischen Anthropologie des Körpers. Sankt Augustin 1995.
Krockow, Ch. von: Sport und Industriegesellschaft. München 1972.
Ders.: Sport. Eine Soziologie und Philosophie des Leistungsprinzips. Hamburg 1974

Ders.: Sport, Gesellschaft, Politik. München 1980.
Kuchler, W.: Sportethos. München 1969.
Ders.: Sport. In: Sacramentum Mundi. 4. Band. Freiburg im Breisgau 1969.
Küchenhoff, J.: Körper und Sprache. Heidelberg 1992.
Kutsch, Th./Wiswede, G. (Hg.): Sport und Gesellschaft: die Kehrseite der Medaille. Königstein 1981.
Lenk, H.: Werte, Ziele, Wirklichkeit der modernen Olympischen Spiele. Schorndorf 1964.
Ders.: Leistungssport: Ideologie oder Mythos? Stuttgart 1972.
Ders.: Sozialphilosophie des Leistungshandelns. Das humanisierte Leistungsprinzip in Produktion und Sport. Stuttgart [u.a.] 1976.
Ders.: »Mündiger Athlet« und »demokratisches Training«. Zur Begründung eines Trainingskonzeptes. In: Gabler, H., u.a. (Hg.): Praxis der Psychologie des Leistungssports. Berlin [u.a.] 1979.
Ders.: Auf dem Wege zu einer analytischen Sportphilosophie. In: Sportwissenschaft 10 (1980) 4.
Ders.: Die achte Kunst. Leistungssport – Breitensport. Osnabrück/Zürich 1985.
Ders.: Olympia zwischen Pädagogik, Politik und Presse. In: Perspektiven, Dez. 1988.
Ders.: Zwischen Sport und Philosophie, zwischen Sportwelt und Fakultät. In: Brennpunkte der Sportwissenschaft 1/1989.
Ders.: Leistung in Sport und Gesellschaft. Friedrichshafen 1992.
Ders.: »Hauptsache, das Image stimmt!« Thesen zur Lage des Spitzensports. In: »Hat der Spitzensport noch eine Zukunft?« Symposion des DSB/BAL. Frankfurt am Main 1992.
Lenk, H./Pilz, G. A.: Das Prinzip Fairneß. Osnabrück/Zürich 1989.
Lenk, H. (Hg.): Aktuelle Probleme der Sportphilosophie. Schorndorf 1983.
Lenk, H./Moser, S./Beyer, E. (Hg.): Philosophie des Sports. Schorndorf 1973.
Lindner, R. (Hg.): Der Satz »Der Ball ist rund« hat eine gewisse philosophische Tiefe. Berlin 1983.
Lüschen, G./ Weis, K. (Hg.): Die Soziologie des Sports. Darmstadt/Neuwied 1976.
Mauss, M.: Die Techniken des Körpers. In: Mauss, M.: Soziologie und Anthropologie. Band 2. München/Wien 1975.
Meinberg, E.: Über die Möglichkeit einer Anthropologie des Sports. In: Sportwissenschaft 6 (1976) 1.

Ders.: Warum Theorien sportlichen Handelns Anthropologie benötigen! In: Sportwissenschaft 17 (1987) 1.
Ders.: Ethische Dimensionen des Sports und der Sportwissenschaft. In: Brennpunkte der Sportwissenschaft, 2. Suppl., 1988.
Ders.: Zum Begründungsproblem einer Sportethik. In: Brennpunkte der Sportwissenschaft 1989/1.
Ders.: Die Moral im Sport: Bausteine einer neuen Sportethik. Aachen 1991.
Ders.: Sport – Umwelt – Konflikt. Eine ethische Problemanzeige. In: Brennpunkte der Sportwissenschaft 1993/1.
Ders.: Sportwissenschaft in der Entwicklung. In: Spektrum der Sportwissenschaft 6 (1994) 2.
Ders.: Sportethik in der Diskussion. In: Ethica 3 (1995) 3.
Meisl, W. (Hg.): Der Sport am Scheidewege. Heidelberg 1928.
Müller, U.: Die Politisierung des Körpers. Zum Zusammenhang von Körperübungen und Herrschaft. Hannover 1986.
Nitschke, A.: Körper in Bewegung. Gesten, Tänze und Räume im Wandel der Geschichte. Stuttgart 1989.
Ortega y Gasset, J.: Der sportliche Ursprung des Staates. In: Ortega y Gasset, J.: Gesammelte Werke. Band 1. Stuttgart 1954.
Ders.: Über des Lebens sportlich-festlichen Sinn. In: Klöhn, G. (Hg.): Leibeserziehung und Sport in der modernen Gesellschaft. Weinheim 1963.
Pauser, W.: Fitnessmaschinen. In: Zeitmitschrift Nr. 4, 1988.
Pawelke, R. (Hg.): Neue Sportkultur. Lichtenau 1995.
Pilz, G. A./Wewer, W.: Erfolg oder Fair play? München 1987.
Pilz, G. A. (Hg.): Sport und körperliche Gewalt. Reinbek 1982.
Plessner, H./Bock, H. E./Grupe, O. (Hg.): Sport und Leibeserziehung. München 1967.
Prohl, R./Seewald, J. (Hg.): Bewegung verstehen. Facetten und Perspektiven einer qualitativen Bewegungslehre. Schorndorf 1995.
Richartz, A.: Körper – Gesundheit – Nation. Tiefenhermeneutische Analysen zur bürgerlichen Körperkultur in Deutschland in der ersten Hälfte des 19. Jahrhunderts. Unveröffentlichte Inaugural-Dissertation. Berlin 1992.
Rigauer, B.: Sport und Arbeit. Frankfurt am Main 1969.
Rittner, V.: Körperbezug, Sport und Ästhetik. In: Sportwissenschaft 19 (1989) 4.
Ders.: Sport und Gesundheit. In: Sportwissenschaft 15 (1985) 2.
Rose, L.: Sportwissenschaften und feministische Körper-Debatte. In: Sportwissenschaft 22 (1992) 1.

Rütten, A.: Sport, Lebenstil und Gesundheitsförderung. In: Sportwissenschaft 23 (1993) 4.
Sarkowicz, H. (Hg.): Schneller – Höher – Weiter. Eine Geschichte des Sports. Frankfurt am Main/Leipzig 1996.
Schneider, M.: Die Erotik des Fernsehsports. In: Merkur 47 (1993) 9/11.
Schümer, D.: Gott ist rund. Die Kultur des Fußballs. Berlin 1996.
Schultz, U. (Hg.): Das große Spiel. Frankfurt am Main/Hamburg 1965.
Schulz, N./Allmer, H.: Zur moralischen Krise des Sports. Phänomene – Aktionen – Aufgaben. In: Brennpunkte der Sportwissenschaft 1989/1.
Schwier, J.: Zur Moralität des Sportspiels. In: Sportwissenschaft 20 (1990) 4.
Seel, M.: Die Zelebration des Unvermögens. Zur Ästhetik des Sports. In: Merkur 47 (1993) 2.
Seewald, J.: Leib und Symbol. München 1992.
Shusterman, R.: Die Sorge um den Körper in der heutigen Kultur. In: Kuhlmann, A. (Hg.): Philosophische Ansichten der Kultur der Moderne. Frankfurt am Main 1994.
Sobiech, G.: Grenzüberschreitungen. Körperstrategien von Frauen in modernen Gesellschaften. Opladen 1994.
Thiele, J.: »Wohin mit dem Körper?« – Die Sportpädagogik als Statthalter der Körperlichkeit? In: Brennpunkte der Sportwissenschaft 1992/2.
Thiele, J./Schulz, N.: Wege zum Körper – der Körper als Gegenstand sportwissenschaftlicher Teildisziplinen – Eine Einführung. In: Brennpunkte der Sportwissenschaft 1992/2.
Thiele, M.: Die Bezähmung der Wildheit. Phantasien, Wünsche und Gesten der Macht in der Rhythmischen Sportgymnastik. Unveröffentlichte Inaugural-Dissertation. Berlin 1996.
Willimczik, K.: Wissenschaftstheoretische Aspekte einer Sportwissenschaft. Frankfurt am Main 1968.
Ders.: Der Entwicklungsstand sportwissenschaftlicher Wissenschaftstheorie. In: Sportwissenschaft 10 (1980) 4.
Ders.: Theorie der Sportwissenschaft – Die Begründung einer Wissenschaft über ihren Gegenstand. Bielefeld 1991.
Willimczik, K. (Hg.): Wissenschaftstheoretische Beiträge zur Sportwissenschaft. Schorndorf 1979.
Winkler, J./Weis, K. (Hg.): Soziologie des Sports. Opladen 1995.
Witt, G.: Ästhetik des Sports. Berlin 1982.

Quellenverzeichnis

Die mit einem Sternchen versehenen Überschriften wurden vom Herausgeber formuliert.

THEODOR W. ADORNO (1903–1969)
Das Reich der Unfreiheit und der Sport* (Auszug). In: Ders.: Veblens Angriff auf die Kultur. Gesammelte Schriften. Band 10/1. Frankfurt am Main: Suhrkamp 1977, S. 78–80. – © Suhrkamp Verlag Frankfurt am Main 1977.

ERNST BLOCH (1985–1977)
Übung des Leibs, Tout va bien. In: Ders.: Das Prinzip Hoffnung. Werkausgabe. Band 5. Frankfurt am Main: Suhrkamp 1990, S. 523–526. – © Suhrkamp Verlag Frankfurt am Main 1990.

PIERRE BOURDIEU (geb. 1930)
Historische und soziale Voraussetzungen modernen Sports. In: Sport – Eros – Tod. Hg. von G. Hortleder und G. Gebauer. Frankfurt am Main: Suhrkamp 1986, S. 91–112. – © Suhrkamp Verlag Frankfurt am Main 1986.

VOLKER CAYSA (geb. 1957)
(1) Zivilisierung durch Sport und historische Gewaltapriori.
(2) Körpertechnik als Grund der Selbstmächtigkeit im Sport.
Originalbeiträge. – © Volker Caysa, Erlangen.

NORBERT ELIAS (1897–1990)
Der Sport und das Problem der sozial zulässigen Gewalt* (Auszug). In: N. Elias/E. Dunning: Sport im Zivilisationsprozeß. Studien zur Figurationssoziologie. Hg. von W. Hopf. Münster: Lit o. J., S. 12–38, 40–43.

ELK FRANKE (geb. 1942)
Sportliche High-Tech-Leistungen und das Verantwortungsbewußtsein eines Steinewerfers. (Titel der Erstveröffentlichung:

Ethische Probleme sportlicher Höchstleistung und ihrer Wissenschaft.) In: Sportliche Leistung und Training. Erstes gemeinsames Symposium der dvs-Sektionen Biomechanik, Sportmotorik und Trainingswissenschaft vom 28. bis 30. September 1994 in Leipzig. Hg. von J. Krug/H. J. Minow. Sankt Augustin: Academia 1995, S. 49–66. – © Elk Franke, Berlin.

GUNTER GEBAUER (geb. 1944)
(1) Von der Körpertechnologisierung zur Körpershow. In: Gewerkschaftliche Monatshefte 7 (1996).
(2) Die Mythen-Maschine.
Originalbeitrag. – © Gunter Gebauer, Berlin.

VOLKER GERHARDT (geb. 1944)
Die Moral des Sports. In: Sportwissenschaft 21 (1991), S. 125–145. – © Volker Gerhardt, Berlin.

KARL JASPERS (1883–1969)
Masse und Sport*. In: Ders.: Die geistige Situation der Zeit. Berlin/New York: de Gruyter 1979, S. 60–62.

WOLFGANG KASCHUBA (geb. 1950)
Sportivität: Die Karriere eines neuen Leitwertes. Anmerkungen zur »Versportlichung« unserer Alltagskultur. In: Sportwissenschaft 19 (1989), S. 154–171. – © Wolfgang Kaschuba, Berlin.

HANS LENK (geb. 1935)
Eigenleistung sportlich – athletisch. In: Ders.: Eigenleistung. Plädoyer für eine positive Leistungskultur. Zürich: Interfrom. Osnabrück: A. Fromm 1983, S. 48–83. – Mit Genehmigung von Edition Interfrom, Zürich, und des Verlages A. Fromm, Osnabrück.

NIKLAS LUHMANN (geb. 1927)
Der Körper als Fluchtpunkt der Sinnlosigkeit* (Auszug). In: Ders.: Liebe als Passion. Zur Codierung der Intimität. Frankfurt am Main: Suhrkamp 1994, S. 203f. – © Suhrkamp Verlag Frankfurt am Main 1994. – Sowie: Ders.: Soziale Systeme. Frankfurt am Main: Suhrkamp 1987, S. 335–337. – © Suhrkamp Verlag Frankfurt am Main 1987.

HELMUTH PLESSNER (1892–1985)
Die Funktion des Sports in der industriellen Gesellschaft. In: Ders.: Gesammelte Schriften. Band X. Frankfurt am Main: Suhrkamp 1985, S. 147–166. – © Suhrkamp Verlag Frankfurt am Main 1985.

MAX SCHELER (1874–1928)
Resublimierung und Sport*. In: Ders.: Gesammelte Werke. Band 14. Bonn: Bouvier 1993, S. 419f. – Mit Genehmigung des Bouvier Verlages, Bonn.

EDUARD SPRANGER (1882–1963)
Ernstleben und Sport* (Auszug). In: Ders.: Jugend zwischen Sport, Film und Technik. In: Leibeserziehung 5 (1956), S. 162.

THORSTEIN VEBLEN (1857–1929)
Sport als Restbarbarei in der Moderne* (Auszug). In: Ders.: Theorie der feinen Leute. Eine ökonomische Untersuchung der Institutionen. Frankfurt am Main: Fischer 1989, S. 244–253, 256–263. – © 1958 by Verlag Kiepenheuer & Witsch Köln.

ALFRED VIERKANDT (1867–1953)
Moderner Lebensstil und Sport* (Auszug). In: Ders.: Kultur des neunzehnten Jahrhunderts und der Gegenwart. In: Handwörterbuch der Soziologie. Stuttgart: Enke 1931, S. 147f., 149f. – Mit Genehmigung des Ferdinand Enke Verlages, Stuttgart.

KURT WEIS (geb. 1940)
Die Priester der Muskelkraft. Über die Olympischen Spiele als Religionsersatz. In: DIE ZEIT, 19. Juli 1996. – Mit Genehmigung von Kurt Weis, München, und des ZEIT-Verlages, Hamburg.